prometeo
libros

SIN PROGRAMA, SIN PROMESA.
LIDERAZGOS Y PROCESOS ELECTORALES EN ARGENTINA

Isidoro Cheresky y Rocío Annunziata
(compiladores)

Sin programa, sin promesa. Liderazgos y procesos electorales en Argentina

prometeo
libros

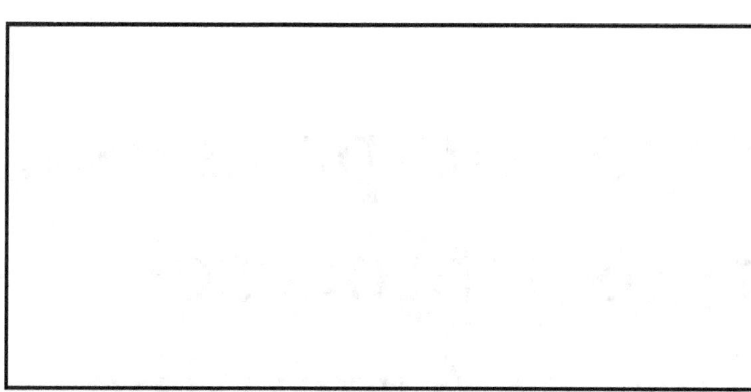

Índice

Anexos "Elecciones argentinas 2011: resultados de las primarias, las generales nacionales y cifras de participación"
Andrea Pereyra Barreyro

Prólogo

Este libro es producto de una investigación colectiva llevada adelante por el equipo "Las nuevas formas políticas", del Instituto de Investigaciones Gino Germani de la Universidad de Buenos Aires. El equipo se dedica desde hace varios años al estudio de las transformaciones de la democracia en Argentina, desarrollando investigaciones generales y específicas dentro de este marco temático, de manera que cada una de las contribuciones y el volumen en su totalidad son el resultado de un intenso intercambio entre sus miembros. Todo este trabajo, y este libro en particular, no hubieran sido posibles sin el apoyo de las instituciones que los financian: la Universidad de Buenos Aires, el Consejo Nacional de Investigaciones Científicas y Técnicas y la Agencia Nacional de Investigaciones Científicas y Tecnológicas. Andrea Pereyra Barreyro ha colaborado en la edición y Dolores Rocca Rivarola ha realizado preciados comentarios críticos de cada una de las contribuciones.

El libro cuenta con una introducción, dos partes y un anexo. El capítulo introductorio de Isidoro Cheresky y Rocío Annunziata propone simultáneamente un análisis de las mutaciones contemporáneas de la democracia y un estudio del escenario político durante la primera presidencia de Cristina Fernández de Kirchner. La primera parte del libro presenta contribuciones en torno a los problemas de la representación y el liderazgo, abarcando períodos más amplios de la historia reciente. La segunda parte se concentra en el último proceso electoral, del año 2011, así como en el escenario político actual, pre y post electoral, a nivel nacional y local. Un anexo detallado de los resultados electorales de 2011, confeccionado por Andrea Pereyra Barreyro, hace del volumen una valiosa fuente de información para quienes se dedican a los estudios políticos y para la ciudadanía en general.

Las contribuciones abordan diversas problemáticas pero comparten algunas hipótesis generales sobre las mutaciones políticas más significativas que se ven reflejadas en los distintos capítulos. En primer lugar, los actores políticos principales no parecen ser ya los partidos sino los líderes de popularidad, tal como se ha concluido en investigaciones previas desarrolladas por este mismo equipo. Si éste es un diagnóstico hoy en día compartido por la mayoría de los trabajos académicos, este libro da un paso más en el análisis de los distintos tipos de nuevos liderazgos. A examinar liderazgos de diverso tipo se consagran las contribuciones de Victoria Ortiz de Rozas, María Victoria López, Gabriela Mattina, Leandro Eryszewicz y Paula Krause, e Isidoro Cheresky y Rocío Annunziata. De este modo, son tratados liderazgos nacionales, provinciales y territoriales, cuya fuerza está dada por su imagen en la opinión pública, y que logran construir a su alrededor novedosas redes o coaliciones (desde el Frente para la Victoria, hasta el PRO, o el "juecismo"). La contribución de Dolores Rocca Rivarola analiza en detalle la novedad del tipo de redes conformadas alrededor de un líder presidencial, tomando el caso del oficialismo durante el gobierno de Néstor Kirchner.

En segundo lugar, la emergencia de nuevos liderazgos se inscribe en el marco de las transformaciones de la representación política. Tanto la contribución de Julieta Lenarduzzi como la de Rocío Annunziata abordan el problema contemporáneo de los lazos representativos que conviven con la crítica de la "clase política", alejada de los ciudadanos: la noción de "renovación" está en el centro del primero de los trabajos, y la noción de "proximidad" estructura el segundo. Pero al mismo tiempo, la representación institucional y mayoritaria surgida de las elecciones, coexiste con otras legitimidades que tienen un rol creciente en la escena pública, como la de la Justicia, tema al que se consagra la contribución de Lucas Martín.

Los procesos electorales devienen, en este contexto, los momentos de mayor intensidad en la reconfiguración de los lazos representativos y de los propios actores políticos. Dado que las identidades políticas han dejado de ser estables, tanto para los políticos como para la ciudadanía, en las elecciones se constituye una escena de emergencia de nuevos actores, de nuevos clivajes y de nuevos comportamientos ciudadanos. Los procesos electorales hacen especialmente visibles las transformaciones contemporáneas a las que aquí se hace referencia. Se observa en ellos el rol de los líderes en la constitución de la oferta electoral y en las campañas, los principios a los que apelan en sus discursos, y, al mismo tiempo, comportamientos ciudadanos novedosos, autonomizados respecto a las pertenencias tradicionales. Algunas de las contribuciones del libro ofrecen análisis detallados del proceso electoral de 2011, a nivel nacional, como el capítulo de Osvaldo Iazzetta, y a nivel local, en los principales distritos del país: la provincia de Buenos Aires (capítulo de Leandro Eryszewicz y Paula Krause), Córdoba (capítulo de María Victoria López) y Ciudad de Buenos Aires (capítulo de Gabriela Mattina).

Además de la introducción del libro, las contribuciones de Hugo Quiroga y de Osvaldo Iazzetta abordan el escenario político actual, ofreciendo un panorama de los desafíos que enfrenta la democracia como régimen político en Argentina, al considerar la relación entre los poderes y la tensión entre la legitimidad electoral de los gobernantes y la legitimidad de sus acciones.

De este modo, el libro no da cuenta solamente de la escena política que se ha configurado durante estos últimos años en Argentina, sino que encuentra en la reconfiguración permanente de las escenas el rasgo característico del pasaje a una "democracia continua". Una década después del estallido de diciembre de 2001, es posible afirmar que los signos de fragmentación de los actores políticos tradicionales, de emergencia de liderazgos de popularidad, de autonomización de la ciudadanía respecto de las pertenencias políticas, y de expansión de los requerimientos de la legitimidad más allá del pilar electoral-representativo, señalan el rumbo de una mutación de la democracia.

Sin que el libro aspire a una homogeneidad de contenidos, el lector encontrará, entonces, múltiples entrecruzamientos entre sus capítulos. Esto no es azaroso: es el resultado de un trabajo de investigación colectivo, motivado por la búsqueda de comprensión de lo que aparece como nuevo en la política argentina. El foco está puesto, en efecto, en la novedad; se asume que es comprendiendo la novedad de la experiencia contemporánea que podemos apreciar en ella lo específicamente político, y evitar, al mismo tiempo, un análisis aferrado a categorías del pasado.

Introducción

Los desafíos de la democracia argentina. La primera presidencia de Cristina Kirchner

Isidoro Cheresky
Rocío Annunziata

1. Las mutaciones de las democracias contemporáneas

La democracia argentina comparte ciertos rasgos con las mutaciones más globales de las democracias contemporáneas, de las que la primera presidencia de Cristina Fernández de Kirchner ofrece ilustraciones significativas. Estas transformaciones se observan, por un lado, en la legitimidad de los gobernantes y de los líderes políticos en general, y, por el otro, en la expansión de las formas de presencia de la ciudadanía en el espacio público. Se intentará aquí dar cuenta a la vez de los acontecimientos políticos más significativos del período mencionado y de los principales signos de mutación democrática. Sin perder de vista las especificidades del período, se subrayan de este modo los desafíos actuales de la democracia argentina: mientras que los requerimientos de la legitimidad de los gobernantes aumentan, paradójicamente, el ejercicio decisionista del poder subsiste como deriva siempre posible de los liderazgos de popularidad instituyentes, principales actores políticos en un contexto en el que las organizaciones se han debilitado.

En Argentina, y en América Latina en general, el hecho de que el poder legítimo surge de las urnas, es decir, de que la vía electoral es el único recurso admisible de acceso al poder, parece haber devenido incontestable (Cheresky,

2009, 2010).[1] Pero esta realidad se ve acompañada de la ampliación de los requerimientos de legitimidad: la revalidación del poder está en juego en el espacio público, lo que quiere decir que cada decisión significativa necesita ser legitimada en sí misma. Tal como lo afirma Pierre Rosanvallon (2006), la legitimidad de los gobernantes se ha disociado de la legitimidad de sus acciones. Los gobernantes se encuentran frente a una ciudadanía vigilante y posicionada en la desconfianza, que los elige un día como electorado y los pone en cuestionamiento al día siguiente como opinión pública o como ciudadanía movilizada (Cheresky, 2009, 2010). Así, constatamos una evolución hacia lo que se podría denominar una "democracia continua" (Cheresky, 2011).[2] El espacio público se ha transformado entonces en el dominio ineludible de la legitimidad democrática, constatación que se encuentra en sintonía con la descripción de un nuevo formato democrático caracterizado por Bernard Manin (1996) como "democracia de audiencia" o "democracia de lo público".[3] Por lo tanto, y como sostiene Pierre Rosanvallon (2006, 2008), si el sistema representativo persiste como una columna de la democracia, los "poderes indirectos" de la contra-democracia, asociados a otras legitimidades y representaciones, constituyen una segunda columna de esta forma de sociedad.

La instalación de la democracia electoral ha avanzado, de este modo, en paralelo a mutaciones profundas de la representación política y sus actores, así como de las formas de expresión de la ciudadanía y de la configuración del espacio público. Los partidos políticos han perdido la centralidad que

[1] Pese a algunos avatares en la región (como los ocurridos en Honduras y Paraguay), que sin embargo se reorientan al pronunciamiento electoral.

[2] El término de "democracia continua" fue empleado ya por Dominique Rousseau (1995), para referirse, en el caso francés, a la evolución de la democracia más allá de su dimensión representativa e institucional. Se identifican nuevas formas de representación de la opinión pública que se contraponen al tradicional monopolio de la forma parlamentaria. Los representantes son sometidos de manera creciente a un "control continuo" y expuestos a una democracia de deliberación generalizada. La "democracia continua" es entonces para el autor el nombre de la democracia contemporánea, en la que el pueblo manifiesta su soberanía más allá de los momentos electorales. Aquí se emplea la noción en sintonía con la de Rousseau: es posible caracterizar el régimen político como una "democracia continua", puesto que la vida democrática excede los dispositivos institucionales, y lo que ocurre más allá de las instituciones, en el espacio público, deviene a la vez indispensable para la legitimidad de los representantes. Otros autores argentinos analizan estos cambios en los términos de una "democracia informal" que sería paralela a los dispositivos de la democracia representativa (Quiroga, 2011).

[3] Si existe un fenómeno contemporáneo que prueba la existencia de una "democracia continua", al demostrar la centralidad de la escena pública, es la importancia que revisten actualmente, tanto para los gobiernos como para los ciudadanos, los medios de comunicación.

tenían en el pasado, al carecer de identificaciones ciudadanas permanentes. Estos partidos políticos debilitados o desagregados devienen aparatos o redes territoriales que se congregan alrededor de "líderes de popularidad". Son estos líderes con alta popularidad -y no los partidos- los que generalmente instituyen los clivajes políticos, y se autoproclaman candidatos. Las fuerzas políticas, por su parte, ya no cuentan con las sólidas estructuras de organización interna, la forma de selección de dirigentes y la cohesión programática que tenían antaño. Se inclinan por un candidato u otro en función de los sondeos de opinión, apelan cada vez menos a los símbolos partidarios, entran y salen de las coaliciones según lo que cada nueva escena electoral ofrece y requiere. Nuevas fuerzas políticas aparecen en las vísperas de los procesos electorales, que responden a figuras populares, con frecuencia extranjeras al campo político (por ejemplo, personalidades del mundo del espectáculo, del ámbito empresarial, etc.). Los "líderes de popularidad" (Cheresky, 2006, 2011) establecen un vínculo directo, sin mediaciones, con la ciudadanía. Por su parte, los ciudadanos parecen no votar por partidos sino por candidatos, cambian su preferencia de una elección a la otra y tienen sus opciones diferenciadas para cada nivel de representación (nacional, provincial, municipal) –y ello se acentúa cuando el dispositivo electoral lo permite. Se consideran mayoritariamente por fuera de toda organización e identidad partidaria. En este sentido, podemos hablar de una "ciudadanía autónoma", que se pone a distancia de los encuadramientos y de las pertenencias tradicionales.

En un contexto de desagregación de los partidos políticos y de autonomía ciudadana, la vida política está signada por los "líderes de popularidad" que producen lazos representativos, encarnando reclamos o rechazos, pero que no sedimentan con frecuencia su popularidad en una organización que los trasciende y perdura más allá de ellos mismos (Cheresky, 2011). De esta manera, la afirmación de la democracia electoral y la ampliación de las formas de expresión de la ciudadanía y de renovación de la legitimidad, devienen co-extensivas con la acentuación del personalismo en la política, rasgo reforzado en los casos latinoamericanos por el presidencialismo, que se vuelve, así, "ejecutivismo".

Finalmente, la mutación de las democracias contemporáneas concierne también el vínculo entre la democracia y el Estado –especialmente en los países latinoamericanos, siendo la Argentina un buen ejemplo en este sentido. Si el Estado es el recurso instrumental para garantizar el ejercicio de los derechos ciudadanos, su fortaleza es indispensable para la democracia (Iazzetta, 2011). Durante los últimos años parece haber emergido un consenso alrededor de la importancia del rol del Estado como instancia de regulación y de coordinación. Pero un Estado más fuerte exige al mismo tiempo un Estado más participativo y controlado de manera democrática.[4]

Si estos cambios han sido constatados *grosso modo* para la mayor parte de las democracias occidentales, la Argentina representa, sin embargo, un laboratorio excepcional de estas mutaciones, como se intenta mostrar en estas páginas con el análisis de la primera presidencia de Cristina Kirchner. En primer lugar, la expansión de las necesidades de legitimidad y la tensión entre la legitimidad electoral-institucional y la legitimidad en el espacio público, se ponen en evidencia desde el comienzo del período presidencial. Habiendo llegado a la presidencia por medio de una notable victoria electoral en octubre de 2007, ya en marzo de 2008 el gobierno se enfrentaba a una amplia movilización ciudadana de rechazo a la decisión administrativa de aumentar los impuestos a las exportaciones agrícolas, viéndose obligado a someter el proyecto a la decisión del Congreso, en busca de legitimidad. El período revela al mismo tiempo la persistente desagregación de los partidos políticos en provecho de los "líderes de popularidad" que se apoyan en su imagen en la opinión pública para construir una relación directa con la ciudadanía. Este fenómeno concierne tanto a los gobernantes como a las oposiciones: más que partidos, los actores de la vida política son coaliciones alrededor de figuras con alta popularidad. Esto acarrea, por supuesto, consecuencias en la forma de gobernar y en el rol de los diferentes poderes. La manera de tomar decisiones puede llevar, en tal contexto, a una concentración del poder. Aunque las decisiones de los gobernantes deben, como se acaba de señalar, encontrar su legitimidad en el apoyo de la opinión pública, son tomadas generalmente de una manera arbitraria –con frecuencia sin consulta siquiera hacia el entorno presidencial– y el acuerdo no es buscado más que *a posteriori*.[5] Podemos constatarlo ampliamente en el período de

---

[4] Un Estado "más participativo" no implica un Estado consensual. La democracia no puede ser concebida como un sistema institucional que contiene los conflictos y que logra de este modo una perfecta armonía social. En las visiones contemporáneas de la participación predomina una idea funcional y consensualista de la relación del Estado con los actores ciudadanos, apoyada en el paradigma de la gobernanza (Annunziata, 2012). Pero evitando estas concepciones impolíticas o pos-políticas de la participación, para que el Estado sea más participativo y controlado democráticamente, es necesario que esté de algún modo conectado con la ciudadanía, que escuche y que se informe, y que sus decisiones sean argumentadas públicamente para que no permanezcan en la opacidad.

[5] Que las decisiones son tomadas de manera "arbitraria" significa que no son precedidas por la argumentación pública y que no son necesariamente decisiones informadas (desde el punto de vista experto en su factibilidad técnica y desde el punto de vista de las opiniones de la ciudadanía). El debate sobre los diversos sentidos de las decisiones y la apertura al diálogo con las partes implicadas, es decir, la recuperación de la multiplicidad en la significación de las acciones políticas –que se economiza en el pilar electoral

la primera presidencia de Cristina Kirchner, en lo que respecta a las decisiones políticas más importantes, que se describen más adelante. Es el caso también en la selección de candidaturas, que fueron el resultado de una decisión vertical de la Presidenta, particularmente en el proceso electoral 2011. La atención pública al rol del Congreso, por otra parte, se transforma también en función de la popularidad de los líderes de la oposición; algunos de ellos han querido darle al Congreso una mayor visibilidad, valiéndose de una relación de fuerzas que les era más favorable desde fines de 2009. Esta personalización de la política, constatada en general en las democracias contemporáneas, va entonces de la mano con la desagregación y el debilitamiento de los partidos, también en Argentina. El período que aquí se estudia es especialmente significativo en este sentido, puesto que durante las elecciones nacionales de 2011, al final del primer mandato de Cristina Kirchner, hemos asistido a la implementación de una reforma electoral que tuvo por objetivo la reconstitución de un sistema de partidos. Si la reforma ha tenido ciertos efectos sobre la oferta política, limitando el número de candidatos a Presidente y a legisladores nacionales, no puede decirse que dicho propósito central haya prosperado.

La otra manifestación de esta desinstitucionalización puede ser observada en los cambios en el comportamiento del electorado. Si en la época de la "democracia de partidos" (Manin, 1996) las preferencias del electorado eran estables de una elección a la otra —e incluso de una generación a la otra-, los ciudadanos votan en nuestros días eligiendo a los candidatos que encuentran apropiados en cada circunstancia electoral, en función de la imagen de los líderes y de los temas en juego que juzgan centrales en cada circunstancia precisa. Se trata de un cambio mayor que puede constatarse en las democracias contemporáneas desde hace ya algunas décadas. Pero el caso argentino y el período que consideramos ofrecen ejemplos paradigmáticos de esta tendencia. En las elecciones de 2011 el electorado ha optado por los candidatos de la oposición en algunos de los principales distritos del país durante las elecciones provinciales (Ciudad de Buenos Aires, Córdoba, Santa Fe), y luego ha "cambiado de bando", posibilitando una victoria, abrumadora esta vez, de la Presidenta, sólo algunas semanas después.

Además de las mutaciones en la representación política, la legitimidad, los partidos y el electorado, se constata en las democracias contemporáneas una expansión de las formas de expresión de la ciudadanía. Ésta no se limita a actuar como electorado. También es opinión pública figurada por los sondeos y las encuestas, y se manifiesta activamente por medio de

---

representativo y mayoritario de la democracia- fortalecería el principio de la legitimidad de reflexividad (Rosanvallon, 2008).

movilizaciones, de grupos de representación virtual y de movimientos sociales portadores de reivindicaciones. Las movilizaciones ciudadanas, más o menos espontáneas, pueden tomar incluso la forma de estallidos capaces de poner en cuestionamiento las decisiones del poder legal. En la mayoría de los casos, expresan un rechazo o una negatividad, y logran constituir un veto ciudadano efectivo. La "intensidad política" puede imponerse sobre la representación institucional. El ejemplo más notable del período es el de la emergencia del sujeto "campo" durante el conflicto agropecuario de 2008, ejemplo no sólo de la constitución de identidades en el espacio público, sino también de la "negatividad" de la que pueden ser portadoras este tipo de movilizaciones (en el sentido de la confluencia de rechazos y malestares ciudadanos).

El período de la primera presidencia de Cristina Kirchner revela finalmente las tensiones alrededor del rol del Estado en la democracia; si el discurso oficial se inscribe en la línea de la recuperación del Estado, con el apoyo general de la opinión pública, y algunos derechos se han expandido (derechos sociales, por medio de las reformas en el sistema de jubilaciones y de la implementación de una asignación por hijo; derechos civiles por medio de la ley que permite el matrimonio entre personas del mismo sexo, por ejemplo), el "déficit republicano" persiste puesto que el Estado aparece como apropiado por el gobierno y con débil control democrático y administrativo (Iazzetta, 2011).

2. El gobierno de Cristina Kirchner en sus inicios: la legitimidad de las urnas

Menos de dos años después de la debacle de 2001, Néstor Kirchner llegó al poder de una forma casi accidental luego de elecciones muy disputadas.[6] El país se había hundido en el desorden económico –dramática desvalorización de la moneda y de los salarios, caída de la actividad económica, congelamiento de los depósitos bancarios y depreciación del ahorro– con el aumento del desempleo y de la pobreza.[7] La crisis política de ese entonces había desencadenado la renuncia del Presidente, Fernando de la Rúa, impulsada por una inédita protesta ciudadana y popular que llegó a merecer un nombre propio,

---

[6] Llegó segundo a la primera vuelta de las elecciones. Pero el ganador, Carlos Menem, abandonó la carrera y no se presentó al *balotaje*, sabiendo que no lograría más votos que los alcanzados hasta entonces, de manera que Néstor Kirchner fue consagrado Presidente con el 22,4% de los votos obtenidos en la primera vuelta.

[7] Alrededor del 23% de la población económicamente activa sin empleo y casi los dos tercios de la población por debajo de la línea de pobreza.

el "cacerolazo". Fue entonces que comenzó el ciclo político en el curso del cual la Argentina salió de la crisis con tasas de crecimiento sin precedentes en su historia, basado a la vez en el mercado interno y en las exportaciones.[8] Este ciclo conllevó una inflexión favorable muy marcada en las condiciones sociales generales y especialmente de los más desfavorecidos, y aligeró el peso de la deuda pública con su reestructuración por medio de una depreciación radical de los títulos emitidos y de un escalonamiento de los plazos para hacer efectivo el pago. Sobre todo, se emprendió un reordenamiento político. La autoridad del Estado fue restablecida alrededor de la figura de un presidente que actuaba de forma inesperada, las corporaciones fueron disciplinadas –especialmente el Ejército, cuyo alto mando fue diezmado-, mientras que una política de Derechos Humanos revertía la amnistía y los perdones presidenciales otorgados en el pasado, y, lo que es más, lo hacía de manera tal que todos los involucrados en los crímenes de lesa humanidad tuvieran que enfrentar los procesos judiciales que habían sido cancelados anteriormente. La Corte Suprema, desacreditada, fue renovada, luego de iniciarse juicio político a una parte de sus miembros.

La presidencia de Néstor Kirchner fue exitosa en la salida de la debacle. El Presidente, que había alcanzado rápidamente una gran popularidad, apoyaba su poder en ese respaldo, y gobernaba sobre todo por medio de decretos, invocando una situación de excepción. El Congreso jugó un rol menor y Kirchner marginó a la clase política, inclusive a los dirigentes del peronismo del que provenía, pero con respecto al cual guardó distancia durante su presidencia.

Esta forma de gobernar comenzaba a dar signos de agotamiento hacia el final de su mandato; la concentración del poder y la inflación creciente, ocultada por los índices oficiales,[9] provocaban el malestar de los sectores urbanos, más ligados a la comunicación política y más sensibles

[8] La recuperación económica comenzó bajo el gobierno interino de Eduardo Duhalde. El éxito de lo que fue llamado "el modelo" con los gobiernos Kirchner provenía sobre todo de la novedad de un esquema macroeconómico configurado alrededor de un tipo de cambio real competitivo y estable y un excedente fiscal y de la cuenta corriente de la balanza de pagos, que durante el período 2003-2006 alentó el crecimiento de la producción y del empleo. Sin embargo, este modelo exitoso tuvo la contrapartida de la inflación que se incrementó desde fines de 2007. (Frenkel y Damill, 2009).

[9] Hasta fines de 2006, el gobierno controlaba la inflación, por medio del congelamiento de las tarifas y de los precios de los servicios públicos, y sobre todo, de los acuerdos sectoriales. No obstante, en enero de 2007, el Índice de Precios al Consumidor (IPC) comenzó a ser manipulado, y desde entonces los datos difundidos por el gobierno difirieron significativamente con respecto a los estimados por las fuentes privadas y ciertos institutos provinciales de estadística. Esta inflación persistente y la manipulación de las cifras por parte del gobierno serían características de la presidencia de Cristina Kirchner.

a las transgresiones institucionales.[10] Sin embargo, a las oposiciones les resultaba difícil encontrar su lugar en la escena política. La salida de la crisis, gracias a un crecimiento económico con excedente en el comercio internacional y orden en las cuentas públicas, dejaba pocos argumentos para el fortalecimiento de una fuerza de derecha, al mismo tiempo que la mejora de las condiciones sociales y una política de Derechos Humanos que bregaba por esclarecimiento de los crímenes del terrorismo de Estado y el castigo de los culpables, daban poco margen a una contestación de la izquierda tradicional. A medida que se salía del "infierno",[11] el malestar e incluso el descontento se expandieron, pero estos humores no se tornaban claramente en una alternativa política.

Las elecciones de 2007 fueron una prueba para el proyecto de los Kirchner de consolidar una base sólida de poder.[12] Ciertamente, el crecimiento continuaba y la situación social mejoraba hasta ese año, lo que se traducía en la ampliación del voto "kirchnerista" en los sectores populares. En el plano propiamente político, estas elecciones ilustraron la evolución de un proyecto que desde el principio pretendía ir más allá del peronismo,[13] aunque esta orientación tendría vaivenes a lo largo de los gobiernos de los Kirchner. Se trataba de una coalición heterogénea alrededor del liderazgo con alta popularidad de Néstor Kirchner que se había conformado luego de su llegada al poder. Se apeló primero a la "transversalidad" invitando a confluir a la

[10] Si bien la popularidad de Néstor Kirchner seguía siendo alta, en los sectores urbanos disminuía, puesto que habiéndose "normalizado" el país, éstos se mostraban menos dispuestos a aceptar una forma de gobernar poco abierta a la rendición de cuentas así como a la argumentación frente al parlamento y a la opinión. Se expresaba también la resistencia de sectores sociales cuyas ganancias se habían visto afectadas por las políticas sociales, aunque buena parte del mundo de los negocios prosperaba con el crecimiento y se manifestaba conforme.

[11] El "infierno" era el término empleado por Néstor Kirchner, cuando gobernaba, para describir el estado de cosas heredado.

[12] Ya las legislativas de 2005 habían sido la ocasión de saldar cuentas con el ex presidente Eduardo Duhalde. En estas elecciones se enfrentaron Hilda "Chiche" Duhalde (la esposa del ex presidente) y Cristina Kirchner, disputando la banca en el Senado de la Provincia de Buenos Aires. El triunfo de Cristina Kirchner fue abrumador. Siguiendo la popularidad creciente de la candidata del gobierno, la mayoría de los "barones" peronistas del conurbano cambiaron de bando y se alinearon con ella. Luego de estas elecciones, la mayor parte de los diputados duhaldistas electos entonces cambiaron también de bando para alinearse con el oficialismo.

[13] Sobre todo en los primeros años y de una forma más espaciada luego, Néstor Kirchner se refería irónicamente al "pejotismo" (en alusión a los fanáticos de la identidad justicialista); de hecho, el Partido Justicialista siguió siendo –al menos una vez normalizado legalmente en 2008- un componente no visible de la etiqueta partidaria creada por él: el "Frente para la Victoria".

izquierda no revolucionaria (llamada por el periodismo "centro-izquierda"); y luego, en 2006, a la "Concertación plural", la que permitió atraer a cinco de los seis gobernadores del partido radical, ligándolos al movimiento oficialista. Buscando recursos complementarios al apoyo de la opinión, se configuró un verdadero movimiento heterogéneo. Una parte de los movimientos sociales "piqueteros" se unió al oficialismo y algunos dirigentes se integraron en cargos administrativos; el movimiento de Derechos Humanos y especialmente las Madres de Plaza de Mayo y las Abuelas de Plaza de Mayo devinieron apoyos y aliados de gran fuerza simbólica, mostrándose en primera fila en los actos y manifestaciones oficiales; los aliados políticos –en primer lugar, la izquierda huérfana luego de la derrota de la "Alianza" y la disolución del "FREPASO", y más tarde algunos miembros de la "Unión Cívica Radical" (UCR) y del socialismo- fueron cooptados. El movimiento que sostenía el gobierno era una alianza implícita, pero no hubo acuerdos formales que dieran lugar a la negociación o al debate. En cuanto al "aparato" peronista, en segundo plano, fue un terreno de conflictos, y su lealtad fue fluctuante, siguiendo los vaivenes de la popularidad de los Kirchner. La unidad estuvo asegurada para la mayoría de funcionarios y representantes por el líder que podía prevalecer y ejercer una autoridad en razón de su popularidad, aunque hubo resistencias y deserciones.

En 2007, entonces, la contienda electoral finalizó el 28 de octubre en la primera vuelta de las elecciones presidenciales con el triunfo de Cristina Kirchner, acompañada en la fórmula por el aliado radical Julio Cobos. Éstos obtuvieron el 45,26% de los votos, bastante por delante de los dos principales candidatos de oposición (Elisa Carrió y Roberto Lavagna).[14] La mayoría "kirchnerista" en el Congreso era entonces reforzada con un núcleo leal más sólido. Pero durante este ciclo electoral también fueron electos dos gobernadores reticentes u opositores –en particular en Córdoba y en Santa Fe-, y Cristina Kirchner resultó perdedora en las grandes ciudades, lo que demostraba que el descontento en los sectores urbanos continuaba y que iría a ensancharse.

La trama de la "sociedad política" entre la entonces Presidenta y Néstor Kirchner se replanteó. Este último emprendió la reactivación del Partido

---

[14] Las oposiciones estaban también representadas por "líderes de popularidad" auto-proclamados como candidatos y a la cabeza de coaliciones heterogéneas. Obtuvieron un 25,5% y un 16,91% de los votos –incluso adicionados, menos que la candidata del gobierno-; sus coaliciones se disolvieron poco después de los comicios. Esto demuestra el carácter precario de las articulaciones de nuevo tipo alrededor de los líderes: al diluirse las identidades políticas tradicionales, las redes fluctúan en sus apoyos pragmáticos a diversos líderes, y los líderes son también vulnerables dada su dependencia de la opinión pública.

Justicialista, dándole una institucionalidad formal con nuevas autoridades. Pero lo más significativo consistió en alimentar una amplia red de lazos y de acuerdos informales con intendentes y gobernadores, tejida desde la residencia presidencial.

En este contexto de signos variados comenzó la presidencia de Cristina Kirchner. Iniciaba el mandato con una alta imagen positiva y una fuerte legitimidad electoral, que no la eximiría, sin embargo, de tener que renovar esta legitimidad para las primeras acciones significativas de gobierno.

3. El conflicto agrario: la legitimidad de las decisiones[15]

Con una expectativa pública de mejora institucional pero manteniendo una popularidad considerable, el gobierno del "cambio en la continuidad" se involucró a poco andar en un conflicto social de magnitud. Esta confrontación iba a marcar muy profundamente el período y el curso de la política de los Kirchner. El 11 de marzo de 2008 el gobierno dio a conocer la decisión administrativa 125 que incrementaba el impuesto a las exportaciones agrícolas: especialmente el tributo de la soja y el girasol.[16] La decisión administrativa adoptada desencadenó inmediatamente una protesta generalizada. La contestación (una amplia panoplia de acciones que iban desde el corte de rutas y los paros de comercialización, los agrupamientos a los costados de las rutas, los "tractorazos", hasta dos grandes concentraciones en las ciudades de Rosario y Buenos Aires) se prolongó durante meses.

El conflicto agrario ilustró claramente las transformaciones en la legitimidad democrática señaladas más arriba. Pese a que el gobierno se amparaba en el respaldo electoral obtenido pocos meses antes, los ruralistas actuaron de modo a forzar la derogación de "la 125" contando con simpatía y apoyo en otros sectores ciudadanos. Este conflicto fue, por consiguiente, característico de la "democracia continua", ya que la movilización oponía su veto a la decisión de los gobernantes legales.[17]

Viendo la reacción provocada por la decisión administrativa, el gobierno trató de ofrecer *a posteriori* los argumentos que la justificaban. La tasa

[15] Un desarrollo más amplio de este punto en Cheresky (2009).

[16] Así, el impuesto que era del 35% aumentaba a 44,1% para la soja y al 39,1% para el girasol. La tasa era móvil: si los precios internacionales subían, el impuesto aumentaba en una proporción mayor.

[17] También fue característico, como lo son muchos otros estallidos de veto ciudadano, de la "soberanía negativa" que aparece en el marco de la contra-democracia (Rosanvallon, 2006). Es decir, con mucha frecuencia, la actividad ciudadana se encuentra signada por la negatividad, se manifiesta para expresar un rechazo, para impedir una acción gubernamental.

gravaba los ingresos extraordinarios obtenidos gracias al aumento de los precios internacionales, especialmente de la soja –de la que China e India eran importantes demandantes y cuyo cultivo se había expandido considerablemente los años precedentes. Reducir el beneficio excepcional de este cultivo debía tener por efecto la baja del costo de locación de las tierras y de la maquinaria agrícola, lo que redundaría en provecho del cultivo de granos como el trigo, el maíz y de la cría de ganado, consumidos en el mercado interno. Estos argumentos no eran desdeñables, aunque el desplazamiento de inversiones y recursos humanos hacia la soja parecía difícil de frenar y quizá inconveniente para el país. Pero el mismo principio de justicia que subyacía al argumento oficial era contestado: ¿por qué focalizar en los sectores agrarios y no abarcar todas las ganancias por un impuesto general? ¿No era más bien la comodidad de una retención aplicable en el momento de embarque, es decir, una razón de facilidad de ejecución, la que estaba en la base de ese impuesto? Se ponía en cuestión, sobre todo, el crecimiento de la caja del Estado, y el hecho de que decidiera discrecionalmente el poder central sobre el empleo de los nuevos fondos que se iban a recaudar, sin control ni participación de los gobernadores –algunos de ellos fueron solidarios con la protesta– y sin la constitución de los organismos públicos de gestión.

El conflicto agrario puso en evidencia entonces las tensiones referidas al rol del Estado. Mientras que la visión de un Estado redistribuidor de las riquezas podía contar con el apoyo genérico de la opinión, persistía una amplia desconfianza respecto a los mecanismos existentes para el control y la asignación de los recursos fiscales.

Pero este conflicto mostró también las transformaciones en las identidades de los actores ciudadanos. En la movilización del "campo" –un sujeto colectivo inexistente hasta entonces– convergieron las cuatro entidades corporativas de productores, y sobre todo, la masa de productores "autoconvocados", de todas las categorías: grandes y pequeños, propietarios y locatarios, con el refuerzo, en primer lugar, de las poblaciones de las ciudades de "la pampa" cuyas actividades eran subsidiarias o complementarias de las explotaciones rurales. El actor "campo" se creó en la escena pública y como reacción a la decisión presidencial. Su emergencia fue una ilustración del hecho de que las identidades no se presentan ya como la traducción en el dominio público de una condición social preexistente, sino que aparecen como el resultado contingente de acciones o decisiones políticas (Cheresky, 2011). El descontento, que devino una confrontación dramática abarcando todo el país y conduciendo a una fuerte polarización que involucró a todos, tenía ciertamente en su base un componente de intereses lesionados. Pero, incluso en este nivel, lo que estaba en juego era diverso, puesto que la situación de los propietarios no era la misma que la de los locatarios, la de los grandes productores no era la de los pequeños, y la de los productores con mejores rendimientos o ubicados cerca de ejes carreteros hacia los molinos o los puertos no era la de productores desfavorecidos en estos aspectos. En efecto, los "auto-convocados" –en su mayoría pequeños productores no miembros de las corporaciones sectoriales – estuvieron frecuentemente a la cabeza de la protesta con las posiciones más radicalizadas. Por otra parte, el sujeto "campo" mostró también de manera paradigmática cómo la negatividad puede ser constitutiva de este tipo de movilizaciones que aglutinan sectores diversos en un rechazo y dramatizan un veto ciudadano opuesto a la acción de los gobernantes.

El impuesto a las exportaciones agrícolas fue una decisión que trató de combinar la urgencia en obtener fondos para mantener el equilibrio de las cuentas fiscales con una línea de acción gubernamental popular. A medida que se desplegó el conflicto, se evidenció el grado de arbitrariedad y de improvisación. Sin embargo, el gobierno impulsó la conflictividad, pretendiendo que se trataba de un movimiento de intenciones "destituyentes" y que la suya era una una batalla contra la "oligarquía". Al mismo tiempo, en vistas a dividir al "campo", y sin negociar verdaderamente, emprendió rectificaciones que intentaban especialmente diferenciar a los grandes de los pequeños, y dar ciertas precisiones sobre el empleo de los recursos públicos, pero cuando era demasiado tarde. Este conflicto puso en evidencia las dificultades de una forma de gobernar que daba origen a decisiones que, si bien podían tener un sesgo progresista, al ser tributarias de un inapropiado ejercicio del poder, fueron rechazadas por la mayoría.

La polarización inducida por el gobierno se volvió contra él. Por primera vez la calle fue ganada por sus adversarios.[18] Para salir de la pulseada la Presidenta envió la decisión, bajo la forma de proyecto de Ley, al Congreso, en el que contaba con mayoría en ambas cámaras. Pero la representación política fue desbordada por la contestación. El bloque de legisladores partidarios del gobierno se fracturó y, en el Senado, un voto en paridad fue desempatado por el vice-presidente de la República –y presidente del Senado– que se pronunció contra el proyecto del gobierno. Este fracaso parecía marcar el declive irreversible de los Kirchner.

---

[18] "La calle" había sido tradicionalmente dominio de los peronistas o sus herederos; era una novedad que un gobierno de esta filiación se encontrara sobrepasado por sus adversarios en ese terreno.

4. Gobierno dividido y decisionismo

El gobierno de Cristina Kirchner fue profundamente sacudido por este conflicto; el gabinete debió ser reestructurado sobre la marcha, en varias ocasiones, incluyendo el alejamiento del Jefe de Gabinete, hasta entonces un componente decisivo del pequeño grupo dirigente.[19] Se delineó entonces una nueva escena política, que perduró hasta el final del mandato de la Presidenta. Su figura y la de su esposo y presidente del Partido Justicialista se habían convertido en impopulares. En cambio, los líderes de una oposición en ascenso contaban con los favores de la opinión: por un lado, el propio vice-presidente Julio Cobos, desde entonces desconsiderado por quienes lo habían llevado al gobierno, y por el otro, peronistas opositores que se alinearon en un bloque heterogéneo cuyas expectativas futuras estaban puestas en Carlos Reutemann, y algunos gobernadores peronistas disidentes. Pese a los alineamientos inestables de los bloques parlamentarios que le permitían conformar mayorías de ocasión, el gobierno ya no tenía certeza sobre las votaciones del Congreso.

Cristina Kirchner y su entorno apostaron a una línea de profundización del "modelo". De hecho, en los meses siguientes, antes de que se produjera la renovación de las cámaras y el oficialismo se encontrara en clara desventaja, hicieron aprobar en el parlamento leyes que reforzaban el rol del Estado, como la que re-nacionalizaba el sistema de jubilaciones, cuyos beneficiarios estaban hasta entonces, mayoritariamente, bajo un régimen de capitalización privada. En efecto, en noviembre de 2008, el Congreso aprobó el proyecto elevado por la Presidenta, que terminaba con el sistema de las denominadas "AFJP" de capitalización privada de los fondos de jubilación y pensión –instaurado en el marco de las privatizaciones de los años noventa–, dando lugar a un nuevo Sistema Integrado Previsional Argentino (SIPA). La compañía aérea que llevaba la bandera nacional fue también renacionalizada. La regulación de los precios de los servicios públicos fue mantenida, renovándose los subsidios que compensaban a las compañías privadas que los gerenciaban. Durante este período, las leyes tratadas en el parlamento fueron entonces aprobadas con los votos con los que contaba el gobierno, y con el apoyo de las oposiciones socialista y la izquierda moderada en los casos de las leyes de nacionalización. El "modelo" que el gobierno se proponía profundizar se basaba –en términos vagos y no explicitados de manera

---

[19] Inmediatamente después del fracaso en el Congreso, los Kirchner evaluaron la posibilidad de renunciar; finalmente, decidieron permanecer y, en cambio, profundizar el modelo. Alberto Fernández, por el contrario, habiendo sido un miembro destacado del pequeño grupo que participaba de la toma de decisiones –tanto más decisivo cuanto que no había reuniones de Gabinete–, renunció, tomando poco a poco una distancia crítica.

argumentativa– en un fortalecimiento del Estado. El clima de la opinión iba de la mano con esta orientación. Sin embargo, muchas veces un Estado que adoptaba decisiones intempestivas e inconsultas sin el respaldo de los otros poderes y de los ciudadanos se topaba con el rechazo activo, como había sido el caso durante el conflicto con el sector rural.

En este contexto, las medidas adoptadas aparecían como resultado de una forma decisionista de gobernar y como productoras a la vez de una fuerte polarización. Esta polarización promovida por los Kirchner se profundizó durante las elecciones legislativas de 2009, que fueron adelantadas para el 28 de junio, so pretexto de evitar un año electoral largo.[20] El gobierno quiso dar a estas elecciones el sentido de un plebiscito, diferenciando a los que sostenían el "modelo" de los que se oponían a él. Para concretar la radicalización emprendida y asegurarse de encuadrar el aparato partidario, Néstor Kirchner se postuló encabezando la lista de diputados por la provincia de Buenos Aires, incitando al gobernador bonaerense a unírsele y a numerosos intendentes a presentarse como cabezas de lista para las legislaturas locales. De esta manera, el sentido plebiscitario de la elección era amplio, no se elegía tan solo legisladores, sino que eran los Kirchner, el "modelo" y el conjunto de la gestión los que iban a ser juzgados.

Pero, como había ocurrido durante el conflicto con "el campo", la polarización en esos términos no tuvo eco más que para una minoría. En cambio, el rechazo al gobierno se había expandido, y fue canalizado por dos coaliciones: una representaba la sensibilidad de los oponentes no peronistas con una amplia influencia en el territorio nacional ("Acuerdo Cívico y Social"),[21] y la otra era una entente entre la derecha moderada de Mauricio Macri –jefe de gobierno de la Ciudad de Buenos Aires- y peronistas disidentes de la provincia de Buenos Aires ("Unión-PRO"). El fracaso del oficialismo fue contundente. El resultado más significativo fue el de la provincia de Buenos Aires, el principal distrito electoral del país, en el que el oficialismo hizo todo para ganar (porque si éste hubiera sido el caso, los resultados en las otras provincias habrían pasado más desapercibidos). Pero fue Unión-Pro quien prevaleció en ese distrito, con una ventaja de más de dos puntos; y en otros distritos importantes los resultados fueron más decepcionantes

---

[20] Según la Ley, las elecciones deberían haber tenido lugar el tercer domingo de octubre porque, de todas maneras, la renovación de la mitad de las bancas de la Cámara de Diputados y de un tercio de las del Senado se efectivizaba legalmente el 10 de diciembre. Avanzando la fecha de las elecciones se corría el riesgo de hacer coexistir una cámara saliente con una cámara electa todavía no en funciones, con mayorías de signo opuesto, lo que, de hecho, sucedió.

[21] Esta coalición estaba conformada sobre todo por la Unión Cívica Radical, el Partido Socialista y la "Concertación Cívica" de Elisa Carrió.

aún para el "Frente para la Victoria": perdió en los siete primeros en orden de importancia según el número de electores, representando el 70% de los habilitados para votar.

De inmediato, Néstor Kirchner renunció al Partido Justicialista que él mismo había reconstituido el año anterior, denunciando que lo habrían traicionado los "barones del conurbano" como partidarios de la "vieja política", al hacer un doble juego a favor de los peronistas disidentes.

Con estas elecciones se instaló nuevamente la idea del fin del ciclo Kirchner. En el plano institucional, iban a devenir minoritarios en el Congreso y a enfrentarse a los límites de un "gobierno dividido". En el plano público, aunque las coaliciones de los opositores fueran precarias y se desagregaran poco después de ganar las elecciones, los líderes de oposición quedaban a la cabeza de las preferencias (especialmente el vice-presidente de origen radical, Julio Cobos, y Carlos Reutemann entre los peronistas disidentes).

Sin embargo, los seis meses siguientes, hasta la renovación efectiva del Congreso, vieron desplegarse una ofensiva del gobierno con dos grandes leyes tratadas en el Congreso que producirían la división entre los opositores. La "Ley de Servicios de Comunicación Audiovisual" (Ley 26.522) tenía por objeto manifiesto la desmonopolización de los medios radiofónicos y audiovisuales existentes y la introducción de una normativa que alentara la democratización en la atribución de las frecuencias y del control de los medios.

En virtud del principio invocado por esta Ley, el gobierno fue respaldado por los socialistas y la izquierda parlamentaria –como también había sucedido al tratarse la ley de desprivatización del sistema jubilatorio. Pero los críticos de la llamada "Ley de medios" denunciaban el control que iba a tener el gobierno sobre la autoridad de aplicación y el arbitrio dejado al Ejecutivo con respecto a ciertas licencias a conferir en las grandes ciudades.[22] Desde el punto de vista jurídico, se impugnó el corto plazo otorgado a los grupos monopólicos para deshacerse de los medios excedentes, y esta objeción bloqueó en los tribunales la aplicación de la Ley en esa disposición clave.

Otra gran iniciativa emprendida fue la Ley de "Democratización de la Representación Política, la Transparencia y la Equidad Electoral" –conocida como la "Ley de Reforma Política"– que se proponía una amplia modificación

---

[22] Como se mencionó más arriba, la centralidad del rol de los medios de comunicación en la opinión pública y en las acciones de los gobernantes, ilustra los rasgos de una "democracia continua". En un contexto en el que la legitimidad está en juego en el espacio público, los gobernantes se esfuerzan por apoderarse de la comunicación política. A la vez, la preocupación por la diversidad en materia de medios de comunicación puede considerarse como derivada del principio igualitario democrático, contrario a la concentración monopólica.

de las disposiciones regulatorias de la actividad de los partidos, especialmente por el requisito de un umbral de adherentes para poder entrar en la competencia, y por la selección de los candidatos partidarios para los cargos electivos nacionales por medio de elecciones primarias y simultáneas, obligatorias tanto para los partidos y las coaliciones como para los ciudadanos. Esta ley que buscaba fortalecer los partidos, acercándolos a los ciudadanos, y que delineaba como horizonte un sistema bipartidista, se aprobó con el apoyo parlamentario trans-partidario.[23]

En paralelo a estas leyes que cambiaron las reglas de la vida política y pública y dividieron a las oposiciones, el gobierno impulsó la aprobación de otras –especialmente la renovación de los poderes legislativos delegados y un presupuesto 2010 con poca participación federal– que reforzaron las capacidades discrecionales del Ejecutivo, brindándole un reaseguro para el período de gobierno dividido que se avecinaba.

El rechazo a la forma decisionista y concentrada de gobernar, expresado en las urnas y que seguía siendo el denominador común de las oposiciones heterogéneas, era así neutralizado por una polarización alentada desde el gobierno para atraer de entre sus adversarios a los "progresistas", incluso a los modernizantes. Y, en efecto, la escena ambicionada por los gobernantes se volvió realidad por el resto del mandato presidencial: poder ejecutivo eficiente, gobernando llegado el caso por decreto, y parlamento bloqueado con dificultades para formar mayorías y para sancionar leyes. El cambio en la composición del Congreso fue efectivo en la distribución del poder interno, pero mostró complicaciones insuperables para traducirse en la producción parlamentaria.

---

[23] El objetivo declarado de esta Ley era, en efecto, el de reducir la fragmentación política y promover un sistema de partidos estable, así como el de equilibrar las fuerzas políticas en términos de disponibilidad de recursos económicos para llevar adelante las campañas electorales. La Ley estableció el mecanismo de elecciones primarias, abiertas, simultáneas y obligatorias (PASO) para producir una mayor democratización al interior de las coaliciones y los partidos políticos. Solamente las fuerzas políticas que hayan obtenido un porcentaje de al menos el 1,5% de los votos válidos en el distrito correspondiente son habilitadas para participar en las elecciones generales. En lo que respecta al financiamiento de las campañas, la Ley estableció una distribución de los espacios publicitarios en radio y televisión. Una de las críticas que se le dirigieron fue que reforzó las atribuciones de la Dirección Nacional Electoral, dependiente del Ministerio del Interior, mientras que las de la Justicia Electoral quedaron limitadas. La primera aplicación de esta Ley tuvo lugar durante las elecciones nacionales de 2011 de una manera eficaz, pero con consecuencias alejadas de los objetivos declarados.

Cámara de Diputados (257 bancas - quórum: 129)

	FPV[24]	ACyS[25]	Unión-PRO[26]	Aliados K.[27]	C. Izquierda[28]	Otros
Hasta el 10 de diciembre de 2009	115	52 (UCR 24)	30	22	(otros)	38
Después del 10 de diciembre de 2009	97	80	47	16	8	9

Cámara de Senadores (72 bancas- quórum: 37)

	FPV/PJ	Aliados FPV	ACyS	PJ disidente	Otros opositores
Hasta el 10 de diciembre de 2009	34	6	14	10	8
Después del 10 de diciembre de 2009	30	6	15	12	9

Las expectativas que se habían forjado al día siguiente de las legislativas de 2009 fueron las de una convergencia entre las dos vertientes de la oposición en el parlamento para forzar un giro en el curso de la política del gobierno. Se había creído que el "gobierno dividido" se traduciría en un poder más equilibrado.

Sin embargo, algunas leyes importantes fueron aprobadas en el Congreso: la de los glaciares,[29] que los partidarios del gobierno habían bloqueado anteriormente (y que esta vez fue objeto de un acuerdo), y la que reconocía para los jubilados una demanda histórica: jubilaciones del 82% del salario en actividad y su ajuste en función de la inflación. Pero esta última recibió

---

[24] "Frente para la Victoria".

[25] "Acuerdo Cívico y Social" ("Coalición Cívica", "UCR" y Socialismo).

[26] "Unión Pro".

[27] Aliados del oficialismo.

[28] Centro-Izquierda.

[29] Ley 26.639, "De Presupuestos Mínimos para la Preservación de los Glaciares y del Ambiente Periglacial".

el veto presidencial.[30] No obstante, en términos generales, durante el 2010 el Congreso permaneció inactivo, puesto que los proyectos de la oposición no lograban prosperar en el Senado. Cabe subrayar, sin embargo, que una significativa ley progresista vio la luz con amplio apoyo de todo el espectro político, la que permite el matrimonio entre personas del mismo sexo, y que posicionó a la Argentina como el primer país de la región latinoamericana en reconocer este derecho.

El gobierno, en cambio, adoptó decisiones, dando la espalda en lo esencial al Congreso. Muchas de ellas tenían un sentido redistributivo: además de la renacionalización del sistema que ya se ha mencionado, la cobertura del sistema de previsión social fue ampliada, de manera que muchos de los que no habían hecho aportes o que no habían hecho los necesarios, recibieron una jubilación mínima.[31] Esta tensión entre las decisiones que apuntaban a reforzar el Estado como agente de la expansión de derechos y de una cierta redistribución de los ingresos, y una forma ejecutivista de gobernar, iba a marcar el primer mandato presidencial de Cristina Kirchner.

La otra decisión mayor, tomada por medio de un decreto del Poder Ejecutivo el 29 de octubre de 2009 (decreto 1602/09), fue la "Asignación Universal por Hijo para Protección Social", transferencia social de ingresos que otorga un subsidio a los trabajadores sin empleo formal por cada hijo a su cargo menor de 18 años.[32] Se establecieron algunas condiciones para los padres beneficiarios: no contar con una remuneración superior al salario mínimo, vital y móvil (SMVM) y certificar la asistencia de los hijos al sistema educativo y de salud. La asignación fue objeto de varias actualizaciones desde su puesta en marcha para compensar los efectos de la inflación y mantener el impacto redistributivo buscado.[33]

Si las oposiciones no lograron satisfacer las expectativas que habían generado sobre su acción parlamentaria en el Congreso, la Justicia estuvo, sin embargo, muy activa durante este período como límite al decisionismo del Poder Ejecutivo, especialmente en el examen de constitucionalidad de

---

[30] El gobierno vetó la ley del 82% móvil del salario en actividad, pero procuró compensarlo con aumentos discrecionales del monto de las jubilaciones.

[31] La cobertura del sistema de jubilaciones alcanzaba el 57% de la franja etaria concernida en 2003 y aumentó a 87,6% en 2010 (pasando de 3.185.000 a 5.585.000 de beneficiarios, según los datos de Presidencia de la Nación).

[32] La asignación alcazaba, a fines de 2011, 3.700.000 beneficiarios, según los datos oficiales.

[33] Esta asignación funciona como un complemento de las asignaciones por hijo de los trabajadores del sector formal; no se presenta como un derecho de las personas menores de 18 años, sino como un derecho de los padres considerados en tanto trabajadores, y no en su condición de ciudadanos o residentes del país (Lo Vuolo, 2009).

los Decretos de Necesidad y Urgencia (DNU)[34] por medio de los cuales el gobierno quería entonces esquivar al parlamento. El artículo 161 de la llamada "Ley de medios" que daba un plazo imperativo a los monopolios para deshacerse de las licencias fue congelado por una medida cautelar hasta que se juzgara sobre la constitucionalidad del mismo. Otras decisiones relativas al funcionamiento del Banco Central llevaron a que la Presidenta desafiara a la justicia denunciando al "partido judicial", lo que condujo a la Corte Suprema a pronunciarse, invitando "a los que tienen responsabilidades de gobierno a expresarse con mesura y equilibrio".[35] Ante un gobierno que se apoyaba en el principio mayoritario de las urnas para decidir sin el Congreso, otra forma de legitimidad democrática aparecía en paralelo, sustentada en un principio de imparcialidad (Rosanvallon, 2008), del que se prevalía la intervención de la justicia en la escena política.

El gobierno y el núcleo de los leales acentuaron la polarización. El pronóstico bastante generalizado de su fracaso en las elecciones generales de 2011 no condujo a una atenuación sino a una profundización de los antagonismos, apuntando, antes que a los adversarios políticos, a los monopolios de medios de comunicación, y especialmente al grupo multimedia Clarín. Al mismo tiempo, diferentes grupos de partidarios del gobierno ganaron la calle y comenzó a consolidarse un movimiento de intensidad política, minoritario, pero que apelaba al compromiso político. En vistas a contener los recursos organizacionales tradicionales, Néstor Kirchner volvió a ser presidente del PJ.

En el plano de la opinión, se registró, en la primera mitad de 2010, una módica mejora de la imagen de la acción del gobierno que coexistía con un rechazo todavía mayoritario hacia los Kirchner. Por el contrario, mientras tanto, la oposición se había desacreditado por sus divisiones y su impotencia parlamentaria. La expectativa de un cambio bajo su dirección se vio frustrada. Pero los líderes de la oposición gozaban aún de una popularidad importante.[36]

Esta mejora de la imagen de la acción de gobierno fue, entonces, de la mano con la gradual puesta en evidencia de la impotencia de las oposiciones.

---

[34] Sin embargo, hay que señalar que Cristina Kirchner firmó un número relativamente bajo de DNU con respecto a los otros presidentes argentinos desde el retorno de la democracia.

[35] Pronunciamiento publicado en los periódicos el 10 de marzo de 2010.

[36] Poliarquia, la consultora más reconocida en este dominio, hizo conocer hacia mediados de agosto de 2010 un estudio según el cual un 46% de los consultados aprobaba la acción del gobierno, mientras que el 45% la reprobaba. Pero un 66% se decía lejos o muy lejos de los Kirchner. La intención de voto a Néstor Kirchner era estimada en 26%.

En el plano económico, la fase de recuperación iniciada en 2003 ya había comenzado a flaquear en 2007 a causa de la inflación en aumento y del congelamiento en la creación de empleos productivos. Pero, pasados los efectos de la crisis financiera internacional que se hicieron sentir a fines de 2008 y durante una gran parte de 2009, ya a fines de este año la economía recuperaba una alta tasa de crecimiento.[37] Esto se vio acompañado por la transferencia de ingresos hacia los sectores más vulnerables de la población, por medio del gasto social y de las políticas redistributivas como las mencionadas precedentemente. Durante la primera presidencia de Cristina Kirchner continuó la tendencia al pleno empleo,[38] así como la disminución de la pobreza y de la indigencia,[39] que habían comenzado, más marcadamente, en el gobierno de Néstor Kirchner.[40] Aunque el crecimiento económico fue en beneficio de todos, la reducción de las brechas sociales entre los más ricos y los más pobres fue muy significativa.[41]

Por otra parte, como ya se indicó, la inflación fue elevada y continua durante todo el período, aunque no reflejada por los datos oficiales.[42] Recordemos que el Instituto Nacional de Estadística y Censos había sido inter-

---

[37] Según los datos oficiales, entre 2003 y 2010 el PBI creció un 84%, a tasas medias de entre el 8 y el 9%, significando un record histórico e internacional para todo el período, con la excepción del año 2009. Las tasas de crecimiento económico fueron superiores a las registradas en las principales economías latinoamericanas.

[38] El índice de desempleo pasó de un 16,20% en 2003 a un 7,4% el primer trimestre de 2011.

[39] Según los datos oficiales, la cantidad de personas bajo la línea de pobreza disminuyó de 54,0% el primer semestre de 2003 hasta el 9,9% el segundo trimestre de 2010 y la cantidad de personas bajo la línea de indigencia disminuyó de 27,7% hasta 2,5% en el mismo período. Hay que señalar que la manipulación de las cifras relativas a la inflación pone en cuestión también la veracidad de los indicadores asociados. En efecto, otros institutos especializados calculaban la cantidad de personas bajo la línea de pobreza en alrededor de 23% y la cantidad de personas bajo la línea de indigencia en 6,1% para el mismo trimestre de 2010.

[40] Sobre la marcha, pudo concretarse la renegociación de la deuda con la mayoría de los *hold outs* que habían rechazado la primera negociación. En paralelo, una reinserción en el mundo, más política que económica, se reforzó con la elección de Néstor Kirchner como Secretario General de la "Unión de Naciones Sudamericanas" (UNASUR) y la participación de la Argentina en el G20.

[41] Tal como lo muestra el índice de GINI (indicador de la distribución de la riqueza) durante los años de gobierno de los Kirchner, pasó de 54,7 en 2003 a 47,4 en 2007, y a 44,5 en 2012, según los datos del Banco Mundial.

[42] Mientras que el organismo oficial de estadística (INDEC) calculaba la variación anual del IPC (índice de precios al consumidor) en 8,5% para 2007, en 7,2% para 2008, en 7,7% para 2009, en 10,9% para 2010 y en 7,3% hasta septiembre de 2011, los consultores privados, los organismos provinciales y los centros de estudios no gubernamentales calculaban, en promedio, 24,5%, 22%, 15%, 25% y 24% respectivamente.

venido por el gobierno. El cálculo de la inflación se transformó, en efecto, en un tema de controversia. En 2011, consultores privados que difundían índices de precios alternativos a los datos oficiales fueron sancionados por el gobierno. En paralelo, los contratos y los convenios colectivos de trabajo no fueron ajustados en función de estos datos oficiales. Los empresarios y los sindicatos negociaron los salarios sobre la base de los índices alternativos (con porcentajes anuales medios de entre 24 y 30%). El líder sindical más importante del país, el Secretario General de la CGT, Hugo Moyano, había declarado incluso que los sindicatos debían tomar en cuenta para sus negociaciones el "índice de precios de las amas de casa que van al supermercado".

Tal como se ha afirmado, durante el período, el Estado se vio reforzado y se desarrollaron políticas que buscaban una mayor igualdad, pero ello se vio opacado por la restricción del derecho a una información verídica a consecuencia de la intervención del INDEC (Iazzetta, 2011) y por la dificultad de conocer los efectos reales de las políticas públicas redistributivas y sus vaivenes debida a la falta de indicadores sociales fiables.

5. El kirchnerismo sin Néstor Kirchner

El lugar adquirido por la emoción y la intimidad en la imagen pública de los líderes se puso en evidencia durante la primera presidencia de Cristina Kirchner. Este fenómeno no es exclusivo de la Argentina y se inscribe en las mutaciones de la legitimidad democrática que promueven una nueva forma de la legitimidad apoyada en la proximidad entre los dirigentes políticos y los ciudadanos. En efecto, la representación política implica una identificación de nuevo tipo que se ve alimentada por una puesta en visibilidad de lo íntimo: el relato de las historias de vida de los candidatos y gobernantes, la escenificación de su vida personal, y al mismo tiempo, la exhibición de los sufrimientos y de las historias de vida de las personas comunes de las que "los políticos" pretenden ser parte. La compasión y la empatía forman entonces parte constitutiva del género nuevo de identificación alentado por la "legitimidad de proximidad" (Annunziata, 2012). La muerte de Néstor Kirchner reveló el alcance de este vínculo.

Néstor Kirchner falleció repentinamente el 27 de noviembre de 2010. La vida política y pública fue conmocionada y se produjo en ella un giro notable. El líder desprestigiado para una mayoría de la opinión y aceptado con reticencias en el peronismo tradicional, suscitó, al irse, expresiones de dolor, y, sobre todo, una exteriorización de espíritu activista a lo largo de los funerales, lo que tuvo una amplia repercusión en la opinión pública.

Una movilización espontánea y continua –diferente de los actos políticos habituales en los que al menos parte de los participantes eran transportados y encuadrados– se desplegó en la Plaza de Mayo, ocupando el primer plano de la escena pública. La minoría activista de los leales atrajo la simpatía de otros jóvenes y ciudadanos. La imagen del ex presidente, la del líder político en conflicto permanente, promotor de un antagonismo que se había vuelto opaco para muchos ciudadanos, lo que se había reforzado durante los años de la presidencia de su esposa, fue, de este modo, re-figurada. La imagen del antagonista aislado fue reequilibrada por obra del fervor partidario que traía el recuerdo sensible del primer Kirchner, del líder político que había gobernado un país en un contexto de salida de la crisis, favoreciendo un fuerte crecimiento, y que había reavivado los principios de justicia, memoria y verdad. Su imagen marcada hasta entonces por una batalla política que se orientaba al fracaso era reemplazada por la de un personaje histórico engrandecido, que había sacrificado la vida por "la causa".[43] Los partidarios del gobierno se aglutinaron alrededor de su figura que se volvió una guía, incluso si no dejó un testamento político estrictamente hablando.[44]

En este marco, Cristina Kirchner, viuda que debía sobrellevar el duelo y continuar gobernando, atrajo las simpatías, y esto tanto más cuanto que al clima de crispación de la víspera le sucedió una distensión pública notoria que se instaló bastante más allá del paréntesis del duelo. Como parte de esa nueva escena, ella exteriorizaba el dolor y el sufrimiento por su pérdida personal, lo que provocaba la compasión de una gran parte de los ciudadanos. Su popularidad continuaría subiendo de una manera sorprendente hasta las elecciones de 2011.

Al mismo tiempo, las oposiciones perdieron el punto de referencia de un proyecto de acceso al poder asentado en el rechazo de una forma de gobernar, cuando la encarnación de ésta en Néstor Kirchner desapareció. La figura del ex presidente había sido el punto de convergencia negativa que unía a los opositores, manteniendo la esperanza de un "voto rechazo" que los llevara al poder.

Ahora bien, el ex presidente había sido, no sólo la cara combativa y el promotor de las iniciativas del gobierno, sino también el depositario de un saber y de una acción sobre los recursos simbólicos y materiales del pero-

---

[43] Su persistencia militante a pesar de los malos signos de su estado de salud fue así percibida como devoción, incluso por una parte de sus adversarios.

[44] La popularidad de los Kirchner, en sus vaivenes, venía de la acción; no carecía de sentido, aunque combinara principios y pragmatismo. Pero el líder fallecido no dejó un proyecto o un propósito escrito; no hubo siquiera un discurso de referencia precisando su línea política.

nismo tradicional. Era él quien había manejado los resortes del poder del entremezclado aparato partidario con el aparato de Estado, en el territorio. Era a quien le formulaban sus demandas los caudillos provinciales y locales y era él quien manejaba la atribución de los recursos. Luego de su muerte, entonces, el funcionamiento del poder iba a cambiar, en el sentido de un debilitamiento de esta mediación entre gobierno y red estatal/partidaria.

En poco tiempo, un viraje reconstituía la escena política, lo que continuaría hasta el final del primer mandato de Cristina Kirchner, acentuándose progresivamente. En primer lugar, la popularidad cambió de bando y Cristina Kirchner reconquistó una estima como la que había conocido en la primavera siguiente a las elecciones de 2007. Esto repercutió sobre las redes y los aparatos políticos. En el Senado, algunos peronistas y aliados volvieron al oficialismo, devolviéndoles la mayoría en esa instancia.

En esta nueva escena política, el movimiento de los partidarios del gobierno, aún siendo heterogéneo y estando atravesado entonces por tensiones, fue articulado alrededor de la figura de la Presidenta. El poder se volvió más concentrado y más personalista.[45] La popularidad personal de la Presidenta –inscripta en una apelación a la legitimidad del vínculo directo con los ciudadanos, semejante a la de Néstor Kirchner durante sus primeros años en el poder– devino decisiva. Ésta era favorecida por el crecimiento económico recuperado y por una figura presidencial que se instalaba a distancia de las presiones corporativas y de los escándalos de corrupción que comprometían a funcionarios y aliados.[46] Dicha popularidad prevalecía por sobre los recursos organizativos (el "territorio") e institucionales, de manera que se bastaba a sí misma, al margen de las oposiciones todavía mayoritarias en la Cámara de Diputados y de los núcleos de poder del movimiento oficialista.

La revalorización de la figura de Néstor Kirchner, el atractivo del activismo apasionado y la compasión hacia la Presidenta que se mantenía en sus funciones, y, por otro lado, la frustración ante la *performance* de las oposiciones a lo largo del año transcurrido, se conjugaron para alimentar un desplazamiento de las simpatías y también de los recursos institucionales. De pronto, reinaba la esperanza en el movimiento gobernante: podían ganar en las elecciones que se aproximaban; y todas las instancias de poder

---

[45] Lo que muestra también el lazo estrecho que existe entre la puesta en visibilidad de lo íntimo y la compasión, características de una "legitimidad de proximidad", y la personalización de la política.

[46] Durante los años de la presidencia de Cristina Kirchner, se difundieron sospechas de corrupción, y se iniciaron causas judiciales, que implicaban a funcionarios de los transportes públicos, sindicalistas, fondos destinados a los medicamentos y fondos públicos de vivienda.

oficialistas –provinciales y locales– se aferraron a lo que era nuevamente el bando de los ganadores.

6. Las elecciones nacionales de 2011

Las elecciones se prolongaron a lo largo del año 2011.[47] La escena electoral nacional tardó en definirse porque Cristina Kirchner no dio a conocer su candidatura sino a último momento, en vísperas del límite legal, en el mes de julio. Lo hizo sin ninguna referencia a decisiones partidarias; sostuvo, en cambio, que al buscar la reelección "se sometía a la voluntad popular".

Candidatos de peso de las oposiciones desistieron antes de que la Presidenta declarara su intención de buscar un nuevo mandato, replegándose en sus feudos,[48] o bien considerando que Cristina Kirchner era imbatible, lo que parecía ser el caso según lo que indicaban las encuestas.[49]

Los que permanecieron en carrera guardaban una esperanza, porque, por un lado, las encuestas daban a la Presidenta a la cabeza pero con un porcentaje que no era definitorio,[50] y por otro lado, en los grandes distritos –Ciudad de Buenos Aires, Córdoba y Santa Fe–, las gobernaciones fueron ganadas por opositores durante las elecciones provinciales que precedieron a las nacionales. El largo año electoral sirvió en este sentido para ilustrar la extraordinaria fluctuación del voto, que siendo ya un rasgo característico de la política argentina, se mostró en esta oportunidad de una manera especialmente clara a causa de la sucesión –y a veces coincidencia- de las elecciones provinciales y nacionales.[51]

Por otra parte, durante todo el proceso electoral se evidenció cómo Cristina Kirchner fue ejemplar en la confección verticalista de la oferta política, lo que se hizo, no en bambalinas, sino a la luz pública. Así, alentó en primer

[47] 2011 fue un año de elecciones generales para elegir tanto el ejecutivo y los legisladores nacionales como los ejecutivos y representantes en las provincias. Trece provincias fijaron fechas anteriores a la de las nacionales (presidente y legisladores nacionales), de modo que este proceso se prolongó desde principios de marzo hasta el 23 de octubre.

[48] Éste fue el caso de Mauricio Macri, quien prefirió volver a competir por el gobierno de la Ciudad de Buenos Aires, y el de Pino Solanas, líder de izquierda que abandonó la carrera nacional para postularse también como candidato a jefe de gobierno de esta ciudad.

[49] Así lo hicieron el otrora muy popular vicepresidente Julio Cobos y la "esperanza blanca" del "peronismo federal", Carlos Reutemann.

[50] Al mes de mayo se lo estimaba en 40% pero en aumento.

[51] Se vio así en escena una "ciudadanía autónoma" cuyas preferencias y pertenencias son tan fluidas que puede cambiar la opción electoral de un mes al otro, o incluso de una semana a la otra, según lo que se considere como los principales temas en juego de cada situación o nivel de representación.

lugar a tres dirigentes afines a postularse y a hacer campaña para el gobierno de la Ciudad de Buenos Aires, y luego decidió quién de entre ellos sería el candidato. Anunció finalmente su propia candidatura presidencial y designó a su compañero de fórmula: el entonces ministro de Economía Amado Boudou. Del mismo modo, nombró a un leal, Gabriel Mariotto, como compañero de fórmula de Daniel Scioli, candidato a gobernador de la provincia de Buenos Aires, para contener a este eventual líder de una disidencia del peronismo tradicional. Para confeccionar las listas de los candidatos a diputados y senadores en numerosos distritos, la Presidenta intervino, ubicando a los jóvenes de "La Cámpora"[52] en posiciones ventajosas. El descontento del peronismo tradicional se fue atenuando, visto el poder electoral de la líder, y lo mismo ocurrió con el líder de la CGT y presidente del Partido Justicialista de la Provincia de Buenos Aires, Hugo Moyano, quien vio frustradas sus intenciones anunciadas a comienzos de la campaña electoral, según las cuales pretendía ubicar a uno de los suyos como candidato a vicepresidente y un tercio de sindicalistas en las listas de diputados.[53]

Una novedad significativa de las elecciones nacionales de 2011 fue la aplicación de la llamada "Ley de Reforma Política", mencionada más arriba. La regla más innovadora y polémica fue la que establecía como obligatoria la realización de elecciones primarias, abiertas, simultáneas y obligatorias (PASO) para validar a los precandidatos de las fuerzas que iban a competir ulteriormente en las elecciones generales. Las PASO fueron convocadas para el 14 de agosto. La participación fue elevada, pese a la ausencia de competencia al interior de cada espacio político. En efecto, en cada coalición –no hubo partidos compitiendo individualmente a nivel nacional- hubo un solo candidato, de manera que la intervención ciudadana para dirimir precandidatos no tuvo lugar, y es posible considerar que uno de los dos objetivos principales de la Ley (el acercamiento de los ciudadanos a los partidos políticos) no fue alcanzado.[54] No obstante, la otra gran finalidad invocada durante su sanción, la de establecer un umbral para los postulantes descalificando a los que obtuviesen menos del 1,5% de los sufragios de los electores habilitados, fue alcanzada, contribuyendo así a limitar la oferta

---

[52] Movimiento de los jóvenes "kirchneristas" fundado por el hijo de Cristina y Néstor Kirchner, Máximo Kirchner.

[53] Solamente dos sindicalistas resultaron electos. Pese a la importancia creciente de los sindicatos bajo los gobiernos Kirchner, su peso político institucional fue decreciente, de 17 a 11 diputados en el período 2003-2011, 11 en la cámara renovada.

[54] Recordemos que un objetivo declarado de la Ley era también la simplificación de un sistema de partidos, imaginado como bipartidista. Las reglas sobre los espacios publicitarios en los medios fueron implementadas equitativamente.

política. Pero la primera aplicación de esta reforma electoral reveló entonces la dificultad de un retorno a la concepción antigua de los partidos políticos como organizaciones capaces de contener a los liderazgos y, sobre todo, a un sistema de partidos equilibrado.

Las PASO hicieron aparecer, por lo demás, un resultado inusitado de la competencia: el "Frente para la Victoria" reunió más de la mitad del total de votos emitidos, mientras que las oposiciones quedaron fragmentadas (otros seis candidatos), el segundo ubicándose 38 puntos por debajo de Cristina Kirchner. Así, estas elecciones "preliminares" se transformaron en una encuesta de escala natural, que anticipó el resultado de la elección general.

Finalmente, el 23 de octubre se confirmó entonces una legitimidad excepcional de Cristina Kirchner, cuya performance fue incluso mejor que en las PASO, con un *plus* de más de tres puntos. La presidenta recuperó recursos institucionales, así como el alineamiento en lo inmediato de los principales poderes corporativos, especialmente de los sindicatos y del mundo de los negocios.

Resultado de las elecciones presidenciales de 2011, primarias y generales

	C. Kirchner	H. Binner	R. Alfonsín	A. Rodríguez Saá	E. Duhalde	J. Altamira	E. Carrió
PASO (14/08/2011)	50.24	10.18	12.20	8.17	12.12	2.46	3.22
Elecciones generales (23/10/2011)	**54.11**	**16.81**	11.14	7.96	5.86	2.30	1.82

La Presidenta alcanzó un *score* superior a todos los otros candidatos desde el advenimiento de la democracia en 1983. Su poder personal se vería desde entonces reforzado y encontraría pocos límites y obstáculos al inicio de su segundo mandato. Sus partidarios más leales serían numerosos en un Congreso en el que el "Frente para la Victoria" tendría la mayoría.[55]

Al efectuarse las elecciones nacionales se produjo un reordenamiento entre los candidatos de oposición. Los más tradicionales (R. Alfonsín, E. Duhalde, A. Rodríguez Saá) retrocedieron con respecto a las PASO. Por el contrario, el candidato socialista, gobernador de la provincia de Santa Fe,

---

[55] A partir del 10 de diciembre de 2011, el bloque oficialista y sus aliados tiene 131 diputados sobre un total de 257, y 38 senadores sobre 72.

Hermes Binner, recién llegado a la escena nacional, mejoró mucho su *score*, pasando al segundo lugar, perfilándose como el líder de una nueva oposición representando una alternativa progresista.

Pasadas las elecciones, la Presidenta se disponía a adoptar decisiones con el propósito de esquivar las consecuencias de la crisis económica mundial y de regular los equilibrios internos pendientes, sin abandonar sus objetivos de crecimiento y redistribución. Comenzaría su segundo mandato con una indiscutible legitimidad de las urnas.

7. La "democracia continua" y sus desafíos

La "democracia continua" supone que la legitimidad de los gobernantes legales –electos por medio del sufragio- no basta para asegurar la legitimidad de sus decisiones. Al contrario, los gobernantes deben renovarla cotidianamente en el espacio público, ante una ciudadanía vigilante instalada en la desconfianza. La "democracia continua" corresponde a un formato democrático producto de las transformaciones en la representación, y especialmente, del rol de los partidos políticos. Paralela al debilitamiento de los partidos, la gravitación de los liderazgos personales es creciente. La vida política se ha desinstitucionalizado y el riesgo presente es la combinación de líderes de popularidad decisionistas que tienden a concentrar el poder y una ciudadanía vigilante que se expresa en la calle por medio del veto de las decisiones pero que no logra ir más allá de la negatividad del rechazo.

Un primer desafío para la democracia en este contexto es el de conjugar una política menos institucionalizada, fuertemente personalizada y por consiguiente ejecutivista (puesto que no se trata de apelar a un imposible retorno a las instituciones y organizaciones del pasado) con un control del decisionismo de parte de los otros poderes (legislativo y judicial) así como de los ciudadanos. Más precisamente, es posible identificar dos niveles de la institucionalidad en los que se pone en juego la "democracia continua" y se vislumbran sus riesgos o derivas. Por una parte, el marco institucional republicano, que implica la vigencia del Estado de derecho y la independencia de los poderes, umbral de existencia de la comunidad política. Por otra parte, la sedimentación de los proyectos políticos en algún tipo de organización que vaya más allá de los líderes instituyentes que los impulsan. En efecto, en el marco de una "democracia continua", en la que los líderes de popularidad están en el centro de la escena y son instituyentes de los proyectos y de las fuerzas políticas que los acompañan, el riesgo es el debilitamiento de los otros poderes democráticos y la dificultad de consolidación de organizaciones políticas que los transciendan. El desafío es, por lo tanto, el de pensar formas de la institucionalidad más acordes a la fluctuación política que caracteriza nuestro tiempo.

Un segundo desafío es, entonces, el de superar las formas de acción ciudadana confinadas en la negatividad, que no expresan más que rechazos a las decisiones de los gobernantes, es decir, el de implicar de una manera más estable y menos reactiva a la ciudadanía. Aquí también se trata de pensar nuevas instituciones. Por un lado, para compensar la negatividad, yendo más allá del pueblo-veto, podrían concebirse formas más frecuentes de consulta popular. Por otro lado, para impulsar la reflexividad,[56] podría recurrirse a dispositivos que fomenten la deliberación –a la imagen de las Conferencias de Ciudadanos en Francia o las Conferencias Nacionales en Brasil– y que, gracias a una la televisación de los debates, contribuyan a crear una escena de argumentación pública.[57]

Un tercer desafío concierne el vínculo entre el Estado y la democracia. La personalización de la política conlleva una concentración de poder en los ejecutivos que se identifican así con el Estado mismo; si bien los líderes decisionistas pueden promover políticas igualitarias y una expansión de los derechos por medio de un fortalecimiento del Estado, éste debería permanecer como inapropiable. El desafío es entonces el de encontrar una vía de profundización de la igualdad sin que se apoderen de las agencias estatales grupos de interés particulares o facciones políticas. En términos más generales, en un contexto de "democracia continua", se trata de sostener el principio democrático de la igualdad, yendo más allá de la legitimidad mayoritaria que confiere a los gobernantes un poder apoyado en el veredicto de las urnas, pero que subestima a los otros poderes democráticos y polariza la vida política.[58]

La primera presidencia Cristina Kirchner ilustra bien las tensiones y los desafíos a los que se enfrentan las democracias contemporáneas. La

[56] Como se ha mencionado anteriormente, el principio de reflexividad (Rosanvallon, 2008) supone una pluralización de las expresiones de la soberanía social, que se ven condensadas por el pilar electoral-representativo mayoritario basado en el sufragio. La reflexividad jurídica de las cortes constitucionales puede prolongarse como reflexividad cognitiva y social en el campo político mediante el fomento de la deliberación pública.

[57] Este tipo de dispositivos contribuirían, simultáneamente, a fomentar formas de involucramiento ciudadano menos signadas por la negatividad y a crear una mayor institucionalidad en el sentido de lo que afirma más arriba. Impulsados por el propio Estado, también reforzarían lo que se ha llamado aquí un "Estado participativo". Para conocer el caso de las Conferencias de Ciudadanos en Francia ver Blondiaux (2008); para las Conferencias Nacionales en Brasil, ver Avritzer (2010).

[58] Es posible, en este sentido, fomentar las instituciones basadas en un principio de imparcialidad (Rosanvallon, 2008), como las autoridades independientes de regulación y control.

Presidenta continuó el rumbo político iniciado por Néstor Kirchner: la recuperación económica, acompañada por una concentración personalista de las decisiones, entre las cuales muchas fueron a favor de los más pobres y vulnerables. Esta forma de gobernar conllevó una fragilidad institucional, que debilitó los controles sobre los actos de gobierno y la autonomía de los ciudadanos, incluso la de aquellos que eran favorecidos por estas políticas. El fortalecimiento del pluralismo político e institucional, la emergencia de alternativas que –teniendo en cuenta los significativos cambios ocurridos– ayuden a revitalizar la vida política, y la preservación de los fines igualitarios ampliando la participación política ciudadana, constituyen en el presente los desafíos de la democracia argentina.

Bibliografía

Abal Medina, Juan Manuel (2011): *La política partidaria en Argentina. ¿Hacia la desnacionalización del sistema de partidos?* Buenos Aires: Prometeo.

Annunziata, Rocío (2012): «La légitimité de proximité et ses institutions. Les dispositifs participatifs dans les municipalités de Morón, Rosario et Ciudad de Buenos Aires», Tesis para el Doctorado en Estudios Políticos, École des Hautes Études en Sciences Sociales, 9 de marzo de 2012.

Avritzer, Leonardo (2010): *Las instituciones participativas en el Brasil democrático.* Xalapa, México: Universidad Veracruzana.

Basualdo, Eduardo (2011): *Sistema político y modelo de acumulación. Tres ensayos sobre la Argentina actual.* Buenos Aires: Cara o Seca.

Blondiaux, Loïc (2008): *Le nouvel esprit de la démocratie. Actualité de la démocratie participative.* París: La République des idées, Seuil.

Cheresky, Isidoro (2009): "¿El fin de un ciclo político?", en Cheresky, Isidoro (compilador): *Las urnas y la desconfianza ciudadana en la democracia argentina.* Rosario: Homo Sapiens.

Cheresky, Isidoro (2010): "Representación institucional y auto-representación ciudadana en la Argentina democrática", en Cheresky, Isidoro (compilador): *Ciudadanos y política en los albores del siglo XXI.* Buenos Aires: Manantial-CLACSO.

Cheresky, Isidoro (2011): "Ciudadanía y democracia continua", en Cheresky, Isidoro (compilador): *Ciudadanía y legitimidad democrática en América Latina.* Buenos Aires: Clacso-Prometeo.

Forster, Ricardo (2011): *El litigio por la democracia. La Argentina en el tiempo kirchnerista.* Buenos Aires: Planeta.

Frenkel, Roberto y Damill, Mario (2009): "Las políticas macroeconómicas en la evolución reciente de la economía argentina", en Nuevos Documentos CEDES, n° 65, Centro de Estudios de Estado y Sociedad.

Gallo, Adriana (2010): *Internas abiertas y representatividad democrática. Análisis y comparación de los casos pioneros en América Latina.* Buenos Aires: Prometeo.

Iazzetta, Osvaldo (2007): *Democracias en busca de Estado. Ensayos sobre América Latina.* Rosario: Homo Sapiens.

Iazzetta, Osvaldo (2011): "Estado, democracia y ciudadanía en la Argentina poscrisis 2001", en Cheresky, Isidoro (compilador): *Ciudadanía y legitimidad democrática en América Latina.* Buenos Aires: Clacso-Prometeo.

Lo Vuolo, Rubén (2009): "Asignación por Hijo", en *Análisis de Coyuntura* n° 22, Centro Interdisciplinario para el análisis de políticas públicas (CIEPP), noviembre de 2009.

Malamud, Andrés y De Luca, Miguel (2011): *La política en tiempos de los Kirchner.* Buenos Aires: Eudeba.

Novaro, Marcos (2010): *Historia de la Argentina (1955-2010).* Buenos Aires: Siglo XXI.

Observatorio de la Deuda Social Argentina (2011): "Deudas y progresos sociales en un país que hace frente a su bicentenario. Argentina 2004-2010", en *Barómetro de la Deuda Social Argentina, serie del bicentenario 2010-2016,* informe especial del año 2011, Universidad Católica Argentina.

Quiroga, Hugo (2010): *La república desolada. Los cambios políticos de la Argentina (2001-2009).* Buenos Aires: Edhasa.

Quiroga, Hugo (2011): "Ciudadanía y democracia en la Argentina. Problemas de representación en perspectiva comparada", en Cheresky, Isidoro (compilador): *Ciudadanía y legitimidad democrática en América Latina.* Buenos Aires: Clacso-Prometeo.

Rosanvallon, Pierre (2006): *La contre-démocratie. La politique à l'âge de la défiance.* París: Seuil.

Rosanvallon, Pierre (2008): *La légitimité démocratique. Impartialité, réflexivité, proximité,* París: Seuil.

Rousseau, Dominique (1995): *La démocratie continue.* Bruylant: LGDJ.

Sarlo, Beatriz (2010): *La audacia y el cálculo. Kirchner 2003-2010.* Buenos Aires: Sudamericana.

Straface, Fernando y Page, María Marta (2009): "Reforma política 2009: ¿cómo impacta en el sistema de partidos y en los electores?", en Documento de Políticas Públicas/ Análisis n° 71, diciembre de 2009, Centro de Implementación de Políticas Públicas para la Equidad y el Crecimiento (CIPPEC).

Primera parte
Transformaciones en la representación y nuevos liderazgos

¿Hacia un nuevo modelo de lazo representativo?
La *representación de proximidad* en las campañas electorales de 2009 y 2011 en Argentina

Rocío Annunziata

1. Introducción

La tipología de formas de gobierno representativo propuesta por Bernard Manin que estableció tres modelos situados históricamente –el "parlamentarismo", la "democracia de partidos" y la "democracia de audiencia o de lo público"– se hizo célebre en los estudios sobre la representación y –con sus matices– ha podido ser aplicada al caso argentino. ¿Pero podríamos encontrarnos hoy en día frente a un cuarto modelo? El presente artículo intenta ofrecer un principio de respuesta a esta pregunta.

Las páginas que siguen indagan de este modo el surgimiento de un nuevo formato del vínculo representativo en Argentina (posterior al estallido de diciembre de 2001), definido por la proximidad entre representantes y representados, en base a la observación de procesos electorales recientes. En primer lugar, construiremos un tipo ideal del lazo representativo a partir del concepto de "proximidad", que sucede, en nuestra hipótesis, al modelo de la "democracia de lo público" y su correlato argentino. La "representación de proximidad" incluye algunos de los rasgos de los modelos anteriores, como la personalización y la mediatización de la política y el rol creciente de los liderazgos frente a los partidos, pero al mismo tiempo implica un rechazo a "los políticos" vistos como ajenos a las realidades cotidianas de la ciudadanía.

Este modelo no supone, sin embargo, el fin de la representación política o su crisis, sino un nuevo formato, apoyado en la negación de la distancia y la diferencia representativas: los gobernantes y candidatos se presentan como "hombres comunes", mostrándose en un vínculo directo con los ciudadanos, como capaces de escucharlos, de compartir sus experiencias y de estar siempre presentes en la cotidianeidad de sus vidas. Se ha señalado que dos principios son constitutivos del lazo representativo: la identidad y la distinción. Por un lado, los electores aspiran a que los representantes sean personas calificadas, "ciudadanos distinguidos"; por otro, a poder reconocerse en ellos, a identificarse con ellos. De algún modo, la proximidad sería inherente a la legitimación del lazo representativo, y sería tan antigua como la representación misma. Sin embargo, parecería que hoy en día la preponderancia de la identificación sobre la distinción no tiene precedentes. Aventuramos entonces que nos encontramos frente a un nuevo modelo del lazo representativo basado en una legitimidad de "proximidad", que implica la preponderancia del principio de identificación sobre el principio de distinción. La "representación de proximidad" supone que los gobernantes y candidatos deben presentarse como "hombres comunes", y disimular toda diferencia o distancia representativa. Si la identificación entre líderes y ciudadanos es un fenómeno ampliamente estudiado, la representación de proximidad implicaría una identificación de nuevo tipo, puesto que no sería contrabalanceada por ningún componente de distinción y admiración hacia el líder. Es por eso que elegimos denominarla "identificación anti-carismática".

De acuerdo con esta construcción conceptual intentaremos observar cómo la "representación de proximidad" aparece en el transcurso de los procesos electorales recientes (elecciones legislativas de 2009 y elecciones generales de 2011). Especialmente, analizaremos las nuevas estrategias de campaña que se corresponderían con el formato de la "representación de proximidad": recorridas por los barrios, caravanas, estilo de los spots televisivos y de los afiches, marcas de la identificación y de la distancia representativa. La presencia de los líderes políticos en el territorio parece revelarse como un vehículo de la identificación anti-carismática de proximidad: dando lugar al contacto físico y a diversos modos de puesta a prueba de la empatía. Afiches y spots parecieran en general tender a basarse en "historias de vida", en relatos de experiencias singulares de algún ciudadano o vecino, del mismo modo que en relatos intimistas de los propios candidatos. El rechazo a la "clase política" y la constitución de la diferenciación sobre un clivaje "políticos/hombres comunes" pareciera difundirse cada vez más. El análisis de materiales de campaña es realizado en base a la recopilación de afiches, spots, material de prensa, discursos públicos y apariciones en los medios de una serie de liderazgos de distintos niveles de representación, de los procesos electorales de 2009 y 2011.

En efecto, si podemos afirmar que la "representación de proximidad" se presenta como un nuevo formato representativo, sus signos deben constatarse en los distintos niveles de representación (local, provincial y nacional), y en las estrategias de líderes de distintas fuerzas políticas, oficialistas y opositores, siendo transversal a las etiquetas partidarias o a la tradición ideológica en la que los líderes pretenden inscribirse. De manera que el análisis del material de campaña servirá no sólo para ilustrar los elementos característicos de la "representación de proximidad" sino también para confirmar este aspecto de nuestra hipótesis, es decir: que no nos encontramos frente a una propuesta de lazo representativo inherente al ámbito local[1] ni frente a una posición o propuesta política particular, sino que se trata del surgimiento de un nuevo formato de representación.[2]

2. La representación de proximidad

2.1. ¿Un nuevo modelo de lazo representativo?

La emergencia de un nuevo modelo de lazo representativo se inscribe en las mutaciones contemporáneas de la legitimidad democrática. En un trabajo reciente, Pierre Rosanvallon (2008) ha explorado la complicación y complejización de lo que es considerado en nuestros días como democráticamente legítimo. Así, ha identificado tres nuevas figuras de la legitimidad, que se corresponden con tres nuevos modos de la generalidad social. En primer lugar, cuando la generalidad se logra por el establecimiento de una distancia razonada frente a todas las partes implicadas, por un abandono de las particularidades, lo que entra en juego es una generalidad negativa, que descansa en la *legitimidad de imparcialidad*. Sus instituciones caracterís-

---

[1] La literatura sobre la "proximidad", no tan abundante en Argentina como, por ejemplo, en Francia, suele tratar esta noción como un indicador de escala, de modo que se identifica, en general, con el ámbito local.

[2] Dicho formato convive, sin embargo, con la existencia de líderes instituyentes, como en el caso de varios presidentes de la región latinoamericana. Para el caso de Cristina Fernández de Kirchner, ver el artículo de Isidoro Cheresky y Rocío Annunziata en el presente volumen. De todos modos, es posible observar, incluso en este tipo de líderes, múltiples estrategias de proximidad. También es posible observarlas en líderes presidenciales de otros contextos, como lo muestra la importancia de la presentación de François Hollande como "hombre normal" en las últimas elecciones francesas.

ticas son las instituciones de vigilancia, de regulación y control. Es legítimo aquello que se muestra como imparcial, desinteresado, y que cumple con una exigencia de unanimidad. Luego, cuando la generalidad se realiza por medio de un trabajo de pluralización de las expresiones de la soberanía social, estamos frente a una generalidad de multiplicación que se apoya sobre la *legitimidad de reflexividad*. En este caso, los actores propios son las cortes constitucionales. Se trata de multiplicar los enfoques parciales para llegar a una comprensión más completa, es decir, más plural de las cosas. La reflexividad, según Rosanvallon, contrarresta el problema de la diversidad en el sufragio: la elección condensa dicha diversidad, pero no logra disolverla. Entonces, ésta puede continuar viviendo, mediante la extensión y el desarrollo de la calidad del debate público. Finalmente, existe una forma de alcanzar la generalidad mediante la consideración de la multiplicidad de situaciones, mediante el reconocimiento de todas las singularidades sociales; ésta es una generalidad de atención a la particularidad, que se sustenta en la *legitimidad de proximidad*. La proximidad supone para el autor una inmersión radical en el mundo de la particularidad, una preocupación por los individuos concretos, una extensión del campo de atención o, como el autor califica ingeniosamente, un "descenso en generalidad".

Esta noción de legitimidad de proximidad ha sido el punto de partida para nuestras investigaciones. Hemos redefinido la legitimidad de proximidad como "…una forma de legitimidad democrática con respecto a los atributos de los líderes políticos, en los que se apoyan para construir una identificación anti-carismática con los ciudadanos comunes, implicando una negación del carácter instituyente de la representación y una afirmación del carácter singular de la participación" (Annunziata, 2012 a). Es en este sentido que nos es posible sugerir la emergencia de un nuevo modelo de lazo representativo que denominamos "representación de proximidad". Este modelo vendría a suceder a los tres modelos propuestos por Bernard Manin (1996) y realizaría al mismo tiempo una combinación de elementos de estos modelos precedentes.

Pero antes de caracterizar la "representación de proximidad" repasemos entonces brevemente los modelos anteriores. Bernard Manin elaboró tres tipos ideales de gobierno representativo, considerando los cambios históricos que afectaron a la representación y sus actores: el primer tipo coincide con los orígenes del gobierno representativo, el segundo comienza con la extensión del sufragio y los partidos "de masas", el tercero surge durante las últimas décadas. Su propósito era mostrar cómo en todos los modelos existían, bajo distintos aspectos, cuatro principios comunes: la elección de los gobernantes por los gobernados a intervalos regulares sobre la base de la confianza en los representantes, la independencia relativa de los gobernantes (ausencia de mandatos imperativos y de promesas obligatorias), la libertad de opinión pública (previniendo la sustitución de los representados por los representantes de manera absoluta), y por último, la toma de decisiones luego de la prueba de la discusión pública.

El autor calificó al primer tipo "parlamentarismo". La confianza que sostenía la elección se originaba en la notoriedad local de los líderes, y revestía entonces un carácter personal. Los representantes mantenían un lazo directo con sus electores, y eran percibidos como pertenecientes a la misma comunidad, ya fuera geográfica o de intereses. Disfrutaban, en cambio, de una posición de eminencia. Los representantes no eran los portavoces de los electores, de manera que disponían de un margen de independencia con respecto a ellos; votaban entonces según su conciencia o juicio, puesto que debían su elección a factores no políticos; la disciplina de voto estaba, en efecto, ausente. Esta situación era, sin embargo, contrabalanceada por la existencia de la libertad de opinión pública al exterior del parlamento. Al no estar los representantes ligados a las voluntades de sus electores, finalmente, el parlamento se erigía entonces en una verdadera instancia deliberativa, en el sentido de que los argumentos intercambiados podían implicar la transformación de las opiniones y en el sentido de que las decisiones no eran adoptadas en función de posiciones fijadas por adelantado.

El segundo modelo fue denominado por el autor "democracia de partidos". Los electores votaban aquí por partidos políticos, y no ya por individuos que conocían personalmente. Eran los partidos los que suscitaban la confianza. Sin ser los líderes de los partidos notables locales, conservaban sin embargo su carácter de élite: eran militantes y organizadores, hombres de "aparato". Los comportamientos electorales eran estables, elección tras elección, e incluso generación tras generación. La orientación del voto estaba determinada por la condición social de los electores y la política devenía así un reflejo de las divisiones existentes en la sociedad, en particular, de la división de clases. La elección expresaba una pertenencia y una identidad, más que el acuerdo o la adhesión a un programa preciso o a las medidas adoptadas. El representante se debía entonces a sus electores, era un portavoz de su partido, de manera que su margen de independencia para la toma de decisiones parecía disminuir.[3] La necesidad de llegar a compromisos entre las fuerzas políticas tenía, sin embargo, por consecuencia, que los partidos eran libres de no poner exactamente en marcha los proyectos inicialmente

---

[3] Sobre la transformación del representante como "hombre de confianza" en portavoz del partido y de sus electores, mandatario dependiente de los mismos, ver Rosanvallon, 2002.

anunciados en sus programas. La totalidad de la opinión pública estaba atravesada por clivajes de naturaleza partidaria, de modo que la libertad de opinión pública se traducía aquí en la existencia de una oposición. Los representantes decidían en función de posiciones tomadas por fuera del parlamento, desplazándose la deliberación al interior mismo de los partidos y, en menor medida, al intercambio entre los líderes de partidos opuestos para llegar a establecer compromisos.

El tercer modelo, que comenzaría hace tres décadas, fue llamado por Manin "democracia de lo público". La elección ha vuelto a la personalización, los electores votan por candidatos, lo que explica el cambio de comportamientos electorales de una elección a la otra. Los partidos se han convertido en herramientas de los líderes, los programas han perdido su importancia, en un contexto cada vez más imprevisible, del mismo modo que las identidades. Las nuevas élites están constituidas por los expertos en medios de comunicación. No reflejan ya divisiones sociales previas al proceso político, sino que presentan diversos clivajes, principios de diferenciación, a los que reacciona el electorado. La importancia de la oferta política, que juega un rol clave en la instauración de los clivajes, conduce a Manin a tomar prestada la metáfora de la escena y de lo público para pensar este modelo. Los gobernantes son electos sobre la base de imágenes vagas, que reducen el costo de información para los electores, lo que les confiere un margen de independencia con respecto a sus compromisos. Los medios no están estructuralmente ligados a los partidos; la opinión pública se expresa por medio de sondeos, al mismo tiempo que la deliberación se desplaza hacia el electorado flotante.

Mediante la demostración de la supervivencia de los cuatro principios definitorios de los gobiernos representativos, Bernard Manin discutía el discurso de la "crisis de representación" y proponía en cambio la hipótesis de una "metamorfosis", sobre el fondo de continuidad de los principios constitutivos de la representación. Sin pretender reabrir esta discusión, podemos notar, sin embargo, que luego de la consolidación de la era de la "democracia de lo público", el discurso de la "crisis de la representación" ha seguido vigente. Esta observación nos obliga a tomar en cuenta un elemento ya señalado por Dominique Schnapper (2002): que la diferencia inherente a la representación, entre representante y representado, está hoy en día cuestionada; la distancia representativa y especialmente la existencia de una "clase política" son objeto de un rechazo generalizado. El principio de "distinción" inherente a la representación, parece, en nuestros días, haberse vuelto problemático. Si los lazos representativos y las instituciones asociadas a ellos sobreviven evidentemente, es al precio de una disimulación creciente de la "distinción".

En efecto, el propio Bernard Manin considera lo que llama "principio de distinción" como aspecto fundamental del origen de los gobiernos representativos. El reemplazo de la selección de los gobernantes mediante el sorteo por la selección mediante la elección[4] es una prueba: se trata de elegir ciudadanos distinguidos, que son, al mismo tiempo, distinguidos gracias a la misma elección. Hay que notar que Manin insiste sobre el hecho de que el gobierno representativo es un régimen equilibrado: combina a la vez elementos democráticos y no democráticos (o aristocráticos). Los elementos democráticos tienden a instaurar la igualdad o la identidad entre representantes y representados; por el contrario, los elementos aristocráticos refuerzan la "distinción" entre los representantes y los representados por medio de la elección.

Pierre Rosanvallon (2002) señala por su parte que la identidad y la distinción serían ambas constitutivas del lazo representativo. El autor lo recuerda así: "La figura del representante, en efecto, se halla en el cruce de dos principios en apariencia contradictorios: un principio de identificación y un principio de distinción. El elector aspira a encontrarse en el representante, pero espera igualmente que el voto designe una persona calificada. La definición del 'buen' representante se halla así en el centro de una tensión compleja entre la igualdad y la diferencia que constituye el fondo mismo de la experiencia democrática" (Rosanvallon, 2002: 56).[5] Elegir significa distinguir. En efecto, el desafío al que se enfrentaron los hombres en el origen del gobierno representativo era precisamente el de encontrar una forma de distinción que fuera compatible con la igualdad democrática, una distinción que no se erigiera en superioridad, es decir, que no transformara a la democracia en aristocracia. La solución consistió en componer una élite "de nuevo tipo", imposible de ser caracterizada sociológicamente, como sí

---

[4] Tal como lo afirma el autor: "El procedimiento electivo implica un obstáculo al deseo democrático de que los gobernantes sean individuos como los demás, próximos a los gobernados por sus caracteres, su modo de vida y sus preocupaciones". [Original en francés: «La procédure élective fait obstacle au désir démocratique que les gouvernants soient des individus comme les autres, proches des gouvernés par leurs caractères, leur mode de vie et leurs préoccupations»] (Manin, 2008 : 307).

[5] Original en francés: «La figure du représentant, en effet, se trouve au carrefour de deux principes contradictoires: un principe d'identification et un principe de distinction. L'électeur aspire à se retrouver dans le représentant, mais il attend également du vote qu'il désigne une personne qualifiée. La définition du 'bon' représentant se trouve ainsi au centre d'une tension complexe entre l'égalité et la différence qui constitue le fond même de l'expérience démocratique.» (Rosanvallon, 2002 : 56).

podría serlo una clase o una casta. Se trató entonces de una élite de individuos constituida en función de las ideas de mérito y de confianza, de manera que el "…gobierno representativo se funda así sobre un tipo de eminencia que no es del orden de la superioridad. Instituye una distinción que es el exacto inverso del privilegio" (Rosanvallon, 2002: 62).[6] El mérito se muestra como una cualidad personal, que ningún grupo social puede apropiarse; la confianza, por otra parte, conjuga proximidad y distancia, supone igualdad y distinción, sin significar por eso subordinación.

Este "principio de distinción", inherente a la representación, aparece en nuestros días cuestionado. Llegados a este punto, aventuremos nuestra hipótesis: la "proximidad" podría designar un nuevo tipo de representación que sucedería en el tiempo o que prolongaría el tipo de la "democracia de lo público", siendo al mismo tiempo una respuesta o adaptación a la persistencia de la sensación de "crisis" de representación que mencionamos más arriba. La "representación de proximidad" supone una política personalizada, partidos políticos débiles y un rol importante de los medios de comunicación; implica también, y sin embargo, la tendencia de los líderes a presentarse, no bajo el prisma de salvadores en contextos inciertos o de crisis, sino bajo el de "hombres comunes", con preocupaciones idénticas a las de todos los ciudadanos, y disponibles para escucharlos. En lugar de exacerbarla, la "representación de proximidad" no haría más que contribuir a disimular la diferencia representativa.

Si la representación como vínculo entre gobernantes y gobernados combina en sus principios y desde el origen, identidad y distinción, es decir, proximidad y distancia, la "representación de proximidad" consistiría sobre todo en una exacerbación del primer principio sobre el segundo. Pero al hacer esta afirmación debemos tener en cuenta que se trata precisamente de una intensificación de uno de los elementos constitutivos de la representación. Es por eso que coincidimos con Rémi Lefebvre cuando recuerda que "Los trabajos teóricos sobre la representación política han demostrado que la proximidad es inherente al principio mismo de legitimación del lazo representativo. Sabemos que es la distancia con respecto a los representados lo que legitima la delegación política. El representante es un 'ciudadano distinguido' y la elección obstaculiza la proximidad porque la misma distingue irreductiblemente al que representa del que es representado. Pero todo representante se ve obligado a justificar su ministerio, a marcar los signos (lazos personales, comunidad de vida geográfica, proximidad social…)

[6] Original en francés: «Le gouvernement représentatif se fonde ainsi sur un type d'éminence qui n'est pas de l'ordre de la supériorité. Il institue une distinction qui est l'exact inverse du privilège.»

que lo acercan a los representados. En otros términos, la proximidad es tan antigua como la representación política misma" (Lefebvre, 2005: 54).[7] Que la proximidad es tan antigua como la representación política misma significa que no puede concebirse la representación sin proximidad; pero la exacerbación de la proximidad observada en los últimos años nos lleva a pensar que en torno a ella parece también haber surgido un tipo nuevo de lazo representativo, que intensifica la identificación entre representantes y representados y pone en cuestión la "distinción" entre unos y otros como quizá nunca antes.

Es de este modo que proponemos caracterizar la "representación de proximidad" como un nuevo modelo de lazo representativo, a partir de una combinación particular de diferentes elementos tomados de los modelos precedentes, a los cuales se les agrega un nuevo elemento. Del "parlamentarismo", la "representación de proximidad" toma prestado el carácter personalizado de los lazos políticos, un rasgo que comparte, por otra parte, con la "democracia de lo público". De la "democracia de partidos", la "representación de proximidad" toma la exigencia de semejanza entre representantes y representados. De la "democracia de lo público" toma, finalmente, la mediatización creciente de la política. A estos tres elementos, la "representación de proximidad" agregaría también la desconfianza frente a la "clase política". Esta combinación particular de elementos colaboraría en el surgimiento de un nuevo modelo de representación que descansa en la identificación entre representantes y representados sin implicar, sin embargo, una identificación colectiva de aquellos que se identifican al representante.

Porque, de hecho, se nos podría objetar: ¿qué hay de verdaderamente nuevo en la "identificación entre los representantes y los representados"? ¿Los líderes llamados "populistas" latinoamericanos, Juan Domingo Perón, por ejemplo, no apelaban a la identificación con los ciudadanos? ¿No recorrían los barrios, saludando y abrazando a los ciudadanos comunes? Ciertamente. Es por esta razón que debemos profundizar la caracterización de lo que vemos como una identificación de nuevo tipo.

---

[7] Original en francés: «…les travaux théoriques sur la représentation politique ont démontré que la proximité est inhérente au principe même de légitimation du lien représentatif. On sait que c'est la distance aux mandants qui légitime la délégation politique. L'élu est un 'citoyen distingué' et l'élection fait obstacle à la proximité en ce qu'elle distingue irréductiblement celui qui représente de celui qui est représenté. Mais tout représentant est tenu pour justifier son ministère de marquer les signes (liens interpersonnels, communauté de vie géographique, proximité sociale…) qui le rapprochent des représentés. En d'autres termes, la proximité est aussi ancienne que la représentation politique elle-même.».

El modo de identificación líder-ciudadanos propio de los fenómenos de masas de tipo populista en América Latina ha sido ampliamente estudiado y puede ser más fácilmente aprehendido con la ayuda de un enfoque inspirado en el Freud de *Psicología de las masas y análisis del yo*. Para decirlo de una manera simplificada pero plenamente ilustrativa: Perón era "el primer trabajador"; por un lado, era un "trabajador", por otro lado, sin embargo, era el "primero". El componente de "admiración", de "ideal del yo", parecería hoy en día no estar presente. La identificación de la era de la proximidad designa la identificación con un dirigente que no tiene nada de mejor, de admirable, de diferente, que se parece al elector en su simplicidad, en su ser cotidiano y común. La proximidad se erige entonces en una negación del lazo representativo (siempre fracasada en cierta medida): no sólo expresada por los votantes que rechazan la diferencia de la "clase política", sino también por los dirigentes mismos que se muestran semejantes a los electores, proclamando, por ejemplo y de manera emblemática, que "votar por mí es votar por usted".

Para afinar un poco la comparación con la identificación del pasado, podemos recordar, rápidamente, algunas características del fenómeno peronista en Argentina. Martuccelli y Svampa (1997), por ejemplo, distinguen tres figuras del liderazgo, correspondientes, cada una de ellas, a etapas de la historia del país. El "caudillo" es el líder propio de las sociedades latinoamericanas anteriores a la constitución de los sistemas políticos. El "líder carismático" se supone dotado de una cualidad extraordinaria, de fuerzas sobrehumanas o sobrenaturales; los ejemplos dados por los autores son los de Hipólito Yrigoyen y de Juan Domingo Perón. Este tipo de carisma que caracterizara Max Weber sería inherente a los populismos en América latina. Los autores sostienen: "…la distancia entre los sectores populares y el sistema político naciente se reduce gracias a la presencia del líder, pero una distancia que sobrevive en el sentimiento de lejanía que se experimenta hacia el líder. Una parte, pero sólo una parte del aura de Evita proviene del carácter 'distante' de Perón, que es más un modelo inaccesible que un verdadero mediador, en quien lo excepcional prima sobre lo ordinario, demasiado grande como para que el actor popular pueda identificarse con él; a diferencia de Evita, en quien, y a través de múltiples narraciones, lo extraordinario está al servicio de lo cotidiano, una heroína humana cuya sola sobrehumanidad proviene, paradójicamente, del hecho de haber sido, toda su vida, demasiado humana." (Martuccelli y Svampa, 1997: 95-96). En el lazo representativo planteado por el peronismo, subsiste una distancia insuperable, incluso en el caso de una Evita besando a los pobres y a los humildes,[8] respondiendo sus cartas, y que continua siendo

---

[8] Entre la infinidad de ejemplos de este tipo de relato sobre Evita, incluidos en una bibliografía inmensa, podemos citar un testimonio recogido por Martuccelli y Svampa

una "heroína humana". Teniendo en cuenta la dimensión sacralizada presente en el vínculo con Perón,[9] percibimos más claramente las diferencias con el tiempo presente: ningún líder político hoy en día, en efecto, se presentaría ni sería percibido como un hombre "extraordinario", admirable, dotado de una doble cara, a la vez humana y sobrehumana. Al contrario, los políticos contemporáneos prefieren mostrarse simplemente como humanos, semejantes a los demás ciudadanos en lo que tienen de no-extraordinario. Se trata de lo que llamamos una "identificación anti-carismática".

Recordemos que para Max Weber el carisma es una cualidad extraordinaria de una personalidad que se muestra sobrehumana, sobrenatural o, al menos, extra-cotidiana. La legitimidad de un líder supondría siempre, desde el punto de vista de sus atributos, un componente de "carisma". Ahora bien, la proximidad viene justamente a obturar –nunca completamente, por supuesto– el componente de carisma en la legitimidad: los líderes deben mostrarse como "cotidianos" más que como "extra-cotidianos", como "humanos" más que como "sobrehumanos", como "naturales" más que como "sobrenaturales". Transformándose en "hombres comunes", los dirigentes deben parecerse a los ciudadanos en lo que tienen de común, de simple, de cotidiano, mostrando los atributos contrarios a aquellos que Weber atribuía al carisma.

Se trata entonces de una identificación singularizante que multiplica al infinito sus modalidades; cada ciudadano se identifica a su manera, cada uno toma de esta imagen en espejo de sí mismo que le es ofrecida por el líder lo que ve o quiere ver de sí. Es por eso que este tipo de identificación no construye como contrapartida un colectivo reuniendo a todos los que se identifican con el líder por medio de algo que tendrían en común. Es decir que la consecuencia de esta identificación de nuevo tipo es que no implica la construcción de un "pueblo",[10] o de un actor colectivo cualquiera– como los partidos políticos habían podido serlo antes–; dicho de otro modo, no induce ninguna forma de identificación entre los ciudadanos mismos, los unos con los otros.

"Evita vino a la fábrica, recorrió todo, se metió como cualquiera, por eso Evita era única, agarraba a los viejitos, todos los besaba, los pibitos todo sucios, los besaba, cosas que no se olvidan" (Martuccelli y Svampa, 1997: 321).

[9] Para un examen del carácter "sacralizado" del liderazgo de Perón y los rituales políticos asociados, ver Plotkin (2007).

[10] Lo que corresponde por otra parte al pasaje señalado por Isidoro Cheresky (2008) del "pueblo" (el actor de las masas) a la "ciudadanía" (el actor de los individuos y de las pertenencias fluidas).

La "identificación anti-carismática" se alimenta así de una puesta en visibilidad de lo íntimo: el relato de las historias de vida de los candidatos, la mostración de su vida personal y al mismo tiempo, la mostración de los sufrimientos y de las historias de vida que "los políticos" pretenden compartir. La compasión y la empatía forman parte constitutiva del tipo novedoso de identificación característico de la "representación de proximidad".

Podemos afirmar entonces que la personalización y la mediatización de la política, componentes de un modelo más amplio de "democracia de lo público" descripto por Bernard Manin, constituyen una condición necesaria aunque no suficiente del lazo representativo de proximidad. Lo podemos concebir como la antesala de la representación de proximidad e intentar ilustrar su pertinencia a partir del ejemplo del caso argentino.

2.2. La representación de proximidad en Argentina

Los modelos de Bernard Manin han sido aplicados, con matices y redefiniciones, al caso argentino. Un ejemplo de aplicación puede ser el trabajo de Marcos Novaro (1994), quien combina dichos modelos con las conceptualizaciones de Hanna Pitkin (1967). Un primer modelo de representación sería la "representación absoluta o hobbesiana"; un segundo modelo, la "representación como deliberación de notables", al que le seguirían sucesivamente la "representación de partidos" y la "representación personalizada".[11] Con el retorno de la democracia en 1983 parecía que un sistema de partidos podía consolidarse, y en consecuencia, una representación de partidos; pero el autor señalaba ya la persistencia de algunos de los rasgos de los tipos precedentes mezclados con formas nuevas de personalización que aparecieron claramente en 1989. La época de los partidos de masas, época durante la cual la representación ponía en escena las divisiones del cuerpo social, estaba entonces haciendo lugar a una nueva era, la de los liderazgos personalistas. El autor la describe así: "Uno de los rasgos novedosos de la política contemporánea que implica un cambio notable respecto de lo que sucedía una o dos décadas atrás, es que los electores ya no se inscriben masiva y establemente en partidos de masas, sino que se inclinan alternativamente por uno u otro de ellos según la capacidad de seducción que demuestran los candidatos del momento." (Novaro, 1994: 45). La confianza en las personas reemplaza la confianza en las organizaciones y las instituciones. Pero, según Marcos Novaro, el modelo de la representación personalizada no se caracteriza, como en el caso del modelo de la democracia de lo público, por la

---

[11] En la práctica, los modelos son mixtos: algunos de los rasgos de la representación de notables, por ejemplo, sobrevivirían todavía en algunas provincias.

ampliación del debate; al contrario, los líderes personalistas serían más bien líderes decisionistas,[12] siendo la ilustración más clara de esta observación el ex presidente Carlos Saúl Menem.

Cheresky y Pousadela (2004) coincidirían en señalar varios de los rasgos de la "democracia de lo público" de Manin como característicos de la política argentina a partir del retorno de la democracia. Los autores señalan que ya en 1983 podía observarse una paradoja: mientras que una "democracia de partidos" se instalaba –los partidos políticos devenían por primera vez los actores principales de la vida política suscribiendo de hecho a las reglas de acceso al poder por la sola vía electoral–, los mismos comenzaban a transformase en el mundo entero, y esta evolución incluía las identidades políticas que los partidos configuraban, desde entonces frágiles, cambiantes y efímeras.[13]

A principios de los años ochenta, los partidos ejercían todavía un rol significativo. Con el retorno de la democracia, los ciudadanos habían adherido masivamente a los partidos políticos y habían participado en gran número de las elecciones internas, así como de las manifestaciones de campaña o partidarias, que reunían entonces, con mucha frecuencia, una cantidad de personas mucho más elevada que cualquier manifestación política de nuestros días.[14] Los partidos conocieron entonces un período de "idilio" con la ciudadanía (Cheresky y Pousadela, 2004), fueron objeto de una "ola inicial de simpatía", en los términos de Vicente Palermo y Marcos Novaro (1998).

[12] Novaro sostiene: "Por encima de los partidos aparece ahora la imagen del líder que cataliza y centraliza las capacidades representativas antes distribuidas en un conjunto de instituciones y organizaciones (…) reaparece sustentando al vínculo representativo la confianza, un componente propio de la representación de notables. Sólo que ella ya no se otorga a un parlamentario o a un cuerpo formado por ellos y encargado de debatir, sino que se focaliza en un líder ejecutivo, de quien se espera decida en asuntos no previstos por las leyes y los programas de gobierno." (Novaro, 1994: 46).

[13] Para una caracterización más detallada de las transformaciones recientes en el rol de los partidos políticos ver el artículo de María Dolores Rocca Rivarola en el presente volumen.

[14] Cheresky y Pousadela sostienen:
La campaña electoral de 1983 fue, en ese sentido, la última de la vieja era y la primera de la nueva. Fue la última en la cual las pasiones políticas se expresaron bajo la forma de multitudinarias manifestaciones populares. Tanto es así, que los cierres de campaña de los dos principales candidatos pasaron a la memoria histórica de sus partidos como "los actos del millón": nunca más podría ningún partido político reunir más que un puñado de decenas de miles de simpatizantes en un acto partidario o electoral, y en adelante pasarían a usarse modalidades de campaña más acordes a las nuevas condiciones del ejercicio de la ciudadanía, tales como las caravanas o las caminatas por las localidades, que funcionarían como complemento de las apariciones mediáticas de los candidatos. (Cheresky y Pousadela, 2004: 17)

Las identidades partidarias, características de la democracia de partidos, tenían también cierto peso. Hasta 1987, los ciudadanos justificaban su voto recurriendo al argumento de la identidad: "porque soy peronista", "porque soy radical", en referencia a los dos grandes partidos tradicionales de la Argentina, el Partido Justicialista (PJ) y la Unión Cívica Radical (UCR). Pero a partir de finales de esta década, el porcentaje del electorado que manifestaba su confianza en, o revelaba su pertenencia a, un partido, o incluso que se identificaba con una cierta tradición partidaria, comenzó a disminuir.

Palermo y Novaro lo afirmaban de este modo: "Los partidos reunían un 84% de valoraciones positivas en las encuestas de 1984, todavía un 63% en 1998, pero apenas un 15% a principios de los noventa (…) A mediados de 1995 el 66% de los ciudadanos con derecho a votar se identificaban como independientes." (Palermo y Novaro, 1998: 34.) El número de los "indecisos" pero también de los electores que se decían "independientes" aumentaba significativamente.[15] La participación en las manifestaciones e instancias internas de los partidos y la militancia voluntaria se debilitaron de manera notable durante estos años. Las identidades partidarias comenzaron entonces a declinar.

El debilitamiento de los partidos tradicionales permitió ya durante los años noventa la emergencia de nuevas fuerzas políticas y, al mismo tiempo, la cada vez mayor gravitación de los líderes sobre las estructuras partidarias, es decir, la personalización de la política. El ejemplo del "Frente para un País Solidario" (FREPASO) fue ciertamente el más importante y marcó una transformación en más de un aspecto de la vida política. Por un lado, fue típicamente una nueva fuerza política, característica de la "democracia de lo público": con una débil organización territorial y un gran manejo de la escena mediática y de la opinión pública (Palermo y Novaro, 1998). Por otro lado, el partido se constituyó alrededor de un fuerte liderazgo, inaugurando así una época en la que los diferentes "líderes de popularidad" (Cheresky, 2006) tomarían la costumbre de constituir cada uno su propia fuerza política.[16]

[15] Si para Cheresky y Pousadela, la campaña de 1983 habría sido la última campaña de la vieja política, habría sido también la primera de la nueva era. Ésta fue, según los autores, la campaña en la que apareció una "ciudadanía fluctuante", "…capaz de definir los procesos electorales en función de sus actitudes y reacciones frente a los acontecimientos políticos, y en particular frente a los que se producían en el curso de las campañas electorales." (Cheresky y Pousadela, 2004: 17). Contrariamente a la idea que se podía tener de los procesos electorales durante el siglo XX, a partir de 1983, las elecciones implicaban la incertidumbre, ya no venían a confirmar un estado de cosas exterior y sustancial y por lo tanto previsible.

[16] Diversos "líderes de popularidad" (Cheresky, 2006) darían desde entonces nacimiento a fuerzas políticas nuevas. Domingo Cavallo, el célebre ministro de Economía de Menem, convocado luego por la ALIANZA, creó en 1997 su propio partido, Acción por la República. En 2001, la dirigente de la UCR, Elisa Carrió, dejaba su partido a causa de la

Durante los años noventa parece entonces consolidarse en Argentina un modelo de "democracia de lo público" o de "representación personalizada"; pero, al mismo tiempo, estos años serán también la antesala de la "representación de proximidad".

En efecto, varios elementos que anticipan el advenimiento de la "representación de proximidad" –y que luego se profundizarán– aparecen en Argentina por estos años. Uno de los más importantes es el surgimiento de líderes políticos calificados, de manera característica, como *outsiders* de la política":[17] a medida que los políticos "de partido" perdían su tradicional prestigio, aumentaba la popularidad de las personalidades del mundo del espectáculo, del deporte, de las empresas, etc., que se lanzaban a una carrera política. Este fenómeno producía que también algunos políticos menos *outsiders* se esforzaran por aparecer como tales, por mostrarse como diferentes de la "clase política tradicional". La imagen de los políticos como hombres comunes, desligados de la política, comenzaba entonces a cobrar relieve. Por

nominación de Cavallo como ministro de Economía de la ALIANZA y constituía una nueva fuerza política que ponía el acento en la moralidad pública y la lucha contra la corrupción (Cheresky, 2004), el ARI ("Afirmación para una República Igualitaria"). Ricardo López Murphy –ministro de Economía de la ALIANZA– dejó también su partido de origen, la UCR, en 2002, para fundar el partido "Recrear para el Crecimiento", más conocido bajo la sigla RECREAR, y con el cual fue candidato a la presidencia en 2003, del mismo modo que Elisa Carrió, con el ARI. Por sorprendente que pueda parecer, luego de un tiempo, estos mismos líderes se alejarían de estas nuevas fuerzas políticas que habían creado (López Murphy dejaba así RECREAR, y Carrió el ARI…). El FREPASO inauguró entonces el advenimiento de un nuevo fenómeno, el de la emergencia de nuevos partidos alrededor de líderes, partidos generalmente efímeros, que se apoyan más sobre los sondeos de opinión que sobre la organización territorial y la militancia. De manera que al mismo tiempo que los partidos se transformaron, fue todo el "sistema de partidos" el que se vio trastocado, desagregándose permanentemente. El hecho de que los nombres de las fuerzas políticas no sobrevivieran de un proceso electoral al otro atestigua la importancia de estos cambios. En los últimos años, el fenómeno característico es la conformación de coaliciones en torno de líderes de popularidad. En 2005, Ricardo López Murphy formaba parte de la nueva coalición "Propuesta Republicana" (PRO) al lado de Mauricio Macri, y Elisa Carrió conformó en 2007 la "Coalición Cívica" (CC), que, dos años más tarde, estaba en la base de una nueva coalición: el "Acuerdo Cívico y Social" (ACyS), a la que se unirían fragmentos del Partido Socialista y de la Unión Cívica Radical (separándose nuevamente antes de las elecciones de 2011). Roberto Lavagna, ex ministro de Economía (entre 2002 y 2005, en el Gobierno de Eduardo Duhalde y luego en el de Néstor Kirchner), decidió crear una nueva coalición para sostener su candidatura presidencial en 2007, la "Concertación para una Nación Avanzada" (UNA).

[17] El número de *outsiders* de la política se multiplicó a partir de estos años: nuevos "políticos" aparecieron entonces. Provenían del mundo del espectáculo, o del deporte, y eran más tolerables para una ciudadanía que ya no creía en los partidos. Los casos de Carlos Reutemann en Santa Fe o de Ramón "Palito" Ortega en Tucumán son los ejemplos más significativos (Novaro, 1994).

otro lado, pero inscribiéndose siempre en la misma sintonía, se difundió, durante estos años, una crítica moral de la política, acompañada de la denuncia constante de corrupción, configurando así las precarias identidades de las nuevas fuerzas políticas, elemento del que el FREPASO fue también precursor. La dicotomía transparencia/corrupción comenzó de este modo a aparecer como uno de los ejes de diferenciación política privilegiados, lo que, en un contexto de política personalizada, en el que las actitudes o las conductas de los gobernantes cuentan cada vez más, traducía el advenimiento de una "política de la denuncia" (Annunziata, 2012 a) que en adelante no haría más que acentuarse. Se trataba, por lo tanto, del período de gestación del rechazo de la "clase política" cuyo estallido con el "que se vayan todos, que no quede ni uno solo" de diciembre de 2001 marcaría el hito de la proximidad.

Podemos considerar entonces que la crisis política de fines de 2001 señala el hito de un nuevo formato representativo. Lo que estaba ya anunciado por el "voto bronca"[18] de octubre de 2001, estalló en las jornadas del 19 y el 20 de diciembre y bajo la forma de lo que se llamó el "cacerolazo", la expresión argentina más clara del rechazo de "los políticos" en tanto que clase separada y alejada de los ciudadanos. Los líderes se verían empujados desde entonces a presentarse como "hombres comunes" y desvinculados de la "clase política".

Si la llegada de Néstor Kirchner a la presidencia en 2003 pudo ser leída como marcando el advenimiento de un proceso de recomposición política y de restitución de la autoridad presidencial (Cheresky 2004, 2006, 2008), pero especialmente como una recuperación del carácter instituyente de lo político, el lazo entre representantes y representados había cambiado ya profundamente. Kirchner se posicionó, en efecto, como un hombre capaz de realizar lo inesperado por medio de la política. Tal como lo sostuvo Isidoro Cheresky: "Kirchner expresaba convicciones no compartidas por muchos votantes, pero no dudó en ponerlas en obra (en particular la política de derechos humanos o su relación con la Fuerzas Armadas). Es decir que la acción emprendida tuvo una dimensión instituyente: probó que políticas deseadas pero riesgosas eran posibles, que otras políticas relegadas podrán ser revalorizadas e incluso que otras impensadas podían recibir adhesión" (Cheresky, 2004: 39). Sin embargo, Néstor Kirchner no dejó nunca de aparecer como un "hombre común". Basta con prestar atención a sus

---

[18] En las elecciones legislativas del 14 de octubre de 2001, un 42,67% de los electores habilitados no se presentó a votar o emitió una forma de "voto negativo" (nulo o en blanco). (Cheresky y Pousadela, 2004). Como manifestación de la negatividad y del rechazo de la clase política, este comportamiento electoral marcaba ya un giro significativo.

discursos, en los que repetía con mucha frecuencia que era un hombre como los demás. Por ejemplo:

> Por eso quería estar hoy aquí diciéndoles que, con mis aciertos y mis errores, soy un hombre común con responsabilidades importantes (…).[19]
> (…) quiero decirles que yo soy como ustedes, un hombre común que hoy me toca trabajar de presidente, pero basta con estos dirigentes políticos que llegan a la Presidencia y se creen infalibles. Yo soy un hombre común, trato de hacer las cosas lo mejor posible, por ahí me equivoco y les puedo asegurar que me autocritico y corrijo porque no quiero perjudicar a nadie, pero no hay nadie perfecto.[20]

El Presidente Néstor Kirchner tomó la costumbre de mezclarse con los ciudadanos comunes, y de romper el protocolo ligado a su función. Los medios han hablado mucho del estilo informal y anti-protocolar de Néstor Kirchner, en particular, durante la ceremonia de asunción como presidente en 2003. Un artículo de *La Nación* (26/05/2003) la describía en detalle:[21]

> (…) apenas se bajó en la explanada de la Casa de Gobierno Kirchner rompió el protocolo y enloqueció a los custodios, al cruzar la calle Balcarce y acercarse a las vallas que lo separaban del público que intentaba saludarlo (…) Sin querer, un fotógrafo golpeó a Kirchner en la frente y le abrió una herida que lo obligó a colocarse un apósito (…) Le costó repetir completo el texto del juramento de cada ministro. Se reía de sus furcios y parecía no saber qué hacer con el bastón de mando.

Pero no se trataba solamente de un cambio en el vínculo representativo propuesto por los gobernantes, sino también, y con mayor intensidad, por los líderes y candidatos opositores. En un movimiento paralelo al discurso del "hombre común" de Kirchner, los líderes de la oposición se inclinaron mucho más hacia la "representación de proximidad". Un fragmento de una entrevista con Mauricio Macri, líder de Propuesta Republicana (conocida

---

[19] Discurso del presidente Néstor Kirchner durante un acto en Malargüe, provincia de Mendoza, 10 de octubre de 2003.

[20] Discurso del presidente Néstor Kirchner durante un acto en Ituzaingó, provincia de Buenos Aires, 9 de agosto de 2004.

[21] Un artículo titulado "Un flaco como cualquier otro" del ensayista José Pablo Feinmann publicado en *Página/12* (31/05/2003) conoció una importante recepción. Se podía leer, en la misma línea: "Es un flaco como cualquier otro. Cruza hacia el Congreso. Jura. Juega con el bastón. Tiene el saco desabrochado".

más tarde simplemente bajo la sigla de "PRO"), publicado en el diario *Perfil*, ilustra el alejamiento de los partidos y de la clase política tradicional, así como la consigna de "resolver los problemas concretos de la gente", rasgos característicos del modelo de "representación de proximidad":

> Entrevistador: ¿Cómo define al PRO ideológicamente?
>
> Mauricio Macri: Es una propuesta posmoderna de gente común que se hartó de los guitarreros, que quiere "al pan, pan y al vino, vino", y que no se casa con una corriente ideológica. Se casa con soluciones prácticas de cada problema. Es un partido posmoderno, por lo tanto, no se puede definir ideológicamente.[22]

La "solución práctica de cada problema" comenzó a ser la propuesta característica de esta nueva fuerza política; fue cada vez más acompañada de la presentación de los líderes como siendo simples vecinos y de un discurso dirigido a los vecinos, tal como se puede observar en las estrategias de campaña.[23] En efecto, el alejamiento de toda forma de ideología aparece como una condición de la presentación de "los políticos" como "hombres comunes"; el "hombre común" no es ni partisano ni ideologizado. Un rasgo que se refuerza en el caso de esta nueva fuerza política en particular con la intervención de líderes *outsiders*, entre los cuales sobresale el empresario Mauricio Macri, pero también más recientemente, el célebre humorista Miguel del Sel, candidato a gobernador en la provincia de Santa Fe en 2011. Lo que podemos remarcar es que el PRO no ha hecho, en este sentido, más que transformar en consigna un discurso muy recurrente, aunque menos articulado, de la mayoría de los líderes políticos, que estima que los gobernantes no tienen que hacer más que "resolver los problemas de la gente"; discurso que presupone que todo retraso en la solución de los problemas no proviene de una cuestión política sino que resulta de una falta de atención o de conocimiento de parte de la "clase política", demasiado centrada en sí misma.

Se fue configurando de este modo un lazo representativo nuevo que, partiendo de la crítica de la "clase política" como alejada de los ciudadanos, hace de los representantes "hombres comunes". Es con ellos que puede establecerse una "identificación anti-carismática", destacando todos aquellos rasgos personales de los candidatos en términos de su simplicidad, de su cotidianeidad. La ruptura del protocolo y los desplazamientos de los líderes hacia el territorio, es decir, las formas gestuales del contacto entre los líderes y los ciudadanos comunes, pruebas muchas veces de "empatía",

---

[22] Entrevista aparecida en *Perfil* (04/03/2007).

[23] Trataremos este punto en el próximo apartado.

constituyen marcas de la disminución de la distancia, del mismo modo que la preocupación por "solucionar problemas concretos" e inmediatos que coloca a "los políticos" en un más acá de la política. De manera que un vínculo representativo "de proximidad" parece haberse instalado como registro de interpelación de gobernantes y candidatos. Este vínculo representativo novedoso transforma la concepción de las políticas públicas y de las actividades de los representantes en función. La "proximidad" puede entonces ser vista como un atributo de la gestión, de la "forma de gobernar".[24] En este sentido, los desplazamientos por el territorio de los representantes en función constituyen también indicadores del cambio de concepción en la forma de gobernar. El caso del gobernador de la provincia de Buenos Aires, Daniel Scioli, es quizá uno de los más ilustrativos. Scioli aparece como el campeón de las visitas a los vecinos –podríamos decir incluso: el campeón del "estar ahí"– sobre todo cuando se producen tragedias, resultado de la inseguridad, que colocan a los vecinos en el rango de víctimas y los incitan a reclamar siempre más "presencia" de los políticos en el territorio.

El diario *La Nación* narraba la visita de Scioli al viudo de una maestra asesinada en Derqui, provincia de Buenos Aires:

> El gobernador bonaerense, Daniel Scioli, indicó hoy que anoche mantuvo un encuentro con Walter García, el viudo de Sandra Almirón, la maestra asesinada en Presidente Derqui. Dijo haberse encontrado con "un hombre de trabajo y luchador por la vida, con un gran amor por su mujer" (...) "Walter me hizo recorrer cada rincón de la casa, cada uno de los recuerdos hasta el guardapolvo de Sandra, que abrazaba", prosiguió.[25]

Este acompañamiento de las víctimas, esta tentativa de compartir su vivencia, puede alcanzar situaciones en las que la responsabilidad política en la irrupción de una tragedia no parece ser evidente. El ahogo de un niño en las costas de Mar del Plata en enero de 2011 es un buen ejemplo. En la cobertura mediática de esta tragedia las emisiones televisivas titulaban "Scioli está en el lugar". Tal como ha sido señalado por Pierre Rosanvallon (2008), los gobernantes se desplazan hoy en día cada vez menos en ocasión de

---

[24] El ejemplo más claro de la "proximidad" como atributo de la gestión o de la forma de gobernar es la puesta en marcha, cada vez más frecuente, de los denominados "dispositivos participativos" por parte de las autoridades. Para el caso argentino ver Annunziata, 2012 c.

[25] *La Nación* (28/11/2009). Ver también en *Clarín* (28/11/2009) el artículo titulado "Scioli visitó al esposo de la docente asesinada y defendió su plan para limitar excarcelaciones".

inauguraciones y cada vez más para visitar a víctimas ejemplares o para dar testimonio de su compasión a poblaciones que han pasado por catástrofes naturales o accidentes.

La presencia no es sólo signo de empatía, de contacto directo con los vecinos comunes; es también el medio que aparece como más adecuado o legítimo de conocimiento de las realidades cotidianas. Es en este sentido que el nuevo formato representativo se acompaña de un cambio de concepción en las políticas públicas. Durante un reportaje dado a *Perfil*, el gobernador Scioli se expresaba de la manera siguiente sobre la cuestión de la inseguridad:

> Yo vine a enfrentar este tema y a cambiarlo, y estoy abierto a todos los sectores de la política, a todos los sectores de la sociedad, a la participación ciudadana. Porque hablo con las víctimas, he visto familias destrozadas, he llorado al lado del viudo de la maestra, al lado de su guardapolvo y su cama y el esfuerzo de toda la vida. He estado con la madre de la catequista y sé lo que significa que le mataran esa hija; a mí no me la cuentan, lo veo.[26]

El "compartir" la experiencia de los vecinos comunes concierne a la dimensión cognitiva de la representación: la forma más verdadera de conocimiento de una realidad es cada vez más "vivirla cotidianamente", en la singularidad de cada experiencia, que estudiarla desde la objetividad generalizante de la estadística producida "desde el escritorio". Más recientemente, el caso de Candela, una niña de once años desaparecida durante varios días y luego encontrada asesinada, fue la ocasión para el gobernador Daniel Scioli de mostrar que "está siempre ahí". El caso conmocionó a la Argentina; se sucedieron manifestaciones de vecinos reclamando la aparición de la niña y movilizaciones de artistas. La madre de Candela fue incluso recibida por la presidenta Cristina Fernández de Kirchner. Cuando la niña fue hallada sin vida y su madre tuvo que reconocer el cuerpo, Daniel Scioli la acompañaba. El diario *La Nación* narraba, por ejemplo:

> Ayer, parado frente a la bolsa de plástico oscura que contenía el pequeño cuerpo desnudo, desfigurado y brutalmente asesinado de Candela Rodríguez, el gobernador sólo atinó a musitar: "Dios mío". Minutos más tarde, cuando llegó la madre de Candela al descampado situado en Villa Tesei, y Scioli la acompañó a reconocer el cadáver de la niña, el gobernador escuchó una advertencia de esa mujer devastada, que le dijo: "Mataron a mi hija. Va a ser la última hija a la que maten".[27]

---

[26] Entrevista aparecida en *Perfil* (11/07/2010).

[27] *La Nación*, 01/09/2011.

El gobernador no sólo "estaba allí", estaba en un momento de intimidad conmocionante, compartiendo el sufrimiento más inmediato y mudo de la madre. La compasión lo dejaba "sin palabras".[28]

Son muchísimos los ejemplos de artículos de prensa o de emisiones televisivas que realizan el retrato de un gobernador recorriendo los barrios y mostrando su conocimiento concreto de los problemas cotidianos de los vecinos. Lo que importa subrayar aquí es que el conocimiento del territorio, de la experiencia de las víctimas, se transforma en la clave de la concepción de las políticas públicas. Parecería, así, que para hacer frente al problema de la inseguridad, es más válido hablar y compartir el dolor de las víctimas que concebir políticas desde el "encierro del escritorio". Este desplazamiento de los gobernantes al territorio como demostración de su interés y compasión, esta atención –alentada y reforzada por los medios– que se enfoca sobre el hecho de "estar ahí" de los gobernantes más que sobre sus discursos o decisiones, dan forma a lo que podría llamarse una "política de la presencia".[29] El impulso de esta "política de la presencia" es paralelo a la crítica creciente de la "política de escritorio", a la que se asocia en general una "clase política" solamente preocupada por sí misma.

Al mismo tiempo, las nuevas tecnologías de comunicación permiten crear efectos de proximidad verdaderamente sin precedentes. A respecto de esto, el empleo intensivo de *Twitter* por los dirigentes, de todas las tendencias políticas, es muy significativo;[30] los otros medios producen también noticias a partir de los *tweets* de los políticos. Estas tecnologías contribuyen sobre todo a construir una imagen del vínculo íntimo que uniría a los políticos y a los ciudadanos comunes: la inmediatez del contacto da la impresión a la vez de la co-presencia pero también de políticos menos "públicos", a los que podemos imaginar en su casa, frente a su computadora por la noche,

---

[28] Como ha señalado Hannah Arendt en su conceptualización de la compasión, la misma se expresa por medio de gestos y expresiones del semblante, no tiene el poder de la argumentación y la generalización, presta su voz "al mismo ser que sufre". (Arendt, 2004)

[29] Tomamos prestada esta expresión de Rosanvallon (2008). Para una profundización del problema a partir de la noción de la "política de la presencia", ver Annunziata, 2012 b.

[30] Sobre la actividad de los dirigentes políticos argentinos en *Twitter*, consultar, por ejemplo, *La Nación* del 14 de noviembre de 2010. Las redes sociales del tipo de *Twitter* o *Facebook* han devenido herramientas de comunicación utilizadas por los líderes políticos en todo el mundo, durante su mandato pero también durante las campañas electorales. La campaña electoral de Barack Obama en Estados Unidos nos ofrece un caso sobresaliente. La apertura de la cuenta de *Twitter* de la presidenta Cristina Fernández de Kirchner –el 6 de septiembre de 2010– tuvo una importantísima repercusión (Ver *La Nación*, 06/09/2010). Durante las primeras horas, alcanzó a tener 40.000 "seguidores", y a fines de ese año, el número se elevó a 264.000, habiendo enviado más de cien *tweets* por mes (Sarlo, 2011).

como todo el mundo. La ensayista Beatriz Sarlo señala por su parte que "El usuario de *Twitter* sabe, por experiencia propia, que él y todos escriben allí lo que están pasando o viendo precisamente en ese momento (…) Los *tweets* cristinistas son una representación imaginaria de política directa" (Sarlo, 2011: 74).

Tanto las nuevas tecnologías como la "política de la presencia" colaboran en la construcción de un efecto de intimidad compartida entre "los políticos" y los "hombres comunes". Por un lado, la presencia se revela como un símbolo de la compasión y de la atención dada a la singularidad de las vivencias de los ciudadanos. En la manera de gobernar y de hacer campaña, las "historias de vida" y los testimonios de los hombres comunes adquieren centralidad.[31] Por otro lado, los políticos ofrecen a la mirada de los ciudadanos su propia intimidad y sus "historias de vida". No es sólo el acompañamiento de víctimas lo que los políticos muestran sino también sus sufrimientos y sus vivencias singulares. En este sentido, algunos analistas notan que el hecho de haber padecido una tragedia se transforma en ventaja, en términos de popularidad, para los políticos, lo que podría aplicarse al caso de Daniel Scioli, quien perdió un brazo en un accidente como piloto de *off-shore,* pero también al caso de Gabriela Michetti, líder del PRO apadrinada de Mauricio Macri que se desplaza en silla de ruedas. Sus sufrimientos los hacen entonces más "humanos". Es así como lo ve Beatriz Sarlo, al subrayar que "Después del desastre de un accidente deportivo y un accidente automovilístico, han vuelto a la vida, sin un brazo uno, semi-paralítica la otra (…)" (Sarlo, 2011: 55). No podemos dejar de mencionar la manera en que la "imagen positiva" y el apoyo de la presidente Cristina Fernández de Kirchner aumentaron luego de la muerte de su marido Néstor Kirchner.[32] Trágica, familiar, personal, toda

[31] Por otra parte, las "identidades" específicas de los ciudadanos se ponen de relieve. Se espera de ellos de este modo que sean "auténticos", lo que significa que sean fieles al lugar que el sistema de clasificaciones sociales o culturales les asigna, comprendiendo la edad, el género, las preferencias musicales, la profesión, las "tribus urbanas", etc. Este hecho se confirma cuando se examina la cada vez más frecuente referencia a los "jóvenes" a los "adultos mayores", etc., en los discursos políticos. Podemos ver un ejemplo en la campaña de afiches del PRO previa a la elección de Jefe de Gobierno de la Ciudad de Buenos Aires en 2011. Durante esta campaña se realizó una serie de afiches mostrando a ciudadanos comunes en primer plano con la leyenda: "Vos sos bienvenido. Mauricio en la Ciudad". Cada uno de estos primeros planos relevaba una "identidad" tipificada: un chofer de taxi, un hincha de River, un fan de un grupo de rock, un joven profesional exitoso vestido de traje, un músico con su guitarra, un metalero lleno de tatuajes…Sus diferencias específicas se revelaban por la ropa o incluso por ciertos signos corporales. Todas las diversidades, todas las particularidades, eran bienvenidas, es decir, todas eran "reconocidas".

[32] Esta subida en la popularidad fue confirmada por los resultados de la elección presidencial de octubre de 2011. Cristina Fernández de Kirchner alcanzó un porcentaje

la humana intimidad de los políticos parece hoy en día jugar un rol central en el lazo representativo. Lo que los ciudadanos esperan de ellos es que se muestren "tal como son". De este modo, la "sinceridad", el "decir lo que se siente", la "autenticidad", aparecen como atributos más preciados que lo que es efectivamente transmitido como mensaje, como discurso, propuestas o decisiones políticas. Haciendo descansar su análisis en la exposición de la intimidad de los políticos, Beatriz Sarlo compara a estos últimos con las celebridades y habla del mundo político como de una *Celebrityland* : "La subjetividad es de permanente interés, ya que para ser una celebridad es necesario exponerse como prueba de proximidad y de 'humanidad' (...) Príncipes y Princesas de Celebrityland son intensamente confesionales, lo cual no exige sinceridad sino estilo: no se trata de una siempre improbable verdad subjetiva sino de alguien que se presenta 'como lo que es'...". (Sarlo, 2011: 16-17).

La puesta en visibilidad de lo íntimo, el hecho de presentar a "los políticos" en su aspecto de "hombres comunes", tanto por la compasión que ellos muestran y las historias de vida que escuchan como por la compasión que tratan de provocar y por las historias de vida que relatan, construye lo que hemos calificado como "identificación anti-carismática".

3. Las campañas electorales recientes

Pero es sobre todo en las campañas electorales cuando se ponen de manifiesto las mutaciones de las estrategias de presentación de sí de los candidatos. Los procesos electorales constituyen, para la democracia, los laboratorios de la construcción y reconstrucción de las identidades y de los lazos políticos. Lo que es propuesto –por los líderes– y que es luego elegido –por los ciudadanos– nos dice mucho sobre lo que, en efecto, es considerado como democráticamente legítimo. En la medida en que son períodos concentrados de "presentación de sí" de los diferentes líderes, las campañas muestran bien la naturaleza de las transformaciones en materia de legitimidad en función de los atributos de los políticos.[33] Recordemos

---

de votos de 56,93%, recuperando el apoyo político que parecía muy débil solamente algunos meses después del comienzo de su primer mandato, y resultando reelecta para un segundo mandato como presidenta de la Nación.

[33] La constitución de la oferta electoral –quién será candidato– indica ya, por ejemplo, si se va a privilegiar o no a un "hombre del territorio", si se va a privilegiar un militante más "partidario", o un verdadero *outsider*", etc. Las campañas mismas nos dejan ver las diversas estrategias de los candidatos para interpelar a los electores y la imagen que los primeros quieren transmitir de sí mismos: un "hombre común", un "hombre de partido", un "experto", etc. Los resultados de los procesos electorales señalan, con mucha

que hemos definido la "legitimidad de proximidad" –marco general de un nuevo modelo representativo– en función de los atributos que los líderes deben mostrar para ser considerados democráticamente legítimos. La observación de las campañas contribuye, por otra parte, a confirmar que dichas mutaciones trascienden los colores políticos, los niveles de representación y la dicotomía oficialismo/oposición.

Efectivamente, además de aparecer en el modo de gobernar (concepción de las políticas públicas y actitudes de los gobernantes) la proximidad se muestra cada vez más en las campañas. Estamos de acuerdo con Pierre Leroux cuando afirma que "Los 'rituales de proximidad' tales como las reuniones públicas, las visitas a los mercados, los vinos de honor o los encuentros más o menos informales se dan por función ostentatoria la de hacer descender simbólicamente y momentáneamente al representante de su pedestal" (Leroux, 2005 : 91).[34] De manera creciente, en las campañas electorales se vuelve indispensable producir una imagen de proximidad, apelar también a campañas de tipo "cara a cara", o "puerta a puerta", en las cuales las comidas, las caminatas y las caravanas de autos con los vecinos reemplazan a los tradicionales actos políticos y partidarios, revelando la importancia del contacto directo entre representantes y representados (Annunziata, 2009). En las campañas recientes se han multiplicado así los ejemplos de "localismo" y de una "política de la presencia"; al mismo tiempo, las campañas producen formas novedosas de identificación entre los candidatos y los electores, y resaltan la accesibilidad y la escucha de los primeros; proliferan, finalmente, las campañas basadas en la denuncia de la "clase política" o de "los políticos".

3.1. Localismo y política de la presencia

En las campañas electorales recientes puede observarse con cada vez mayor frecuencia lo que hemos llamado "localismo" (Annunziata, 2012 a),

---

frecuencia, novedades en los comportamientos ciudadanos, indicando cuáles son las interpelaciones de los candidatos que los ciudadanos se han apropiado efectivamente, pero también la manera en la que los electores votan: como "ciudadanos comprometidos", como "militantes", como "vecinos", como personas que quieren resolver sus problemas cotidianos, etc. El presente volumen ofrece variados ejemplos de aquello que muestran los procesos electorales desde el punto de vista de los líderes políticos y de la ciudadanía. Aquí, nos limitaremos a presentar algunos elementos significativos de las campañas recientes para nuestro modelo de "representación de proximidad".

[34] Original en francés: «Les 'rituels de proximité' tels que les réunions publiques, les visites sur les marchés, les vins d'honneurs ou les rencontres plus ou moins informelles se donnent pour fonction ostentatoire de faire redescendre symboliquement et momentanément l'élu de son piédestal».

es decir, un tipo de discurso según el cual la política local –con los atributos positivos asociados a ella: cotidianeidad, cercanía física, contacto– sería el modelo de la política legítima.[35] Si bien la "representación de proximidad" no se reduce a los lazos propios de la escala local, idealiza la política local como modelo. En este sentido, la figura del "vecino", suerte de "ciudadano de lo cotidiano" adquiere centralidad en el discurso político y mediático. En las campañas "localistas", los candidatos se presentan con frecuencia como vecinos comunes que viven cotidianamente los problemas de la ciudad y los conocen por experiencia.

A nivel municipal nos encontramos con muchas campañas centradas en los problemas locales, campañas "localistas",[36] no siendo sólo el caso de los partidos vecinalistas, sino también el de otras fuerzas políticas que en el pasado podrían haber apelado más bien al "arrastre" de los líderes y de los temas de la política nacional. Las más llamativas son las campañas "localistas" en la Ciudad de Buenos Aires, porque la Ciudad es también el escenario más "nacionalizado" como ciudad capital del país. La campaña de Gabriela Michetti en 2009, cuando fue candidata a diputada nacional por la Ciudad de Buenos Aires de la lista Unión-PRO, es un ejemplo. La campaña tuvo como eje, precisamente, el problema de la "autonomía porteña". En el lanzamiento anticipado de su candidatura para las elecciones de 2011 de la Ciudad de Buenos Aires, Ricardo López Murphy, difundió un afiche con su imagen y la siguiente leyenda:

[35] Es en un sentido "localista" que pueden interpretarse fenómenos recientes de los procesos electorales, como la utilización de candidaturas "testimoniales" en 2009, y la tematización mediática y la apelación cada vez más frecuente al "corte de boleta". En el primer caso se trató de contagiar a las listas legislativas del "aura de la gestión local", generando que muchos de los intendentes en función encabezaran las listas legislativas en sus localidades. En el segundo caso, como hemos sostenido en otro lado (Annunziata, 2009), el "corte de boleta" responde muchas veces a una "entrada local al cuarto oscuro", en la que se revela como prioritario el "votar como vecino".

[36] Pese a su inscripción en un "proyecto nacional" más amplio, un spot televisivo de Daniel Filmus en 2007, candidato a Jefe de Gobierno de la Ciudad de Buenos Aires, es interesante en este sentido. Filmus se mostraba caminando por la ciudad, y mirando hacia la cámara decía: "Te quiero hablar a vos que vivís en esta ciudad igual que yo, te quiero decir que no tenés que resignarte a vivir así, no tenés que resignarte a mirar cien veces para todos lados cuando entrás a tu casa, no tenés que resignarte a perder dos horas por día arriba de un colectivo, no tenés que resignarte a que cuatro gotas parezcan un tsunami…" En el curso del mismo proceso electoral otro candidato a Jefe de Gobierno, Jorge Telerman, difundía spots que los mostraban su cabeza calva, apelando a la informalidad y al humor, y hablaba así a los vecinos: "Queridos vecinos, tengo mi corazón y mi cabeza puestos únicamente en la ciudad, quiero seguir gobernado mi amada Buenos Aires". Otros spots de Telerman afirmaban: "Telerman, el único que tiene la cabeza en la ciudad". Para un análisis del proceso electoral 2007 en la Ciudad de Buenos Aires ver Mauro (2009).

> Ricardo piensa la ciudad. ¿Y vos? Contanos.

Este "pensar la ciudad", este "pensar la cotidianeidad de los vecinos", va en la línea de la presentación de los candidatos como diferentes del resto de la "clase política". En los afiches de López Murphy, se podía leer incluso una suerte de "puesta en un pie de igualdad" entre candidatos y electores potenciales: tanto Ricardo como los vecinos piensan en la Ciudad, los proyectos del primero para la ciudad son tan importantes como las ideas de los segundos.

Durante las últimas elecciones a Jefe de Gobierno de la Ciudad de Buenos Aires en 2011,[37] el PRO transformó la figura del vecino en ícono. Ésta aparecía, en efecto, en un spot televisivo, condensando un conjunto de elementos positivamente connotados que la distinguía de la "clase política": se encontraban allí la confianza, los gestos de "todos los días", y el consenso por oposición al conflicto. Varios vecinos participaban e intervenían ellos mismos en el spot:

> Somos vecinos, nos hacemos favores, nos prestamos las herramientas y nos devolvemos las pelotas, nos damos la llave cuando nos vamos de vacaciones y hasta nos regamos las plantas. Éste es un buen momento para acordarnos del valor de esos gestos de todos los días. Ser vecino es saber que no tenemos una medianera que nos divide, sino una ciudad que nos une.

El spot terminaba con una aparición en pantalla del candidato Mauricio Macri, al lado de su compañera de fórmula, mientras afirmaba:

> Éste es el verdadero poder de los vecinos, y nosotros, estamos acá para defenderlo.

Este creciente "localismo" se complementa con la ya mencionada "política de la presencia". La presencia de los candidatos en el territorio opera una contigüidad con los electores. Entre las formas de la presencia de "los políticos" en el territorio,[38] hay una que es sobre todo informal y no-protocolar, que se combina con actos de contacto, de acercamiento corporal entre los dirigentes y los ciudadanos comunes, y que se vuelve cada vez más frecuente en las campañas electorales. Las campañas intensifican tanto las "recorridas"

---

[37] A este respecto ver también el artículo de Gabriela Mattina en el presente volumen.
[38] Para una tipología de las formas de la presencia de los dirigentes políticos en el territorio, ver Annunziata, 2012 b.

de los barrios como los abrazos, los aprietes de manos, las fotografías con los ciudadanos comunes.

En apoyo de esta observación, podemos evocar el ejemplo de Martín Sabbatella, candidato a diputado nacional de la provincia de Buenos Aires por la fuerza política "Nuevo Encuentro" en 2009. El año 2009 fue la primera salida en escena de Nuevo Encuentro a nivel provincial, puesto que antes de este proceso electoral, Sabbatella estaba al frente de un partido vecinalista. Sabbatella era el intendente de Morón desde 1999 y había llevado adelante una gestión exitosa y verdaderamente reconocida; contaba con todo el "encanto" de la política local como carta de presentación.[39] En 2009 hacía campaña "recorriendo" la provincia. Los medios mencionaban que sus jornadas de caminatas, de visitas y de desplazamientos en el territorio, eran interminables. Un artículo del diario *Perfil* (26/06/2009) se subtitulaba, por ejemplo: "El intendente de Morón recorre la provincia en un auto que es casi su casa rodante". El artículo continuaba:

> Antes de subir al auto, cuenta que desde hace cuatro años recorre la provincia, aunque en esta oportunidad es diferente: "Es mucho más intenso; todo el día, todos los días".

El artículo hacía el relato de las actividades del candidato en cada una de las ciudades que visitaba y citaba sus palabras durante la cena:

> "El otro día fui a lo de Mirtha Legrand, pero a mí me gusta comer así, rodeado de personas en un asado", afirma en la mesa y va a saludar al asador...

El candidato sentado a la mesa, y la informalidad en general, reemplazan los discursos más tradicionales declamados desde un escenario o tarima. El tema de las "recorridas" del territorio aparecía siempre puesto de relieve. Evocando estos desplazamientos de campaña de Martín Sabbatella, *La Nación* (27/06/2009) decía:

> Martín Sabbatella muestra con orgullo los 18.000 kilómetros que sumó en los últimos 15 días con su auto.

La presencia de los candidatos en el territorio, característica de la representación de proximidad, es entonces una presencia que se acompaña de la ruptura del protocolo. Otro ejemplo, extraído del mismo proceso electoral,

[39] Para un análisis del liderazgo local de Martín Sabbatella y de los procesos electorales de 2005 y de 2007 en Morón, ver Annunziata (2006 y 2009).

sería el del ex presidente Néstor Kirchner, cuando se presentó como candidato a diputado nacional por la provincia de Buenos Aires con el Frente Justicialista para la Victoria (FPV). Poniendo en juego su estilo informal, su costumbre de mezclarse con la gente común, que ya hemos señalado, aparecía en los medios[40] recorriendo el interior del país, abrazando a los ciudadanos, mostrando una actitud de proximidad corporal, física. Un artículo del diario *Clarín* (08/05/2009), titulado "Con su nueva estrategia, ahora Kirchner recorrió a pie Berazategui", nos ofrece una buena ilustración. El texto describía así el periplo:

> En poco más de dos horas de esa recorrida, Kirchner se abrazó con hombres y mujeres, besó chicos y abuelos, posó para las fotos de todos los que le apuntaron con sus celulares, se metió en algunas casas, tomó mate, firmó autógrafos e hizo decenas de bromas sobre Racing y otros temas. La intención del titular del PJ con estas recorridas es mostrar una figura "más humanizada" y en contacto directo con la ciudadanía (…).

Los procesos electorales, las campañas electorales en sentido amplio, suponen, cada vez más, la organización de desayunos, de reuniones improvisadas en los cafés y, en general, el contacto con los electores y las recorridas del territorio. Según Leroux, la proximidad "se declina también en los usos sociales del cuerpo: apretones de manos, abrazos, risas, acercamientos y relajaciones de los cuerpos, tantas maneras de 'buscar el contacto' con el elector. La inmersión en la circunscripción es un signo en sí…" (Leroux, 2005: 96).[41]

---

[40] En el ejemplo de Néstor Kirchner, como en el ejemplo de Martín Sabbatella, vemos la manera en que los medios de comunicación muestran a la totalidad del público la co-presencia de la que participan muy pocas personas. Mediatizan lo inmediato, de manera que contribuyen a construir la proximidad como lazo político legítimo. Sin la visibilidad de los medios de comunicación, la co-presencia y el contacto entre dirigentes políticos y ciudadanos comunes no podría tener el efecto de transformar la legitimidad democrática. Coincidimos con Christian Le Bart en señalar que: "…esta preocupación de proximidad es objeto de puesta en escena ella misma mediatizada, porque los testigos reales de la presencia efectiva del actor político no son más que un pequeño número. Los periodistas comentan a distancia, y para un público físicamente desparramado, la presencia real de un político en el territorio…". (Le Bart, 2005 : 152). [Original en francés: «…ce souci de proximité fait l'objet d'une mise en scène elle-même médiatisée, car les témoins réels de la présence effective de l'acteur politique ne sont qu'un petit nombre. Les journalistes commentent à distance, et pour un public physiquement éclaté, la présence réelle d'un politique sur le terrain…»]

[41] Original en francés: «…se décline aussi dans les usages sociaux du corps: poignées de mains, embrassades, rires, rapprochements et relâchements des corps, autant de manières 'd'aller au contact' de l'électeur. L'immersion dans la circonscription est un signe en soi…».

Acabamos de ver en qué medida la inmersión en la circunscripción ha sido significativa en la campaña de Martín Sabbatella, del mismo modo que los usos del cuerpo y del contacto físico en la campaña de Néstor Kirchner; podríamos decir lo mismo de muchos otros candidatos.

En 2011, el candidato a Jefe de Gobierno de la Ciudad de Buenos Aires por el Frente para la Victoria, Daniel Filmus, resumía esta "política de la presencia" en una fórmula de spot televisivo que aparecía en la boca de una actriz, afirmando:

> Porque creo que gobernar es estar presente.

Este tipo de campaña que se apoya sobre la presencia física, en la forma de desplazamientos por el territorio, de caravanas o de múltiples modos de contacto directo con los ciudadanos, ha tenido antecedentes en el caso argentino. Las campañas en los transportes públicos del líder del FREPASO Carlos "Chacho" Álvarez adoptaron este estilo, y antes todavía, el ex presidente Carlos Ménem, había inaugurado el uso de las caravanas.[42] Como señalan Palermo y Novaro (1996), en este tipo de campañas, "el único movilizado era él mismo".

Menem dio nacimiento, en efecto, a un tipo de campaña que se caracterizaría por una movilización y un compromiso personal de los candidatos en todo momento. Cada vez más, son los políticos los que van a buscar a la gente en lugar de movilizarla a un acto partidario; la energía que se pone en acción es en adelante mucho más la de los políticos que la de los militantes o simpatizantes. Esta evolución se encuentra en estrecho vínculo con la incertidumbre creciente de nuestras sociedades y con la pérdida de sentido de la noción de programa, de manera que los candidatos se comprometen menos sobre medidas específicas que sobre la energía que tienen la intención de desplegar, lo que se observa particularmente en las campañas; tal como lo afirma Pierre Rosanvallon (2008), cuando se muestran en el territorio, los políticos hacen valer "la inversión tangible de ellos mismos".

Los procesos electorales recientes en Argentina nos ofrecen entonces variadas muestras de "localismo" y de una "política de la presencia". Ambos coinciden en poner en el centro de la escena el contacto entre los dirigentes políticos y los ciudadanos. El ámbito local es figurado como el ámbito por

---

[42] Para una descripción del estilo de campaña de Menem en 1989 ver Vicente Palermo y Marcos Novaro (1996). Sin embargo, el tono "cuasi-religioso" que los propios autores señalan en el estilo de campaña de Menem no se acerca todavía al estilo de las campañas de proximidad. El carisma, como dijimos, se encuentra disimulado o eclipsado en el registro de la proximidad.

excelencia de dicho contacto, y la presencia de los políticos en el terreno intensifica esta figuración. La identificación entre dirigentes políticos y ciudadanos se produce en estos casos de manera metonímica, por su contigüidad en el mismo espacio.

3.2. Identificación, accesibilidad y escucha

Pero también es cada vez más frecuente en los procesos electorales la aparición explícita del mensaje de la identificación anti-carismática, el "vótese a usted mismo", que puede adoptar distintas fórmulas. Además de producirse en función de la contigüidad, la identificación entre dirigentes políticos y ciudadanos se produce en función de la semejanza: es decir, se produce de manera metafórica además de metonímica.

Los procesos electorales de 2009 y 2011 nos permiten observar diferentes estrategias de identificación puestas en marcha por los candidatos. Los mismos buscan mostrarse atentos, interesados por los problemas cotidianos de los ciudadanos. Esta actitud puede concebirse como resultando ella misma de otra actitud, la de consentir a descender al nivel del ciudadano común, con los mismos problemas y viviendo las experiencias cotidianas de la vida local; la actitud de ponerse en el lugar de, y de identificarse con, los representados.

Ejemplos paradigmáticos en este sentido son los de Julio Cruciani, candidato a diputado nacional por la Ciudad de Buenos Aires en 2009, y Javier Castrilli, candidato a Jefe de Gobierno de la misma ciudad en 2011. El primero declamaba en un tono perentorio en su eslogan de campaña:

> Vótese. Yo soy usted.

En una entrevista que el candidato dio al diario *Página/12* (16/06/09), afirmaba:

> La fuerza que me acompaña se compone de toda gente desconocida, pero idónea. Una dentista, una médica del Garrahan, un dirigente social, un empleado, un obrero calificado, jubilados, gente común. Y por lo tanto con los problemas del común y con las soluciones que tiene la gente del común.

Los afiches eran igualmente reveladores: el eslogan "Yo soy usted" estaba acompañado de la leyenda siguiente:

> Un partido sin políticos, con candidatos como usted.

Durante el proceso electoral de 2011 en la Ciudad de Buenos Aires, la figura de Javier Castrilli, árbitro de *football* y candidato del partido "Acción Ciudadana" pareció inscribirse en el mismo tipo de construcción. Durante el debate entre los candidatos a Jefe de Gobierno organizado por la Universidad de Buenos Aires en el Cine Cosmos el 6 de junio de 2011, Castrilli finalizaba cada una de sus intervenciones con un:

El domingo, le pedimos, vótese a usted mismo, vote Castrilli.

Si se puede decir que el peso de Cruciani y de Castrilli fue marginal en la competencia política, éste no es para nada el caso del PRO, una de las más importantes fuerzas de oposición ya en 2009 y gobernante de la Ciudad de Buenos Aires. Los principales spots televisivos de la campaña de Unión-Pro en 2009 terminaban con la aparición en pantalla de una ecuación muy significativa:

Francisco + Mauricio + Gabriela = vos.

Francisco De Narváez se presentaba como cabeza de lista de diputados nacionales por la provincia de Buenos Aires; Gabriela Michetti, como cabeza de lista de diputados nacionales por la Ciudad de Buenos Aires; Mauricio Macri era el Jefe de Gobierno de la Ciudad. Haciendo un uso informal de los nombres de pila, elemento típico del "estilo PRO",[43] los candidatos creaban una imagen de disolución de la representación, declarando a cada elector que tenía un poco de cada uno en sí mismo, que era todos a la vez. Por otra parte, conviene recordar que los tres líderes se han presentado (en el curso de la campaña pero también anteriormente) como *outsiders* de la política: Francisco De Narváez y Mauricio Macri son especialmente conocidos como empresarios millonarios, como lo hemos mencionado más arriba. Sin embargo, esta característica que habría podido separarlos o diferenciarlos de los ciudadanos comunes fue, al contrario, utilizada en la campaña. Los spots

---

[43] Este "estilo PRO" es un ejemplo de marketing político en el que la forma prima sobre el contenido. El slogan de campaña de 2007, un juego de palabras que proclamaba "Va a estar bueno Buenos Aires" se volvió famoso precisamente en razón del registro informal del lenguaje, juvenil y poco habitual en política. En 2009, el PRO realizó, nuevamente, afiches directamente inspirados en este estilo publicitario: mostraban, sobre un fondo liso, el logo de PRO, es decir, un triángulo representando una flecha dirigida hacia delante, sin signos partidarios, sin propuestas, sin siquiera los nombres de los candidatos. Para completar la descripción del "estilo" o de la "identidad" PRO –incluso considerada una "actitud PRO" por los propios actores– ver el artículo de Gabriela Mattina en el presente volumen.

de Francisco De Narváez en 2009 son muy significativos desde este punto de vista: el candidato hacía el relato de su vida, contaba la historia de su abuelo, de la pequeña empresa familiar, del desarrollo de la misma gracias al trabajo duro, contaba que tenía seis hijos, etc. Esta exposición del relato, del testimonio de lo íntimo, es, como dijimos más arriba, vector de la identificación anti-carismática, y colabora a su imagen de "ciudadano común".

Esta estrategia de puesta en visibilidad de lo íntimo fue retomada por el PRO en el proceso electoral de 2011. En el marco de la campaña para Jefe de Gobierno de la Ciudad de Buenos Aires, se difundió, por ejemplo, un spot televisivo en el que María Eugenia Vidal, compañera de fórmula de Mauricio Macri, afirmaba:

> Hola, soy María Eugenia Vidal, soy una chica del barrio de Flores (…) estoy casada, tengo tres hijos….

Pero este tipo de estrategia no se ha limitado a las campañas del PRO, así como no se limita tampoco a la mostración de la historia de vida de los candidatos; su efecto es mayor cuando apela a la compasión, cuando no se trata sólo de la narración de una historia personal, sino de una historia personal sufrida. El relato íntimo de los sufrimientos resulta más intenso en la transformación del líder en "hombre común". Un ejemplo lo proporciona la campaña de Daniel Scioli como candidato a gobernador de la provincia de Buenos Aires por el Frente para la Victoria en 2011. Una publicidad de campaña mostraba al gobernador y a su mujer, rezando de rodillas en una iglesia, prolongando su eslogan de campaña "Yo creo en vos"; evocaba los momentos difíciles de su vida:

> Yo creo en mí. Por qué no hacerlo, si yo también soy uno de ustedes. Gané y perdí. Sufrí, pero luché con fe y pude salir adelante.[44]

Son las dificultades padecidas en el transcurso de su vida las que lo transforman en un "ciudadano común".

La puesta en escena del dirigente en tanto que "ciudadano común" permite también proceder a un cambio de roles: es el ciudadano común mismo el que va a gobernar si el candidato en cuestión gana la elección. Se niega así la representación creando la imagen de una pura presentación no mediatizada, se le dice al ciudadano que será él quien pondrá en marcha las políticas, por medio de una suerte de inversión de la autorización hobbe-

---

[44] *La Nación*, 07/08/2011.

siana. Si esta teoría suponía que todos los actos del soberano son actos de los ciudadanos que lo habrían autorizado a actuar en su nombre, aquí, a la inversa, el político postula que los actos de cada ciudadano serán los suyos, o incluso, que va a asumirlos como suyos. Lo vemos, por ejemplo, en el spot televisivo del PRO, que afirmaba, en la campaña de 2009:

> Hay alguien nuevo en la política. Vos. El cambio empieza un día.

Esta forma de "inversión de la autorización" que parece difundirse cada vez más, se potencia con la puesta en visibilidad de lo íntimo, pero también con la exhibición de la accesibilidad de los candidatos y su apertura a la escucha. El PRO nos ofrece nuevamente ejemplos significativos. La candidata a diputada nacional por la Ciudad de Buenos Aires en 2009, Gabriela Michetti, hablaba así en un spot televisivo:

> El 28 usted tiene en la mano la posibilidad de pedirme lo que necesite, usted sabe bien que conmigo se puede hablar.[45]

Más recientemente el auge de la idea de "escucha" en las campañas es todavía más notable. Un spot televisivo de apoyo a la candidatura de Miguel del Sel a gobernador de la provincia de Santa Fe por "Unión-Pro Federal" durante las elecciones provinciales de julio de 2011, subrayaba, por ejemplo, la "capacidad de escucha" del candidato. Mostraba a Gabriela Michetti afirmando:

> Hola, soy Grabriela Michetti y vine a Santa Fe para darle mi apoyo a Miguel, un tipo con gran talento, y no me refiero al de la actuación, sino, al saber escuchar.

La misma fuerza política realizó una campaña de afiches durante las elecciones generales del 23 de octubre de 2011, en favor de la candidatura de Federico Pinedo como cabeza de lista de diputados nacionales por la

---

[45] Esta actitud de contacto directo, de escucha de la singularidad, de los problemas y de las experiencias de cada uno, acompaña habitualmente a la "política de la presencia" evocada más arriba: "La ex vicejefa de gobierno porteño y primera candidata a diputada por PRO en la ciudad de Buenos Aires, Gabriela Michetti, se ocupó de lleno a la campaña electoral donde recorrió las calles del microcentro porteño. Allí, recibió quejas y sugerencias de los ciudadanos que se le acercaron." [Blog de campaña de Unión-Pro, 2009: http://pro-elecciones.blogspot.com/2009/06/gabriela-descubriendo-buenos-aires.html]. La "presencia" es, en efecto, interpretada como signo de compasión y de escucha de las experiencias singulares.

Ciudad de Buenos Aires, enfocados en el tema del "corte de boleta". En los afiches se veía la leyenda:

Cortá boleta para que se escuche tu voz.

Pero otro spot televisivo de Miguel del Sel es sin duda paradigmático de la "representación de proximidad". Muestra la combinación de ciertos atributos que "los políticos" deben tener cuando aspiran a ser legítimos. En el spot se mostraba a diferentes personas, "hombres comunes", que nos decían, sucesivamente, que confiaban en "Miguel". Por ejemplo:

Yo confío en Miguel, porque es muy trabajador;
Yo confío en Miguel, porque conoce nuestras necesidades;
Yo confío en Miguel, porque es honesto;
Yo confío en Miguel, porque él sabe escuchar a la gente;

Y el conjunto de enunciados de atributos de la proximidad se coronaba con una buena síntesis de la identificación anti-carismática:

Yo confío en Miguel, porque es uno de nosotros.

El hecho de "ser trabajador", "honesto", de "saber escuchar", evoca cualidades personales; sin embargo, no se trata de cualquier rasgo de personalidad, sino de aquellos que distinguen al candidato de la "clase política" y que le permiten aparecer como un "hombre común" entre los demás. Recordemos que Miguel del Sel es un humorista famoso; en los programas televisivos a los que era invitado en el marco de la campaña, contaba chistes, hacía imitaciones de otras celebridades y pasaba anuncios, invitando al público a sus *shows*. Los periodistas colaboraban poniendo el acento en su carácter de "persona simple", en sus buenas y "sinceras" intenciones.

Habría que agregar que la puesta en visibilidad de lo íntimo y la compasión operan en una doble dirección: así como los candidatos narran sus vivencias singulares, también hacen campaña apoyándose en las vivencias singulares de los "hombres comunes", cuyas experiencias pretenden compartir.

Se han hecho cada vez más frecuentes las campañas estilo "historias de vida", llenas de testimonios centrados en las vivencias singulares de ciudadanos comunes. Varios spots televisivos del PRO difundidos durante las elecciones a Jefe de Gobierno de la Ciudad de Buenos Aires en 2011 presentaban vecinos que contaban su experiencia personal. Comenzaban con mensajes tales como:

Esta es la historia de Pedro. Y quien mejor la puede contar es Pedro.

O bien:

Esta es la historia de Antonia. Y quien mejor la puede contar es Antonia.

La singularidad de la experiencia se muestra claramente en esta afirmación inscribiendo a los "hombres comunes" como los mejores narradores posibles de su propia vivencia. Durante la campaña para las elecciones presidenciales de 2011, la presidenta Cristina Fernández de Kirchner difundió una serie de spots televisivos apoyándose también en "historias de vida". Cada spot contaba una historia en primera persona: Victoria, una nieta recuperada cuyos padres habían desaparecido en la última dictadura; Atilio, un trabajador de astillero que había perdido su empleo durante los años noventa y que había vuelto a encontrar trabajo luego del crecimiento de la economía; Elena, una mujer con trece hijos que había conseguido tener televisión en su casa; Jésica, que había podido finalmente tener una "vivienda digna" luego de toda una vida en malas condiciones habitacionales; Haydée, una mujer que había podido jubilarse, etc. Durante el acto de cierre de campaña electoral, el 19 de octubre de 2011, estas personas estaban presentes en primera fila. La presidenta habló de cada uno de ellos, llamándolos uno a uno por su nombre de pila, y relatando el momento en que los había conocido. Estas personas representaban, en palabras de la presidenta, la "Argentina real", que muchas veces "no escuchamos". Cada una de estas historias de vida apareció, en efecto, como ilustrando políticas de Estado; la proximidad se encontraba compensada por la inscripción de lo singular en un relato global de los años de gestión y en una visión de conjunto de la "Argentina que crece", cristalizados por otra parte en el eslogan "Fuerza Cristina". Si bien el rol presidencial es el menos permeable por el formato de la "representación de proximidad", es interesante notar que, incluso en un estilo de campaña alejado discursivamente de las que estamos analizando en estas páginas, la incorporación de los relatos, de los testimonios y del contacto directo con los "hombres comunes" parece haberse vuelto ineludible.

3.3. Denuncia de la "clase política"

Mostramos hasta aquí elementos que contribuyen, por la contigüidad o la semejanza, a producir la identificación anti-carismática entre políticos y ciudadanos comunes. La otra cara de la identificación es la denuncia de la "clase política", que también se vuelve frecuente en los procesos electorales recientes.

Las campañas son, en efecto, la ocasión para denunciar a "los políticos" (para cada uno de los enunciadores, se trata por supuesto de denunciar a los oponentes), en razón de su diferencia con el "hombre común". Por eso decimos que esta denuncia es coextensiva de la identificación. Mientras se presentan como "hombres comunes" los candidatos denuncian también a los otros dirigentes, acusándolos de conservar su distancia y su diferencia frente a los ciudadanos. Pero, ¿en qué consiste esta diferencia? Se considera que "los políticos" son corruptos por definición, que no son verdaderos y honestos trabajadores, que buscan sacar provecho de la actividad política, que mienten y que siempre ocultan un pasado oscuro. Es interesante ver cómo los líderes recuperan el discurso de los ciudadanos a propósito de ellos mismos.

Una ilustración característica puede ser el caso de Luis Juez,[46] cabeza de lista de los candidatos a senadores nacionales por la provincia de Córdoba del partido "Frente Cívico" en 2009. Instalado en un discurso de lucha contra la corrupción, concibió, en 2009, un spot de campaña particularmente original en este sentido. El spot mostraba a un joven que hablaba de "los políticos", entre los cuales estaba el propio Juez, confesando que, en un primer momento, no "creía en él" porque pensaba que era, como todos los otros, un "farsante" y que luego, había descubierto que era diferente. El joven lo expresaba de esta forma:

> No estaba acostumbrado a que un político hablara tan directamente, tan de frente….

Por eso, el joven elegía a Luis Juez,

> …entre tantos políticos maquillados de más, que no dicen lo que piensan…

En relación a nuestras consideraciones precedentes sobre la identificación, conviene subrayar el efecto producido por el spot en esta línea: es un ciudadano común el que habla, que actúa como enunciador,[47] y no el propio candidato. En lugar de ser un dirigente político que trata de asemejarse a un ciudadano común, estamos directamente en presencia de un ciudadano común, a imagen del receptor del spot. No parece hacer falta un enunciador

---

[46] Para el caso de Luis Juez y el "juecismo" en Córdoba ver el artículo de María Victoria López en este volumen.

[47] Los mensajes de campaña enunciados por "ciudadanos comunes" han devenido todavía más frecuentes. Acompañan en general las campañas del estilo "historias de vida", que acabamos de mencionar.

privilegiado; el joven hablando en el espacio habitualmente ocupado por los políticos mismos que buscan transmitir sus mensajes de campaña, significa también que el espectador-elector puede prescindir de escuchar al candidato, semejante al que habla, es decir, al espectador mismo.

Entre las otras fuerzas políticas que durante el proceso electoral de 2009 pusieron el acento en la crítica a "los políticos" encontramos al Acuerdo Cívico y Social (ACyS), dirigido por Elisa Carrió, quien hacía años venía esgrimiendo la bandera de la honestidad, de la moralidad (recordemos su suerte de eslogan a favor de un "Contrato Moral") y de la transparencia. Al igual que Unión-Pro, en 2009, esta fuerza inscribió el "cambio" en el corazón de su discurso de campaña. Uno de sus spots era más sutil que el de Luis Juez sobre el tema de la denuncia de "los políticos", pero altamente significativo: mostraba el rostro de un político que se metamorfoseaba en otros rostros sucesivamente, en rostros de líderes y de gobernantes muy conocidos. El spot nos decía que todos son "lo mismo", que todos son igualmente "diferentes" de nosotros, los ciudadanos comunes.

Finalmente, en el seno del partido gobernante, el FPV, el candidato a diputado nacional por la Ciudad de Buenos Aires, Carlos Heller, retomó también el eje de la desconfianza frente a la política y "los políticos", lo cual se plasmó en sus afiches de campaña. Heller difundió, en efecto, un afiche que afirmaba:

> La política tiene su lado bueno. Conocelo.

Y otro de sus afiches estaba acompañado de la leyenda siguiente:

> Resiste cualquier archivo. Chequealo.

La preocupación por la transparencia se transforma en una atención sobre la trayectoria personal de los dirigentes, sobre sus actitudes personales. Es entonces mucho más que una exigencia de conocimiento público de las políticas y acciones de gobierno. Pareciera que es la historia de toda una vida la que pasa al centro: ya sea la historia de un hombre común y trabajador, como la de De Narváez, ya sea la historia de los políticos que nunca se han dejado corromper por la política durante toda su carrera, es decir, de los hombres a los que la política no ha vuelto "diferentes", que la política no ha "transformado". Vemos que la denuncia es la otra cara de la identificación, puesto que saca su fuerza de la obsesión por la personalidad de los dirigentes y consiste en el rechazo de aquello que separa a "los políticos" de los "hombres comunes".

En 2011, esta denuncia de los candidatos a "los políticos" ha sido claramente adoptada por los líderes del PRO. En la campaña para la elección de Jefe de Gobierno de la Ciudad de Buenos Aires, la compañera de fórmula de Mauricio Macri, María Eugenia Vidal, afirmaba en un spot publicitario:

> Creemos que la política puede ser menos de los políticos y más de los vecinos.

El efecto de este tipo de discurso es el de transformar a la candidata en el reverso negativo de una dirigente política, en una simple vecina. El candidato a gobernador de la provincia de Santa Fe de la misma fuerza política, Miguel del Sel, difundió otro spot en el que aparecía también como disociándose de la "clase política". Sostenía:

> No nací siendo político, pero hace treinta años que recorro el país y mi provincia, escucho tus necesidades y lo que te hace feliz.

Y continuaba declarando:

> Santa Fe necesita un gobierno con menos escritorio y más calle.

Este último ejemplo muestra la conexión entre los distintos elementos que venimos señalando. La crítica de la "política de escritorio" o de los políticos "encerrados en su escritorio" es la otra cara de la exigencia de presencia de los políticos en el territorio, es decir, de la exigencia de contacto con los ciudadanos comunes, como prueba de interés en y de conocimiento de sus realidades cotidianas, al mismo tiempo que de accesibilidad y de escucha.

4. Conclusiones

Para concluir con nuestro recorrido, podemos extraer algunas observaciones de los procesos electorales. En primer lugar, prestar atención a los procesos electorales contribuye a confirmar que la "proximidad" no puede ser concebida simplemente como una característica de las políticas públicas,[48]

---

[48] La mayor parte de los trabajos que se ocupan de la cuestión de la proximidad se concentran en sus declinaciones en términos de políticas públicas, especialmente, de políticas públicas locales y participativas. Pero creemos que en nuestros días los representantes deben aparecer como "cercanos" a los ciudadanos, tanto para ser electos como para conducir gestiones de gobierno legítimas. De allí que podamos afirmar que la legitimidad de proximidad emerge simultáneamente como una tendencia de la "legitimidad de origen" y de la "legitimidad de ejercicio" (Annunziata, 2012 a); concierne tanto lo que en la distinción anglosajona sería la 'policy' como las 'politics' (Lefebvre, 2005).

sino que impregna el discurso político en general y las estrategias de mostración de sí de los candidatos en campaña, es decir: constituye un modo del lazo representativo con determinadas pretensiones de legitimidad en función de los atributos de los dirigentes políticos.

En segundo lugar, la observación de los variados ejemplos que mencionamos, entre otros que podrían agregarse, nos permite afirmar que no estamos frente a la estrategia de fuerzas de determinado color político –y mucho menos de alguna fuerza en particular–, sino que los elementos de una "representación de proximidad" se corroboran tanto en candidatos oficialistas como opositores, y de todo el arco político. Los procesos electorales recientes parecen revelar que la "representación de proximidad" sería transversal o indiferente a las ideologías y a las identidades partidarias, y no un indicador de "progresismo" o "conservadurismo", de discursos de "izquierda" o de "derecha". El "localismo", la "política de la presencia", las estrategias de identificación enfatizadas por la puesta en visibilidad de lo íntimo y la actitud de accesibilidad y escucha, así como la denuncia de "los políticos", transcienden ampliamente las pertenencias a los partidos políticos y los posicionamientos ideológicos.

En tercer lugar, lo mismo ocurre con los niveles de representación. Los rasgos de una "representación de proximidad" aparecen en las campañas para todos los niveles: local, provincial y nacional. Si los políticos locales se dirigen a "los vecinos", también lo hacen los dirigentes de otros niveles de representación, en el sentido en el que apelan a la importancia del conocimiento y del reconocimiento de la cotidianeidad, y se muestran recorriendo a pie los barrios como se jactan de hacer muchas veces los intendentes. Aunque la política local se transforme en referencia de la política legítima, la "representación de proximidad" no se limita al ámbito local.

Finalmente, la proximidad opera como un factor de diferenciación política, un clivaje, que se muestra, sin embargo, muy débil como tal: cuando "los políticos" buscan aparecer como "ciudadanos comunes", tratan de establecer una frontera con la "clase política". Pareciera entonces que "los políticos" son siempre los otros. De allí que, al comenzar a expandirse este tipo de clivaje, pierda la capacidad de diferenciar.

La principal enseñanza que nos deja entonces la observación de los procesos electorales recientes en Argentina es que los rasgos de una "representación de proximidad" aparecen atravesando todo el arco político y los distintos niveles de representación, de modo que dicha observación contribuye a fundamentar la afirmación de que nos encontramos frente a un modelo o a una forma de lazo representativo, más que frente a una estrategia coyuntural, propia de determinados actores o ámbitos de la representación.

Por supuesto, la investigación de futuros procesos electorales y la ampliación de los escenarios observados, se vuelve imprescindible para confirmar estas apreciaciones.

Pero los elementos con los que contamos parecen suficientes, al menos, para que la pregunta de si nos hallamos frente a un nuevo formato de lazo representativo sea pertinente. En Argentina, la crisis de fines de 2001, que puede interpretarse como el paradigmático estallido contra la "clase política" con la consigna "que se vayan todos, que no quede ni uno solo", produjo un significativo giro, pues en adelante se volvió cada vez más imperativo para los gobernantes y candidatos disimular su condición de "políticos". Una década después, tenemos la impresión de que lo que podía parecer un movimiento pasajero, característico de una situación de fuerte crisis política y económica, ha llegado para permanecer, al menos por un tiempo, en la vida política argentina. Las últimas campañas electorales y los discursos públicos de los gobernantes, cargados de muestras de empatía, de apelaciones a las historias de vida de las personas comunes, de contactos con el territorio y con los vecinos, de estrategias de identificación con los ciudadanos –a quienes se les dirige de manera recurrente el mensaje "yo soy usted"– nos colocan frente a la configuración de un lazo representativo diferente al del pasado.

Esto no significa, sin embargo, que la representación atraviese una larga "crisis" ni que la "representación de proximidad" transforme los vínculos verticales en vínculos horizontales. La "proximidad" en el lazo representativo contemporáneo no puede pensarse como implicando un lazo recíproco. Se trata de un lazo que descansa sobre la imagen de una reciprocidad que nunca es tal.[49] Acercarse es siempre una acción que no está al alcance de cualquier actor. Los "políticos profesionales" siguen siendo tales, y la disimulación de la diferencia representativa permanece al interior de las relaciones de representación.

Pero sí podemos pensar que un nuevo formato representativo aparece como reacción a la persistencia de la sensación de "crisis de representación". Los cuatro principios que definieran para Bernard Manin el gobierno representativo, siguen presentes, pero lo hacen de otro modo. Las elecciones continúan apoyándose en la confianza de los electores en los candidatos, pero los dirigentes políticos disimulan su carácter de élite y construyen una

---

[49] Notamos, con Pierre Leroux, el hecho de que: "Estando en el origen del acercamiento, el personal político conserva con la mayor frecuencia el manejo de los momentos, de los lugares y de las formas que adquiere esta 'proximidad' y puede si lo necesita poner a distancia ciertas cuestiones o franjas del público." (Leroux, 2005: 102). Original en francés : «Étant à l'origine du rapprochement, le personnel politique garde le plus souvent la maîtrise des moments, des lieux et des formes que prend cette 'proximité' et peut au besoin mettre à distance les questions ou certaines franges du public».

identificación anti-carismática con los "hombres comunes". Los representantes siguen disponiendo de un margen de independencia con respecto a las voluntades de los representados, puesto que, si ya en la democracia de audiencia se vota por las imágenes difusas de los líderes y no por promesas electorales precisas, ahora la única promesa de los candidatos parece ser la "escucha" y la atención a las experiencias de los ciudadanos. La libertad de opinión pública se manifiesta en nuestros días sobre todo como desconfianza ciudadana frente a la clase política, mediante las manifestaciones callejeras que rechazan y vetan las decisiones de los gobernantes.[50] La deliberación se desplaza al electorado, pero no se limita a la medición de la opinión pública pasiva por medio de los sondeos y las encuestas; aparece toda una serie de nuevos dispositivos institucionales, de iniciativa gubernamental, que convoca a la "participación" de los ciudadanos comunes, por fuera de las elecciones y de los partidos políticos. En algún sentido, al apoyarse en la figuración de una "escucha" absoluta y multiplicada, pareciera que el "hacer participar" forma parte actualmente del "representar" (Annunziata, 2012 a).

Si bien es innegable que los medios de comunicación siguen siendo el corazón de los vínculos representativos y que para los líderes se trata sobre todo de construir imágenes en esta escena pública, uno de los elementos de la "democracia de partidos", la identificación entre representantes y representados, retorna en nuestros días. La combinación de estos fenómenos da lugar a una identificación de nuevo tipo, singularizante, que no produce las identificaciones colectivas de antaño. Se agrega el hecho de que la desconfianza en, y la crítica a, la "clase política" se han integrado a la propia representación, de manera que la activación contingente de clivajes en la competencia política por parte de los líderes requiere cada vez más de la apariencia de una competencia por la escucha más transparente de las expectativas y necesidades del "hombre común".

---

[50] Es decir, se manifiesta de manera contra-democrática (Rosanvallon, 2006).

Bibliografía

Annunziata, Rocío (2006): "Ni oficialista ni opositor: más acá de la nacionalización de la campaña. La significación del caso moronense", en Cheresky, Isidoro (compilador): *La política después de los partidos*. Buenos Aires: Prometeo.

Annunziata, Rocío (2009): "De tijeras y espejos. Política de la proximidad y elecciones 2007 en el Municipio de Morón", en Cheresky, Isidoro (compilador): *Las urnas y la desconfianza ciudadana en la democracia argentina*. Rosario: Homo Sapiens Ediciones.

Annunziata, Rocío (2012 a): "La légitimité de proximité et ses institutions. Les dispositifs participatifs dans les municipalités de Morón, Rosario et Ciudad de Buenos Aires", Tesis para el doctorado en Estudios Políticos, École des Hautes Études en Sciences Sociales, 9 de marzo de 2012.

Annunziata, Rocío (2012 b): "La 'politique de la présence' et les transformations de la représentation en Argentine", ponencia presentada en el XXII Congreso Mundial de Ciencia Política de la International Political Science Association, Madrid, 8-12 de julio 2012, en la sesión "Transformation of democracy".

Annunziata, Rocío (2012 c): "Los dispositivos participativos como instituciones de la legitimidad de proximidad. Una propuesta de clasificación", ponencia presentada en el X Congreso Nacional y III Congreso Internacional sobre Democracia, organizado por la Facultad de Ciencia Política y Relaciones Internacionales de la Universidad Nacional de Rosario, 3-6 de septiembre de 2012.

Arendt, Hannah (2004) [1963]: *Sobre la Revolución*. Madrid: Alianza Editorial.

Cheresky, Isidoro (2004): "De la crisis de representación al liderazgo presidencialista. Alcances y límites de la salida electoral de 2003", en Cheresky, Isidoro y Pousadela, Inés (compiladores): *El voto liberado. Elecciones 2003: perspectiva histórica y estudio de casos*. Buenos Aires: Biblos.

Cheresky, Isidoro (2006): "Un signo de interrogación sobre la evolución del régimen político", en Cheresky, Isidoro (compilador): *La política después de los partidos*. Buenos Aires: Prometeo.

Cheresky, Isidoro (2008): *Poder presidencial, opinión pública y exclusión social*. Buenos Aires: CLACSO-Manantial.

Cheresky, Isidoro y Pousadela, Inés (2004): "La incertidumbre organizada. Elecciones y competencia política en Argentina (1983-2003)", en Cheresky, Isidoro y Pousadela, Inés (compiladores): *El voto liberado. Elecciones 2003: perspectiva histórica y estudio de casos*. Buenos Aires: Biblos.

Le Bart, Christian (2005): "Métier politique et ubiquité : l'art d'être là", en Lefebvre, Rémi y Le Bart, Christian (directores): *La proximité en politique. Usages, rhétoriques, pratiques*. Rennes: Presses Universitaires de Rennes.

Lefebvre, Rémi (2005): "Le fétichisme de la proximité. Un basculement des hiérarchies symboliques en politiques", en Bourdin, Alain; Germain, Annick y Lefeuvre, Marie-Pierre (directores): *La proximité. Construction politique et expérience sociale*. París: L'Harmattan.

Leroux, Pierre (2005): "Réenchanter les campagnes. Paradoxes et ambiguïtés de l'usage de la proximité", en Lefebvre, Rémi y Le Bart, Christian (directores) : *La proximité en politique. Usages, rhétoriques, pratiques*. Rennes: Presses Universitaires de Rennes.

Manin, Bernard (2008) [1996]: *Principes du gouvernement représentatif*. París: Flammarion, Champs essais.

Martuccelli, Danilo y Svampa, Maristella (1997): *La plaza vacía. Las transformaciones del peronismo*. Buenos Aires: Losada.

Mauro, Sebastián (2009): "Buenos Aires viceversa. La ciudad autónoma y la recomposición permanente de la escena", en Cheresky, Isidoro (compilador): *Las urnas y la desconfianza ciudadana en la democracia argentina*. Rosario: Homo Sapiens Ediciones.

Novaro, Marcos (1994): *Pilotos de tormentas. Crisis de representación y personalización de la política en Argentina (1989-1993)*. Buenos Aires: Ediciones Letra Buena.

Palermo, Vicente y Novaro, Marcos (1996): *Política y poder en el gobierno de Menem*. Buenos Aires: Norma.

Palermo, Vicente y Novaro, Marcos (1998): *Los caminos de la centroizquierda. Dilemas y desafíos del Frepaso y de la Alianza*. Buenos Aires: Losada.

Pitkin, Hanna Fenichel (1967): *The concept of representation*. California: University of California Press.

Plotkin, Mariano Ben (2007): *Mañana es San Perón*. Buenos Aires: Eduntref.

Rosanvallon, Pierre (2002) [1998]: *Le peuple introuvable. Histoire de la représentation démocratique en France*. París: Folio histoire, Gallimard, Saint-Armand.

Rosanvallon, Pierre (2006): *La contre-démocratie. La politique à l'âge de la défiance*. París: Seuil.

Rosanvallon, Pierre (2008): *La légitimité démocratique. Impartialité, réflexivité, proximité*. París: Seuil.

Sarlo, Beatriz (2011): *La audacia y el cálculo. Kirchner 2003-2010*. Buenos Aires: Sudamericana.

Schnapper, Dominique (2002): *La démocratie providentielle. Essai sur l'égalité contemporaine*. París: Gallimard, NRF/Essais.

Weber, Max (2008) [1922]: *Economía y sociedad. Esbozo de Sociología comprensiva*. México D. F.: Fondo de Cultura Económica.

Las bases de sustentación activa del gobierno kirchnerista.
Condiciones al interior del oficialismo en la mirada de justicialistas y transversales

María Dolores Rocca Rivarola

1. Introducción

Este artículo se propone analizar algunos aspectos de lo que he denominado en trabajos previos (2007, 2009, 2011) el conjunto oficialista u oficialismo formado detrás de la figura de Néstor Kirchner.

1.1. Conceptos y abordaje

Podríamos definir al oficialismo como el conglomerado de organizaciones, espacios, grupos de dirigentes y sus respectivas redes alineados activamente en torno de la figura presidencial, en este caso de Néstor Kirchner (2003-2007). Es decir, la base organizativa de sustentación activa del presidente, aquélla que desarrollaba manifestaciones públicas de apoyo al gobierno dirigido por éste. Y ese apoyo tenía, asimismo, un correlato de presencia de estos grupos en el Estado o en listas electorales impulsadas por el gobierno o aliadas a éste.

El concepto de oficialismo aparece como un modo de abordaje de esta base de sustentación activa y organizada alternativo a otros más tradicionales como el de *partido oficial* o *coalición de partidos*. Esas conceptualizaciones implican, para el caso argentino en esos años, una reducción forzada de la amplia heterogeneidad de organizaciones y espacios que conformaban la órbita política organizada de Kirchner. La idea de oficialismo se presenta como mucho más efectiva para dar cuenta de ese conglomerado de sectores que fueron confluyendo, alejándose y realineándose en torno de la figura presidencial.

El oficialismo como concepto puede ser caracterizado por una composición heterogénea y de múltiples tensiones, la ausencia de una identidad compartida, fronteras fluctuantes y un presidente que actuaba como único eje articulador de la unidad. Y, en el caso argentino, la dinámica de las relaciones entre los distintos sectores al interior del oficialismo no parecía poder ser abordada como una interacción institucional entre organizaciones consolidadas y tratadas como tales por el propio presidente a la hora de convocarlas y asignarles espacios formales en las estructuras de gobierno.

Este modo de abordar las bases de sustentación activa de un gobierno, y los interrogantes que se postulan acerca de las mismas (los modos en que sus integrantes interpretaban su propia pertenencia al oficialismo y las dinámicas existentes dentro del mismo) ha implicado optar por no estudiar al oficialismo sobre la base de una perspectiva de funcionamiento institucionalizado de las coaliciones de gobierno –que además se perfilaría como inadecuada para abordar el contexto de representación argentino en esos años. En cambio, ha primado el objetivo de comprender en profundidad, y a través de un trabajo empírico, las características de la base de sustentación organizada que se conformó en torno al presidente Néstor Kirchner, a través del testimonio de entrevistados pertenecientes a distintas organizaciones y espacios oficialistas.

Se distinguen para su análisis tres sectores dentro del conjunto oficialista del gobierno de Kirchner (2003-2007): organizaciones sociales, centrales sindicales, "espacio partidario". Con ello no se pretende una enumeración exhaustiva de cada componente dentro del oficialismo –cuyas fronteras, por otra parte, se advertían borrosas e inestables a lo largo del período–, sino que se han seleccionado distintas organizaciones y espacios de dirigentes agrupándolos en tres sectores más amplios que permitieron un análisis desagregado. Esta delimitación fue asimismo el criterio adoptado para la realización de entrevistas y para el relevamiento de material elaborado y publicado por las propias organizaciones. En el presente artículo analizaré uno de los tres sectores, lo que he denominado el "espacio partidario", en uno de sus aspectos: las condiciones de existencia dentro del oficialismo. Ello, a través de tres categorías: vínculo con el gobierno, rol dentro del oficialismo e impacto de la pertenencia al oficialismo sobre la propia organización.

¿Qué es el espacio partidario? La noción de "espacio partidario" no surge como un mero reemplazo pretendidamente innovador pero semejante en su implicancia del término coalición de partidos, sino que aparece como la referencia más adecuada para un ámbito, el de los partidos políticos, que ha sufrido transformaciones sustantivas. Debido a esas transformaciones, que serán desarrolladas en el siguiente apartado, abordar al sector que estudia este artículo como sector de "los partidos" deviene una operación forzada de reducción de una multiplicidad de condiciones. La proliferación de espacios políticos no orgánicos, meros sellos electorales que luego de una elección desaparecen, redes territoriales fluctuantes en su adhesión y composición, todo ello configura una situación heterogénea en la que la categoría *partidos* ya no necesariamente sirve para describir lo existente con propiedad.

Por ello me valdré de algunas propuestas de nominación alternativas –presentadas en trabajos previos (Rocca Rivarola, 2011)– para captar esa heterogeneidad.

Por un lado, recurriré a la idea de *redes disgregadas* para referirme al estado del PJ durante el período que toma el artículo. ¿Por qué valernos de este concepto? El PJ fue intervenido por la Justicia en 2005 y desde entonces permaneció acéfalo y sin reuniones de sus autoridades provinciales. Asimismo, en 2003, tres candidatos que provenían del mismo –y que no se habían desafiliado– se presentaron a elecciones presidenciales bajo distintos sellos, sin haber usado ninguno de ellos el sello del partido.[1] Durante el gobierno de Kirchner se produjeron diferentes (y hasta opuestas) manifestaciones y pronunciamientos públicos de grupos y redes identificadas como parte del partido pero que no eran firmadas institucionalmente. La utilización del sello PJ no tuvo tampoco una continuidad ni pautas coherentes y sostenidas entre los distintos procesos electorales durante el período: fue utilizado en algunas provincias u ocasiones como el sello oficialista, como sello opositor a Kirchner, y también como actor, entre otros, dentro del sello oficialista "Frente para la Victoria". Todos estos elementos son ejemplos de una situación en la cual el PJ, durante el período 2003-2007, no funcionó internamente como una unidad partidaria.

Por otro lado, utilizaré la noción de *sello electoral* para referirme a situaciones, presentes en el caso argentino, que difícilmente podamos caracterizar como algo más que meros sellos creados o disponibles para las elecciones. Se trataba de nombres de partidos nuevos, utilizados sólo durante el proceso electoral para la presentación de candidaturas sin un correlato organizativo más allá del período de campaña. Este tipo de leyendas proliferó, por ejemplo, en las elecciones de 2007 en la provincia de Buenos Aires, donde esos sellos eran funcionales a la estrategia de habilitación de varias listas locales

---

[1] Carlos Menem encabezaba la fórmula del Frente por la Lealtad. Néstor Kirchner, la del Frente para la Victoria. Y Adolfo Rodríguez Saá era candidato de la Alianza Frente Movimiento Popular.

opuestas entre sí pero que apoyaban al gobierno nacional (fenómeno de las listas colectoras). Un ejemplo de ello es el denominado Partido de la Victoria. Sin una vida interna más allá del proceso de comicios, el sello electoral era tan sólo un nombre legal que podía ser usado (o prestado) por algún candidato local en una elección y desaparecer de la siguiente, sin haber generado ningún tipo de actividad político-partidaria entre ambas.

Por último, al referirme a la transversalidad kirchnerista, la denominaré como *espacio político inorgánico*. Esta idea adquiere utilidad práctica para dar cuenta de grupos de dirigentes aglutinados ocasionalmente en torno a posiciones comunes dentro del oficialismo (realización de alguna actividad común, cenas políticas compartidas, charlas-debate con algunos de sus referentes, etc.) pero que no confluyeron en la formación de organizaciones formales o de presencia continua.

Estas tres nociones que aparecerán en el artículo no constituyen categorías de una tipología que pretenda leer cualquier realidad política actual, sino formas posibles de nominar –parcialmente– esas circunstancias específicas que he ido advirtiendo en el formato de representación política en los últimos años, para no tener que ceñirme al clásico concepto de partido, que ya no parece contener la totalidad de esas realidades diversas.

Cabe aquí la siguiente aclaración: dado que el trabajo de campo fue realizado en la ciudad de Buenos Aires y el conurbano bonaerense –especialmente en La Matanza–, los argumentos del artículo se circunscribirán a las definiciones e interpretaciones de los actores de esas localidades, y no, por ejemplo, a las de los de Salta u otras provincias argentinas.

1.2. Transformaciones sobre los partidos políticos y contexto argentino al momento de llegada de Kirchner al poder.

1.2.a. ¿Crisis o metamorfosis?

A fines de los años ochenta y principios de los noventa, distintos trabajos abordaron lo que consideraban un fenómeno de crisis en el vínculo de representación de los partidos políticos (Lawson y Merkl, 1988; Burnham, 1970; Craig, 1988 [1987]; Wattenberg, 1987; Fiorina, 2002). Otros se volcaron a interpretarlo como un proceso de transformación de esos vínculos más que una crisis.

Quienes argumentaban que se trataba de una crisis, resaltaban una supuesta tendencia hacia la desaparición gradual de los partidos políticos; afirmaban que los partidos eran percibidos por un gran segmento del electorado como irrelevantes, poco confiables o equivocados en la mayoría de los temas en agenda; sostenían que se había alcanzado un punto en el que muchos ciudadanos no se estaban relacionando ni afectiva ni cognitivamente con los partidos o bien hablaban de una creciente neutralidad y desafección en la actitud de los ciudadanos hacia los partidos; y sobre todo, diagnosticaban una caída de la influencia partidaria en el electorado y una erosión del voto partidario.

Sin embargo, la lectura de crisis o declinación de los partidos sería discutida desde una perspectiva que planteaba transformaciones sufridas por los mismos, más que una progresiva desaparición o sustitución de los partidos por otras organizaciones.

Desde Europa, pero con considerable influencia en la academia latinoamericana, y especialmente argentina, Manin (1992) ha reflexionado sobre la mutación sufrida por los partidos y sobre la pérdida de su capacidad de configurar y mantener vínculos políticos identitarios con la sociedad, pero no ha caracterizado esas transformaciones como una crisis, sino como una metamorfosis en el formato de representación política.

En primer lugar, Manin descarta la idea de crisis de representación, para inclinarse más bien por la de "desplazamientos y reacomodos" (Manin, 1992: 40), es decir, por la constatación de una metamorfosis en los lazos representativos entre los partidos y la ciudadanía, una mutación no necesariamente irreversible, a partir de la cual un número creciente de electores ya no se identificaba con un partido político en particular y votaba de modo diferente en cada elección (Manin, 1992: 9).

De acuerdo con Manin, la sensación de pertenencia impresa en el voto por determinado partido durante el período previo denominado "democracia de partidos" queda, en el nuevo contexto, diluida. La estrategia electoral se basa, por el contrario, en la construcción de imágenes vagas basadas centralmente en la personalidad de los candidatos, los cuales, una vez elegidos, ni siquiera permanecerán necesariamente en contacto con el sello partidario por el cual han sido electos. Este contexto, que Manin denomina "democracia de lo público", se caracteriza, asimismo, como veíamos antes, por niveles considerables de volatilidad en el comportamiento electoral (votándose de modo distinto en cada comicio, según la trama, los candidatos y los problemas puestos en juego en el mismo).

Si definimos la identidad partidaria, como lo hace Greene (2004), en directa relación con la vigencia de un voto constante (y unificado entre los distintos niveles) al partido de preferencia a lo largo de sucesivos procesos electorales, la escasa manifestación de fenómenos como la defección partidaria, y la nutrida participación en actos políticos de esa fuerza (Greene,

2004: 138), deberemos reconocer, junto con Manin, que esos supuestos indicadores son los que precisamente han sido sacudidos por las mutaciones antes analizadas.

Otros autores, como Montero y Gunther (2002), han sostenido, en similar sentido, que los niveles de afiliación a los partidos y a sus organizaciones afines han caído significativamente (Montero y Gunther, 2002: 13),[2] y han afirmado que ha habido un debilitamiento de "los vínculos estructurales y psicológicos entre los partidos y los ciudadanos, como queda reflejado en los menores niveles de identificación partidista y en el incremento de los sentimientos de insatisfacción, de cinismo e incluso de alienación política" (14). También estiman, del mismo modo que lo hará Manin (1992: 30), que el contacto virtualmente directo entre los ciudadanos y sus líderes políticos, posibilitado por los desarrollos tecnológicos en materia de comunicación masiva, supone que esos dirigentes ya no necesiten los cauces partidistas tradicionales, o al menos no los precisen en el mismo sentido que antes.

En ese escenario de transformaciones en los partidos políticos y en el ambiente en el que éstos actuaban, asistimos a la emergencia de líderes que establecen con el electorado vínculos fuera de sus partidos y condicionan la relación liderazgo-partido. Líderes que construyen un lazo representativo teniendo como destinatario directo a la ciudadanía, con independencia de las mediaciones partidarias (Cheresky, 2007: 27). La emergencia de nuevos tipos de líderes populares que actuaban por encima de sus propios partidos ha sido vinculada con la debilidad de los históricos actores colectivos (partidos, sindicatos) y con los procesos de individuación del electorado, y la menor confianza de la ciudadanía en los partidos en países como Francia, Estados Unidos, Italia e Inglaterra (Fabbrini, 2009).

Para América Latina, por su parte, Novaro (1994) hablaba del traspaso de confianza desde las identidades tradicionales a líderes carismáticos desprendidos de los partidos a los que originalmente pertenecían, o incluso advenedizos en el terreno de la política. Estos líderes, según Armesto y Adrogué (2001), flexibilizaban la relación que mantenían con sus propios partidos, y trazaban alianzas y acuerdos con mayor autonomía. Desde América Latina, entonces, y en línea con Manin (1992), distintos autores han sostenido que la respuesta a la pregunta por la declinación o incluso la desaparición de los partidos políticos era negativa. Para Novaro (1994), Armesto y Adrogué (2001) y Pousadela (2004), los partidos no habían desaparecido de la vida política ni habían sido reemplazados por grupos de interés u organizacio-

---

[2] Esta afirmación también aparece en Gunther y Diamond (2003:174). En Argentina se ve, por ejemplo, cómo incluso muchos de los afiliados formalmente a un partido político votan a otra fuerza en cada elección sin por ello desafiliarse.

nes de otro tipo. Pero sí había habido transformaciones significativas en los mismos y en el ambiente en que actuaban. Para Pousadela, tan profundas habían sido esas transformaciones que los partidos eran algo muy distinto a lo que habían sido en el pasado:

> Bien podría argumentarse que esos objetos que llamamos y se llaman con el rótulo de partidos en realidad no son los mismos que solíamos designar con ese nombre, sino alguna otra cosa que ha venido a reemplazarlos, y a apropiarse incluso de su denominación (Pousadela, 2004: 112).

Ahora bien, ¿cómo se manifestaban estas transformaciones generales en Argentina a partir de la redemocratización (1983)?

1.2.b. El escenario político-electoral y los formatos de representación en Argentina

Más que partidos de masas fuertes y comportamientos electorales e identidades políticas estables, la escena político-electoral en la que se producía la asunción y mandato del presidente Kirchner estaba caracterizada por la volatilidad electoral, el rol de los medios de comunicación como productores de acontecimientos y como espacio de constitución de nuevos actores políticos, la fluctuación política de los propios dirigentes (defecciones partidarias, reconstitución frecuente de los bloques parlamentarios por el ingreso y salida de legisladores de sus respectivos espacios políticos) y la personalización de la oferta electoral y de las campañas proselitistas.

Para comprender este contexto en Argentina y abordar, a partir de un diagnóstico del mismo, las características del oficialismo kirchnerista, han sido de especial utilidad trabajos como los de Cheresky (2006a, 2006b, 2007, y otros), Pousadela (2007), y Palermo y Novaro (1996). Se parte aquí, con ello, de la suposición de que las definiciones de pertenencia y las dinámicas internas del oficialismo en tanto conjunto político se enmarcan y aparecen influidas por ese escenario de lazos representativos contingentes e identidades políticas flotantes.

Cheresky (2006a) habla de un ciudadano actual sin identidades políticas permanentes, desafectado respecto de pertenencias partidarias y, por lo tanto, que habilita nuevos formatos en la constitución de identidades y una reproducción de la legitimidad política que se hace permanente. ¿Qué rol asumen los partidos políticos en esas nuevas condiciones? Para el autor, los partidos políticos se han convertido en un recurso instrumental. Se trata de dispositivos electorales de los que se valen los líderes o las corrientes políticas emergentes para competir. Aunque un candidato siga necesitando un partido (o más bien un sello legal), cada vez menos éste concita la adhesión de la ciudadanía *per se*. Y eso se traduce en volatilidad del voto entre cada elección y en la fluctuación de los propios dirigentes políticos y sus bases (Cheresky, 2006b: 14).

El análisis de Cheresky explora, en Argentina, la pérdida, por parte de los partidos, de su capacidad de generar "la identificación ciudadana duradera que los constituía en el pasado en alternativas permanentes en la disputa por el poder" (2007: 26). En su lugar, el autor observa la multiplicación de redes y fracciones organizacionales que se articulan y rearticulan en torno a figuras con alto nivel de popularidad entre la opinión pública.

Además de Cheresky (2006a, 2006b y otros), otros autores han estudiado las transformaciones que han experimentado el escenario político-electoral y los lazos de representación en Argentina. Y han descripto a ciudadanos desprovistos, en los últimos años, de identidades políticas permanentes; y partidos que han perdido capacidad de concitar una adhesión ciudadana, una adhesión a lo que el partido encarna en sí mismo, en términos de trayectoria y tradición. En términos históricos, por otro lado, Pousadela (2007) ha sintetizado estos cambios reconstruyéndolos como un proceso de metamorfosis inaugurado por las elecciones de 1983 –momento en el que paradójicamente se reiniciaba la competencia política democrática de partidos en Argentina a la vez que comenzaba la transformación de ese modelo tradicional de democracia de partidos fuertes y convocantes–,[3] y luego como una situación de crisis propiamente dicha a partir de 2001 e inicios de 2002 (Pousadela, 2007: 129). Es decir, la autora se inscribe en la lectura de Manin sobre la metamorfosis de la representación, pero a la vez considera que a ese proceso se le sobreimprimieron situaciones de crisis de representación, como la que tuvo lugar en 2001.

Palermo y Novaro (1996), por su parte, observaban retrospectivamente que hacia fines de los años ochenta se había producido un debilitamiento (expresado en las encuestas de opinión) de la confianza en los partidos, y el agotamiento de la capacidad de éstos de generar una convocatoria e identificación partidaria en los ciudadanos. Comparan un notable movimiento de adhesión a los partidos en 1983 (con procesos de afiliación masiva), la participación multitudinaria en actos públicos y en las internas partidarias; con el reflujo del período 1988-1989 en las filas de los militantes, en la asistencia a

---

[3] La autora reconoce que antes del '83 había habido muchos años de intervalos autoritarios en los que las elecciones y actividad partidaria quedaban en *impasse*, pero afirma que aun así los partidos estaban enraizados en la sociedad y contaban con bases sociales definidas y estables.

los actos y el desarrollo de "un creciente extrañamiento entre los dirigentes y la base social de los partidos" (Palermo y Novaro, 1996: 99-100).

Dando cuenta de cambios en esa misma dirección, Vommaro (2006) habla incluso de la construcción de una "nueva tradición democrática" a partir de las primeras elecciones presidenciales después de la dictadura, en 1983, con la aparición de una nueva incertidumbre electoral y la consolidación de un ciudadano "independiente" o "indeciso" (categorías de las encuestas de opinión) que definía su preferencia de voto en cada coyuntura (Vommaro, 2006: 246).

En no pocas ocasiones se ha planteado desde la academia una idea del PJ como excepción a esas tendencias a la desafección del electorado respecto de los partidos, como excepción a ese contexto de débil identificación partidaria. Calvo y Escolar (2005), por ejemplo, han sostenido que el voto ha seguido concentrándose en los partidos tradicionales, especialmente en el Partido Justicialista, en las provincias de menos población. Existe en ese análisis una visión del PJ como concitador de una identidad propia como partido.

Ahora bien, cabe preguntarse qué era el PJ durante el gobierno de Néstor Kirchner. ¿Era acaso las redes peronistas que respondían activamente al presidente? ¿Las que se le oponían, como, por ejemplo, las que empezaban a nuclearse en torno a figuras como Rodríguez Saá, Carlos Menem, o Eduardo Duhalde? ¿Cuáles de ellas tenían una entidad real como parte de un partido nacional en funcionamiento y con vida interna? Dado que ninguna lo tenía, deberíamos poner en cuestión la propia noción de un PJ que aún generara una identificación partidaria. Es decir, el problema, dado el contexto que hemos venido describiendo y la situación de las redes peronistas durante el período cubierto por este artículo, es pensar que era el partido (PJ) el que suscitaba una identificación. En otros términos, si la identidad peronista se sostenía aún con cierta fuerza en determinados distritos del país, lo hacía mucho más como cultura política general y ambigua en su contenido que como identidad partidaria asociada al Partido Justicialista. Y aun con esos matices, sería difícil eximir por completo a la identidad peronista de las transformaciones que han tenido lugar sobre las identidades políticas y sociales en general. La campaña electoral de Cristina Fernández de Kirchner como candidata a senadora de la provincia de Buenos Aires en 2005, por ejemplo, no se caracterizó por ser especialmente "peronista" o por valerse de liturgia y referencias históricas a la tradición peronista. Y, aun así, venció a la otra candidata proveniente del peronismo, Hilda González de Duhalde –45,77% a 20,43%–,[4] quien sí había desarrollado una campaña con todas

---

[4] Fuente: Dirección Nacional Electoral.

las apelaciones posibles al peronismo y a la necesidad de preservarlo. El peronismo, entonces, también había sido alcanzado por algunas de estas transformaciones. Svampa (2009) lo sintetizaría afirmando que hemos ingresado en una etapa de cambios considerables en las identidades personales y sociales, una etapa en la que las identidades "fuertes" han sido reemplazadas por identidades más efímeras, parciales y fragmentarias (Svampa, 2009: 153). Lo que la autora denomina la crisis del peronismo no significa la desaparición de la indescifrable identidad peronista sino más bien que, luego de varias décadas en las que el peronismo fue "el lenguaje político que estructuró la experiencia subjetiva de los sectores populares" y "una estructura activa que poseía la capacidad de organizar la experiencia cotidiana, a la vez política y privada", el peronismo de inicios del siglo XXI "ya no da cuenta, como en el pasado, de gran parte de la experiencia pública y privada de los sectores populares urbanos" (Svampa, 2009: 150-151).

2. Proceso de conformación y evolución del espacio partidario oficialista

Este apartado describirá el proceso de conformación de la base de sustentación activa del presidente Kirchner (2003-2007) para uno de los sectores dentro del oficialismo: el espacio partidario. Este análisis contextualizará el abordaje posterior de las entrevistas realizadas a dirigentes y militantes políticos. Me concentraré especialmente en las elecciones que lo llevaron a la presidencia (2003) y en las estrategias de Kirchner en torno al armado de su propia base de sustentación.

Al momento de la elección de Néstor Kirchner como presidente, el peronismo organizado se encontraba desde hacía años en una profunda fragmentación que Arzadun (2008) denomina un estado de "feudalización interna", cuyo punto culminante fue justamente 2003. Había experimentado, asimismo, dos décadas (1990 y 2000) de intensa transformación en términos de sus bases electorales y de su modo de funcionamiento interno, sobre todo a partir del avance, a mediados de los años ochenta, de la fracción denominada "renovación peronista"[5] y luego, a partir del gobierno de

---

[5] El peronismo renovador ha sido objeto de numerosos análisis (Aboy Carlés, 2004; Podetti, Ques y Sagol, 1988; Altamirano, 2004; Mc Adam, 1996; Levistky, 2003). La dirigencia renovadora se proponía trazar una distancia manifiesta respecto de los sectores que habían controlado el partido desde la muerte de Perón, sin que ello significara quedar marginada de la estructura partidaria. Con vistas a ese objetivo, recurriría a una reivindicación nada nueva: autodefinirse como el verdadero peronismo. El contraste con la ortodoxia sindical y política (encarnada especialmente en las 62 Organizaciones y el sector de Herminio Iglesias) estaba dado, según los principales referentes de la Renovación, por la metodo-

Carlos Menem y el consecuente debilitamiento de los sindicatos, tanto en términos de su rol en las políticas públicas, como de su espacio y margen de acción en la relación de fuerzas dentro del PJ. Este último fenómeno ha sido denominado por Gutiérrez (1998) como "desindicalización" del PJ, es decir, una declinación del peso del sindicalismo en la toma de decisiones dentro del justicialismo. Si una fuente esencial de recursos para el PJ había provenido hasta entonces de los fondos controlados por los sindicatos, en los años ochenta, los dirigentes justicialistas accederían a una base de financiamiento alternativa: los fondos estatales, producto de la victoria en varias elecciones ejecutivas municipales y provinciales desde 1983 (Levistky, 2003: 109). De ese modo, según Levitsky (2003), las agrupaciones peronistas –agrupamientos territoriales que nucleaban varias Unidades Básicas, la organización de trabajo político de base por excelencia del peronismo– proliferarían al margen tanto del movimiento sindical como de las autoridades partidarias, con esta nueva clase de recursos estatales y siendo directamente funcionales a la construcción territorial del gobierno nacional (ya después de la elección de Menem) y los gobiernos locales peronistas.

Los últimos años del gobierno de Menem y el breve período de gobierno de De la Rúa exhibieron un escenario de competencia entre distintos polos provinciales de poder dentro del peronismo, sin que ninguno pudiera imponerse sobre los demás, en esa suerte de feudalización antes mencionada (Arzadun, 2008: 70). En palabras de Leiras, después de 1999, "con Menem fuera de la presidencia y Duhalde derrotado [por De la Rúa en elecciones de ese año], el peronismo se convertía en un archipiélago de organizaciones de distinto tamaño y capacidad de movilización" (Leiras, 2007: 156).

Como ya es sabido, el antecesor de Kirchner, Eduardo Duhalde, había sido designado presidente en enero de 2002 por la Asamblea Legislativa (reunión de ambas cámaras del Congreso) –y no por el voto directo del electorado–, en el marco de una crisis económica, política y social inédita en la historia argentina, que puso en cuestionamiento las bases mismas del sistema de representación política en el país, e incluyó la caída del presidente Fernando de la Rúa (20 de diciembre de 2001). Sólo algunos meses después, el 26 de junio de 2002, el asesinato por parte de la policía bonaerense de dos manifestantes durante la represión de una protesta piquetera en el puente Pueyrredón, en la localidad de Avellaneda, aceleraría los tiempos políticos, y Kirchner terminaría siendo respaldado como candidato presidencial luego de ser descartados por distintos motivos otros precandidatos (Reutemann,

---

logía, pero, a su vez, por el énfasis en la "actualización doctrinaria" que la Renovación –declaraba– traería consigo. Voto directo de los afiliados y mayor participación de éstos en la vida partidaria eran dos reclamos persistentes de los "renovadores".

De la Sota). Para entonces, Kirchner había iniciado una tímida campaña que parecía orientada a su mera instalación en la escena electoral bajo el objetivo de un eventual triunfo recién en 2007.

Con escaso peso político en la estructura del PJ (Camou, 2004: 33) y poco conocido a nivel nacional (Cheresky, 2004a: 8), Néstor Kirchner, entonces gobernador de Santa Cruz, aceptaba de buen gusto tal convite. Su precandidatura era lanzada en enero de 2003 bajo el sello "Frente para la Victoria", desde la quinta antiguamente perteneciente a Juan Domingo Perón en la localidad de San Vicente, provincia de Buenos Aires –todo un símbolo de respaldo de gran parte del PJ bonaerense, que se encolumnaba detrás de Duhalde y del candidato elegido por éste. Poco después del anuncio de aquel respaldo por parte del presidente interino, los niveles de intención de voto a Kirchner ascendían notoriamente.[6]

Gran parte de la campaña de Kirchner transcurrió en el conurbano bonaerense, valiéndose de las redes territoriales peronistas afines a Duhalde para instalar al candidato a través de diversos actos proselitistas y una campaña marcada por el intento de asociación de la figura de éste a los intendentes locales.

Kirchner llevó adelante algunas tácticas previas a las elecciones que parecían orientadas a mostrar, por un lado, continuidad con la gestión de Duhalde en términos económicos (designación de Daniel Scioli como candidato a vicepresidente, anuncio de que Roberto Lavagna seguiría siendo ministro de economía), y, por otro, lograr un enfrentamiento de lógica binaria con el candidato mejor posicionado, Carlos Menem, para poder enfrentarlo en una eventual segunda vuelta electoral.

Kirchner finalmente obtendría un magro 22,24% en la primera vuelta, quedando en segundo lugar. Habiendo ganado la primera vuelta electoral con un 24,45%, Menem se rehusó a competir en el *ballotage*, consciente de antemano de su segura derrota por amplio margen dado el aglutinamiento de votos en su contra, que según las encuestas superarían el 60%.

Una vez en el poder, Kirchner contaba con un sostén parlamentario precario, dado que parte de los legisladores provenientes del PJ necesarios para lograr mayorías parecían responder más al liderazgo de Duhalde que al de su apadrinado político. Sin embargo, a medida que Kirchner cosechaba altos niveles de aprobación en la opinión pública se producía un progresivo alineamiento de legisladores y de su voto en el Congreso en torno a las

---

[6] Si en diciembre de 2002, su intención de voto era de 8,1% (quedando por debajo de Rodríguez Saá, Carrió y Menem, tres de los otros candidatos en la contienda), en febrero de 2003, llegaba a un 19,5%, superando a todos los demás. Cifras tomadas de Cheresky (2004b: 46).

iniciativas presidenciales (Cheresky, 2004a: 10).[7] En diciembre de 2003, el presidente tenía un nivel de aceptación del 77% (Observatorio Electoral Latinoamericano).

Para las elecciones legislativas de octubre de 2003 Kirchner procuraría instalar candidatos afines a su liderazgo en las listas del PJ en varias provincias.[8] En varios casos, esa opción se presentaba en oposición con lo que entonces era el peronismo oficial en cada uno de esos distritos. En otros, respaldaba a candidatos peronistas oficiales (es decir, que gobernaban) contra figuras impulsadas por los dirigentes que habían enfrentado a Kirchner en las presidenciales de 2003 (Menem y Rodríguez Saá).

Luego de las elecciones legislativas y para gobernadores de 2003 –posteriores a las presidenciales–, Kirchner contaba con 16 gobernadores identificados como dentro del peronismo (a los que se le sumaba el apoyo no peronista al presidente por parte de los gobiernos de la Ciudad de Buenos Aires y de Corrientes); y bloques oficialistas cómodamente mayoritarios en el Congreso. De ese modo, comenzaba a consolidar el apoyo de las redes peronistas a su gobierno, aunque no la unidad y unanimidad al interior de éstas. Las elecciones de 2005 constituirían una evidencia de esa disgregación y también del carácter precario del alineamiento de una parte del peronismo bonaerense al presidente.[9]

El primer gabinete de Néstor Kirchner no exhibía en su composición una lógica coalicional en el sentido más tradicional de la palabra. Los ministros no estaban ahí necesariamente en tanto representantes de las fuerzas políticas

[7] En ese mismo sentido, Pousadela y Cheresky (2004) juzgan que Kirchner obtuvo luego de las elecciones el apoyo, poder y autorización que no había recibido de las mismas. Y miran el voto de la cámara de diputados (que siguió un sentido inverso al que venía teniendo) como producto de ese poder excepcional otorgado a Kirchner por la opinión pública.

[8] Una de ellas fue Misiones, donde el gobernador saliente, Carlos Rovira, creó el Frente Renovador y derrotó al otro candidato peronista, Ramón Puerta, quien era apoyado por Duhalde (Cheresky, 2004b: 57).

[9] El proceso electoral de 2005 fue la culminación de un incremento de la tensión entre el presidente y un sector del peronismo bonaerense alineado tras la figura de Eduardo Duhalde. Esa tensión ya se observaba en 2004. En el Congreso del PJ de ese año, realizado en Parque Norte, Hilda "Chiche" González de Duhalde, esposa del ex presidente, intervendría criticando el proyecto transversal: "No puede ser que abramos la puerta para que algún trasnochado piense que puede hacer algo por fuera del partido" (*Diario Hoy*, 27/03/04). Ese congreso, al que Kirchner no asistiría, sería el escenario de explosión de una considerable tensión entre el presidente y algunos sectores dentro del partido. Poco después, el entonces jefe de gabinete, Alberto Fernández, defendía la política de alianzas de Kirchner del siguiente modo: "Lo que antes se llamaba movimientismo, hoy se le dice transversalidad [...] Si el peronismo hace como los bichos bolita y se encierra en sí mismo, dentro de diez años va a estar sacando el 4% de los votos" (*El Cronista*, 20/04/04).

que habían apoyado a Kirchner –es decir, como producto de una distribución de cargos entre las fuerzas políticas de la alianza de gobierno– sino en tanto figuras de confianza del presidente (Alicia Kirchner, su hermana; Julio De Vido, proveniente del peronismo de Santa Cruz; Alberto Fernández, dirigente de peso en su estrategia de instalación presidencial; y, en menor medida, Gustavo Béliz);[10] en tanto dirigentes con continuidad respecto del gobierno de Duhalde (Roberto Lavagna, Aníbal Fernández, Ginés González García); o en tanto dirigentes sin peso al interior de las estructuras peronistas pero con buena imagen ante el electorado (Rafael Bielsa, Daniel Filmus).

A la hora de caracterizar el proceso de constitución del oficialismo kirchnerista, hacer un abordaje del mismo en términos de "partidos" que lo integraron sería forzar los términos dado que el kirchnerismo fue nutriéndose con la llegada de dirigentes y grupos provenientes de distintos partidos, contasen o no con el apoyo formal de éstos. En muchos casos, se trató de fracciones de esos sellos partidarios que no se constituyeron como un partido separado (caso de lo que fue denominado por la prensa como "radicalismo K" y "socialismo K"). También implicó grupos numerosos de dirigentes y militantes que expresaban su apoyo a Kirchner sin que su partido de origen lo hiciera. Era el caso de Graciela Ocaña y Fernando Melillo, ambos provenientes del ARI, por ejemplo. O incluso el caso de dirigentes del Frente Grande, el cual inicialmente se encontraba paralizado en la práctica. Recién cuando esos dirigentes lograron una reactivación del funcionamiento de sus autoridades locales y nacionales pudieron pronunciarse orgánicamente como partido (antes lo habían hecho con comunicados de grupos de dirigentes). Asimismo, varios espacios y redes que se incorporaron al oficialismo lo hicieron bajo sellos electorales cambiantes o surgidos incluso como tales con posterioridad a esas incorporaciones (Compromiso K, Partido de la Victoria, etc.). Incluso se producirían fenómenos de "alquiler" –o más bien "préstamo", porque no implicaban un costo monetario– de sellos para los procesos electorales, con el objetivo, para ciertos candidatos dentro del kirchnerismo, de superar el obstáculo de la carencia de sellos que contasen con personería legal.[11]

---

[10] Según Leiras (2007), quien se basa en relatos de prensa de la época, Kirchner había sido uno de los impulsores de la candidatura de Béliz para la ciudad de Buenos Aires en 1996.

[11] Un ejemplo, contado por Jaime (Entrevista N° 37 en Argentina), es el de la presentación del sello Frente Grande en las elecciones municipales de 2007 en La Plata, que llevaba como candidato a Castagneto. Este dirigente no pertenecía al Frente Grande, pero pudo usar el sello para su propia candidatura. En esa misma elección, otro de los candidatos, que sí era del Frente Grande, fue con otro sello.

El propio sello electoral asumido como propio por el presidente Kirchner, el Frente para la Victoria (FPV), iría representando una diversidad de realidades políticas a lo largo de su gobierno. En una ecuación que fue mutando al ritmo de las oscilaciones en la popularidad de Néstor Kirchner, el FPV fue: a) una de las tres manifestaciones del peronismo, en las elecciones presidenciales de 2003; b) un frente bonaerense formalmente opuesto al sello PJ, aunque compuesto por gran parte del peronismo organizado de la provincia de Buenos Aires, en las elecciones legislativas de 2005; c) un conglomerado bonaerense que incluía como actor de peso al PJ organizado pero también a otros sectores por fuera del PJ y en pugna con aquel sello en varios distritos al interior de la provincia, en las elecciones de 2007. Este tipo de fenómenos constituye una manifestación más de la pérdida de peso de los nombres de los partidos en tanto condicionantes del voto y en tanto instituyentes de identidades ligadas a la propia organización partidaria.

Durante gran parte de la presidencia de Néstor Kirchner, el PJ, fuerza de la que provenía el propio presidente, permanecería intervenido formalmente y acéfalo. No funcionaría propiamente como partido ni siquiera en los aspectos formales más básicos. Recién en 2008, una vez finalizado el mandato de Néstor Kirchner e iniciado el gobierno de su esposa, Cristina Fernández de Kirchner, se iniciaría un proceso que fue denominado por los propios actores "normalización del PJ" o "reorganización del PJ", y mediante el cual el ex presidente asumiría la conducción formal del partido (luego renunciaría en 2009, volviendo atrás con su decisión más adelante). Los resultados y repercusiones a mediano plazo de ese proceso exceden los objetivos y el recorte temporal de este artículo, pero ciertamente constituyen una trama esencial para el estudio de la evolución posterior del escenario político-partidario argentino.

Las redes territoriales y grupos de dirigentes que componían el PJ, esa estructura paralizada en términos formales por la intervención judicial, tampoco parecían sentir que el presidente los reconociera como sujeto hegemónico dentro de ese conglomerado nacional oficialista. En la práctica, por supuesto, la política de alianzas de Kirchner no significaba que los actores que se identificaban como PJ no tuvieran espacio en el gobierno, y en lugares clave, como ministerios, escaños parlamentarios, intendencias municipales, gobernaciones, etc., aunque ciertamente no ocupaban esos espacios en tanto miembros del PJ. Pero también ingresaron al universo oficialista dirigentes provenientes originalmente del FREPASO, la Democracia Cristiana, la UCR, el ARI. Primero, bajo la estrategia que fue denominada "transversalidad", y luego, bajo la noción de un frente electoral que recibiría el título de "Concertación Plural", en el cual ya se incorporaría un sector del radicalismo representado por varios intendentes y algunos gobernadores que se volvían afines al gobierno.[12] Esto probaría ser problemático para gran parte de esas redes peronistas.

Otro elemento complicado de digerir para las redes y espacios dirigenciales autorreferenciados como PJ fue el tipo de apelaciones al electorado que comenzó a ser esbozado por Néstor Kirchner una vez en el gobierno, abandonando la simbología y liturgia peronista en sus actos, campañas electorales e incluso en sus discursos.[13] El presidente evitaría valerse del clivaje peronismo-antiperonismo; apelaría a diversos sectores que no provenían del justicialismo a partir de un discurso de oposición al neoliberalismo; rompería con la práctica discursiva tan frecuente entre la dirigencia del PJ de citar frases de Juan Domingo Perón para justificar sus propias posiciones; incorporaría a Hipólito Yrigoyen, Mariano Moreno y otras figuras previas a la tradición peronista en su reivindicación de líderes históricos, y los presentaría como antecesores del proyecto nacional que impulsaba su propio gobierno. Incluso carecería, en los actos proselitistas, de las clásicas representaciones visuales peronistas. En palabras de Altamirano (2004),

> Es un presidente que procede del peronismo pero no actúa como un presidente peronista. [...] Este gobierno no solicita la identificación peronista de sus simpatizantes. No dice que para apoyarlo deben cantar la marcha [la marcha peronista] o adherir a la mitología peronista. De hecho, la iconografía no ocupó ni ocupa un lugar relevante.
> (Altamirano, en Natanson, 2004: 65-67).

Lo cierto es que una apelación que trascendiese las barreras partidarias formales parecía, de alguna manera, ineludible después de la crisis de representación de 2001. Esa crisis atravesaba además, en tanto momento

---

[12] En agosto de 2006 un acto de los que serían luego denominados "radicales K" daba un puntapié inicial a la emergencia pública de este sector y a su confrontación con el resto de la UCR, que se oponía al gobierno de Kirchner. Cuatro gobernadores y 183 intendentes representaban así lo que ellos mismos denominaron "el radicalismo que gobierna", en alusión a sus respectivos cargos institucionales (*Página 12*, 13/08/06). Elogiando algunas medidas del gobierno de Kirchner y criticando otras, este nuevo espacio político, que no iba a traducirse en la formación de un nuevo partido organizado, demostraba su fuerza numérica e institucional, preparándose, con antelación, para las elecciones del año siguiente. En julio de 2007, asimismo, el gobierno de Kirchner anunciaba la fórmula presidencial para las elecciones de ese mismo año, incluyendo a un radical, Julio Cobos, como candidato a vicepresidente de Cristina Fernández de Kirchner.

[13] Distintos autores han analizado este fenómeno. Entre ellos, puede consultarse a Altamirano, entrevistado en Natanson (2004). Para el caso de la provincia de Buenos Aires, Rodríguez (2005).

histórico de inflexión, el discurso del propio presidente (Slipak, 2005). El relato de varios de los entrevistados (legisladores, concejales, funcionarios) confirmaba a su vez la idea de una inevitable transformación en la forma de articular alianzas políticas que la crisis había inaugurado, y la oportuna apropiación de ese mecanismo por parte de Kirchner.

Pero más allá de la apelación y el discurso, el modo de funcionamiento, en la práctica, del oficialismo kirchnerista dejaba a las redes justicialistas en un lugar difícil y distinto al que podría imaginarse como producto de la llegada al poder de un dirigente proveniente del PJ. Sidicaro (2010) describía ese relegamiento del PJ durante el gobierno de Kirchner utilizando la noción de un *gobierno de líder sin partido*, sosteniendo incluso la ausencia de un partido político oficialista (Sidicaro, 2010: 256).

Hasta aquí hemos recorrido el proceso mediante el cual Kirchner conformó y consolidó su base de sustentación activa u oficialismo. Los siguientes apartados se dedicarán a examinar, a partir del análisis de las entrevistas, las condiciones en las que distintos actores interpretaban que existían en tanto parte del oficialismo.

3. Condiciones de existencia dentro del oficialismo

Por condiciones de existencia dentro del oficialismo entenderé aquí la situación en la que los entrevistados se encontraban en tanto actores dentro del conjunto. Desarrollaré esas condiciones a partir de tres ejes, pensados a partir de la propia lógica del relato de los entrevistados: a) el carácter original del vínculo establecido por los distintos actores del espacio partidario con el presidente y el gobierno (identificando distintos tipos de vínculo que aparecían); b) el modo en que los entrevistados concebían su propio rol (el de su organización o espacio) dentro del oficialismo; y, por último, c) las repercusiones o impacto, para la propia organización u espacio, de la pertenencia al oficialismo.

Se argumentará que aparecían vínculos de diferente carácter con el gobierno y, consecuentemente, de diferente evolución en el tiempo. También que la concepción respecto del propio rol divergía según la organización, aunque se observaba en la mayoría de los entrevistados una insatisfacción con el rol/espacio que les reconocía el presidente. Y finalmente, el impacto organizativo concebido como derivado de la pertenencia al oficialismo distaba, como veremos, de reducirse a un simple crecimiento en fuerza y peso propio como integrantes del conjunto.

3.1. Vínculo

Más allá de la caracterización que los distintos entrevistados iban haciendo de la relación que sus organizaciones o espacios respectivos mantenían con el gobierno, se comenzó a advertir una diferencia significativa en sus relatos derivada del momento en el que se forjaba el vínculo o la incorporación al oficialismo. Y era significativa porque parecía condicionar las definiciones de pertenencia, los modos de manifestación de la lealtad y el apoyo. Por un lado, un vínculo por coyuntura, forjado en el mismo desenvolvimiento del gobierno. Y, por otro, un vínculo histórico, definido por una trayectoria común (aunque institucional o formal más que personal), y tensado por la coyuntura.

3.1.a. Vínculo por coyuntura

Por un lado, tenemos una parte del oficialismo cuyo apoyo al presidente era decidido con posterioridad a la llegada del mismo al poder. Ello podía definirse a partir de una lectura positiva de las medidas tomadas por el gobierno o bien ser presentado por los entrevistados como un producto directo de negociaciones con el presidente o con intermediarios (no necesariamente el partido, sino figuras designadas por el presidente para esa función: Alberto Fernández, Oscar Parrilli, etc.). Este vínculo forjado a partir de la coyuntura era el que se plasmó entre el gobierno y los denominados "radicales K", grupo de gobernadores, intendentes y sus respectivas redes que fue conformando una alianza con el gobierno hacia el final del mandato de Kirchner.[14] Pero también había otros actores dentro del espacio partidario (dirigentes individuales y fracciones de fuerzas políticas) que habían forjado ese vínculo con el gobierno con anterioridad a los radicales K, aunque también a partir de las propias medidas tomadas por el gobierno —y, por supuesto, a partir de una estrategia del mismo de acercamiento a estos actores, que no se iden-

---

[14] Los intendentes y gobernadores (y sus respectivas redes territoriales) que fueron denominados "radicales K" no han sido incluidos en la selección de unidades de análisis para la realización de entrevistas. Su acercamiento al oficialismo se produjo hacia el final del mandato de Kirchner y no exhibía las características de otras organizaciones que se mostraban integradas dentro del conjunto. La alianza de estos grupos con el gobierno parecía concebida sobre todo para el futuro gobierno de Cristina Kirchner, y sólo unos meses después de la asunción de ésta, comenzaba a romperse, al menos parcialmente, debido al conflicto suscitado entre la presidenta y su vicepresidente radical (Julio Cobos). Aunque no se entrevistó a radicales K, sí se prestaba atención, durante el trabajo de campo, a las referencias a éstos que pudieran surgir en los entrevistados del PJ, al analizar, por ejemplo, la coexistencia entre los distintos actores del espacio partidario. Ese aspecto, de todos modos, no será analizado en este artículo.

tificaban como parte del PJ pero sí comenzaron a considerarse a sí mismos kirchneristas: los transversales. El origen de ese vínculo radicaba, en la visión de los entrevistados, en un rumbo tomado por el gobierno de Kirchner, que habría recuperado banderas históricas defendidas por ellos. Esa apropiación de reivindicaciones, que Kirchner ejercía con posterioridad a la llegada al poder, hacía ineludible, según los relatos recogidos, un posicionamiento a favor del gobierno.

Así ilustraba ese vínculo Jaime, del Frente Grande, al describir las primeras medidas del gobierno:

> Dolores: ¿Cómo viviste vos los primeros meses, la primera etapa del gobierno de Kirchner, digamos? Ya como aliados…
>
> Jaime: Mirá, creo que ante todo, lo vivimos con una sorpresa grata. La sensación que teníamos durante toda la primera etapa del gobierno, no solamente los primeros meses, sino, los primeros años del gobierno, era que, permanentemente, aquello que pensábamos que podía llegar a hacer, siempre hacía un poco más. Esto, por supuesto, dicho en un contexto en el cual uno sentía una profunda desilusión por todo lo que había pasado en la historia argentina reciente, con lo cual las expectativas eran ultra-bajas. […] Entonces, en ese sentido, varias de las cosas que hizo Kirchner nos sorprendieron a todos gratamente, tanto en el plano económico, como en derechos humanos, como la Corte Suprema.
>
> (Entrevista Nº 37 en Argentina. Jaime, dirigente del Frente Grande en la ciudad de Buenos Aires).

Mariano, militante del Partido Comunista Congreso Extraordinario (PCCE), también ilustraba la sorpresa de los transversales, y su desconfianza inicial:

> Mariano: Para nosotros era lo mismo, [Kirchner] era un muñeco de Duhalde para lavarse un cacho la cara… Eso era lo que nosotros analizábamos en ese momento. Que en su discurso tenía una retórica muy anti-neoliberal en las elecciones. Que era lo que todos decían en las calles: basta y que se vayan todos, y él como que trataba de salir a capitalizar. Para nosotros era un *chamuyo*. Pero cuando la primera medida que hace fue pelearse con las cúpulas militares[15] y entregarle la ESMA a las Madres de Plaza de Mayo, por lo menos fue un '¡Epa!'. No es que cambiamos de caracterización, pero lo primero que dijo que iba a hacer lo hizo. […] Y así una medida tras otra, varias medidas, de perfil más que de otra cosa,

---

[15] Mariano se refería aquí a una de las medidas que Kirchner tomaría: pasar a retiro a varios generales de modo de poder descender en la jerarquía militar al seleccionar la conducción de las distintas fuerzas dentro de las Fuerzas Armadas.

hicieron que nosotros empezáramos a apoyar algunas medidas y a criticar otras. Cuando fue lo del ALCA en Mar del Plata, en 2005, ahí fue para nosotros un… un cambio de…y pasamos del apoyo crítico al apoyo.
(Entrevista N º 31 en Argentina. Mariano, militante del Partido Comunista Congreso Extraordinario, PCCE, en la ciudad de Buenos Aires).

Más adelante en la entrevista, Mariano también expresaría que en el futuro su organización podía probablemente terminar enfrentada a Kirchner y que en el presente el apoyo sólo se debía a un camino compartido con el presidente. Esa idea era ilustrativa de la fluctuación política generalizada que presenté en apartados anteriores como característica del escenario político-partidario argentino. El vínculo de Mariano (y su organización) con el gobierno era concebido como pasible de diluirse por la propia fluctuación de la política, por el carácter cada vez más circunstancial de los vínculos políticos, tanto al interior de la dirigencia como entre ésta y el electorado.

El vínculo se planteaba en esos entrevistados como delineado a partir de la sorpresa que generaban medidas inesperadas del gobierno, medidas que habían sido reclamadas por esos actores en el pasado. Todo ello teñido de una desconfianza inicial hacia el origen partidario de Kirchner en el PJ. La desconfianza inicial hacia el gobierno de Kirchner era una aprensión mucho más orientada al PJ, a la tradición de aquel partido, que a la propia figura del presidente. Esa aprensión respecto del PJ se reiteraba en las entrevistas a dirigentes y militantes de la transversalidad kirchnerista, es decir, del kirchnerismo no PJ, y es un dato imprescindible para entender el rol que Kirchner le dio a las redes del PJ de cara a la opinión pública durante todo su mandato, cuestión sobre la que volveré más adelante.

El apoyo al gobierno, entonces, no era producto de una trayectoria de lucha o acción común, ni tampoco de un aval a la trayectoria del presidente y del partido del que éste provenía, sino que se trataba de un vínculo concebido en la coyuntura misma, a partir de las medidas tomadas por el gobierno o de negociaciones con éste en el marco de una estrategia de formulación de alianzas.

También portando la aprensión mencionada antes respecto del PJ, Román, legislador kirchnerista al que podríamos ubicar dentro de la transversalidad, postulaba un matiz que ilustraba lo que ocurría con muchos de los transversales. Aquella aprensión no era hacia lo que el PJ había representado durante toda su historia sino hacia el rumbo que había tomado en las últimas décadas, y ello cobraba especial significación tomando en cuenta que gran parte de la transversalidad estaba encarnada por actores que provenían de alguna forma del peronismo, aunque no se ubicaban en el PJ en el período estudiado aquí. En sus palabras,

> Román: Creo que lo que sucedió con la irrupción de Néstor Kirchner es recuperar las mejores banderas del peronismo, y realmente adaptarlas a un período histórico. Eso, bueno, a mí como a muchos otros compañeros, tal vez muchos de aquellos compañeros que en aquel período nos fuimos y dejamos la participación dentro de las estructuras partidarias, nos impulsó a volver a trabajar en la idea de un proyecto colectivo. [...] Por ahí, en la lucha por la memoria, la verdad y la justicia, por los derechos humanos, por los derechos económicos sociales y culturales, también poder hacerlo desde la recuperación de una identidad muy sentida por todos nosotros.
> (Entrevista N° 36 en Argentina. Román, legislador kirchnerista de la provincia de Buenos Aires).

El perfil de Román coincide con lo que Cheresky (2006c) considera un recurso político-institucional dentro del armado de Kirchner: aquellos "peronistas setentistas que durante años fueron ajenos o marginales a la estructura partidaria" (2006c: 35) y que se sentían convocados por las apelaciones políticas del presidente. Román consideraba que Kirchner había retomado "las mejores banderas del peronismo", aquellas banderas perdidas en los años ochenta y noventa. En este caso, entonces, el vínculo se forjaba en la coyuntura, pero a partir de una lectura que vinculaba el rumbo presente con un pasado –aunque fuera idealizado– de lo que el peronismo había solido ser. Con ello, Kirchner habría recuperado así "una identidad muy sentida por todos", pero una identidad que no implicaba para Román pertenecer al partido que decía encarnarla.

Se trataba, entonces, de banderas históricas consideradas por el entrevistado y por los demás transversales como no limitadas a una estructura partidaria. No limitables a un partido –que no las había representado, según ellos, a pesar de haber nacido en su momento como la encarnación de las mismas.

3.1.b. Vínculo histórico (pero híbrido)

El otro tipo de vínculo con el gobierno que podría ser identificado era el caracterizado por una trayectoria histórica común. El apoyo a Kirchner luego de su precaria llegada al poder se declaraba, desde los entrevistados de los PJ locales, mucho más como debido a que éste había sido el candidato peronista ganador que en relación con su trayectoria personal o sus apelaciones políticas. Kirchner era, en estos relatos, el candidato que había salido electo, y que pertenecía al PJ, aunque no lo condujera. El vínculo era expresado, entonces, más como en torno a la estructura partidaria compartida históricamente que con el presidente mismo.

El vínculo entre Kirchner y la parte del PJ que no lo había apoyado como candidato en las elecciones de abril de 2003 se forjaba después de la llegada de éste al poder y no antes. Ello resultaba del hecho de que las elecciones de 2003 no habían exhibido a un candidato identificado con el PJ más claramente que los demás –de hecho, ni Kirchner, ni Rodríguez Saa ni Menem habían usado el sello PJ–, sino que cada uno de los tres candidatos provenientes del peronismo había contado con redes peronistas propias (o más bien prestadas, en el caso de Kirchner, dado que en la provincia de Buenos Aires esas redes respondían, como ya se afirmó, mucho más a Duhalde que a Kirchner).

Salvador, dirigente peronista de la zona norte del conurbano, por ejemplo, reconocía haber apoyado a Menem para las elecciones de 2003. Lo justificaba de un modo muy particular: en términos institucionales. Menem, decía, era en ese momento el presidente del Consejo del Partido. Sin embargo, ese cargo, como habíamos anticipado antes al describir la situación del PJ esos años, no significaba organicidad o disciplina de las redes en torno a su ocupante, dado que el partido no venía funcionando como tal.[16] Entonces, ¿en qué consistía ese vínculo híbrido, histórico en términos de pertenencia formal al mismo partido que el presidente electo, pero forjado con Kirchner luego de su asunción, es decir, en la propia coyuntura del poder? No parecía consistir en "banderas compartidas" (como sí vimos en los transversales), sino más bien en un alineamiento con quien, desde entonces, contaba con el mayor capital político dentro del peronismo, el nuevo presidente. Y, sobre todo, con quien, pocos meses después de asumir, había conseguido altos niveles de popularidad, expresados en las encuestas de opinión.

Fueran cuales fueran sus motivaciones a la hora de definir su posicionamiento electoral en 2003, el caso de Salvador ilustraba el de muchos dirigentes y militantes del PJ, que se alinearon detrás de Kirchner poco después de su asunción como primer mandatario y cuyo vínculo con el gobierno era planteado entonces como producto de una supuesta lógica partidaria, aunque en la práctica tal lógica no fuera operante: sugestivamente, Salvador decía haber "jugado en el PJ" para referirse a su alineamiento con Kirchner

---

[16] Es más, Menem había manifestado su deseo de realizar primero una elección interna del PJ, confiado en que podía ganarla y ser luego el único candidato peronista en las elecciones abiertas. Pero, como sabemos, no fue ése finalmente el camino escogido por el peronismo.

posterior a los comicios de 2003, como implicando un posicionamiento determinado por un criterio formal partidario más que identitario con la figura del presidente.

Asimismo, el vínculo entre el nuevo presidente y las otras redes del PJ, las que lo habían apoyado ya en las elecciones por ser el candidato de Duhalde, revelaría con el tiempo una cierta fragilidad. Esa fragilidad se haría notoria a medida que las apelaciones políticas de Kirchner a otros sectores políticos y la construcción de una base de sustentación propia por parte del presidente empezaran a suscitar en esos actores del PJ –particularmente en varias de las redes bonaerenses– la idea de una suerte de desperonización del gobierno y éstas vieran peligrar su propio rol dentro del oficialismo. Esa fragilidad alcanzaría un punto cúlmine en las elecciones legislativas de 2005, en las que la candidata a senadora oficialista por la provincia de Buenos Aires, Cristina Fernández de Kirchner, enfrentaría a la esposa del ex presidente Duhalde, Hilda "Chiche" González de Duhalde.

Las propias interpretaciones de los entrevistados sobre ese proceso electoral de 2005 eran una muestra de la intensa heterogeneidad al interior del oficialismo. Para muchos transversales como Román, las elecciones de 2005 habían sido una suerte de gesta ideológica del kirchnerismo contra el aparato del PJ tradicional.[17] Para los entrevistados del peronismo duhaldista (muchos de ellos realineados en torno al gobierno luego de esa derrota electoral en 2005), como Julio, en cambio, consistía en una defensa del rol del peronismo dentro del oficialismo contra un gobierno que amenazaba ese rol.[18] Para otros dirigentes y militantes identificados como PJ que se posicionaron

---

[17] En palabras de Román,

A mí me tocó participar [en 2005] de una lista que, yo la verdad que sentía que estaba integrando una lista muy particular. Quienes estaban allí, una parte importante de ellos, habían sido quienes resistieron a la dictadura militar, [...] compañeros con los cuales uno siempre tuvo identidad compartida, y de golpe ver, que esa generación, [...] compañeros que eran la juventud de la década del ´70, hoy tenían segunda oportunidad de estar otra vez en espacios, en la disputa de espacios del poder y de hacerlo en la discusión con un sector político que tenía un concepto, desde nuestra perspectiva, retrógrado, con respecto a la acción política, como era el duhaldismo [...] una confrontación con aquéllos que habían provocado que personas, en aquél momento jóvenes como yo, dejáramos de participar en el Partido porque no había cabida. Y se le estaba haciendo, generando una disputa, que aún hoy continúa, de poder. No solamente sobre el concepto de un partido, sino sobre el modelo de país, o el proyecto nacional en disputa. [...] Creo que retomar esa discusión sobre el proyecto fue lo que marcó, tal vez, ese proceso electoral en el 2005. (Entrevista N ° 36 en Argentina. Román, legislador kirchnerista de la provincia de Buenos Aires).

[18] Julio lo ilustraba afirmando que en esa elección lo que se jugaba era el peronismo en su conjunto, y que desde el gobierno creían que "el transversalismo" (sic.) le ganaba al

a favor de Kirchner en aquellos comicios de 2005, como Salvador o Javier, era más bien una disputa entre dos dirigentes por el control de las redes de la estructura partidaria bonaerense.[19] Las lecturas sobre esos comicios, que consolidaron algunos vínculos con el gobierno, tensionaron otros y rompieron otros, eran, por lo visto, bien diferentes. Ese tipo de diversidad se reiteraba en otros aspectos del oficialismo.

Veamos, por último, un aspecto del vínculo de los actores del espacio partidario oficialista con el gobierno que era ilustrativo de las dinámicas internas del oficialismo de Kirchner.

3.1.c. Vínculo sin un correlato organizativo

Los entrevistados, tanto los que he agrupado en el denominado vínculo por coyuntura como en el vínculo histórico, se quejaban de la ausencia de un espacio estratégico de articulación y coordinación entre las fuerzas oficialistas, de un mecanismo que organizara la dinámica interna del oficialismo. En otros términos, se observaba una dinámica en la que el oficialismo funcionaba sin un espacio de articulación permanente entre los distintos actores y sectores, y con organizaciones políticas que no lograban incidir en tanto tales sobre la orientación del gobierno. Esa dinámica era constitutiva del vínculo que esos diferentes actores establecían con el gobierno. Así, la convocatoria y el tratamiento kirchnerista a las distintas organizaciones asumía a éstos en tanto conglomerados de actores individuales a los que podía acercarse. No se trataba de una convocatoria o de una negociación del gobierno con las organizaciones como tales, sino de convocatorias o designaciones para cargos estatales a figuras individuales, vinculadas menos o más orgánicamente a esas fuerzas políticas, pero que no eran convocadas en tanto representantes de esas fuerzas.

El Frente Grande era el ejemplo paradigmático, aunque no el único, de ese tipo de dinámica del oficialismo kirchnerista, de ese modo personalizado

peronismo (Entrevista N° 33 en Argentina. Julio, dirigente y concejal del PJ en el sur del conurbano bonaerense).

[19] Para Salvador, por ejemplo, que había apoyado en 2005 al kirchnerismo, se había tratado de una pelea innecesaria al interior del peronismo, y nociva para el movimiento. Una discusión generada porque el presidente se sentía condicionado por Duhalde en el armado de las listas. Salvador agregaba: "en apariencia era una discusión estratégica entre dos liderazgos, uno en construcción, que era el de Kirchner, y otro consolidado, que era el de Duhalde en la provincia. [...] en ese escenario en el cual las dos facciones buscaban quedarse con el partido provincial, con el PJ provincial. [...] forzábamos una discusión interna donde no la había (Entrevista N° 32 en Argentina. Salvador, dirigente del PJ en la zona norte del conurbano bonaerense).

de convocatoria política que salteaba la instancia partidaria y que generaba luego un vínculo ambiguo del gobierno con la organización. Ambiguo en el sentido de que no era evidente, posteriormente, cuánto podía reclamar esa fuerza o cuán orgánicamente debían o podían actuar esos funcionarios que provenían de la misma.[20] Jaime, dirigente del Frente Grande, ilustraba esa dinámica enfatizando que muchos de sus compañeros partidarios habían sido convocados al gobierno a título individual (Nilda Garré, Eduardo Sigal, Darío Alessandro, Juan Pablo Cafiero) para luego afirmar:

> El kirchnerismo no logra consolidarse, no lo hizo, y no lo hace en el presente, como una fuerza estructurada, quiero decir, hay procesos en los cuales, a partir de múltiples grupos, se conforma un único partido, movimiento o fuerza, al estilo del peronismo clásico [...]. O bien, hay casos en los cuales hay coaliciones de gobierno, en la cual distintos grupos se ponen de acuerdo, y, bueno... eso es bastante contrario al sistema político argentino, en términos generales, pero, podría haber sucedido. *No sucede. Aquí hay un esquema donde estás adentro porque estás adentro, pero no hay ningún ámbito formal de conducción del estar adentro.* [...] Ahora, eso no existe en el kirchnerismo, con lo cual, siempre se te complica, porque fuera de tu área de incumbencia, no decidís nada [...]. Todos fueron convocados individualmente. Ninguno fue convocado orgánicamente. Digamos, no hubo una invitación al partido del Frente Grande a integrar ninguna estructura. [...] Adriana [Puiggrós] fue un ejemplo de cómo funcionaron las cosas durante todo este tiempo. Felipe [Solá] la conoce a Adriana desde hace mucho tiempo, la llama para que sea ministra, y después cuando hay que armar la lista de diputados, él quiere que Adriana esté. Con lo cual, cuando nosotros decimos, "bueno, queremos estar", nos dicen, "bueno ya está, Adriana Puiggrós es tuya y la puse en la lista".
>
> (Entrevista N° 37 en Argentina. Jaime, dirigente del Frente Grande en la ciudad de Buenos Aires. Resaltado propio).

Esta cita condensa distintos elementos del vínculo entre un actor transversal (el Frente Grande, en este caso) y el gobierno de Néstor Kirchner que definían la dinámica del oficialismo kirchnerista. Por un lado, la idea,

---

[20] Con el Partido Socialista, la modalidad había sido similar, aunque con diferentes resultados, dado que no había derivado en el apoyo formal de las autoridades nacionales del PS, sino más bien en el de sectores del partido en la provincia de Buenos Aires (cuyos dirigentes pasaron a integrar la estructura del gobierno en distintos cargos) y algunas figuras de Capital Federal. En el caso del dirigente Héctor Polino, desde el gobierno se le ofreció la Secretaría de Medio Ambiente, sin que ello significara una negociación previa con su partido, el PS. Polino llevó el ofrecimiento al partido y allí se le negó el apoyo para asumir el cargo, con lo cual terminó rechazando el ofrecimiento.

entre los entrevistados, de que el kirchnerismo no se constituía como fuerza organizada. Por otro lado, la noción de que las organizaciones oficialistas no podían incidir sobre el rumbo del gobierno —elemento que se asocia más bien a algo que veremos más adelante, el rol dentro del oficialismo. Y, por último, la idea de que esas organizaciones no eran tratadas como tales, que muchas convocatorias eran hechas a figuras individuales y no como representantes de sus respectivas fuerzas.[21] Ese conjunto de características se producía en el marco de un escenario político definido por la fluctuación de las identidades políticas y los alineamientos, y por partidos transformados y con menos capacidad de suscitar y sostener en el electorado lazos de representación durables e "identidades partidarias". En ese contexto, el partido (o lo que quedara de él) como tal parecía no contar a la hora de asegurarse el presidente una base de sustentación activa propia.

Veamos ahora un segundo eje que constituye las condiciones de existencia dentro del oficialismo: el rol.

3.2. Rol dentro del oficialismo

Me referiré aquí al rol que los entrevistados le atribuían a su propia organización dentro del conjunto oficialista, tanto en términos del papel como del espacio que ocupaban y que interpretaban se les asignaba desde el gobierno.

En el caso de los entrevistados del PJ, cabe, para referirnos al rol, hacer una breve digresión acerca del modo en que definían a su propia organización, dado que esa autodefinición condicionaba sus interpretaciones acerca del rol dentro del oficialismo.

Los entrevistados del PJ, sobre todo los de La Matanza, concebían a su propia organización como portadora de un peso territorial propio único, superior al de las demás fuerzas políticas argentinas. La manifestación más generalizada entre estos entrevistados era la de un presente con un funcionamiento aceitado del trabajo político territorial del partido. Campañas electorales muy organizadas donde las tareas se dividían en "subcomandos" de militantes. El "rastrillaje" (visitas domiciliarias en los distintos barrios del distrito) como método proselitista. Pintadas en las paredes de las ca-

---

[21] Y en los casos en los que se convocaba a las organizaciones como tales (como parecía suceder con el sector de las organizaciones sociales, actores que no serán analizados en este artículo), no se las trataba en tanto tales, sin embargo, a la hora de permitir algún tipo de incidencia en la toma de decisiones. Por ejemplo, los distintos entrevistados reiteraban la idea de que se habían enterado de las distintas medidas del gobierno por los medios, y que habían salido a construir un relato argumentativo de defensa de las mismas con posterioridad a su anuncio.

lles, que cubrían el distrito (municipio) entero –e incluso que diariamente tapaban las pintadas opositoras, en una suerte de diálogo donde el PJ local le mostraba a la oposición su propia imbatibilidad a través de la gran desproporción de visibilidad entre las pintadas de unos y otros. Un ejército nutrido de fiscales partidarios para presenciar y participar de los comicios y del conteo posterior de votos en las escuelas. Todo ello formaba parte de la autoconcepción de estos militantes y dirigentes, de la forma en que presentaban lo que consideraban un aspecto fundamental de la solidez del partido: su peso territorial.

En las definiciones entre los entrevistados del PJ sobre su propio partido predominaba la idea de un peso territorial propio único en el contexto argentino, indisputable por parte del resto de las fuerzas políticas, y que no había disminuido con el tiempo. Ésa era la supuesta ventaja comparativa del PJ, aquello que seguía –según los entrevistados– definiéndolo, y hasta distinguiéndolo de las demás fuerzas políticas, a pesar de todas las transformaciones y crisis que hubiera vivido el país.

Entre estos entrevistados, la noción de que era su propio partido el que poseía la mayor estructura partidaria y construcción territorial del país condicionaba el resto de sus descripciones y definiciones. En esas definiciones sobre otras fuerzas y organizaciones, el criterio del peso territorial –Unidades Básicas, militantes, recursos materiales, y hasta fiscales propios para supervisar una elección– le daba al PJ, según la visión de sus entrevistados, una cierta legitimidad, tanto de cara a la sociedad como al presidente, a la hora de insinuar que pretendían un lugar más importante para el peronismo dentro del oficialismo.

Si pensamos, entonces, en el rol que los entrevistados concebían para el PJ al interior del oficialismo, el PJ justamente era visto por sus militantes y dirigentes como la fuerza con el mayor peso organizativo e institucional en el país y, por lo tanto, como exclusivo garante de poder territorial hacia el presidente –en otros términos, de gobernabilidad (en este aspecto, los entrevistados del PJ y los no pertenecientes al PJ coincidían en su caracterización). En la práctica, sin embargo, los entrevistados admitían que no habían podido erigirse como un actor partidario organizado que pudiera negociar un mayor espacio institucional en tanto partido dentro del oficialismo.

Es decir, en la visión de los entrevistados del PJ, éste era portador de un peso inigualable a nivel territorial y de gobiernos locales, pero terminaba teniendo que coexistir con actores mucho más débiles pero promovidos por el gobierno:

> Salvador: Hoy terminan discutiendo en los diarios si [el kirchnerismo] se pejotizó. ¿¡Se pejotizó!? Los que están ya estaban. En todo caso estaban escondidos porque a los diarios les servía más decir "los radicales K", "los socialistas K" y qué sé yo qué más. ¿Cuánto suma Graciela Ocaña [figura de la transversalidad kirchnerista, proveniente originalmente del ARI] en términos de poder político-partidario-estructural? ¿Cuántos fiscales pone Graciela Ocaña? ¿Tres?
>
> (Entrevista N° 32 en Argentina. Salvador, dirigente del PJ en la zona norte del conurbano bonaerense).

Aunque para una parte de la sociedad tuviera mala reputación (y por eso la alusión a que los actores del PJ habían permanecido "escondidos" durante el gobierno de Kirchner), era el PJ, según estos entrevistados justicialistas, como Salvador, el que garantizaba el poder territorial al oficialismo, por ejemplo, a través de la provisión de fiscales y de estructura partidaria para las elecciones. Con peor imagen que las figuras de la transversalidad kirchnerista ante la opinión pública, el PJ sin embargo tenía, según esta visión, un rol imprescindible, aunque hubiera permanecido públicamente relegado —pero no desechado o excluido del todo, por supuesto— en el formato de poder oficialista trazado por el presidente Kirchner.

Esa relegación del PJ provocaba, por otro lado, un notable disgusto al interior de las redes peronistas y la pretensión, presente en forma menos o más explícita en las entrevistas a estos militantes y dirigentes partidarios, de un espacio más preponderante al interior del oficialismo para "el peronismo". Cuando estas voces hablaban de "el peronismo", no estaban incluyendo, cabe aclarar, a todos aquellos que se identificaban como peronistas o a quienes reivindicaban a J. D. Perón —como lo hacía Román, otro de los entrevistados, ya citado, que provenía de la tradición peronista y no renegaba de la misma pero sí estaba alejado del Partido Justicialista. Estaban aludiendo, en cambio, al peronismo organizado en la estructura del PJ.

Esa honda preocupación por el rol que al PJ le cabía dentro de un conglomerado oficialista de identidad cada vez más inextricable se observaba no sólo en las entrevistas sino en algunos discursos de dirigentes justicialistas. Así lo expresaba, en un acto partidario en su distrito, Alberto Balestrini, quien había sido, entre 1999 y 2005, intendente de La Matanza,[22] y continuaba siendo el referente político de ese distrito, posteriormente presidente de la Cámara de Diputados de la Nación (2005-2007), y luego vicegobernador

---

[22] La Matanza es el distrito más populoso de la provincia de Buenos Aires, y un histórico bastión del peronismo, que ganó allí todas las elecciones desde el retorno de la democracia.

de la provincia de Buenos Aires (desde 2007).[23] Luego de insinuar una crítica a la transversalidad, política de alianzas impulsada por el gobierno de Kirchner, Balestrini decía ante los asistentes al acto:

> Se están sentando a la mesa de esta nueva Argentina muchos actores. A mí me gusta mencionarlos como lo decía Juan Domingo Perón: se están sentando las organizaciones libres del pueblo. Pero, compañeras y compañeros, tenemos que tomar conciencia, todos nosotros, de que *la única fuerza nacional y popular capaz de respaldar el proyecto de Néstor Carlos Kirchner es el peronismo* [aplausos], y no debemos dejar que nos ocupen los lugares que por derecho propio nosotros pudimos tener [...]. Ésta es la etapa de volver a luchar y sufrir en el convencimiento de que la Argentina va a cambiar cuando el movimiento nacional peronista vuelva a ponerse de pie y sea la columna vertebral de la transformación que está llevando Kirchner [aplausos]. Sean bienvenidos todos aquellos que entiendan esta transformación, pero juramentémonos un día como hoy, el 17 de noviembre, nuestro día, el día del militante, que no vamos a dejar espacio a ningún interesado que quiera ocupar lo que legítimamente nos corresponde: el centro de la escena de la revolución en paz que Kirchner está llevando.
> (Registros de campo tomados en el Acto por el Día del Militante. Discurso de Alberto Balestrini. 17/11/06. Club el Fortín, Ciudad Evita, La Matanza, Provincia de Buenos Aires. Resaltado propio).

Para estos militantes y dirigentes, en 2006 y 2007, el signo de esa recuperación del rol que le correspondía al peronismo (o sea, a las redes del PJ) dentro del oficialismo kirchnerista era que Kirchner presidiera el PJ a nivel nacional y lo reactivara –volviendo a hacer funcionar sus estructuras formales de toma de decisiones partidarias nacionales y provinciales–, decisión que el presidente había pospuesto desde su llegada al poder. Kirchner debía dejar de ser un líder en torno al cual confluyera una variedad de espacios y organizaciones dispersas, sin articulación horizontal, y sólo vinculados en forma radial a él mismo. Debía definirse, en cambio, como conductor de la principal de esas fuerzas: el Partido Justicialista.

Detrás de esa pretensión, asimismo, podríamos identificar la nostalgia por un sistema bipartidista de peronistas y radicales, de organizaciones partida-

---

[23] A fines de 2008, Balestrini fue electo presidente del PJ bonaerense en un proceso de elecciones internas del partido provincial. En abril de 2010 sufrió un accidente cardiovascular que lo dejaría internado. Luego de ello, Hugo Moyano, vicepresidente primero del PJ bonaerense, asumiría interinamente la presidencia. En diciembre de 2011, sin embargo, anunciaría su renuncia a ese cargo en un acto en el estadio de Huracán que conmemoraba el día del camionero. En aquel discurso, Moyano se referiría al estado del PJ de la provincia de Buenos Aires caracterizándolo como una "cáscara vacía".

rias adversarias y no coaligadas (sino en competencia) para las elecciones y de un electorado afín en forma duradera a una o la otra. Por supuesto, ése tampoco fue el desenlace producto de la asunción de Néstor Kirchner como presidente del PJ en 2008 (basta observar la desagregación de los dirigentes auto-identificados como peronistas en las elecciones siguientes de 2009 y 2011). Pero, en el relato de los entrevistados, el reclamo de recuperación por parte del peronismo del lugar que creían que le correspondía dentro del oficialismo kirchnerista aparecía íntimamente vinculado con esa nostalgia por una sociedad de partidos como la que había habido en Argentina, un sistema de partidos fuertes y con un comportamiento electoral estable. El disgusto por la coexistencia con antiguos adversarios (los radicales, por ejemplo) en el oficialismo era un síntoma de esa nostalgia y de esa sensación de desacomodo frente a lo que Manin (1992) denominaba la "metamorfosis de la representación". Es en ese sentido nostálgico que Gonzalo, del PJ de La Matanza, llamaba a que los radicales también se reactivaran como partido, y a que retomaran su rol de adversario histórico del peronismo (entrevista N° 18 en Argentina. Gonzalo, militante del PJ Matanza y dirigente de una agrupación local).

¿Cómo concebían su propio rol dentro del oficialismo, por otro lado, los entrevistados no identificados como PJ? Entre los distintos actores que se habían sentido interpelados por la estrategia transversal del presidente Kirchner, en la concepción del rol que ese espacio no PJ tenía en el oficialismo se advertía un énfasis, como elemento característico de su situación, en una marcada debilidad en términos organizativos (frecuentemente expresada en términos comparativos con la fuerza organizativa que podía tener la CGT o los PJ locales). Incluso Alicia, del Frente Grande, aseguraba que ella nunca había pensado que la transversalidad pudiera jugar otro rol dentro del oficialismo que el ir subordinada al PJ, aunque con una voz crítica (entrevista N° 41 en Argentina. Alicia, legisladora kirchnerista proveniente del Frente Grande). La subordinación al PJ, el reconocimiento de una relación de fuerzas en la que ellos mismos eran más débiles y de menor peso, era un elemento común en las entrevistas a transversales. Pero esa debilidad organizativa no sólo parecía ser un dato de origen sino también un escenario resultante de las propias dinámicas oficialistas. Veamos cómo Jaime, del Frente Grande, ilustraba esa relación entre el rol de los transversales y la dinámica oficialista:

> Jaime: Nosotros lo que hemos hecho es intentar armar algunas estructuras de discusión entre funcionarios, en un plano más horizontal, con suerte variada, digamos. [...] También ha habido muchas circunstancias vinculadas a este fe-

nómeno de la transversalidad, donde se han producido reuniones que han sido más para la foto, de mostrar a referentes de la centro-izquierda kirchnerista no PJ [...].

Dolores: ¿Por qué decís para la foto?

Jaime: Porque no tenían después ninguna continuidad. Porque habían sido armadas muchas de ellas por Alberto Fernández, que se había dado a la tarea de cultivar la relación con el espacio no PJ, y también lo hizo porque al PJ no lo terminó queriendo nadie. Pero por otra parte, eso no tenía voluntad de organizar nada. Lo único que tenía era voluntad de demostrar que había un conjunto de figuras, figuritas y figurones, y militantes que no estaban dentro del PJ, y que formaban parte del gobierno y apoyaban esto.

(Entrevista N° 37 en Argentina. Jaime, dirigente del Frente Grande en la ciudad de Buenos Aires).

El espacio inorgánico denominado transversalidad se perfilaba en este tipo de análisis de los entrevistados con un rol muy particular. Era presentado como la parte del oficialismo que el gobierno quería mostrar, que quería exhibir a la opinión pública –a diferencia del PJ, que según veíamos en la entrevista de Salvador, habría permanecido "escondido" por decisión del gobierno. Sin embargo, según Jaime, el gobierno no procuraba organizar a esos transversales, estructurarlos como fuerza orgánica dentro del oficialismo. En otros términos, la transversalidad parecía configurarse no como estrategia de articulación de Kirchner de una base propia organizada que trascendiera al PJ sino como espacio desagregado a ser exhibido ante la opinión pública como signo de amplitud política y de convocatoria al progresismo.

Veamos ahora el último elemento a analizar dentro de las condiciones de existencia: el impacto de la pertenencia al oficialismo sobre la propia organización.

3.3. Impacto de la pertenencia al oficialismo sobre la propia organización

Una primera intuición, cuando se piensa en el impacto de la pertenencia al oficialismo sobre una organización, podría ser que, con la presencia en el Estado, ésta consecuentemente crecerá, en número, en fuerza, en recursos, etc. Ese argumento termina incluso siendo utilizado en ocasiones para explicar la pertenencia, en una suerte de cálculo de costo-beneficio. No es, sin embargo, la intención aquí proporcionar un factor explicativo de por qué los distintos sectores se incorporaban al oficialismo, y menos reducir esos procesos a un mero cálculo de intereses. Aquello que sí se analizará es cómo contemplaban los propios militantes y dirigentes de esas organizaciones ese impacto derivado de la pertenencia al oficialismo. Como veremos, emergían interpretaciones más diversas y más complejas que aquella visión general mencionada antes.

Desde el PJ, asomaba en las entrevistas la imagen de un partido que había llegado al final del gobierno de Néstor Kirchner más desorganizado y desestructurado, debilitado incluso por las propias prácticas promovidas por la estrategia presidencial. Como ejemplos de esas prácticas eran mencionadas la confrontación oficialista contra el sello PJ en 2005 para disputarle a Duhalde la estructura partidaria de provincia de Buenos Aires, o la autorización de listas colectoras en 2007 —es decir, la proliferación de varias listas a nivel municipal habilitadas todas como listas oficialistas a nivel nacional (apoyando las candidaturas oficialistas provinciales y nacionales pero compitiendo con otras listas también oficialistas a nivel municipal).[24] Para los entrevistados de las redes del PJ, el resultado era un partido debilitado y fraccionado, sin un funcionamiento interno provincial (en la provincia de Buenos Aires) o nacional más allá de vínculos radiales de distintas figuras con el propio presidente. Esos vínculos radiales, que habían tenido repercusiones negativas sobre las redes del PJ, eran caracterizados como una estrategia presidencial:

> Salvador: Kirchner conduce con una estructura radial. Es él con todo el mundo bilateralmente. Nunca con todo el mundo sentado. Y además trabajó mucho para que eso sea así. [...] Kirchner construyó en función de su propia existencia inicial. Si él daba horizontalidad, corría los riesgos que no le eran favorables para gobernar. Y efectivamente trabajó mucho para esa división. Yo [Kirchner] me siento con dirigentes del conurbano, con dirigentes partidarios de la primera sección del conurbano. Los fue fraccionando y [...] fue construyendo relaciones bilaterales que fueron paralelamente destruyendo la confianza horizontal. Hay una relación de confianza vertical porque efectivamente Kirchner conduce, bien o mal pero conduce.

[24] En el caso de Matanza, donde se hicieron la mayoría de las entrevistas a militantes y dirigentes del PJ, el mayor dirigente local, Alberto Balestrini —intendente hasta 2005- logró evitar en 2007 que el gobierno nacional habilitara colectoras que compitieran con la lista que él promovía para intendente y concejales (no se trataba de una decisión de la justicia, sino de una decisión política: eran los responsables de la lista provincial los que determinaban qué listas locales podían contar con el reconocimiento presidencial para ir colgadas de la lista provincial y nacional del gobierno). La Matanza fue, en esas elecciones, uno de los pocos casos excepcionales, siendo la regla escenarios municipales con listas colectoras (Lomas de Zamora, Quilmes, Lanús, Almirante Brown, Luján, La Plata, etc.).

(Entrevista Nº 32 en Argentina. Salvador, dirigente del PJ en la zona norte del conurbano bonaerense).[25]

Esta descripción de Salvador sobre lo ocurrido con el PJ durante el gobierno de Kirchner, sobre la desarticulación de los vínculos al interior del partido, era ilustrativa de dinámicas más generales dentro del conjunto kirchnerista, de un modo de relacionamiento muy particular, en el que la articulación política del presidente se desarrollaba a través de relaciones radiales (con él mismo o con interlocutores específicos designados por él, como Alberto Fernández, Juan Carlos Mazzón, Oscar Parrilli, etc.), sin una construcción horizontal sostenida entre las distintas organizaciones y sectores.

La reflexión de Jaime, del Frente Grande, citada anteriormente en este artículo, sobre cómo las actividades conjuntas de los distintos actores de la transversalidad parecían promovidas sólo "para la foto" (es decir, para mostrar que determinados dirigentes por fuera del PJ apoyaban al presidente) ilustraba también esa dinámica de relaciones radiales y de no construcción por parte de Kirchner de una fuerza (o fuerzas) política propia organizada, estructurada; esa dinámica de no organizar a los distintos actores transversales que respondían a su liderazgo.

En estos casos, entonces, el impacto de la pertenencia al oficialismo sobre la propia organización aparecía asociado al modo de funcionamiento del conjunto, a su dinámica interna. La debilidad organizativa de la transversalidad aparecía así como una característica de origen pero también como una carencia derivada de la propia dinámica de construcción y de funcionamiento del oficialismo por parte del presidente. La desagregación del PJ también era identificada como previa a Kirchner pero profundizada por la dinámica de funcionamiento oficialista

En el caso de los actores que integraban la transversalidad kirchnerista en Argentina, éstos no habían experimentado un crecimiento significativo en número de afiliados o de simpatizantes propios a partir de la pertenencia al kirchnerismo, sino que más bien quedaban diluidos dentro del kirchnerismo frente al electorado. No lograron una fisonomía propia y diferenciada, en un contexto, a su vez, problemático para quien tuviera la intención de instituir en los votantes una identificación partidaria duradera en relación con algún sello. En el caso del Frente Grande, sin embargo, a pesar de no haber recuperado el caudal electoral, la visibilidad pública o los simpatizantes que había tenido entre mediados de los años noventa y 2001 (fin del gobierno de la Alianza),

---

[25] Más adelante en la entrevista, Salvador recordaba que desde 2004 no había habido más reuniones seccionales del PJ, y que la última había sido presidida por Eduardo Duhalde.

el mismo sí experimentaría, según sus entrevistados, cierto impacto organizativo a partir de la pertenencia al oficialismo:[26] la posibilidad de restructurarse como partido, de reactivar el funcionamiento de sus autoridades nacionales y provinciales y de recuperar su presencia formal (como partido político con personería) en la mayoría de las provincias, luego de un largo período de parálisis inaugurado por el fin del gobierno de la Alianza y profundizado, según los entrevistados, por las decisiones del entonces presidente del partido, Aníbal Ibarra, de mantenerlo en ese estado de parálisis total.

Veamos el caso de otro actor dentro de la transversalidad, los denominados "socialistas K". La incorporación al oficialismo kirchnerista de una gran parte del Partido Socialista de la Provincia de Buenos Aires le significaría a este sector otro tipo de impacto: el impulso de sanciones por parte de las autoridades del PS nacional, que mantenía una actitud de oposición al gobierno de Kirchner. De todos modos, esos grupos permanecerían dentro del PS en términos formales, a tal punto que en 2010 participarían de una elección interna de autoridades de nivel nacional, perdiéndola. Esa desagregación del PS en distintas fracciones según su posición ante el gobierno nacional sin que el partido se dividiera formalmente en dos; o, en otros términos, la existencia de grupos al interior de un partido que mantenía una posición política en torno al gobierno de turno abiertamente opuesta a la de las autoridades partidarias nacionales, pero que continuaban reconociéndose formalmente como parte del partido, insinuaba algo significativo. El Partido Socialista, que comúnmente es pensado como un partido que sigue funcionando según la tradición de lo que Manin (1992) denominaba la "democracia de partidos", también se encontraba atravesado por nuevas lógicas de funcionamiento político en Argentina, también había sido afectado por la creciente fluctuación de las identidades políticas y las transformaciones sufridas por los partidos.[27]

---

[26] El Frente Grande no se caracterizaría, durante el gobierno de Kirchner, por la participación en las elecciones como una fuerza diferenciada. Su visibilidad estaría dada más que nada por el lanzamiento de comunicados de apoyo al gobierno nacional en tanto Frente Grande o como parte del espacio transversal. Sí contaría con una presencia en el gabinete y en cargos de segunda y tercera línea de figuras vinculadas al partido, aunque esos espacios institucionales no serían vistos, como ya ha sido afirmado en este artículo, en tanto espacios otorgados a un partido de la coalición, sino que seguirían una lógica más de reconocimiento personal de esos dirigentes (Nilda Garré, Darío Alessandro, Juan Manuel Abal Medina, etc.).

[27] En el caso del radicalismo, el 21 de septiembre de 2007, un mes antes de las elecciones presidenciales, el Comité de Ética de la UCR expulsaba "de por vida" a Julio Cobos –entonces candidato a vicepresidente de Cristina Fernández de Kirchner– del partido, por "inconducta". Aquella dramática medida, que sobreactuaba una disciplina partidaria poco común ya en la UCR, exhibiría claros límites pocos años después, cuando en un contexto

4. Observaciones finales: condiciones de existencia y dinámicas internas del oficialismo kirchnerista

La noción de condiciones de existencia se ha referido en este trabajo, no a requisitos para pertenecer, sino a condiciones prácticas en las cuales los entrevistados consideraban que se encontraban sus organizaciones u espacios en tanto actores dentro del oficialismo. Este concepto refiere a un conjunto de dimensiones tales como el origen de la relación con el gobierno, el lugar que interpretaban como propio dentro del conjunto (rol) y el impacto que los entrevistados identificaban como derivado de la pertenencia al oficialismo sobre sus propias organizaciones. Esos tres ejes de análisis fueron delineados y conceptualizados a partir de las regularidades que aparecían en los propios relatos de los entrevistados.

Pueden identificarse en el oficialismo de Kirchner diferentes tipos de vínculo establecido por los actores oficialistas con el gobierno: un vínculo que podríamos denominar por coyuntura –forjado para la elección presidencial o durante el gobierno, y en torno al presidente, no necesariamente a su partido– (transversales); y otro híbrido, forjado, en la práctica, también con la llegada al poder pero con un componente de lógica organizacional histórica presente en los relatos (entrevistados del PJ).

En un marco de expectativas "ultra-bajas" (como las denominaba Jaime, uno de los entrevistados) después de la crisis de 2001, Kirchner lograba generar un vínculo con distintas organizaciones y actores individuales luego de llegado al poder, tanto a partir de una convocatoria concreta por parte del gobierno como de la lectura, por parte de esos actores colectivos e individuales, de un rumbo inesperado y deseable. El vínculo forjado en la propia coyuntura del triunfo electoral y del gobierno, y establecido en torno al presidente y no en términos de relaciones entre organizaciones de pertenencia, era el que caracterizaba el origen de la relación de los transversales con el gobierno. Después de todo, sólo un pequeño entorno de Kirchner (con funcionarios de su provincia, algunas redes del PJ y unos pocos legisladores) tenía con el dirigente una relación previa.

Ese vínculo por coyuntura se iba estableciendo luego de la llegada al poder, y se observaba en ese lazo una desconfianza por parte de muchos entrevistados, no respecto del presidente sino más bien del partido del que éste provenía. Justamente, la confianza en el presidente parecía derivar de la creencia de que éste no dependía de su partido de origen para definir el

---

de alta popularidad y buena imagen de Cobos, ya enfrentado con la presidenta, la UCR le permitiría reincorporarse al partido, con la expectativa de algunos sectores de promover una eventual candidatura presidencial para 2011, que finalmente no tuvo lugar.

rumbo de gobierno, que se había desprendido –o impedido que el partido lo "condicionara"– y lo había trascendido en su convocatoria. Esa noción de desconfianza hacia el partido de origen del presidente era encontrada, en el espacio partidario, entre los entrevistados transversales, tanto los que no pertenecían formalmente a ninguna fuerza política, como los que integraban el Frente Grande, un sector del Partido Socialista, dirigentes individuales provenientes del ARI, etc.

Aparecía, por otro lado, un vínculo de carácter híbrido: el forjado con el gobierno por la mayor parte del propio PJ, a partir de las elecciones de 2003, pero reivindicado como histórico, a partir de la fuerza política de que la provenía Kirchner. Una porción de éste había apoyado públicamente a Kirchner durante el proceso electoral, dado que era el candidato promovido por Eduardo Duhalde, entonces presidente interino y dirigente con gravitación en una porción considerable de las redes del PJ. Y otros sectores irían incorporándose luego de su llegada al poder, luego de haber apoyado a Carlos Menem o a Adolfo Rodríguez Saa. Este vínculo, entonces, aparecía planteado en muchas entrevistas en torno al partido de proveniencia de Kirchner, más que en torno a las apelaciones identitarias y medidas del presidente. Aparecía como una decisión de alineamiento con quien había asumido la presidencia y provenía del PJ, aunque no hubiese sido su candidato deseable en las elecciones de 2003. Asimismo, este vínculo presentaba cierta fragilidad, que se advertiría en distintas ocasiones, especialmente en las elecciones legislativas de 2005, donde una parte de las redes del PJ bonaerense enfrentó al presidente en las urnas.

En relación con la noción de rol dentro del oficialismo, ésta se ha referido aquí al espacio que le cabía a estos actores dentro del oficialismo en términos políticos (su gravitación relativa en comparación con otros actores oficialistas). En el rol concebido en términos del espacio institucional y político que le cabía a las distintas organizaciones o espacios en tanto actores oficialistas, también se advertían contrastes según si se trataba de entrevistados transversales o del PJ, aunque se observaba en la mayoría de los casos una insatisfacción con el rol/espacio que les reconocía el presidente.

Los entrevistados en los que esa insatisfacción era más visible eran los de los PJ locales. En ellos, el rol concebido para su propio partido era planteado en relación con la gobernabilidad. Se describía al PJ como la fuerza de mayor desarrollo territorial, la que podía contar con redes lo suficientemente arraigadas como para definir una elección y para garantizar gobernabilidad. Y esa característica que los entrevistados del PJ le atribuían a éste lo colocaba, en su visión, como un actor al que el gobierno debería haberle reconocido mayor centralidad dentro del armado oficialista. Es decir, esos entrevistados del PJ lo concebían como un actor central pero que no ocupaba un lugar acorde dentro del conjunto oficialista, y exhibían cierta frustración por no haberlo podido erigir como un actor partidario organizado que pudiera negociar un mayor espacio institucional en tanto partido dentro del oficialismo. Aparecía incluso la idea de que el PJ era "escondido" por el gobierno dentro del oficialismo, de cara a la opinión pública. Y era común observar en estas entrevistas lecturas mediadas por la tensión y la competencia con otros actores oficialistas.

Uno de esos otros actores era, en el espacio partidario, la denominada "transversalidad". En la práctica, y en relación con la cuestión de su propio rol/espacio dentro del oficialismo, los entrevistados transversales se veían como portadores de una debilidad organizativa, no sólo como dato de origen sino también como escenario resultante de las propias dinámicas oficialistas (no habían logrado estructurarse como fuerza organizada). En contraste con los entrevistados del PJ, los entrevistados de la transversalidad creían haber representado otro rol: el de los "presentables" ante la opinión pública, aquellos que el gobierno pretendía exhibir como signo de amplitud política y de convocatoria al progresismo.

En relación con el último aspecto analizado en este trabajo como parte de las condiciones de existencia dentro del oficialismo, el impacto de la pertenencia al oficialismo sobre la propia organización, entre los entrevistados del PJ predominaba la idea de que éste aparecía, luego del gobierno de Kirchner, más desorganizado y desestructurado que antes, más debilitado y fraccionado, y que esos aspectos estaban asociados al modo de funcionamiento del oficialismo kirchnerista, caracterizado por vínculos radiales del presidente (o de algún interlocutor) con distintos actores individuales del PJ.

Esos mismos vínculos radiales y la dinámica oficialista del kirchnerismo de no organizar a los actores no PJ dispersos como una fuerza propia (alternativa o complementaria al PJ en tanto actor oficialista) era la que, para los entrevistados de la transversalidad, había configurado una situación en la que ese espacio seguía siendo inorgánico, seguía siendo convocado "para la foto" (palabras de un entrevistado) y quedaba diluido dentro del kirchnerismo sin lograr una fisonomía y un formato organizativo propio.

Volvamos, entonces, ahora, sobre algunas de esas dinámicas al interior del oficialismo que han sido mencionadas en distintos momentos del trabajo, para reflexionar un poco más sobre las mismas.

En el espacio partidario kirchnerista, el modo más común de incorporación al oficialismo se producía, no a través de una convocatoria del gobierno y de una negociación con las organizaciones como tales, sino de convocatorias o designaciones para cargos estatales a figuras individuales, que podían estar vinculadas a esas fuerzas políticas pero que no eran convocadas en tanto representantes de las mismas. El Frente Grande era el ejemplo paradigmático de ese tipo de dinámica del oficialismo kirchnerista, de ese modo personalizado de convocatoria política que salteaba la instancia partidaria. Con ello, se generaba un vínculo de carácter ambiguo del gobierno con la organización, dado que luego esa fuerza no sabía cuánto podía reclamar (por ejemplo, para la presencia de sus miembros en una lista electoral oficialista) o cuán orgánicamente debían o podían actuar esos funcionarios que provenían de la organización. Y una vez adentro, como ilustraba un entrevistado, no había ningún ámbito formal u organizativo en el que se dirimieran las condiciones y posibilidades para quienes formaban parte del oficialismo.

Se reiteraba, asimismo, la idea, entre los entrevistados, de que el kirchnerismo no se constituía como fuerza organizada, de que Kirchner había decidido mantener a todo el conjunto atomizado, sin estructurarlo como una coalición o como una fuerza política propia organizada. Una dinámica advertida por los entrevistados dentro del conjunto kirchnerista era la de un modo de articulación política del presidente desarrollado a través de relaciones radiales (con él mismo o con interlocutores específicos de su entorno), sin la posibilidad de una construcción horizontal sostenida entre las distintas organizaciones y sectores.

Por otro lado, en relación con el tipo de lazo representativo que generaba el presidente con el electorado, asistíamos a un liderazgo que creaba y sostenía con la ciudadanía un vínculo directo, no mediado por el partido del que provenía, y que derivaba en una relación muy diferenciada de la opinión pública con él y, por otro lado, con el PJ, su partido de origen.

Estos hallazgos en torno a las condiciones de existencia y a las dinámicas internas o modo de funcionamiento del oficialismo en el gobierno de Néstor Kirchner arrojan luz sobre los lazos políticos que pueden generarse entre un presidente y su base de sustentación activa (y también entre los distintos actores al interior de la misma) en un contexto de identidades políticas y alineamientos fluctuantes, y de partidos transformados en meros dispositivos electorales para líderes populares que, sin embargo, prescinden de los mismos en términos simbólicos para su apelación al electorado. También sobre el modo en que esas identidades políticas se configuran entre las organizaciones que se integran a esa base, y sobre los problemas y experiencias que esas organizaciones viven en tanto actores dentro del oficialismo.

Bibliografía

Aboy Carlés, Gerardo (2004): "Parque Norte o la doble ruptura alfonsinista", en: Novaro, M. y Palermo, V.: *La historia reciente. Argentina en democracia*. Buenos Aires: Edhasa.

Altamirano, Carlos (2004). "'La lucha por la idea': el proyecto de la renovación peronista.", en: Novaro, Marcos y Palermo, Vicente: *La historia reciente. Argentina en democracia*. Buenos Aires: Edhasa.

Amaral, Oswaldo (2010). *As transformações na organização interna do Partido dos Trabalhadores entre 1995 e 2009*, Doutorado em Ciência Política, UNICAMP.

Armesto, Melchor y Adrogué, Gerardo (2001). "Aún con vida. Los partidos políticos en la década del noventa", *Desarrollo Económico*, Vol. 40, N° 160, enero-marzo.

Arzadun, Daniel (2008). *El peronismo: Kirchner y la conquista del reino.* Buenos Aires: Sudamericana.

Bobbio, Norberto; Matteucci, Nicola y Pasquino, Gianfranco (2000). "Partidos Políticos", en Bobbio, Norberto; Matteucci, Nicola y Pasquino, Gianfranco, *Diccionario de Política*. México DF: Siglo XXI.

Burnham, Walter Dean (1970). *Critical Elections and the Mainsprings of American Politics.* Nueva York: Norton.

Calvo, Ernesto; Escolar, Marcelo (2005). *La nueva política de partidos en la Argentina: Crisis política, realineamientos partidarios y reforma electoral.* Buenos Aires: Prometeo.

Cheresky, Isidoro (2004a). "Cambio de rumbo y recomposición política. Néstor Kirchner cumple un año de gobierno", *Nueva Sociedad*, N° 193, Septiembre-Octubre.

Cheresky, Isidoro (2004b). "De la crisis de representación al liderazgo presidencialista. Alcances y límites de la salida electoral de 2003", en: Cheresky, Isidoro y Pousadela, Inés. *El voto liberado. Elecciones 2003: perspectiva histórica y estudio de casos*, Rosario: Homo Sapiens.

Cheresky, Isidoro (2006a). "Introducción", en: Cheresky, Isidoro (comp.). *Ciudadanía, sociedad civil y participación política.* Buenos Aires: Miño y Dávila.

Cheresky, Isidoro (2006b). "La política después de los partidos", en: Cheresky, Isidoro (comp.). *La política después de los partidos.* Buenos Aires: Prometeo.

Cheresky, Isidoro (2006c). "Un signo de interrogación sobre la evolución del régimen político", en: Cheresky, Isidoro (comp.). *La política después de los partidos.* Buenos Aires: Prometeo.

Cheresky, Isidoro (2007). "Los desafíos democráticos en América Latina en los albores del siglo XXI", en: Cheresky, Isidoro (comp.). *Elecciones presidenciales y giro político en América Latina.* Buenos Aires: Manantial.

Cheresky, Isidoro (2009). "¿El fin de un ciclo político?", en: Cheresky, Isidoro (comp.): *Las urnas y la desconfianza ciudadana en la democracia Argentina*. Rosario: Homo Sapiens.

Craig, Stephen C. (1988) [1987]. "The decay of Mass Partisanship", *Polity*, Vol. 20, N° 4, Summer.

Duverger, Maurice (1957). *Los partidos políticos*. México: Fondo de Cultura Económica.

Fabbrini, Sergio (2009). *El ascenso del príncipe democrático. Quién gobierna y cómo se gobiernan las democracias*. Buenos Aires: Fondo de Cultura Económica.

Fiorina, Morris P. (2002). "Parties and Partisanship. A 40-year Retrospective", *Political Behavior*, Vol. 24, N° 2, Special Issue: Parties and Partisanship, Part One, June.

Greene, Steven (2004). "Social Identity. Theory and Party Identification", *Social Science Quarterly*, Vol. 85, N° 1, March.

Gunther, Richard and Diamond, Larry (2003). "Species of Political Parties: A new typology", *Party Politics*, Vol. 9, N° 2.

Gutiérrez, Ricardo (1998). "Desindicalización y cambio organizativo del peronismo argentino, 1982-1995", *XXI International Congress of the Latin American Studies Association (LASA)*, Chicago.

Katz, Richard y Mair, Peter (1995). "Changing Models of Party Organization and Party Democracy. The Emergence of the Cartel Party", *Party Politics*, Vol. 1, N° 1 (Traducción en *Zona Abierta*, 2004, 108/108, Madrid).

Katz, Richard y Mair, Peter (2002). "The Ascendancy of the Party in Public Office: Party Organizational Change in Twentieth-Century Democracies", en: Gunther, Richard; Montero, José Ramón y Linz, Juan (eds.). *Political Parties: Old Concepts and New Challenges*. Oxford: University Press.

Kirchheimer, Otto (1966). "The transformations of the Western European Party Systems", en: La Palombara, Joseph y Weiner, Myron (Eds.). *Political Parties and Political Development*. Princeton: Princeton University Press.

La Palombara, Joseph y Weiner, Myron (Eds.) (1966). *Political Parties and Political Development*. Princeton: Princeton University Press.

Lawson, Kay and Merkl, Peter H (Eds.) (1988). *When parties fail. Emerging alternative organizations*. Princeton: Princeton University Press.

Leiras, Marcelo (2007). *Todos los caballos del rey. La integración de los partidos políticos y el gobierno democrático de la Argentina 1995-2003*. Buenos Aires: Prometeo.

Levitsky, Steve (2003). *Transforming Labor-Based Parties in Latin America. Argentine Peronism in Comparative Perspective*. Cambridge: Cambridge University Press.

Lucca, Juan Bautista (2010). "Los senderos del estudio sobre los partidos políticos y su derrotero en América Latina", *Revista Pilquen*, Sección Ciencias Sociales, Año XII, N° 13.

Malamud, Andrés (1997). "Los partidos políticos", en: Pinto, Julio (comp.). *Introducción a la Ciencia Política*. Buenos Aires: EUDEBA.

Manin, Bernard (1992). "Metamorfosis de la representación", Dos Santos, Mario R. (co-ord.). *¿Qué queda de la representación política?*. Caracas: CLACSO-Nueva Sociedad.

Martínez González, Victor Hugo (2009). "Partidos Politicos: un ejercicio de clasificación teórica", *Perfiles Latinoamericanos*, 33, enero-julio.

Mc Adam, A. (1996): *Cafiero. El renovador*. Buenos Aires: Corregidor.

Montero, José Ramón y Gunther, Richard (2002). "Los estudios sobre los partidos políticos: una revisión crítica", *Revista de Estudios Políticos (Nueva Época)*, N ° 118, Octubre-Diciembre.

Natanson, José (2004). *El presidente inesperado*. Rosario: Homo Sapiens.

Novaro, Marcos (1994). *Pilotos de Tormenta*. Buenos Aires: LetraBuena.

Palermo, Vicente y Novaro, Marcos (1996). *Política y poder en el gobierno de Menem*. Buenos Aires: Editorial Norma.

Panebianco, Angelo (1990). *Modelos de partidos*. Madrid: Alianza.

Podetti, M; Ques, M. E.; Sagol, C. (1988). "El lugar de la democracia en el discurso del peronismo renovador". En: Revista *Crítica y Utopía*. N° 16. Buenos Aires.

Pousadela, Inés (2004). "Los partidos políticos han muerto. ¡Larga vida a los partidos!", en: Cheresky, Isidoro y Blanquer, Jean-Michel (comp.). *¿Qué cambió en la política argentina? Elecciones, instituciones y ciudadanía en perspectiva comparada*. Rosario: Homo Sapiens.

Pousadela, Inés (2007). "Argentinos y brasileños frente a la representación política", en: Grimson, Alejandro (comp.), *Pasiones nacionales. Política y cultura en Brasil y Argentina*. Buenos Aires: EDHASA.

Pousadela, Inés y Cheresky, Isidoro (2004). "La incertidumbre organizada. Elecciones y competencia política en Argentina (1983-2003), en: Cheresky, Isidoro y Pousadela, Inés (editores). *El voto liberado. Elecciones 2003: Perspectiva histórica y estudio de casos*. Buenos Aires: Biblos.

Rocca Rivarola, María Dolores (2007). "¿Partidos o Personas? La conformación del conglomerado oficialista en los gobiernos de Lula, Kirchner y Lagos", *Elatina, Revista Electrónica de Estudios Latinoamericanos*, Vol. 6, N° 21, Buenos Aires, Octubre-Diciembre.

Rocca Rivarola, María Dolores (2009). "La diversidad debajo de la mesa: El conglomerado kirchnerista en el distrito de La Matanza", en: Cheresky, Isidoro (comp.): *Las urnas y la desconfianza ciudadana en la democracia argentina*. Rosario: Homo Sapiens.

Rocca Rivarola, María Dolores (2011). *En torno al líder: Relaciones y definiciones de pertenencia dentro de los conjuntos oficialistas de Luiz Inácio Lula Da Silva (2002-2006) y Néstor Kirchner (2003-2007)*. Tesis de doctorado, Facultad de Ciencias Sociales, UBA.

Rodríguez, Darío (2005). "Nuevas formas políticas y cambios en el Peronismo", *Séptimo Congreso Nacional de Ciencia Política de la Sociedad Argentina de Análisis Político (SAAP)*, Córdoba.

Sartori, Giovanni (1980) [1976]. *Partidos y sistemas de partidos. Marco para un análisis*. Madrid: Alianza.

Scherlis, Gerardo (2009). "Party Patronage in Argentina. Reach and Rationale in Comparative Perspective", *XXVIII Congress of Latin American Studies Association (LASA)*, Río de Janeiro.

Sidicaro, Ricardo (2010). *Los tres peronismos, estado y poder económico*. Buenos Aires: Siglo XXI.

Slipak, Daniela (2005). "Más allá y más acá de las fronteras políticas: apuestas de reconstrucción del vínculo representativo en el discurso kirchnerista", *3° Jornadas de Jóvenes Investigadores, Instituto Gino Germani*, Buenos Aires.

Svampa, Maristella (2009). "Introducción", en: Svampa, Maristella (Ed.). *Desde abajo. La transformación de las identidades sociales*. Buenos Aires: Biblos.

Vommaro, Gabriel (2006). "Cuando el pasado es superado por el presente. Las lecciones presidenciales en 1983 y la construcción de un nuevo tiempo político en la Argentina", en: Pucciarelli, Alfredo (coord.). *Los años de Alfonsín ¿El poder de la democracia o la democracia del poder?* Buenos Aires: Siglo XXI.

Wattenberg, Martin P. (1987). "Do Voters Really Care about Political Parties Anymore? A Response to Craig", *Political Behavior*, Vol. 9, N° 2.

Zelaznik, Javier (1998). "Partidos y Sistemas de Partidos. Un relevo teórico con aplicaciones a Latinoamérica", en: Kvaternik, Eugenio (Comp.), *Elementos para el análisis político. La Argentina y el Cono Sur en los '90*. Buenos Aires: Paidós.

La revelación del poder como lugar vacío: apelaciones a la "renovación" y la "nueva política" en la Argentina reciente

Julieta Lenarduzzi

1. Introducción

A partir del retorno a la democracia en 1983, pero con mayor énfasis con posterioridad a la crisis de diciembre de 2001, el debate político en Argentina ha girado en torno al diagnóstico de "crisis de representación", acompañado en numerosas ocasiones por declaraciones sobre la necesidad de renovar la relación entre "los políticos" y "la gente".[1] La "renovación", en consecuencia, era vista como el modo de subsanar la aparente fractura en el vínculo representativo. Diversos discursos políticos a lo largo de las casi tres décadas de vigencia del régimen democrático han estado ligados a esta consigna. Son ilustraciones de ello la Renovación en el seno del peronismo; la creación del "Frente Grande", el "Frente País Solidario" (FREPASO) y la "Alianza" en la década de 1990'; y la emergencia del fenómeno kirchnerista a partir de 2003, entre otras expresiones nacionales y locales.[2]

La creciente apelación a la renovación nos lleva a preguntarnos: ¿Qué actores se presentan y se han presentado como "renovadores"? ¿Cómo pueden caracterizarse sus discursos? ¿Cuál es el sentido de la "renovación" en el contexto actual? En un intento por dar respuesta a estos interrogantes,

---

[1] El análisis de los diarios de mayor circulación, de la bibliografía de las últimas décadas y de las publicaciones realizadas por los actores políticos señala que la preocupación por la "crisis de representación" y su solución mediante la "renovación" son argumentos compartidos por periodistas, analistas académicos y políticos que empiezan a ganar importancia a partir de avanzados los años '80.

[2] Otros casos son mencionados en las conclusiones de este artículo.

comenzaremos por periodizar los diversos discursos políticos de la "renovación" en Argentina en el período 1983-2011. Luego, a partir de las conclusiones extraídas del análisis comparado de estos discursos, argumentaremos que *la renovación es un discurso instituyente que echa luz sobre la indeterminación de la democracia.* En primer lugar, porque se trataría de un discurso que instituye –o reinstituye- la legitimidad del vínculo representativo, y con ello legitima al representante que lo evoca. Decimos también que echa luz sobre la indeterminación de la democracia porque es un discurso que se legitima a partir del énfasis puesto en que el poder es un lugar imposible de encarnar, ocupado sólo temporariamente, no perteneciente a nadie. Por esto, el discurso de la renovación nos presenta una paradoja, pues quienes apelan a él buscan ocupar y permanecer en el poder revelando simultáneamente la fragilidad de dicha ocupación. Veremos más adelante cómo se pone en escena dicha paradoja y por qué suponemos que este discurso ha adoptado tanta centralidad en la vida política argentina en la actualidad.

Antes de comenzar, cabe realizar dos aclaraciones respecto del objeto de este estudio. La primera es que aquí se analizarán los "discursos" de la "renovación", por lo que en lugar de tomar a la "renovación" como hecho a constatar –verificable en algún atributo de los líderes y el personal político o en la orientación ideológica de los mismos– estudiaremos las apelaciones que se realizan a la "renovación" y la "nueva política" en el discurso político, para distinguir las características de estos discursos, el escenario en que estos discursos devienen públicos, los significantes asociados a la renovación, etc. La segunda aclaración es que realizaremos un recorte del objeto –los discursos de la renovación– para centrarnos en los discursos propiamente "políticos". Es decir que si bien habrá breves referencias al discurso periodístico y académico sobre la renovación, la atención estará puesta en los discursos postulados por quienes se encuentran en la competencia por el liderazgo político.[3]

---

[3] Esta definición resulta lo suficientemente amplia para abarcar a los *outsiders* que participan en política y suficientemente restrictiva para acotar el conjunto de discursos a ser analizados. Se deriva de la conceptualización de la democracia como método de competencia por el caudillaje/liderazgo político de Schumpeter (2010)[1943]. Si bien para Schumpeter la democracia es el "gobierno del político", que se encuentra especializado, puede interpretarse que la política como esfera no es un campo cerrado de manera definitiva, sino que se reproduce con la permanente entrada de *outsiders* que participan de dicha competencia.

2. En nombre de la "renovación": un discurso tras otro

Si bien es posible encontrar algunas referencias previas,[4] las apelaciones a la "renovación" y a lo "nuevo" comienzan a tener mayor centralidad en la política argentina a partir del retorno a la democracia, en 1983. Esta mutación en las claves de diferenciación operantes en la escena electoral se percibe claramente en el proceso electoral que llevó a Raúl Alfonsín a la presidencia. En aquella ocasión, el triunfo de la Unión Cívica Radical (UCR) fue interpretado por diversos actores políticos como el resultado de una campaña exitosa en la que lo "nuevo" había tenido protagonismo:

> Para la gente (al menos para la mayoría, según se vio en los resultados) votar al peronismo era votar por el ganador. La U.C.R., en cambio, supo presentar una cara renovada, se transformó en un hecho nuevo: el desafío, lo inédito, la opción. Y –como se sabe– para los jóvenes, el cambio, por el mero hecho de serlo, ya resultaba atractivo. En tanto, el peronismo se obstinaba en aferrarse única y exclusivamente a pasadas glorias (Unamuno et. al., 1984: 85).

Esta cita ilustra varios elementos que estarán presentes en los discursos de la "renovación" que analizaremos más adelante. En primer lugar, en ella se interpretan las "razones", "motivaciones" o "causas" del voto: se concluye que los votantes eligieron a la UCR porque se presentaba como algo nuevo, en contraste con el PJ, cuya imagen estaba ligada más al pasado que al futuro. La propagación de las apelaciones a lo "nuevo" se derivarán entonces de la suposición de que se trata de un atributo valorado por los votantes. En segundo lugar, en la cita se sostiene que el cambio por sí mismo, más allá de hacia dónde esté orientado, resulta atractivo electoralmente. El discurso de lo "nuevo", por lo tanto, no se centraría en un contenido concreto sino que se basaría en la alternativa, en presentarse como "el otro" de aquello dado.

---

[4] Entre los antecedentes se encuentra el "Movimiento Intransigencia y Renovación" en el seno de la Unión Cívica Radical (UCR) en los años '40 y la fundación del "Movimiento Renovación y Cambio" en 1971, también en la UCR. También la mención al "trasvasamiento generacional" en el discurso peronista se relaciona con la impronta de la renovación, aunque con otros términos. Cabe destacar que también se encuentran menciones a la renovación en el Proceso: en 1978, el entonces gobernador de facto de la Provincia de Buenos Aires, Alfredo Saint-Jean, sostenía la necesidad de la renovación: "… señaló el general Saint Jean que es determinación del poder ejecutivo que preside realizar una paulatina renovación de los elencos municipales, colocando al frente de esas comunas –dijo– 'a hombres cuyas edades oscilen entre los 30 y 40 años'." "Paulatina renovación de los elencos municipales". *La Nación*, 18/06/1978, De todas maneras, la "renovación" aún no ocupa un lugar central en el discurso político de la época, sino sólo marginalmente.

Veremos más adelante cómo esta referencia a aquello que está por fuera del poder tiene un rol importante en la discursividad renovadora. Por último, se postula a "los jóvenes" como sujeto político privilegiado. Se comienza haciendo referencia a "la gente", para luego sostener que el cambio es lo que atrae a "los jóvenes". La "nueva política" pareciera ser mejor representada por "nuevos hombres", definidos como jóvenes no solamente por su edad sino por su escaso vínculo con las estructuras políticas tradicionales. La juventud se presentará, por lo tanto, como la figura ideal de representado y –en tanto que mejor reflejo de éste– de representante.

A partir de 1983, diversos discursos se formularon alrededor de la "renovación" y la "nueva política": en la década de 1980 la "Renovación" peronista se nombró a sí misma a partir de esta consigna; en los años 90 los líderes opositores al menemismo se postulaban como exponentes de una "nueva política"; y desde 2001, la auto designación de diversos líderes y organizaciones como "renovadores" pasó a ser moneda corriente en el discurso político. Estos discursos pueden periodizarse para distinguir sus características en relación a su contexto y a partir de ello realizar un ejercicio comparativo que nos permita ofrecer respuestas a la pregunta por el "qué" de la renovación. En primer lugar, nos encontramos con la enunciación de la renovación como línea interna dentro un partido; luego la renovación se presenta como la creación de nuevos partidos; por último, la renovación parece expresarse a través de liderazgos personales.

2.1 La Renovación con mayúscula

La mención a lo nuevo aparece repetidamente en los testimonios de quienes participaron de la corriente crítica dentro del peronismo, que pasaría a llamarse "Renovación".[5] Un recorrido por las declaraciones de varios dirigentes luego de conocer el resultado de la elección presidencial, señala que la impresión compartida era que el peronismo estaba atravesando una "crisis", evidenciada por la derrota de la "conducción". La cuestión se planteaba por lo tanto en términos de "se va la cúpula o se va la gente" (Bárbaro, en Unamuno

---

[5] Inicialmente, Antonio Cafiero lanzó el "Movimiento para la Unidad, Solidaridad y Organización" de la Provincia de Buenos Aires (MUSO), lanzando su candidatura como Presidente del Partido Justicialista (PJ) provincial. Entre los objetivos de esta agrupación se encontraban la creación de un "partido de renovación", la realización de una autocrítica, y la reforma del Estatuto del partido, con la incorporación del voto directo de los afiliados para la nominación de los candidatos. La Renovación se comenzó a formar a partir del Congreso de Odeón realizado el 15 de diciembre de 1984, el Congreso de Río Hondo el 2 de febrero de 1985, la elección legislativa de 1985 y un manifiesto publicado por Cafiero, Menem y Grosso después de la elección.

et. al., 1984: 71) y la distinción entre "renovadores" y "ortodoxos" pasaba a basarse en el modo de relacionamiento con las bases de apoyo del peronismo: "La renovación ponía la oreja tratando de escuchar lo que quería la gente. La ortodoxia, cuando abordaba los mismos temas, ponía la oreja para saber lo que querían algunos factores de poder" (Vaca, en Gordillo, 1987: 85). La atención a la voz del electorado, la horizontalidad, la participación directa y el involucramiento de las bases en la vida de la organización partidaria eran pilares fundamentales sobre los que se asentaba la plataforma de los "renovadores". Se trataba por lo tanto de una distinción entre los líderes que estaban "con la gente" y aquellos que manejaban los "aparatos".

El cambio de cúpula implicaba un cambio generacional, aunque no estrictamente basado en la edad de los dirigentes, pues "hay viejos de veinte y jóvenes de ochenta" (Unamuno et. al., 1984: 76). La diferencia consistía en que los "viejos" eran quienes estaban acostumbrados a seguir las órdenes de Perón y no se encontraban preparados para una militancia proactiva, en tanto los "jóvenes" construían el poder desde ellos mismos.[6] Como resume la siguiente cita, la definición del hombre renovador –en algún sentido el "hombre nuevo"– se basaba en dos características:

> una es que el renovador apuesta en serio a la democracia, no hay medias tintas, no hay sesgos autoritarios, en el planteo político ni en la personalidad, y el segundo [rasgo] es que el renovador es el pensamiento crítico y autocrítico, o sea que es autocrítico de los propios errores del peronismo y utiliza la crítica como método de construcción política, cosa que el sector ortodoxo no se permite (Macaya, en Gordillo, 1987: 64).

En lo que respecta al contenido ideológico de la Renovación, si bien se argumentaba la necesidad de recuperación de la "lucha por la idea", el acento estaba puesto en el cambio de los métodos por los cuales la lucha se lleva a cabo: "El cambio de personas, de metodología, de actualización de la doctrina y autocrítica, forman las bases de lo que hoy podemos decir que es la renovación" (Cafiero, en Gordillo y Lavagno, 1987: 16). La "metodología" se constituía en una clave de diferenciación, sin entrar en disputas acerca de cuál era el "verdadero peronismo" ideológico. Y, continuando con el

---

[6] Esta capacidad de construcción autónoma, diferenciada de aquello que hacían los actores que habían rodeado a Perón, se menciona en diversas ocasiones, por ejemplo:
> Nosotros construimos el poder desde nosotros, no desde migas que caían de la mesa de Perón. Y eso ya es otra cosa. Los que se desarrollan al lado de un líder están acostrumbrados a sobrevivir, no a construir (…). El viejo hacía todo: ellos hacían amiguismo (Unamuno et. al., 1984: 76).

argumento de Cafiero, era preciso generar esta diferenciación para no caer en una situación en la cual los peronistas terminaran "sin diferenciar[se] del conjunto de la política del país; en consecuencia, sin identidad". De acuerdo a este planteo, la identidad del peronismo sería recuperada a partir de una nueva operación de diferencia.

Al delinear una línea que separaba esta "nueva política" de la "vieja política", aparecía una doble tensión: se buscaba la institucionalización del PJ para estar a tono con la construcción de una "democracia de partidos", pero a la vez la estructura partidaria parecía no favorecer el ascenso de nuevas figuras que airearan la conducción; se hacía énfasis en que los liderazgos legítimos eran aquellos asentados en el apoyo popular y la relación directa entre los dirigentes y la "gente", pero al mismo tiempo los esfuerzos estaban puestos en el control de los "aparatos". Esto implicaba, en primer lugar, una dilución de los límites entre el interior y el exterior de la estructura partidaria y, en segundo lugar, una disputa entre los recursos organizacionales y el apoyo popular como determinantes del éxito y la legitimidad de las facciones "renovadora" y "ortodoxa".

Esta doble tensión —entre interior y exterior y entre apoyo popular y "aparato"— se puso en escena en el derrotero de la Renovación en el período 1984-1989. Desde un principio, la diferenciación atravesaba los límites entre lo que se encontraba "dentro" y "fuera" del partido, lo que no implicaba simplemente un desapego de la institucionalidad sino la generación de *otra* institucionalidad, con pretensión de erigirse como el "verdadero" partido. El fracaso del Congreso de Odeón y la realización de un Congreso "paralelo" en Río Hondo,[7] escenifican los dos modos de actuación de los "renovadores" en relación al partido: participando en el marco del Congreso Nacional, y luego disputando la legitimidad de dicho congreso mediante la anulación de las decisiones tomadas en él y el no reconocimiento de las autoridades electas en el primer encuentro.

El proceso electoral de 1985 es la mejor ilustración de la tensión entre la organización y lo que está fuera de ella y de la competencia entre los recursos organizacionales y el apoyo popular. En la provincia de Buenos Aires, Herminio Iglesias —entonces presidente del PJ provincial— había convocado a elecciones internas para el 25 de agosto de 1985 y contra toda expectativa Antonio Cafiero y Carlos Menem —principales exponentes de la Renovación— obtuvieron las firmas necesarias para presentar su lista de candidatos. Finalmente Iglesias suspendió dichas internas y ambas facciones participaron de las elecciones para diputados nacionales en dos frentes que se

---

[7] Una crónica detallada de lo que ocurrió en estos congresos puede encontrarse en Mc Adam (1996).

autoproclamaban "peronistas": el Frente de Justicia y Liberación (FREJULI) –que con su nombre apelaba al pasado–[8] y el Frente de Renovación para la Justicia, la Democracia y la Participación (FREJUDEPA),[9] que luego aparecería como Frente Renovador. El lanzamiento de este frente había costado a Cafiero la expulsión del PJ dos meses antes de la elección. La Renovación venció a su adversario interno yendo por "fuera" y con "los votos",[10] y a partir de allí se plantearon nuevas diferenciaciones en relación a la integración o exclusión de los "vencidos" en el PJ. Algunos "renovadores", como Juan Manuel de la Sota, planteaban que sólo la Renovación debía constituir el PJ, mientras otros como Cafiero eran más moderados y buscaban la integración de todos –vencedores y vencidos– bajo la nueva conducción. Así es como el significante "renovador" se continuó resignificando, con los antiguos "renovadores" siendo percibidos en algunos casos como "ortodoxos" de acuerdo a sus posicionamientos en cada nuevo escenario.

Las elecciones de 1987 y 1989 –para la gobernación de Buenos Aires y la presidencia– también son ilustrativas de las tensiones arriba mencionadas. Dos semanas antes de la celebración de las internas para la gobernación, un Congreso del PJ realizado en Tucumán[11] modificó la Carta Orgánica para que las internas presidenciales fueran resueltas mediante el voto directo de los afiliados, tomando al país como distrito único. Esto, además de ser una de las banderas de la Renovación desde sus inicios, resultaba ser el procedimiento más conveniente para Menem en su carrera a la presidencia, dados los pronósticos de las encuestas. Paralelamente, Antonio Cafiero triunfaba en la interna y luego alcanzaba la gobernación,[12] llevando adelante una campaña en la que fue protagonista el "Cafieromóvil" que permitía la llegada directa del mensaje del candidato al electorado.[13] Ya en la carrera presidencial, luego del triunfo de Cafiero a la gobernación y de la obtención de las riendas para manejar el partido, la relación entre "aparato" y "apoyo popular" se invertiría, pues Cafiero contaba con la "estructura del partido",

[8] La sigla había sido utilizada en la elección presidencial de marzo de 1973.

[9] Este frente había sido lanzado por la Democracia Cristiana. La sigla es JDP, que son también las iniciales de Juan Domingo Perón.

[10] La UCR obtuvo el 41,46% de los votos y el Frente Renovador el 26,98%, casi triplicando los votos obtenidos por los "ortodoxos" del sector de Iglesias, que alcanzaron cerca del 9,8%.

[11] El Congreso, que tuvo escasa participación, fue organizado por Vicente Saadi en noviembre de 1986.

[12] Cafiero ganó la interna con la Lista Blanca frente a la lista Federalismo y Liberación apoyada por Menem (cuyo candidato era Juan Carlos Rousselot). En la elección general, Cafiero obtuvo el 46,48% frente al 39,66% de la UCR.

[13] La significación de este nuevo modo de campaña es señalada por Vommaro (2008).

mientras Menem recorría las calles con su "Menemóvil". El voto directo en la interna fue ventajoso para Menem y luego del triunfo en la interna éste alcanzó la presidencia de la Nación –que había sido el principal objetivo de la Renovación.

En base a los testimonios, análisis y autoanálisis de la Renovación,[14] cabe destacar varios puntos relevantes para la comparación con otros discursos. En primer lugar, la Renovación surge de un diagnóstico de crisis: la crisis de identidad del peronismo, la crisis de autoridad generada por la muerte de su conductor natural, la crisis de la conducción, que es en última instancia una "crisis de representación", pues implica la fractura del vínculo entre la dirigencia –los representantes– y el "pueblo" o la "gente" –los representados. Esta crisis de representación, que puede verse como la de una fracción, adopta dimensiones globales, dada la tradicional pretensión omniabarcadora en el discurso peronista en la que el movimiento se asimila a la comunidad política en su conjunto. Se trata entonces del diagnóstico de una crisis de representación que se resuelve buscando una nueva dirigencia y un nuevo vínculo legítimo entre los "políticos" y la "gente".

En segundo lugar, el cambio que se propugna proviene de "los márgenes", desde abajo hacia arriba, y es promovido por quienes se encuentran fuera del "aparato", por quienes obtienen el favor de la "gente" frente a los que conservan el "poder" en sentido de recursos para controlar las estructuras estatales de diversa índole. Este movimiento "democratizador", entonces, desplaza a los actores que han permanecido por mucho tiempo y se han consolidado como "clase política", para reemplazarlos por nuevas generaciones, nuevos actores. Los renovadores se diferencian –y logran recrear por ello una identidad– por cuán democráticos son. Y este "cuán democráticos" tiene que ver en este caso con la inclusión de nuevas generaciones, con la circulación de las personas en el partido, con la apertura del proceso de elección de candidatos.

En tercer lugar, la diferenciación –y, consecuentemente, la identidad "renovadora"– no se produce a partir de la ideología, ya que unos y otros (ortodoxos y renovadores, moderados e intransigentes, Cafiero y Menem) reconocen que las diferencias ideológicas son poco relevantes. Se trata principalmente de un rechazo, que se postula primero como un rechazo expresado en las urnas y al que luego se le da forma como rechazo a determinados

---

[14] Para diversos analistas, los renovadores se presentaban como representantes del "bloque democrático" del peronismo (De Ipola 1987: 115; Altamirano 2004). La llamada autocrítica del sector renovador se articulaba "en realidad como una crítica al adversario interno ('los mariscales de la derrota') pudiendo, los renovadores, salir impolutos de la mentada autocrítica" (Aboy Carlés, 1996: 21).

actores, métodos o atributos personales de los candidatos. La renovación es, primero y principalmente, una negatividad.

Por último, el proceso de renovación del peronismo, si bien afecta al movimiento formado por diferentes ramas y lleva a la "institucionalización" del partido, opera a su vez sobre todo el espectro político. El auto reconocimiento del peronismo como una parcialidad, y su remisión a un partido, constituye el marco de posibilidad para una "democracia de partidos". El hecho de que se trate de una "línea interna" traza a su vez los límites de lo que es interno y externo al peronismo y escinde al peronismo de la totalidad.

2.2. La renovación del sistema de partidos

El período abierto con la elección de Menem en 1989 dio lugar a nuevos usos discursivos de la "renovación" y la "nueva política". Nos encontramos por un lado con el fenómeno de la "personalización", evidenciado en la emergencia de nuevos liderazgos. Novaro (1994: 27) sostiene que en este período "la apuesta por la 'nueva política' se canaliza en líderes personalistas", por lo que es posible distinguir entonces una primera vertiente de la "nueva política", vinculada a líderes que son caracterizados como *outsiders* de la política (Novaro, 1999: 96-97). Por otro lado, la crisis de representación, concebida específicamente como una crisis de desconfianza dirigida hacia los partidos políticos, habría llevado a la adaptación de los partidos tradicionales y a la emergencia de nuevos partidos o coaliciones como modos de "renovar" la confianza política (Portantiero 1994: 5-7; Novaro y Palermo, 1997). Por lo tanto, en la década de los 1990 la "nueva política" combinó la personalización con la propuesta de una "nueva institucionalidad" -tendencias que presentarían problemas para la organización política.

Durante sus primeros años en la presidencia, Menem había acumulando poder mediante el apoyo de diversos sectores económicos, sociales y políticos, llevando a la oposición a una situación de virtual aislamiento. En el seno del PJ, sin embargo, las disidencias se expresaron en la conformación del llamado "Grupo de los ocho",[15] que renunció al partido a fines de 1991, postulando diferencias irreconciliables con la conducción. El primer intento de "institucionalización" de una alternativa tuvo lugar con la creación del "Movimiento por la Democracia y la Justicia Social" (MODEJUSO), bajo el liderazgo de Carlos "Chacho" Álvarez, formado con el objetivo de participar de las elecciones legislativas del mismo año. Finalmente el MODEJUSO se

---

[15] Integraban el Grupo de los 8: Germán Abdala, Darío Alessandro, Juan Pablo Cafiero, Luis Brunati, Franco Caviglia, José Carlos "Conde" Ramos, Moisés Fontela y Carlos "Chacho" Álvarez.

integró al Frente por la Democracia y la Justicia Social (FREDEJUSO), junto a la Democracia popular, el Partido Intransigente y Propuesta Popular, incorporando al extrapartidario Aníbal Ibarra entre las candidaturas. Los votos obtenidos por esta nueva fuerza fueron escasos, pero se inició un proceso de integración que, luego de varias idas y venidas, llevó en 1993 a la fusión del FREDEJUSO y del Frente del Sur (conducido por Fernando "Pino" Solanas) en lo que pasó a llamarse el Frente Grande.

El Frente Grande presentó candidaturas en las elecciones legislativas de 1993 y los resultados evidenciaron el apoyo obtenido en la Ciudad de Buenos Aires.[16] El discurso de Álvarez a través de los medios se centraba en las críticas al modelo económico y hacía especial hincapié en el fenómeno de la corrupción y en la posibilidad de una "nueva política" que dejase atrás el clientelismo y la lógica "aparatista" que caracterizaban al PJ y la UCR (Abal Medina, 2006: 50-53). Un momento significativo en la constitución de esta alternativa se vinculó con la oposición al "Pacto de Olivos", que debilitó a la UCR como oposición, en parte como resultado de una fuerte campaña de denuncia por parte de los sectores frentistas, como se vio en la elección a Convencionales Constituyentes, en la que la UCR retrocedió y el Frente Grande obtuvo un apoyo considerable, con el lema "Constitución sin mafias".[17]

En un clima de aceptación –algo resignada– del liderazgo de Carlos Menem, la negatividad contribuía a la constitución de un nuevo polo opositor, que por levantar la bandera de la institucionalidad debía configurarse institucionalmente –como partido político–, para sanear así el sistema de partidos. Por lo tanto, la institucionalización de esta nueva fuerza política era un punto central en el debate interno del Frente. Álvarez se inclinaba por un espacio más flexible, que vinculara a diversos sectores, lo que parecía contrario a la idea tradicional de partido político. El problema que parecía plantearse para la "nueva política" propuesta por Álvarez era que en el momento de competir, los "aparatos" tenían un peso importante y el Frente terminaba debilitado (Corral, 2007: 183). Esta tensión llevó a la incorporación de actores con experiencia previa en partidos tradicionales, que alteraban a su vez la conformación inicial de la "cultura política" del Frente. Como en el período anterior –aunque de forma invertida–, la compleja vinculación entre el apoyo electoral y los recursos partidarios resulta central en el análisis de esta estrategia "renovadora".

---

[16] El Frente Grande obtuvo dos bancas de diputados en dicha elección.

[17] El Frente Grande obtuvo un 13,2% de los votos, ganando en Capital Federal y Neuquén, y desplazando a la UCR como segunda fuerza en la provincia de Buenos Aires.

Para las elecciones presidenciales de 1995, mientras Menem se aseguraba la candidatura del PJ, el Frente Grande de Álvarez y el partido "Política Abierta para la Integración Social" (PAIS) de José Octavio Bordón, formaron junto con la Democracia Cristiana y la Unidad Socialista (US) el Frente para un País Solidario (FREPASO), en vistas a disputar la presidencia. La diferenciación política adoptaba características que poco tenían que ver con la "izquierda" y la "derecha" ideológicas, y se enmarcaba en nuevos modos de relacionamiento al interior de la elite política y entre los políticos y el electorado. El proyecto de "transversalidad" propuesto por Álvarez era, según los analistas, una "ambiciosa propuesta de renovación (…) al promover un novedoso escenario que surcaba las estructuras partidarias e interpelaba a la clase política a construir un diálogo distinto en función de afinidades generacionales y políticas" (Corral, 2007: 186). La marca diferenciadora del FREPASO consistía principalmente en su "voluntad de diferenciarse de los modos tradicionales de hacer política" (Alem, 2007: 224), basándose en la denuncia y el rechazo a las prácticas corruptas de la política tradicional.

La tensión entre el peso de la "opinión" y el uso de los "aparatos" permanecía presente en las estrategias del FREPASO. Esto es ilustrado por la consulta popular realizada en 1995[18] para decidir quién encabezaría la fórmula presidencial. Participó casi medio millón de personas y Bordón triunfó en la interna –según diversas versiones publicadas en los periódicos– gracias a los votos que provenían de estructuras sindicales peronistas, lo que constituía un rasgo de la "vieja política". Habiendo quedado en segundo lugar en la elección general, Bordón abandonó el FREPASO para volver al PJ, y Álvarez aceleró la organización del Frente como confederación de partidos.

El "rechazo" y la "denuncia" como modos de articulación política siguieron presentes en los años posteriores a la elección de 1995. Luego de perder la Jefatura de Gobierno con la fórmula La Porta-Ibarra frente al candidato radical Fernando de la Rúa, el 12 de septiembre de 1996 el FREPASO convocó a un apagón para protestar contra las medidas de ajuste implementadas por el Ministro de Economía Roque Fernández. Esta propuesta contó con el apoyo de la UCR, de Gustavo Béliz y de Bordón. Luego de idas y venidas, el acercamiento con la UCR se cristalizó en la creación de la "Alianza para el Trabajo, la Justicia y la Educación" para presentar candidatos en la elección legislativa de 1997.[19] Luego del triunfo electoral,[20] la coalición acordó una

---

[18] La consulta popular fue realizada el 26 de febrero de dicho año.

[19] La Alianza se proclamó el 2 de agosto de 1997 y compitió en las elecciones legislativas, aunque no tuvo la misma conformación en todos los distritos electorales.

[20] La Alianza obtuvo el 46,97% de los votos a nivel nacional, sacándole 10 puntos de ventaja al PJ.

fórmula presidencial para 1999, por medio de una interna abierta que consagró a Fernando de la Rúa como candidato a presidente, acompañado por Carlos "Chacho" Álvarez en la vice presidencia. Así como en la decisión de la fórmula electoral de 1995, la balanza se inclinó en favor del candidato que contaba con mayores recursos organizacionales frente a aquél que gozaba de mayor popularidad en las encuestas.

Así como en 1989, la asunción de la Alianza al gobierno en 1999 fue el comienzo del fin del discurso de la "nueva política" que había marcado la postura opositora durante toda la década. Luego del triunfo en las urnas,[21] el gobierno se enfrentó a un contexto desfavorable, y las decisiones tomadas no hicieron más que profundizar la crisis iniciada durante el gobierno de Menem. La estrategia de De la Rúa de buscar la cooperación con el PJ —marcado por el escándalo de coimas en el Senado— lo alejó de diversos actores que formaban parte de la coalición de gobierno, entre los que se encontraba "Chacho" Álvarez. Esta razón es enunciada claramente en el texto de renuncia de Álvarez a la vice-presidencia:

> No renuncio a la lucha, renuncio a un cargo por el que me ha honrado la ciudadanía. Fundé una fuerza nueva para entre otras cosas cambiar drásticamente la forma de hacer política de este país, nuestro país. Estoy convencido de que estamos ante una crisis terminal en la manera de hacer política, de la relación entre el poder político y el poder económico y del vínculo entre la política y la gente. Lo vengo sosteniendo no desde ahora, sino desde hace más de 10 años cuando me fui del Partido Justicialista. [...] Esta situación debe enfrentarse con una enorme cuota de coraje y decisión. O se está con lo viejo que debe morir o se lucha por lo nuevo que esta crisis debe ayudar a alumbrar.
> (*Página 12*, 7 de octubre de 2000).

Con la frase "no renuncio a la lucha", tomada del discurso de renunciamiento de Eva Perón, Álvarez hacía un guiño a la tradición y la historia peronista, para sin embargo referirse a la muerte de lo viejo y el nacimiento de lo nuevo. Y lo que se evidencia con esta renuncia es que se había roto el débil lazo que había unido al FREPASO y la UCR, consistente en acabar con los métodos de la "vieja política", especialmente la corrupción y los acuerdos espurios entre las fuerzas tradicionales.

A partir de este recorrido, cabe destacar varios elementos importantes para la comparación y el análisis. Nuevamente, así como en la experiencia de la Renovación peronista, la "crisis" —en este caso, de los partidos políticos

---

[21] De la Rúa fue electo con el 48,37% de los votos frente a Eduardo Duhalde, que obtuvo el 38,27%.

tradicionales– se presenta como el diagnóstico inicial para la generación de nuevas alternativas renovadoras, poniendo el foco en un nuevo modo de relacionamiento con la ciudadanía, desligado de los "aparatos" tradicionales, los pactos secretos y la manipulación de la voluntad popular.

En segundo lugar, "renovar" implica generar un cambio en el sistema de partidos, denunciando un bipartidismo en el que hay oposición sólo en apariencia. La institucionalización –esta vez de un nuevo sistema de partidos– aparece como la consigna principal y se constituye a la vez como una práctica interna. Esto presenta una tensión, pues la denuncia de la "vieja" política llevaría a armados más flexibles, pero al mismo tiempo la denuncia de la informalidad impone la necesidad de reflejar internamente el esfuerzo por reconstituir la institucionalidad política. Así, la oscilación entre los planteos transversales ligados a la versatilidad de los liderazgos mediáticos y personalistas y las propuestas en términos de partidos con configuraciones más estructuradas evidencian las tensiones mencionadas al principio: por un lado, la crisis de representación tiene como emergentes de la renovación a los líderes que se muestran como *outsiders*, en los márgenes y fuera de las estructuras tradicionales; por otro lado, las nuevas formas de institucionalidad son también cristalizaciones de este discurso renovador.

En tercer lugar, la ideología como modo de diferenciación política muestra una vez más sus limitaciones. El modelo económico de la era menemista es en ocasiones denunciado, y en otras recuperado, y no constituye por ello el eje de la diferencia que hace a la identidad frepasista ni aliancista. Si bien el FREPASO se presenta como una agrupación progresista, la orientación ideológica opera las más de las veces hacia el interior, dentro de la élite política, pero no en la apelación al electorado. Y el armado de la Alianza, si bien es propulsado por sectores progresistas, incorpora dentro de sí a todo el espectro de la UCR, y la ideología no opera como criterio diferenciador. Pero sí es importante la cuestión generacional, que no se basa específicamente en las edades de los líderes sino en sus trayectorias previas. Se reúnen referentes de diversos espacios –PJ, UCR, izquierda– que se auto representan como pertenecientes a una generación con ideas jóvenes. La idea del rechazo a la "vieja política" y a los liderazgos tradicionales se vincula con esta impronta generacional.

2.3. *La renovación personalizada*

Los comicios legislativos de 2001 mostraron un panorama de gran debilidad de la fuerza gobernante, una importante fragmentación del voto opositor y, lo que fue más llamativo, un aumento significativo del voto en blanco (10,76%) y el voto nulo (13,22%).[22] El clima de descrédito del gobierno y las instituciones era generalizado y la crisis social estalló en diciembre, bajo el reclamo "que se vayan todos, que no quede ni uno solo", llevando a la renuncia del Ministro de Economía, Domingo Cavallo —en funciones desde marzo de dicho año— y del Presidente, el 19 y 20 de diciembre respectivamente.

En medio de esta situación, volvió al centro de la escena el diagnóstico de la "crisis de representación", esta vez en un sentido más profundo, grave y generalizado. La "crisis" era no sólo resultado de la baja credibilidad de los partidos, sino que encontraría sus bases en una desconfianza de los ciudadanos hacia "la política" y "los políticos". Parecía no ser suficiente —ni posible— restaurar el sistema de partidos para restituir la normalidad. La coyuntura señalaba que la política argentina no volvería a ser lo que había sido —o lo que diversos actores habían pretendido que llegara a ser— y que los vínculos entre representantes y representados adoptarían nuevas formas de allí en más.

Profundizando una tendencia proveniente de décadas anteriores, los discursos de la renovación se configurarán en esta última etapa por fuera de los canales institucionales tradicionales, aunque en estrecha relación con ellos. Como vimos en los casos anteriores, la relación entre la popularidad de los líderes y los recursos partidarios se mantendrá vigente, exacerbándose el desequilibrio entre ambos polos en el discurso renovador más reciente. Diversos análisis destacan la creciente autonomía de la ciudadanía, la configuración de la opinión pública a través de las encuestas, el rol de los liderazgos de popularidad y las instancias de activación ciudadana que exceden el voto y la participación en el seno de los partidos en lo que pasará a llamarse la "democracia después de los partidos" (Cheresky, 2006). De acuerdo con este diagnóstico, mientras los partidos pasan a un segundo plano, pareciera que los "liderazgos de popularidad" (Cheresky, 2006; 2008) son ahora las figuras centrales de la escena política, reuniendo en torno de sí redes heterogéneas de apoyo, y constituyendo un vínculo representativo frágil en el momento de la elección que está sujeto a una permanente relegitimación en el espacio público. La "renovación", estará entonces más ligada a liderazgos sostenidos por el apoyo fluctuante de la opinión, mientras que los recursos organizacionales se mantendrán presentes pero tras bambalinas.

---

[22] Cálculo realizado en base a la información publicada por el Ministerio del Interior y Transporte, para la categoría de Diputados. El mismo cálculo para la categoría de Senadores da un resultado similar (9,22% y 13,4%). Estos resultados no fueron uniformes en todo el país, pues arriba del promedio se encuentran el voto en blanco en Santa Fe (que supera el 30%) y el voto nulo en provincia de Buenos Aires, Ciudad de Buenos Aires, Chubut, Entre Ríos, Neuquén, Río Negro, San Juan y Tierra del Fuego, que oscila entre el 15% y el 24%.

Tanto durante como luego de la salida institucional de la crisis las menciones a la "renovación" inundaron los discursos políticos. Ésta aparecía como la principal clave de diferenciación política, interpretando que el reclamo por el "que se vayan todos" implicaba que quienes ocupaban cargos debían dejarlos, dando lugar a la emergencia de nuevos actores que restablecerían la relación de confianza entre la dirigencia política y la ciudadanía. Por lo tanto, la renovación emergía como encerrando una nueva pretensión de legitimidad, suponiendo que "la gente" buscaba la "renovación", y no el fin de la democracia representativa.

El proceso electoral de 2003 se escenificó también a partir de la oposición entre lo "nuevo" y lo "viejo", entre otras claves de diferenciación.[23] Ante las diversas alternativas de lo que podría llamarse el arco peronista –Carlos Menem, Adolfo Rodríguez Saá, José Manuel de la Sota (que luego bajó su candidatura) y Néstor Kirchner–, el entonces presidente, Eduardo Duhalde, sostenía que apoyaría "a los candidatos que surjan de la renovación", y argumentaba que "hay dirigentes importantes del país que se están nucleando y plantearán una nueva renovación del PJ, que creo es indispensable" (*Télam*, 7 de enero de 2003). Duhalde reclamó el apoyo de la ciudadanía para que Kirchner pudiese enfrentar con éxito a los restantes candidatos, caracterizando a todos ellos como representativos de la "vieja política". A lo largo de la campaña, Duhalde insistía en que Néstor Kirchner era "el único que es realmente renovación en el justicialismo" (*La capital*, 9 de febrero de 2003).

Néstor Kirchner, cuya llegada a la presidencia fue caracterizada como "accidental" e "inesperada",[24] asumió el cargo haciendo referencia al enfrentamiento entre representantes y representados:

> No es necesario hacer un detallado repaso de nuestros males para saber que nuestro pasado está pleno de fracasos, dolor, enfrentamientos, energías mal gastadas en luchas estériles, al punto de enfrentar seriamente a los dirigentes con sus representados, al punto de enfrentar seriamente a los argentinos entre sí.[25]

[23] Otras claves de diferenciación en juego eran la tradicional entre peronismo y antiperonismo (pero mucho menos operante que en el pasado), entre corrupción y transparencia, entre modelos de resolución de la crisis económica, entre liderazgos percibidos como de "derecha" y de "izquierda".

[24] La idea de presidente "accidental" se sostiene porque en 2003 la campaña electoral fue corta, Kirchner contaba con un bajo nivel de conocimiento en la ciudadanía y el contexto de la elección era de gran incertidumbre. En cuanto a la caracterización de Kirchner como presidente "inesperado", ésta se encuentra expuesta en el libro de Natanson (2004) que comprende el análisis de diversos analistas sobre la figura de Kirchner a inicios de su mandato.

[25] Discurso de toma de posesión presidencial, 25 de mayo de 2003.

Seguidamente, era la figura de la persona de Kirchner –y no de un partido o coalición– lo que se constituiría en el nodo de restauración de la legitimidad representativa y de la autoridad estatal. Kirchner rápidamente pasó de un escaso apoyo electoral a un abrumador respaldo de la opinión pública, con índices de popularidad que rondaban el 80%,[26] lo que no se correspondía con la imagen de su partido –el PJ. La relación de Kirchner con el PJ fue ambigua y de permanente tensión. Primero, porque la propia elección fue vista a la vez como el motor y el síntoma de un nuevo proceso de desestructuración del PJ y de dislocación de las lealtades del electorado y de los líderes auto-designados como "peronistas". La propia conformación de la oferta electoral y el escenario en que se habilitó al electorado en general a definir sin mediaciones quién representaba mejor al movimiento, reflejaban un cambio de época. Y en el discurso presidencial se postulaba la "transversalidad" entre diversas fuerzas políticas, actores sociales y líderes como modo de organización política privilegiado, lo que nos retrotrae al proyecto postulado por Carlos "Chacho" Álvarez en la década anterior.

Ya contando con el apoyo de la "opinión", el enfrentamiento con la "vieja política" pasó a ser abierto, como lo ilustra la elección legislativa de 2005 en la provincia de Buenos Aires. Los candidatos kirchneristas se presentaron por fuera del PJ e insertos en el "Frente para la Victoria" (FPV), que había pasado de ser una simple etiqueta electoral en 2003 –a la que no se había apelado específicamente en la campaña presidencial– a constituirse en un proyecto de articulación política de carácter amplio. En el lanzamiento del FPV nacional, en la Ciudad de Rosario, Cristina Fernández de Kirchner, que se postularía a senadora por la provincia de Buenos Aires, hacía referencia al cambio frente a la "vieja política":

> Hay un antes y un después, señor Presidente, (…) hay también un antes y un después en la forma de hacer política, en la forma de conectarse y acercarse de las dirigencias políticas a la sociedad, a la gente, a los ciudadanos. Antes, fue la política de los pactos dirigenciales, de las viejas dirigencias. Cuando hablo de viejas, señor Presidente, argentinos, no hablo de una cuestión cronológica: soy la que con veinte años, y miles de argentinos también, trajimos a Perón, a los 78 años, para cambiar la historia de los argentinos. Es un problema de ideas, no cronológico, es un problema de cabeza.[27]

[26] Según la medición de Catterberg y Asociados (luego Poliarquía) en julio de 2003 la imagen positiva de Kirchner alcanzó un 83%. Durante el resto del año se mantuvo cercana al 80% y durante el año 2004 pasó a valores que rondaban el 70%, descendiendo más adelante al 60%, pero siempre con valores altos.

[27] Lanzamiento del Frente para la Victoria Argentina. Rosario, 24 de Agosto de 2005.

En la provincia de Buenos Aires, el FPV, con la candidatura de Cristina Fernández de Kirchner, triunfó frente a la lista con el sello "PJ", que postulaba a Hilda "Chiche" González de Duhalde. Este triunfo fue leído como "lo nuevo" derrotando a "lo viejo", la popularidad venciendo a la fuerza del "aparato". La elección trae ecos del proceso electoral de 1985, donde varios sectores que originalmente formaban parte del mismo "movimiento" se enfrentaron abiertamente –con la diferencia de que la simbología peronista había tenido mayor centralidad en el pasado.

Luego de la elección, el movimiento transversal que alineó detrás de sí el entonces presidente Néstor Kirchner no se encontraba agotado al fin de su mandato, sino que para la elección de 2007 se avizoraba un escenario prácticamente unipolar, en el que ninguno de los candidatos opositores parecía capaz de alcanzar el porcentaje de votos necesarios para disputar la fórmula presidencial encabezada por Cristina Fernández de Kirchner, candidata del oficialismo. Bajo la consigna de "ampliar la democracia y profundizar el cambio", la renovación seguía siendo postulada como bandera del kirchnerismo, aun cuando no planteaba un cambio de color político en el gobierno.

En el marco de este "cambio en la continuidad", se buscaría el escenario más propicio para que surgiera lo "nuevo" como modo de legitimación. Así es como en 2007 la "renovación" pasó a localizarse. La promoción de la "renovación" venía de la mano de una estrategia para la conformación de la oferta electoral: el uso de listas "colectoras" –especialmente por parte del kirchnerismo–, permitía que candidatos pertenecientes a diferentes sectores tanto dentro como fuera de la estructura del PJ pudieran presentarse a elecciones para disputar cargos locales (a intendente, concejales y consejeros escolares) apoyando la misma candidatura presidencial y provincial. Esto podía ejercer un efecto de sumatoria para la acumulación de votos en las categorías de gobernador, diputados nacionales y presidente, pero por otro lado potenciaba la fragmentación del voto kirchnerista a nivel local. En la mayor parte de los entonces 134 municipios bonaerenses se permitió el uso de estas listas, con contadas excepciones, y en el Conurbano bonaerense este fenómeno fue mayoritario.

Los resultados mostraron un escenario en gran parte esperable –la reelección de la mayor parte de los intendentes que se habían presentado–, aunque en algunos casos hubo sorpresas que dieron lugar a la confirmación de la "renovación".[28] Las intendencias del Conurbano[29] que experimentaron un

---

[28] El resultado de las elecciones puede consultarse en www.juntaelectoral.gba.gov.ar.

[29] La distinción de Conurbano y Gran Buenos Aires son dispares según el organismo consultado. Mientras la Junta Electoral de la provincia de Buenos Aires se refiere al Conurbano bonaerense, el gobierno provincial presenta su mapa distinguiendo el Gran

cambio de autoridad fueron Almirante Brown, Esteban Echeverría, Escobar, Lanús, Quilmes, San Miguel, San Vicente y Tigre. Los candidatos triunfantes, junto con otros de los márgenes del Conurbano, fueron prontamente nombrados como intendentes que portaban "la renovación". En las notas periodísticas se destacaba que habían vencido a mandatarios que hacían uso de prácticas clientelares; que eran kirchneristas de "la primera hora", y tenían una relación distante con el PJ; que el establecimiento de una relación más directa con el electorado –no mediada por la liturgia peronista– era lo que los había llevado a triunfar en las urnas. Aparecían como "nuevos" en la política, con un énfasis en mejoras concretas y enfrentados a "viejas" estructuras y fórmulas. En la nota periodística realizada por *La Nación*, Sergio Mazza, intendente electo de Tigre, sostenía: "Nosotros somos un fenómeno: la combinación de la continuidad con la renovación. Es continuidad por el gobierno nacional. Y renovación, porque le ganamos a gobiernos de décadas. A ciclos agotados. Esta es una nueva generación".[30] Luego de que se enumeraran las edades de los intendentes electos, para señalar que Francisco "Barba" Gutiérrez (intendente electo de Quilmes) era mayor que sus colegas, Mazza retrucó: "¡Barbita también es una nueva generación! Es otro tipo de renovación", y Gutiérrez intervino diciendo "No es un problema de edad o de tiempo. Es política. Villordo [intendente saliente de Quilmes] es joven, pero aplicaba vieja política: intolerancia, corporativismo, corrupción".[31]

El enfrentamiento a los "aparatos" no se mantendría por mucho tiempo. Luego de la asunción de Cristina Fernández de Kirchner, el escenario político y económico cambió drásticamente, tanto en el plano nacional como local. Dado que existía una fuerte vinculación entre la popularidad presidencial y la legitimidad de los intendentes, se dieron dos procesos consecutivos que alterarían la significación inicial de la "renovación" local impulsada por el kirchnerismo: la realización de internas en el PJ de la provincia y las candidaturas testimoniales en las elecciones legislativas de 2009. En estos escenarios, una vez más, se evidenció la articulación de interioridad y exterioridad del discurso renovador respecto a las estructuras partidarias, y a su vez reemergió la tensión entre el apoyo popular a los liderazgos y la percepción compartida acerca del "arrastre" de los "aparatos" como elemento necesario para la permanencia en el poder.

Buenos Aires. Ambas reúnen a municipios de la Primera y la Tercera sección electoral cercanos a la Ciudad de Buenos Aires. La principal diferencia es que en el primer caso se incluye a Luján y en el segundo a Escobar. Aquí optamos por incluir a Escobar en el grupo de distritos "renovados" del Conurbano.

[30] "Caras nuevas en el Conurbano Bonaerense". *La Nación*, 04/11/2007. Las localidades de Luján y La Plata están incluidas también en esta nota.

[31] "Caras nuevas en el Conurbano Bonaerense". *La Nación*, 04/11/2007.

En los ocho distritos antes mencionados, el proceso de elección de autoridades del PJ[32] contó con la participación de actores de todo el arco político kirchnerista. Cabe destacar, sin embargo, que el "peronismo disidente" (formado por sectores derrotados en la elección de 2005) decidió no disputar cargos. Pero lo que es más llamativo en estas localidades, dada la auto-identificación de los nuevos intendentes como "externos" a la estructura tradicional del PJ, es la intensa implicación y visibilidad que éstos tuvieron en la elección. En otras palabras, le "pusieron el cuerpo" a la batalla. Intendentes que se habían negado a participar si no se eliminaba a lo "viejo" –entendiendo por "viejo" a los ex intendentes derrotados–, habían dado un giro, argumentando que la renovación debía continuar avanzando, ya no sólo en el Estado sino para tomar control de una estructura partidaria que necesitaba ser recuperada. Así fue cómo en un escenario escasamente competitivo, la mayoría de los intendentes "renovadores" asumió la presidencia del PJ en sus respectivas localidades.

En un contexto que continuaba estando marcado por la baja imagen positiva de Cristina Fernández de Kirchner,[33] las elecciones legislativas de 2009 llamaron la atención por el uso de "listas testimoniales" (en las que aparecían intendentes y otros funcionarios en ejercicio que al momento de ser electos como concejales o diputados no asumirían los nuevos cargos). Estas candidaturas combinaban los dos elementos que se suponía aseguraban el triunfo en la elección: se postulaban los líderes individuales, poniendo en juego su popularidad más allá de la etiqueta con la cual se presentaban; sus nombres operaban a la vez como la personificación del aparato estatal y del aparato partidario, por lo que las "estructuras" que hacían posibles las tareas de campaña y la obtención de votos se encontraban directamente comprometidas en la elección. Asimismo, estas candidaturas, si bien acentuaban la continuidad entre la elección de 2007 y de 2009 (con los mismos candidatos), también hacían que los intendentes en funciones se vieran como candidatos cuyo lugar en el poder volvía a ponerse en juego en la elección legislativa, aun cuando no era así, con el supuesto de que es más legítimo aquel representante que se expone a la incertidumbre de la elección.[34]

---

[32] La internas del PJ de la provincia de Buenos Aires se realizaron el 30 de noviembre de 2008.

[33] De acuerdo a las mediciones de Poliarquía, la popularidad de Cristina Fernández de Kirchner pasó de un 51% en enero de 2008, a una abrupta caída al 20% en junio del mismo año. Se mantuvo por debajo del 30% hasta mayo de 2010, cuando comenzó a ascender levemente para llegar al 36% antes del fallecimiento de Néstor Kirchner.

[34] Es difícil estimar el grado de éxito de esta estrategia a partir de los resultados electorales, que mostraron de todas maneras que el oficialismo había perdido mucho del apoyo con que había contado en elecciones anteriores. El principal resultado fue que en la provincia

Con el liderazgo presidencial recompuesto,[35] el escenario electoral de 2011 volvió a poner el acento sobre los liderazgos personales. Mientras Cristina Fernández de Kirchner buscaba la reelección, los intendentes de los distritos mencionados (entre otros en el Conurbano), también se presentaron a elecciones. El rasgo a destacar de estas elecciones fue la implementación de la "Ley de Democratización de la Representación Política, la Transparencia y la Equidad Electoral", sancionada en 2009, que implicaba –entre otras cosas– la puesta en práctica de las Primarias Abiertas, Simultáneas y Obligatorias (PASO) para los cargos que serían renovados en octubre.[36] Si bien las PASO se aplicaban en primer término en las elecciones nacionales, varios distritos –entre ellos la provincia de Buenos Aires y sus municipios– sancionaron una legislación similar.[37] La campaña para las primarias y las generales compartió un rasgo: se trataba de instalar que "en la continuidad está el cambio".[38] También mantenían su centralidad las figuras personales por sobre las etiquetas partidarias, pues los nombres de los candidatos –muchas veces los nombres de pila o sobrenombres– tenían un lugar central en los carteles que se veían en la vía pública. Los resultados electorales confirmaron el apoyo a la reelección presidencial, del gobernador y de los intendentes.[39] Con este resultado, la "renovación", que seguía siendo postulada, adoptaba una nueva forma en relación al pasado, logrando articular la idea del cambio sin por ello implicar la circulación de las personas concretas. Contrariamente a lo que ocurría en los dos períodos anteriores, la ocupación

---

de Buenos Aires, Néstor Kirchner, que encabezaba la candidatura a diputados nacionales del FPV, perdió frente a Francisco de Narváez.

[35] Luego de la muerte de Néstor Kirchner, la imagen positiva de la presidenta –que venía recuperándose lentamente– dio un salto al 55% de aceptación (según datos publicados por Poliarquía).

[36] La Ley 26.571 sancionada el 2 de diciembre de 2009 y promulgada parcialmente el 11 del mismo mes, incluía reformas a la Ley Orgánica de Partidos Políticos y uno de los cambios más importantes, además de las PASO, fue la distribución de espacios en televisión y radio durante las campañas.

[37] También aplicaron el sistema de internas la provincia de San Luis, San Juan y Entre Ríos.

[38] Esta consigna se ve en los afiche de campaña de reelección del intendente Francisco "Barba" Gutiérrez en el municipio de Quilmes.

[39] Cristina Fernández de Kirchner obtuvo el 55,42% de los votos, Daniel Scioli el 55,07%, y los intendentes "renovadores" del Conurbano también fueron reelectos: en Almirante Brown, Darío Giustozzi obtuvo el 71,88%; en Esteban Echeverría, Fernando Gray fue reelecto con el 63,26%; en Escobar, Sandro Guzmán fue reelecto con el 52,56%; en Lanús, Darío Díaz Pérez obtuvo el 40,7%; en Quilmes, Francisco "Barba" Gutiérrez alcanzó el 66,22%; en San Miguel, Joaquín de la Torre obtuvo el 53,43%; en San Vicente, Daniel Di Sabatino obtuvo el 38,78%; y en Tigre Sergio Mazza obtuvo el 73,14%.

del poder no implicó el fin de la apelación a la "renovación", sino que fue más bien el punto de inicio del uso.

Resumiendo algunos puntos de interés para el análisis de los discursos de la "renovación" en el período 2003-2011, es posible argumentar, en primer lugar, que aquí también el diagnóstico de la "crisis" tiene un lugar central en la enunciación de un nuevo tipo de "renovación". Se trata de una crisis de representación generalizada, que afecta al régimen representativo y a la unidad política en sí misma. La crisis es el terreno sobre el que se postula el discurso de la "renovación", que plantea la restauración del vínculo representativo fracturado por responsabilidad de la "clase política" desvinculada de su base de sustento.

En segundo lugar, la restauración de la legitimidad en este contexto de crisis está marcada por la entrada de nuevas generaciones, y nuevos hombres, aquellos opuestos a las estructuras tradicionales de poder. El significante "democrático" también se liga a la mención de la "renovación", implicando que "democrático" supone que el poder está sometido al recambio, o al menos sujeto a la revalidación permanente. Una vez más, si bien hay una pretensión de corte con el pasado "neoliberal", el acento está puesto en la diferenciación "metodológica".

En tercer lugar, en contraste con los casos anteriores, la renovación no es opositora sino oficialista. Sin embargo, la negatividad y el rechazo siguen presentes en el discurso. Y, llamativamente, la apelación al cambio continúa siendo evocada, incluso cuando no hay un efectivo recambio de nombres (e incluso existen gestos deliberados para volver a poner el mismo nombre ligado a la consigna de cambio). El discurso de los candidatos y las lecturas que se realizan del comportamiento ciudadano sostienen que es el rechazo y la negatividad, la confrontación entre lo "viejo" y lo "nuevo" y la demanda de cambio lo que se instituye como la clave de diferenciación en la competencia política. Lo que constituye a la identidad renovadora, tanto en el plano nacional como local, es la institución de un "otro" a ser rechazado. El discurso acerca del cambio antecede todo contenido que pueda adoptar la propuesta de los candidatos.

2.4. Comparaciones

El análisis de los diferentes discursos ligados a la "renovación" en el período 1983-2011 nos brindó algunas pistas para responder al interrogante por *quiénes* han apelado y apelan actualmente a la consigna de la "renovación" y *cómo* se caracterizan sus discursos. En primer lugar, habíamos señalado que estos discursos reposan en todos los casos sobre un diagnóstico de "crisis de representación", y se presentan a sí mismos como nuevos modos de legitimar el vínculo representativo. A su vez, hacen hincapié en lograr una mayor "democratización", diluyendo las diferencias que separan a aquellos que gobiernan de quienes son gobernados. En segundo lugar, en los tres tipos de renovación analizados se evidenciaba que en la renovación se distinguen "nuevos" y "viejos" actores, prácticas y organizaciones. El rechazo de un modo de hacer política, las consignas en clave negativa o de denuncia contra la "clase política", parecen ser por lo tanto una característica de los discursos que se presentan como renovadores. Por último, toda renovación, como hemos visto, distorsiona los límites entre lo que se encuentra dentro y fuera de las instituciones, desplazándose más allá de los ámbitos aceptados y legitimados para crear una nueva forma de articulación. La "renovación" parece afectar así a la noción de comunidad política, a la constitución del sujeto político y al estatuto del poder en la democracia.

Teniendo en cuenta estos elementos para el análisis, cabe mencionar dos puntos respecto de la periodización y la distinción de "tipos" de discurso renovador. La clasificación realizada podría aportar elementos para estudiar otros discursos "renovadores" del pasado y del presente: podríamos distinguir la coexistencia de apelaciones a la "renovación" y la "nueva política" que se postulan como línea interna partidaria –por ejemplo, el Movimiento Renovador Nacional (MORENA) al interior de la UCR–, como nuevo partido –Propuesta Republicana (PRO), Generación para un Encuentro Nacional (GEN) o el Partido Renovador de la Provincia de Buenos Aires– o como sostenidas por liderazgos personales –Francisco de Narváez, y otros candidatos a nivel local. Todo esto teniendo en cuenta que las expresiones "renovadoras" enumeradas aquí, aun si presentan similitudes con las caracterizaciones del discurso renovador de las décadas de 1980 y 1990, también serían ilustraciones de la "renovación" actual, marcada por la centralidad de los liderazgos de popularidad y del momento electoral en el establecimiento del vínculo representativo: el MORENA se encuentra fuertemente ligado a la figura de Ricardo Alfonsín y no tiene un gran peso en la actualidad, luego de la elección presidencial; el PRO, GEN y el Partido Renovador de la Provincia de Buenos Aires –entre otros– también se sostienen principalmente por la imagen personal de liderazgos individuales, como lo muestra la definición de candidaturas, el mecanismo de toma de decisiones en el partido, etc. Estudiar estos discursos contribuiría a comprender mejor la centralidad –o no– del discurso de la renovación en la competencia política en la actualidad, estableciendo comparaciones entre casos que se dan en diferentes momentos del tiempo o que comparten un mismo contexto histórico.

En segundo lugar, esta distinción entre tipos de discurso es un punto de partida para el debate sobre la cuestión de la institucionalidad y la informalidad. La estipulación de que la renovación en la década de 1980 se cristaliza en líneas internas y en los años 90 en nuevos partidos opaca el hecho de que la renovación siempre tiene que ver –un poco más, un poco menos– con la informalidad, la desinstitucionalización o el trazado de los límites entre lo que está dentro y fuera del orden dado. Por lo tanto, debemos prestar atención al modo en que se crean y articulan estas alternativas renovadoras, que se encuentran en un espacio ambiguo entre aquello que se ha dado a llamar la "nueva" política y "vieja" política, que es a la vez una alternativa entre la "nueva" y la "vieja" institucionalidad y entre la "nueva" y la "vieja" informalidad. En última instancia, como veremos, la "renovación" tiene que ver con el proceso por el cual las instituciones son instituidas, los límites son delineados y las identidades son configuradas.

Todos estos discursos acerca de la renovación, como vimos, no operan tan sólo sobre las organizaciones o actores específicos a los que se refieren, sino que afectan al "sistema político", al régimen democrático y a la concepción de comunidad política. Si bien se instalan sobre una parcialidad, operan a la vez como el mecanismo por el cual se instituye un nuevo sentido de la política y una diferente representación –en tanto puesta en forma, puesta en escena y puesta en sentido– (Lefort, 1985) del espacio público-político. Es por ello que a continuación nos interrogaremos acerca del *sentido* de los discursos de la renovación.

3. El sentido de la renovación: legitimarse revelando que la legitimidad es puesta en cuestión

A la palabra "renovación" pueden adscribírsele diversos significados: la acción de renovar puede referirse a "hacer algo como de nuevo o volverlo a su primer estado; restablecer o reanudar una relación u otra cosa que se había interrumpido; remudar, poner de nuevo o reemplazar algo; sustituir una cosa vieja, o que ya ha servido, por otra nueva de la misma clase; dar nueva energía a algo, transformarlo; reiterar o publicar de nuevo".[40] La renovación evoca, por lo tanto, la transformación de algo existente, su reemplazo, o la repetición de sí mismo. Pero la entidad de un significante no está dada por su significado –como si la "renovación" tuviera una esencia o fuera tal por ser la representación de un objeto real- sino por sus relaciones de equivalencia y diferencia respecto de otros significantes. Ahora, así como la relación

---

[40] Según la definición de la Real Academia Española.

significante-significado no es una, desentrañar el *sentido* de la renovación no es lo mismo que definir su significado: el sentido se constituye a partir de los usos; de la relación entre el significante "renovación" y otros significantes; y de los espacios en que dichas articulaciones tienen lugar. Al interrogarnos acerca del sentido, estamos yendo más allá de lo que la "renovación" denota o connota, para adentrarnos en comprender e interpretar aquello que hay de novedoso en la emergencia y el uso de este discurso en particular.

A partir de lo señalado más arriba, aquí proponemos una hipótesis para responder a la pregunta por el sentido de la renovación, retomando los elementos del análisis histórico presentado en el apartado anterior. Primero distinguiremos los elementos discursivos que se orientan a la restauración de la legitimidad del vínculo representativo. Luego analizaremos los aspectos de este discurso que se relacionan con el imperativo de la democracia como gobierno del pueblo y que parecen ir en sentido de debilitar y eliminar la representación en pos de la identificación entre gobernantes y gobernados. Por último, postularemos que más que una tensión entre representación y democracia, lo que la renovación instituye es una representación *de* la democracia. Definiremos a *la renovación como un discurso instituyente*, que genera una representación –como puesta en escena, en visibilidad– del poder, dando una forma a la sociedad democrática, que se caracteriza por ser imposible de figurar, por ser una "sociedad sin forma" (Lefort, 1985). Este discurso instituyente paradójicamente *revela la indeterminación característica de la democracia*, por lo que aquél que apela a la renovación se legitima en el poder haciendo evidente que el poder es un lugar frágil, inencarnable, imposible de ser ocupado de una vez y para siempre. La renovación sería por lo tanto un discurso que *instituye* algo nuevo y que asimismo revela que la sociedad democrática está sujeta a un proceso de permanente *auto-institución*.

3.1. Rehabilitar el vínculo representativo

Como mencionamos anteriormente, una característica del discurso renovador –en sus diversas variantes– es que el mismo se monta sobre un diagnóstico de "crisis de representación". En la década de 1980 se trataba de la crisis del peronismo –evidenciada a partir de la derrota electoral de 1983-, por lo que "renovar" significaba reformar el movimiento y el partido para adaptarse a las nuevas circunstancias. En la década de 1990, se argumentaba que se trataba de una "crisis de los partidos", y la renovación se encontraba en la emergencia de nuevos partidos y coaliciones para devolver solidez al "sistema". A partir de la crisis de 2001, la idea de que se atravesaba una crisis de representación tomó más fuerza que nunca con el reclamo ciudadano "que se vayan todos". Y la renovación se refería por ello al relevamiento de la clase política y su reemplazo por nuevos individuos. Visto desde esta perspectiva, las crecientes apelaciones a la renovación parecerían centradas en rehabilitar el vínculo representativo, para así restaurar la confianza en la "institución" de la representación. En consecuencia, en primer lugar podría hablarse de la renovación como discurso instituyente en el sentido de actualización de aquello instituido: en este caso, de la legitimidad de las reglas por medio de las cuales una sociedad se gobierna, es decir, la selección de representantes para ocupar cargos y tomar decisiones que afectan a la sociedad en su conjunto. El significante "renovador", se ligaría a todo aquello que evocase la "institución" de un nuevo lazo entre quienes gobiernan y quienes son gobernados, en el cual la relación de distancia entre unos y otros seguiría presente, pero basada en un nuevo tipo de confianza.

Como el problema que se detecta es la desconexión entre el sujeto a ser representado y el poder político, la renovación operaría sobre las formas de mediación entre uno y otro, buscando reemplazar las tradicionales mediaciones por otras nuevas. Estas mediaciones, primero, serían nuevos dispositivos que facilitarían una sana relación de representación: la creación de canales destinados a facilitar una llegada menos distorsionada de las demandas de abajo hacia arriba, y la instauración de formas de control, supervisión y vigilancia de que los representantes cumplen con el mandato de los representados. En este caso se trataría de formas de *accountability* mencionadas por la literatura académica (Peruzzotti y Smulovitz, 2002) que suponen la existencia de una "promesa" del representante y de "demandas" pre-constituidas y no alteradas por el devenir político. Bajo esta interpretación, la forma de mejorar el vínculo de representación sería modernizando la "rendición de cuentas" –la tradicional, que se ejerce mediante el voto, y la que se desarrolla a través de diversos mecanismos a lo largo de la gestión.

Ejemplos de esto pueden ser encontrados en las reformas electorales o en la aplicación de nuevas reglas para dirimir candidaturas promovidas por los actores "renovadores": la reforma de la elección interna del PJ en 1986; la elección de candidatos por consulta popular en el FREPASO y la interna presidencial de la Alianza; la aprobación de la ley de internas abiertas en 2002 (que no fue aplicada); la sanción y aplicación de la Ley de Democratización de la Representación Política, la Transparencia y la Equidad Electoral en 2009. También dentro de esta categoría (la de mínima distorsión de la voluntad del elector) se encuentran dispositivos para mejorar el control de la ciudadanía y la creación de canales de comunicación más directos entre los representantes y los representados. Otros dispositivos que forman parte de este conjunto son los de denuncia, de vigilancia de organizaciones de la sociedad civil, y las políticas de acceso a la información, que aparecen en diferentes formas en los discursos renovadores analizados.[41]

Pero aún más que con respecto a las propuestas de mayor *accountability*, la propuesta principal de la "renovación" se vincula con los líderes y organizaciones en tanto formas de mediación. La referencia principal es a la calidad de los dirigentes electos y el grado de representatividad con que cuentan para asumir el poder. No se trata simplemente del cambio de personas físicas sino del cambio de "representación" (de ocupación del lugar de otro) que está implicado en el vínculo entre gobernantes y gobernados. Algunas mediaciones propuestas se centran en la acción de nuevas organizaciones (nuevos partidos, movimientos sociales, organizaciones no gubernamentales), que portarían de mejor manera los "intereses" y "demandas" de la ciudadanía, los individuos y grupos representados. Otras mediaciones, las más importantes, son aquellas que soslayan precisamente el acto de mediación. La "nueva política", en cada uno de los períodos estudiados, se plantea como un modo de relación cada vez más directo entre representantes y representados. Pero esto encubre el hecho de que se trata de una nueva mediación –de carácter mediático-, pues a la par del encuentro cara a cara o del recibimiento de los ciudadanos comunes en el despacho de los presidentes, gobernadores o intendentes, los medios de comunicación, las mediciones de opinión y las nuevas tecnologías resultan una nueva mediación, una que resulta casi imperceptible. No hay allí un cuestionamiento a la distinción entre líderes y seguidores, sino que se postula una vía de mejoramiento de dicha relación, alterando los términos del vínculo, cambiando a quienes gobiernan por otros que representen mejor a la comunidad política toda.

Analizando esta arista del discurso de la renovación, podría aducirse que éste posee un carácter "restaurador" de la legitimidad de la representación, que es en última instancia la aceptación de la distancia existente entre representantes y representados. Ante la crisis de representación, la renovación es el discurso que trata de sanar aquello dañado en la relación que une y separa a quienes gobiernan del resto de la ciudadanía –une porque da unidad a la multiplicidad de voluntades, constituye un sujeto, y separa porque distancia a los que gobiernan de los que son gobernados. La "renovación" sería entonces una apelación que permitiría relegitimar la institución de

---

[41] Es ilustrativo el caso de los intendentes de Quilmes, Lanús, Almirante Brown, que se apropian del lema del "municipio de puertas abiertas" (el cual aparece explícitamente en la página de internet institucional de Quilmes), que incluyen la modernización de los sitios de internet y los mecanismos de consulta y denuncia por vía electrónica (en el caso de Lanús), el recibimiento de los vecinos en el despacho del intendente en un horario definido (en el caso de Quilmes), y la realización de una encuesta permanente a los ciudadanos sobre las políticas del municipio (en el caso de Almirante Brown).

la representación, poniendo en evidencia que quienes ocupan el lugar del poder circulan, entran y salen y se encuentran abiertos al cuestionamiento ciudadano. Los líderes renovadores aparecen como "instituyentes", dotando de legitimidad a la representación frente a la situación de crisis que enfrenta la política en las décadas recientes.

3.2. La democracia contra la representación

Hemos visto cómo la "renovación" puede considerarse como un modo de rehabilitación del lazo representativo, sosteniendo que se experimenta una crisis que puede ser superada con nuevos representantes y nuevos modos de recuperar la confianza perdida. Pero la derrota política de ciertos partidos, la disminución en la participación electoral y las diversas expresiones de protesta contra "los políticos" pueden interpretarse a su vez como una denuncia *contra* la representación. El rechazo a *una* clase política puede significar a su vez el rechazo a *toda* clase política, una denuncia más radical de los fundamentos y principios sobre los que se basa la democracia representativa. Pareciera por lo tanto erosionarse el vínculo diferenciado en pos de la supresión absoluta de esta "clase", percibida como dominante.[42]

Por ello, a la vez que los discursos de la renovación dan lugar a modos de restauración de la legitimidad de la representación, desde otro punto de vista pueden considerarse discursos que van contra aquello instituido, que irrumpen en el orden dado denunciando la artificialidad de las reglas que ordenan las funciones, roles y lugares en la sociedad. La apelación a la renovación se muestra como una revelación de que la representación no es un fenómeno natural, sino uno construido, contingente, que obstaculizaría la realización del ideal de autogobierno del pueblo. En este sentido, la "renovación" se tornaría una guerra de desgaste contra la representación, debilitando la legitimidad sobre la que reposa la elección de unos para gobernar a otros.

El discurso renovador se montaría así sobre esta pretensión "democratizadora", que en la década de 1980 buscaba democratizar a los partidos internamente; en los años noventa buscaba democratizar el modo en que los partidos políticos acordaban aquello que iba a afectar a la ciudadanía; y a partir de 2001 busca el relevo permanente del personal político y la elección directa de los candidatos por parte de toda la ciudadanía, creando

---

[42] Al desarrollar su concepto de "clase política", Gaetano Mosca (2001)[1896] presta atención al fenómeno de la estabilidad y renovación de las clases políticas con respecto a transformaciones tanto en la capacidad para desempeñar su rol como en la importancia que dicho rol tiene para la sociedad.

también dispositivos de participación directa para que nada parecido a una "clase política" pueda constituirse. La representación es reemplazada por la identificación entre gobernante y gobernado. El rechazo de la idea de jefatura, de verticalidad y de distinción de los gobernantes se ve en los testimonios de los protagonistas y en sus acciones políticas. Los métodos participativos introducidos son reflejo también de esta "tendencia democrática".[43] Estos dispositivos ya no son considerados modos de control ciudadano de lo que hacen los representantes, sino formas alternativas de toma de decisiones en las que los ciudadanos comunes gobiernan por sí mismos.

El avance democrático en todos los ámbitos y la idea de que lo valioso es que participen en política los no especializados en ella, los *outsiders*, parece ser la nueva característica de la competencia política en la actualidad. Esta idea de gobierno de los *outsiders*, que son creados discursivamente de manera permanente, toma diferentes formas: la primera es la del *outsider del poder* (o *outsider subalterno*) portador del reclamos de grupos subordinados e invisibilizados en la escena pública; la segunda es la del *outsider de la política* (o *outsider externo*), referida a la figura del ciudadano común, que se dedica a otras actividades, pero que se involucra en política y genera confianza en el electorado por representar lo que quiere la "gente". Esta distinción se basa en dos concepciones de sujeto político que conviven y se solapan en la política argentina: la figura del pueblo en proceso de emancipación; y la figura de la ciudadanía autónoma a la que se ha referido Cheresky (2006; 2008).

En cuanto al *outsider del poder*, la renovación está dada por la entrada a la política de representantes de grupos previamente discriminados de la política, cuyos atributos físicos, económicos, educativos o territoriales sean marcas de nacimiento que impliquen que éstos no podrán despegarse de sus demandas al asumir el poder, porque están fijadas en sus cuerpos. No son representantes del conjunto sino de reclamos particulares, pero devienen representantes de una universalidad en un reclamo de emancipación y eliminación de la diferencia que separa arbitrariamente a los que gobiernan de los que son gobernados. Habíamos mencionado anteriormente que parte de la legitimación de la representación inscripta en el discurso renovador se basaba en nuevas formas de mediación, entre ellas la participación activa de movimientos sociales en política. Los mo-

---

[43] Según Dominique Schnapper, esta "tendencia democrática" debilita lo que ella llama la "trascendencia republicana". El representante, al momento de ser electo, pasa a representar al conjunto de la comunidad política y no a una parcialidad. La "tendencia democrática", que se caracteriza por el rechazo a la distancia entre representantes y representados, es considerada un problema porque impide constituir un mundo común y pone en peligro la convivencia (Schnapper, 2004).

vimientos sociales, desde la perspectiva de "rehabilitar" la representación, se presentarían como nuevos actores que reemplazan a los tradicionales partidos de masas y sus estructuras caducas. Pero no se trata de un simple enroque de organizaciones. Las características de los movimientos sociales –sus formas de organización, su relato, sus modos de auto representación y de aparición en el espacio público– revelan que hay más que "mayor representatividad" en este proceso de transformación. Como señala Castells, el propio nombre de "movimiento social" implica una distinción del ámbito político, una idea de base y de relación determinante entre lo social y lo político (Castells, 1997: 81-82). Por ello, los movimientos sociales, presentes como un elemento fundamental de la "renovación", parecen encontrarse del lado de la erosión de la legitimidad representativa, y empujando la "democratización" en su lugar.

En lo que se refiere al *outsider de la política*, en el discurso de la renovación nos encontramos también con la auto definición de los candidatos como ciudadanos que ejercen alguna profesión distinta de la del político de carrera, cuya contribución a la política consistiría en llevar la mirada del hombre común al ámbito de toma de decisiones políticas. Si bien esto podría formularse como una nueva forma de representación, la propia distinción del líder como *outsider,* como proveniente de fuera del ámbito de los representantes, refuerza la impronta "democratizante" de este tipo de figura.

Hay aún una tercera distinción a tomar en cuenta dado que ciertos discursos y auto-representaciones combinan elementos de los dos tipos anteriores: el *outsider político* (uno que se presenta como *subalterno* y *externo*), que destaca su participación marginal y subordinada dentro de la estructura del poder político (es decir, denunciando las diferencias de clase al interior de la propia "clase política"), y que se presenta como un ciudadano común, planteando una forma alternativa de manejo de la política, distinta de la de los políticos profesionales que manejan el "aparato". En los discursos de la "renovación" analizados hasta aquí predomina esta caracterización del *outsider* (ejemplificada principalmente por Carlos Menem, Carlos "Chacho" Álvarez y Néstor Kirchner), a partir de la distinción entre centro y periferia territorial y de mayoría y minoría internas al peronismo.

Esta última distinción muestra más claramente que la figura del líder en tanto *outsider* es producida, construida y moldeada en cada circunstancia, bajo el supuesto de que aquél que viene de afuera obtendrá más apoyo electoral, pues escenifica el enfrentamiento de la "gente" con la "clase política". En todos los casos, la "tendencia democrática" implica un hincapié en el parecido entre el representante y su base de sustento –que a su vez implica una definición propia de cuál es la base de sustento. La idea de *outsider* remarca la existencia de límites –entre el poder y la desposesión, entre la política y las demás esferas de actividad– que son violados, traspasados, borrados.

El discurso de la renovación, a partir de los elementos que ponen el foco en la "democratización", en lugar de promover una "mejor" representación, erosiona las bases sobre las cuales se asienta la representación. La renovación parece un discurso *contra* la "clase política", *contra* las élites, *contra* la distancia que separa a los representantes de los representados y a la representación de la sociedad de lo que ella "realmente" es. Hasta aquí, entonces, nos encontramos con dos elementos en apariencia contradictorios en el discurso renovador: uno que se dirige hacia la relegitimación de la representación, otro que busca profundizar la disolución de la distinción entre representantes y representados en vías de una "verdadera" democracia.

3.3. *La democracia como una representación*

Como vimos en las páginas anteriores, en el discurso de la renovación se hace presente la tensión entre la desigualdad representativa y la igualdad democrática.[44] Dicho en otros términos, la apelación a la renovación revelaría la existencia de un conflicto aparentemente irresoluble entre una concepción procedimental/formal de la democracia (un dispositivo para la elección de gobernantes) y una idea sustancial de la misma (la identidad entre gobernantes y gobernados y la realización de la voluntad general).[45] Por un lado, la renovación es evocada en un intento de rehabilitar la representación, haciendo a los gobernantes más representativos y confiables. Por otro, las formas de restaurar tal confianza podrían llevar a la destrucción de la representación en pos de la realización de la democracia "real". En resumen, los argumentos "democratizadores" que se postulan en el discurso renovador

---

[44] La relación entre representación y democracia es vista de manera diferente por distintos autores. Por ejemplo, según Carl Schmitt, las democracia como forma política pura se caracteriza por la identidad, opuesta a la representación. Aun así, todas las formas históricas tienen algo de representación y algo de identidad, porque la identidad del pueblo implica su representación y el representante requiere de una identidad a representar (Schmitt, 2010)[1928]. Según Bernard Manin (1996) el gobierno representativo se diferencia de la democracia porque el primero se basa en la distinción y el segundo en la identificación entre gobernantes y gobernados. De acuerdo a Rancière (2006), el gobierno representativo es de carácter oligárquico y la democracia es el "modo de subjetivación de la política", por lo que la idea de "democracia representativa" es una contradicción de términos. Aun así, considera que el voto es un ámbito propicio para la irrupción de la democracia en el orden desigual.

[45] La forma y el contenido no son tan fácilmente distinguibles en la teoría demócratica, a pesar de que éstas sean clasificadas como "procedimentales" o "sustanciales". Ver Schmitt (2010)[1928], Schumpeter (2010)[1943], Lefort (1985), Dahl (1989).

para rehabilitar la representación llevarían inscriptos en sí mismos la propia erosión de la legitimidad representativa.

Pero la renovación también nos pone frente a un modo diferente de vinculación entre representación y democracia. La representación como concepto tiene que ver con re-presentar, volver a presentar, ocupar el lugar de, hacer visible a aquello invisible (Pitkin, 1985). La representación, por lo tanto, es también una *puesta en escena* de la democracia, un modo de demostración, de simbolización. Y esta puesta en escena revela que de hecho hay una *puesta en forma* (un modo de figuración) y una *puesta en sentido* (un modo de hacer inteligible) de la sociedad; dicho en otros términos, revela la institución política de lo social (Lefort, 1985). Podemos referirnos a la representación entonces no como un dispositivo de elección de gobernantes que choca *contra* la democracia, sino de la representación como representación *de* la democracia. La democracia es una *forma de sociedad* que se representa como una *sociedad sin forma*, sin sustancia ni fundamento,[46] que encuentra la unidad en la división. Es por ello que la democracia no puede ser sino *representada*, pues no es igual a la suma de sus partes ni tiene límites definidos. Por ello, la sociedad democrática podría definirse como *un objeto imposible*.[47]

La democracia es el régimen que revela su contingencia y fragilidad, porque descansa sobre el debate permanente acerca de lo justo y lo injusto, lo legítimo y lo ilegítimo. Es la sociedad histórica por excelencia, pues ha sido instituida por los propios hombres y se caracteriza por su indeterminación. En ella *el poder es un lugar vacío*, no encarnado, ocupado temporariamente, que corresponde al orden de lo simbólico, lo representado. Puede figurarse como un lugar, pero no como un sujeto definido. No pertenece a nadie, no puede ser apropiado. La apelación a la renovación se centra específicamente en esta imposibilidad de encarnación, en que el poder no se ocupa de manera definitiva, no tiene un cuerpo, ni muchos, sino que es justamente el cambio sucesivo de quienes ocupan temporariamente el poder.

En base a esta conceptualización, podemos concluir que los discursos acerca de la "crisis de representación" y la "renovación" son modos de poner en palabras a la democracia desde el advenimiento de las revoluciones democráticas. Por ello podemos concluir que *la renovación es un discurso instituyente que echa luz sobre la indeterminación de la democracia*. En primer lugar, la representación implica una distancia entre el objeto y su imagen, la imposibilidad de la fijación definitiva del sentido, y este desfasaje es el

---

[46] Pues la legitimidad no se deriva de la voluntad divina ni de la voluntad del pueblo.

[47] Según Laclau y Mouffe (1985), a partir de las revoluciones democráticas la "sociedad" es un objeto imposible y solo existe "lo social" como intento de cierre de la estructura fallida.

sustento mismo de la democracia. En segundo lugar, la renovación pone en escena la indeterminación e informidad de la democracia, el propio juego de delimitación permanente que lleva a la sucesión de representaciones y nuevos límites que luego serán reconfigurados. El discurso de la renovación echa luz sobre la contingencia de la democracia, es decir, sobre el proceso por el cual la democracia es instituida. La renovación como discurso instituyente se caracteriza por hacer visible el proceso de institución democrática, en lugar de ocultarlo o disimularlo.

Definir a la renovación como un discurso instituyente implica pensar la *institución* en un *doble sentido*. En un primer sentido el discurso renovador es *restaurador*, ya que recrea la legitimidad de la representación en cada instancia de aparición pública de quien lo evoca. La renovación es la pauta que asegura que el poder permanece siempre inencarnado, pero también que éste es un lugar a ser ocupado. La apelación a la renovación se refiere a la permanente reposición de los gobernantes, desechando a aquello que implique una continuidad excesiva en el tiempo, una duración que implique la fijación de un sentido, la identificación entre el poder y quien lo ocupa. Los políticos toman el problema de la reposición del poder como una "crisis", que es un dato de la realidad, y apelan a nuevos modos de representar, sustentándose en que ocuparán el poder temporariamente. Pero la representación sigue vigente, pues al mismo tiempo que es incierto quién ocupará el poder, la renovación pretende generar certidumbre acerca de que es un lugar que debe ser ocupado.

En un segundo sentido, el discurso renovador es *revelador* del proceso de institución de la sociedad, ya que la idea de discurso instituyente implica que el orden no es natural, sino que ha sido instituido por los hombres. Que en la democracia el poder sea un lugar vacío no se deriva de ningún principio trascendental ni de una sustancia primigenia, sino que es producto de la acción de los hombres. Por ello, la "renovación", a la vez que da lugar a la rehabilitación de la legitimidad de aquello estatuido, revela el proceso de institución del vínculo representativo. La renovación es un "nacimiento" a la vida pública de cuestiones, temas, actores y modos de organización. Es el acto de auto-institución, de auto-creación de los representantes. Cambia el sentido de aquello que estaba instituido, de lo dado, de la diferencia entre quienes gobiernan y quienes son gobernados. Para instituir destituye, destruye el orden dado y se postula como un nuevo modo de comunidad política, que extiende sus límites, cambia las funciones, los roles y las partes.

Comúnmente, el vocablo *institución* es utilizado para denotar a aquello dado (las reglas, los organismos, las autoridades). Se habla de las instituciones como "cosas" que resultan "necesarias" –por derivarse de alguna esencia o determinación– y se naturaliza su existencia. Este sentido de la institución implica el olvido de que justamente lo que las caracteriza es el haber sido instituidas, puestas en pie por los propios hombres y no por un mecanismo ajeno a la acción humana. Las instituciones son y podrían no haber sido. Están y pueden no estar en el futuro. Son contingentes, sujetas al tiempo y la historia. Una institución no es simplemente algo dado, sino algo que alguna vez fue instituido, es un evento y es un proceso. Los discursos de la "renovación", por lo tanto, ponen sobre el tapete la relación entre lo que siempre cambia y lo que siempre permanece, el trazado de los límites de la comunidad política y el sentido de la acción de los hombres.

El movimiento ínsito en la apelación a la "renovación" –la legitimación del poder de los representantes y la revelación de que el lugar del poder puede ser ocupado por cualquiera– nos enfrenta a una paradoja, pues es la propia fragilidad de la democracia la que es reinventada como fortaleza política. La apelación de los políticos a la "renovación", a la vez que porta una pretensión de legitimidad en el vínculo con los representados, evidencia que todo gobernante puede ser reemplazado por otro, por cualquiera. Es esta aceptación de la fragilidad del lugar del poder la que convertiría a los políticos en más legítimos. La multiplicación de discursos de la "renovación" se relaciona por lo tanto con un nuevo modo de diferenciación política que pone el acento en una cualidad –la aceptación de la fragilidad del poder– que se torna en un valor positivo en la vida política contemporánea, mientras otras claves –la experiencia de gobierno, la recuperación de la tradición, etc.– pierden la importancia que poseían en el pasado.

4. Conclusiones preliminares

La permanente mención a la "renovación" y a lo "nuevo" en el discurso político contemporáneo no ha despertado hasta el momento especial interés en el ámbito académico. Por un lado, esto se debe a que la apelación de los políticos a la "renovación" ha pasado a naturalizarse, a tornarse cotidiana y, como consecuencia, el problema que encierra su creciente uso se encuentra oculto para quienes nos hacemos preguntas acerca de lo político y sus mutaciones contemporáneas. Por otro lado, cuando la "renovación" es tomada como tema de investigación, en general se tiende a estudiar experiencias históricas concretas desconectadas entre sí o, si se plantea una discusión de carácter más general, las preguntas son del tipo "¿cuánta renovación ha habido? ¿Se ha llevado a cabo una 'verdadera' renovación? ¿Qué gobierno es más renovador?", dando por sentado un sentido específico de la "renovación". Frente a esta invisibilización y/o banalización de la "renovación", en el presente trabajo hemos adoptado una posición de extrañamiento que tomó lo sedimentado –la apelación a la "renovación" en el discurso político– como una novedad, analizándolo en sus diversas dimensiones, enunciaciones y usos. Con ello hemos ahondado en el modo en que estos usos se vinculan con las mutaciones contemporáneas de la democracia.

Del análisis y la comparación de diversos discursos "renovadores" hemos extraído algunos puntos que son relevantes para el análisis de lo político y la democracia contemporánea: vimos cómo en la "renovación" se expresan las tensiones entre la personalización y la institucionalización; nos hemos detenido sobre la relación entre aquello instituido y el proceso por el cual se instituyen nuevas diferencias e identidades; al abordar la cuestión de lo "nuevo" y lo "viejo" nos hemos referido al modo de lidiar con el cambio y la permanencia en el orden político contemporáneo; hicimos referencia, finalmente, al problema de la legitimidad como central en el estudio de los discursos políticos.

En términos generales, en este trabajo presentamos una respuesta tentativa a la pregunta por el sentido del discurso de la "renovación": la fragilidad de la democracia –su indeterminación, la imposibilidad de fijar su sentido y su forma– parece constituirse en una fortaleza, pues el régimen democrático se sostiene por la visión compartida de que es contingente, de que lo que es puede no ser. Los representantes hacen un acto de mostración de la fragilidad del poder para poder ocuparlo, y se compite por quién es más "nuevo", es decir por quién representa una fractura mayor del orden dado, de la separación arbitraria entre quienes gobiernan y quienes son gobernados. La diferencia política ya no se da principalmente entre derechas e izquierdas, sino que tiene que ver por el contrario con la tensión entre renovación y encarnación del poder en la sociedad democrática.

Ahora bien, si hablar de "crisis" y "renovación" es hablar de la democracia, ¿por qué la democracia no se da simplemente por sentada? ¿Por qué la renovación se erige en una clave de diferenciación? ¿Es porque la democracia se quedó sin diferencias? ¿Es porque la democracia representativa no es suficientemente "democrática"? Si los discursos sobre la "renovación" y la "nueva política" se han hecho más frecuentes desde 1983, y han tenido un crecimiento aun mayor luego de la crisis de 2001, podemos sostener que es en esta etapa cuando lo que el discurso de la "renovación" trae a cuenta es una diferencia "significativa". La restauración democrática –se sostenía– implicaba recuperar parte de la tradición política del pasado, pero asimismo debía presentarse como una superación de los problemas que esa misma tradición había generado, y que podían atentar contra la estabilidad del régimen.[48] La "transición", por lo tanto, implicaba descartar gran parte del pasado en favor de lo "nuevo". El pasado pasó a ser asociado con lo negativo y la oscuridad, mientras lo que quedaba era el nacimiento y lo "nuevo" como posibilidades esperanzadoras. Por ello, mientras lo "tradicional" era dejado de lado en el discurso de los candidatos, el "cambio" y la novedad pasaron a adoptar mayor prominencia en las campañas electorales.

Quienes evocan y han evocado el discurso renovador, planteando un enfrentamiento a la encarnación del poder, a las barreras para ocupar el poder, parecerían suponer con ello que éste es el elemento que los dota de legitimidad en el actual momento político. El discurso de la renovación establece una diferencia entre "viejos" y "nuevos/jóvenes", se liga a diversos significantes —"democracia", "horizontalidad", "participación", "inclusión", "denuncia", etc.— y postula una diferencia radical, un antagonismo, un "otro" —el poder encarnado, bajo una concepción de democracia totalizante—, que es el pasado al que no se desea volver, e incluso cuando este discurso se postula desde el poder (en el discurso kirchnerista, por ejemplo), su apelación implica un énfasis en el carácter perecedero de dicho lugar.

Esta primera indagación acerca de los discursos de la renovación abre nuevos interrogantes. En primer lugar, el discurso de la renovación se constituye por múltiples discursos, no sólo "políticos", por lo que un ulterior estudio contribuiría a la comprensión del modo en que diversos discursos —académicos, periodísticos y políticos— constituyen la "renovación" como demanda ciudadana, como hecho a verificar o como promesa de gobierno en el espacio de los medios de comunicación como espacio público. Se podría discutir entonces acerca del discurso "público" de la renovación, en lugar de establecer distinciones de "campo". En segundo lugar, encontramos otros discursos que compiten con el de la "renovación" en la búsqueda de legitimidad. Nuevas investigaciones podrían abordar las relaciones entre estas claves de diferenciación, los actores que apelan a ellas y cómo se escenifican en el espacio público, constituyendo identidades que se fijan parcialmente en cada escena. En tercer lugar, cabe repensar la relación entre la negatividad y el rechazo característicos del discurso renovador y la práctica gubernamental, ya que allí la negatividad se sigue postulando, pero se ubica en otro lugar. La elaboración de respuestas tentativas a estas cuestiones contribuirá a una discusión más amplia acerca de las mutaciones de la democracia contemporánea.

---

[48] Ver los debates en torno a la transición democrática en Lesgart (2003).

Bibliografía

Abal Medina, J. (2006). "Explicando las causas internas del surgimiento y crisis del Frente Grande". En J. Abal Medina (comp.) *Los senderos de la nueva izquierda partidaria*. Buenos Aires: Prometeo.

Aboy Carlés, G. (1996). "De Malvinas al menemismo. Renovación y contrarrenovación en el peronismo". *Sociedad*, 10: 5-31.

Alem, B. (2007). "El Frepaso, problemas de una identidad lábil". En E. Rinesi, G. Nardacchione y G. Vommaro (eds.), *Los lentes de Víctor Hugo. Transformaciones políticas y desafíos teóricos en la Argentina reciente*. Buenos Aires: Prometeo/UNGS.

Altamirano, C. (2004). "La lucha por la idea: el proyecto de la renovación peronista". En M. Novaro, M. y V. Palermo (comps.), *La historia reciente. Argentina en democracia*. Buenos Aires: Edhasa.

Annunziata, R. (2009). "De tijeras y espejos. Política de la proximidad y elecciones 2007 en el Municipio de Morón". En I. Cheresky (comp.), *Las urnas y la desconfianza ciudadana en la democracia argentina*. Rosario: Homo Sapiens.

Cafiero, A. (1983). *Desde que grité viva Perón*. Buenos Aires: Pequén Ediciones.

Cafiero, A. (1995). *Testimonios. Del 45 y del 2000 también*. Buenos Aires: GEL.

Cheresky, I. (1999). *La innovación política. Política y derechos en la Argentina contemporánea*. Buenos Aires: Eudeba.

Cheresky, I. y Pousadela, I. (comps.) (2004). *El voto liberado. Elecciones 2003: perspectiva histórica y estudio de casos*. Buenos Aires: Biblos.

Cheresky, I. (comp.) (2006). *La política después de los partidos*. Buenos Aires: Prometeo.

Cheresky, I. (2008). *Poder presidencial, opinión pública y exclusión social*. Buenos Aires: CLACSO-Manantial.

Corral, D. (2007). "La seducción del instante y el hastío de la duración. El liderazgo de 'Chacho' Álvarez y el devenir de la centroizquierda en los 90'". En E. Rinesi, G. Nardacchione y G. Vommaro, *op. cit.*

Cordeu, M., S. Mercado y N. Sosa (1985). *Peronismo: la mayoría perdida*. Buenos Aires: Sudamericana-Planeta.

Dahl, R. (1989). *La Poliarquía: participación y oposición*. Madrid: Tecnos.

De Ípola, E. (1987). "La difícil apuesta del peronismo democrático". En J. Nun y J. C. Portantiero (comps.), *Ensayos sobre la transición democrática en la Argentina*. Buenos Aires: Puntosur Ediciones.

Gattoni, S. y D. Rodríguez (2009). "Créase o no: alternancia política y desagregación de los poderes locales en el conurbano bonaerense (2005-2007)". En I. Cheresky (ed.), *Las urnas y la desconfianza ciudadana en la democracia argentina*. Rosario: Homo Sapiens.

Gordillo, M. y v. Lavagno (1987). *Los hombres de Perón*. Buenos Aires: Puntosur.

Kirchner, N. y T. Di Tella (2003). *Después del derrumbe*. Buenos Aires: Galerna.

Laclau, E. y C. Mouffe (1985). *Hegemony and socialist strategy*. Londres: Verso.

Lefort, C. (1985). "El problema de la democracia". *Opciones*, 6: 73-86.

Lesgart, C. (2003). *Usos de la transición a la democracia: ensayo, ciencia y política en la década del ochenta*. Rosario: Homo Sapiens.

Manin, B. (1996). *Les principes du gouvernement representatif*. París: Flammarion.

Maronese, L., A. Cafiero de Nazar y V. Waisman (1985). *El voto peronista. Perfil electoral y causas de la derrota*. Buenos Aires: El Cid Editor.

Mc Adam, A. (1996). *Cafiero: el renovador*. Buenos Aires: Corregidor.

Mosca, G. (1992) [1896]. "La clase política". En A. Batlle (ed.), *Diez textos básicos de ciencia política*. Barcelona: Ariel.

Natanson, J. (comp.) (2004). *El presidente inesperado*. Rosario: Homo Sapiens.

Novaro, M. (1994). *Pilotos de tormentas : crisis de representación y personalización de la política en Argentina (1989-1993)*. Buenos Aires: Letra Buena.

Novaro, M. (2000). *Representación y Liderazgo en las democracias contemporáneas*. Rosario: Homo Sapiens.

Novaro, M. (2010). *Historia Argentina 1955-2010*. Buenos Aires: Siglo XXI Editores.

Novaro, M. y V. Palermo (1998). *Los caminos de la centroizquierda: dilemas y desafíos del Frepaso y de la Alianza*. Buenos Aires: Losada.

Pitkin, Hanna F. (1985). *El concepto de representación*. Madrid: Centro de Estudios Constitucionales.

Podetti, M., M.E. Ques y C. Sagol (1988). *La palabra acorralada, la constitución discursiva del peronismo renovador*. Buenos Aires: FuCaDe.

Peruzzotti, E. y C. Smulovitz (2002). *Controlando la política: ciudadanos y medios en las nuevas democracias latinoamericanas*. Buenos Aires: Temas.

Rancière, J. (2006) *El odio a la democracia*. Buenos Aires: Amorrortu.

Rocca Rivarola, M.D. (2007). "¿Partidos o Personas? La conformación del conglomerado oficialista en los gobiernos de Lula, Kirchner y Lagos". *Elatina, Revista Electrónica de Estudios Latinoamericanos*. 6 (21).

Rosanvallon, P. (2007). *La contrademocracia. La política en la era de la desconfianza*. Buenos Aires: Manantial.

Rosanvallon, P. (2010). *La legitimidad democrática. Imparcialidad, reflexividad, proximidad*. Buenos Aires: Manantial.

Schmitt, C. (2010) [1928]. *Teoría de la Constitución*. Madrid: Alianza Editorial.

Schnapper, D. (2004). *La democracia providencial*. Rosario: Homo Sapiens.

Schumpeter, J. (2010) [1943]. *Capitalism, socialism and democracy*. Londres: Allen & Unwin.

Unamuno, M., A. Cafiero, J. Bárbaro et. al. (1984). *El peronismo de la derrota*. Buenos Aires: Centro Editor de América Latina.

Vommaro, G. (2008) *Lo que quiere la gente. Los sondeos de opinión y el espacio de la comunicación política en Argentina (1983-1999)*. Buenos Aires: UNGS-Prometeo.

Fuentes periodísticas

La Nación, Clarín, Página 12, La Capital, Télam.

Entrevistas

Entrevistas realizadas a 3 Intendentes, 5 funcionarios del Poder Ejecutivo municipal, 8 concejales, 3 diputados provinciales, 3 diputados nacionales, 6 periodistas de distritos de la Tercera Sección de la provincia de Buenos Aires, en el período 2008-2011.

Política provincial y liderazgos de popularidad territorial. Los "aparatos" o "máquinas políticas", un asunto de representación política

Victoria Ortiz de Rozas

> …los hombres se revelan como individuos, como distintas y únicas personas, incluso cuando se concentran por entero en alcanzar un objeto material y mundano… (Arendt, 2004:207)

1. Introducción

La democracia argentina ha adquirido los rasgos propios de una "democracia de lo público o de audiencia" –en los términos propuestos por Bernard Manin (1998)–, de forma que los partidos políticos ceden su lugar en la escena política a líderes que construyen su popularidad en una escena pública dominada por los medios de comunicación de masas.[1] La política aparece así más como un asunto de líderes mediáticos y una ciudadanía que se expresa electoralmente y también como audiencia y opinión pública escrutada por las encuestas (Cheresky, 2006).

[1] El estado de fragmentación de las fuerzas políticas tradicionales y la medida en que las etiquetas partidarias se habían debilitado como signos de diferenciación política se evidenció especialmente en las elecciones presidenciales de 2003 y las legislativas de 2005. Para un análisis de estas elecciones, ver respectivamente Cheresky (2004), Cheresky (2006). En los últimos años, la dinámica coalicional presente tanto en el oficialismo como en la oposición –donde las coaliciones se configuran a partir de liderazgos de popularidad surgidos en el espacio massmediático y no de acuerdos entre partidos de los cuales surgían los candidatos– y el "movimientismo heterogéneo" (Cheresky, 2006) que constituye la base de apoyo del oficialismo, dan cuenta del alcance de las transformaciones mencionadas.

Si bien han perdido su centralidad como proveedores de una cosmovisión y de una identidad permanente, los partidos siguen siendo indispensables como vehículos de la competencia electoral, como "recursos organizacionales" de los que se valen los líderes mediáticos (Cheresky, 2006). En el lenguaje de los actores políticos, la "estructura" política. Las organizaciones partidarias han perdido relevancia en cuanto sus bases y burocracia, transformándose en partidos de gobierno, dejando de ser mediadores entre el Estado y la sociedad para convertirse en actores integrados al estado (Katz y Mair, 1997).

Como consecuencia de estas transformaciones se ha considerado que los comportamientos políticos están crecientemente mediados por recompensas materiales, que ocuparían el lugar de las identidades partidarias, de modo que los partidos funcionan como "máquinas políticas", en las que los recursos del estado constituyen la principal moneda de cambio entre los dirigentes y entre dirigentes y votantes. Este concepto está ligado a una distinción más básica entre bienes materiales y bienes programáticos (Kitschelt y Wilkinson, 2007), que opone los lazos entre los ciudadanos y los políticos de naturaleza clientelar –intercambio de bienes materiales por apoyo político– a los de naturaleza programática, cuando los representantes producen bienes según criterios universalistas, a los que pueden acceder todos los votantes independientemente de si votaron o no por ellos.

La noción de "máquina política" es especialmente atractiva para estudiar la política provincial, sobre todo en los casos en los que el control de los recursos públicos tiene una gran centralidad política. Las prerrogativas de los gobernadores sobre el uso de las transferencias presupuestarias nacionales, así como la autonomía en cuanto a la administración del presupuesto provincial, son consideradas como las principales variables explicativas de la posibilidad de los gobernadores de construir fuerzas políticas hegemónicas (Benton, 2003; Gibson y Suárez Cao, 2010; Jones, 2004; Leiras, 2007). Esta capacidad se acentuó luego de la descentralización económica y administrativa implementada en la década del noventa, al incrementar la autonomía de los dirigentes provinciales en la ejecución de políticas públicas y provisión de servicios públicos (Gibson y Calvo, 2000).

En esta perspectiva, el poder político de los gobernadores es tributario de su capacidad de contratar empleados públicos y de la posibilidad de controlar los presupuestos provinciales e influir en la política pública; lo que les permite obtener la lealtad de su partido o "máquina" partidaria a través de la concesión de privilegios en la distribución de recursos económicos; al mismo tiempo que les permite construir una relación con una amplia variedad de otros grupos organizados. De esta manera, los gobernadores sólo pueden ser desafiados por otros políticos dentro del partido que tiene el acceso al nivel de recursos necesarios para construir y mantener su propia "máquina" (De Luca, Jones y Tula, 2002).

En este artículo se propone dar cuenta de ciertos aspectos de las llamadas "máquinas políticas" o "aparatos políticos", que sustentan el poder de los gobernadores en las provincias argentinas. Se parte de una noción de la política como un asunto de relaciones entre personas –cara a cara o en el espacio mediático–, que son al mismo tiempo vínculos de representación política. Si en este vínculo circulan bienes materiales, ello está mediado por su carácter personal, y esta circulación está subordinada al modo en que constituyen un recurso de legitimidad política.

Se sostiene que los recursos organizacionales con los que cuentan los gobernadores no son solamente recursos estatales sino que cuentan con dirigentes políticos *representativos*, que disponen del *capital* de la representación política. Con *capital político* se hace referencia a aquellos recursos que hacen a "la eficiencia de un agente o de un grupo de agentes en una coyuntura y una configuración determinadas" (Offerlé, 2011a:94). La elección de términos como "recursos" y "capital político" no es casual, sino que justamente se intenta destacar que lo que poseen los partidos políticos provinciales no son simplemente bienes materiales. Sin negar el peso del control de los recursos públicos en el juego político provincial, se intenta mostrar cómo éstos cuentan en la medida en que inciden en el lazo representativo entre los dirigentes políticos y en el de éstos con sus votantes.

El auge y la consolidación de la política massmediática en Argentina y en otros países latinoamericanos no han eliminado otras formas de hacer política, aquéllas basadas en las redes de relaciones sociales interpersonales, donde operan los mediadores políticos, dirigentes políticos intermedios entre los líderes principales y las llamadas "bases" (Auyero, 1997). En paralelo a los liderazgos protagónicos de la escena pública nacional y provincial, se encuentran otros líderes no menos importantes, que sólo son conocidos en el estrecho marco del territorio donde desarrollan su actividad política y por ello pueden ser llamados *líderes de popularidad territorial*.

Los dirigentes intermedios han recibido una gran atención, en el marco del interés principal por fenómenos como el clientelismo. A partir de los trabajos de Auyero (1997), se ha cuestionado el vínculo entre mediadores y su base como un mero intercambio de votos por recursos, involucrando cuestiones relacionadas con la representación política en el vínculo entre los mediadores políticos peronistas y los considerados clientes, frente a los cuales –considerados en tanto audiencia– los primeros realizan una *performance* pública, de modo que la entrega de bienes queda asociada a una manera de dar particular, no presentada como una explícita entrega de bienes a cambio de votos (Auyero, 1997, 2001).

El vínculo considerado clientelar ha sido reconceptualizado postulando la noción de una *economía moral*, cuestionando la concepción de un intercambio instrumental injusto, encubierto por una creencia e ideología que lo dotaría de un carácter moral que no posee realmente. Los bienes materiales –el *qué* del intercambio– son, junto con otros gestos –los favores, la ayuda, la amistad, el compromiso, y el agradecimiento– constitutivos del intercambio usualmente considerado clientelar (Vommaro y Quirós, 2011).

En este artículo se propone considerar la relación entre los líderes principales, los dirigentes intermedios –los "mediadores"– y las "bases" principalmente en términos de una cadena de representación, en la que se trata de observar las fuentes de autoridad de los representantes políticos. Si bien en un régimen democrático ya no se trata de invocar la autoridad de un rey o dios, es posible distinguir analíticamente la situación en la que un dirigente político funda su autoridad en el partido de pertenencia o en la de otro líder más importante, de la situación en la que el dirigente posee cierta legitimidad propia, en virtud de su propia persona.

Se postula que las organizaciones políticas están conformadas por dirigentes políticos cuyo valor particular reside en ese capital de legitimidad personal susceptible de ser transformado en caudal electoral y es a los que se propone llamar *dirigentes representativos o líderes de popularidad territorial*, que son reconocidos como líderes en un territorio determinado.

El referente empírico elegido para analizar el rol de estos líderes es el de una provincia del norte argentino, Santiago del Estero. Se trata de un caso significativo en el marco de los interrogantes planteados, en tanto muestra una estructura socioeconómica en la que el papel del estado es central.[2] Es

---

[2] En Santiago del Estero el 26,3% de la población ocupada trabaja en el sector público, mientras que dentro de la categoría ocupacional "obreros o empleados" este porcentaje es del 40,3%; valores significativamente más altos que los observados en la Capital Federal (16,1 y 22,8%), y en Buenos Aires de (19 y 30,2%) (Elaboración propia en base al Censo 2001, INDEC). Si se mide la proporción del empleo público con respecto a la población económicamente activa, esta proporción es del 36,5%, casi un 40 por ciento superior al valor que tiene ese registro en la provincia de Buenos Aires, aunque Santiago del Estero tiene una tasa de actividad menor. (Dargoltz et al, 2006:33; en base a datos del censo nacional de 2001). Estos datos se corresponden con una estructura productiva donde, en el año 2001, el peso del sector productor de servicios representaba el 80% y el del productor de bienes (actividades agropecuarias, pesca, minería, construcción e industria manufacturera) apenas alcanzaba el 20% del PBG. La participación de la actividad manufacturera, en particular, es inferior al 7%. Dentro del sector servicios, el sector público tiene una participación significativa, siendo que para el 2002 dentro del sector terciario, el sector público representa el 24% (Centro de Estudios de la CTA, 2004). Esta situación se modificó levemente, de manera que en 2007 el peso del sector productor

una de las provincias más dependientes de las transferencias de recursos nacionales, lo que pone en manos de los gobernantes una proporción importante de éstos.[3] Siendo una de las provincias más pobres del país,[4] una de las formas principales de relación con la política de la ciudadanía santiagueña es aquella que la visualiza como un modo de "conseguir cosas" relativas a la subsistencia cotidiana como empleo o alimentos. (Farinetti, 2005)

A su vez, se trata de un caso interesante por las transformaciones políticas recientes. Santiago del Estero fue gobernada por el Partido Justicialista desde el retorno de la democracia en 1983 hasta 2004 –con la interrupción de la Intervención Federal entre 1993 y 1995. Durante este período, el justicialismo santiagueño triunfó en todas las elecciones provinciales, si bien las fuerzas políticas opositoras –el radicalismo y sus desprendimientos– tenían una importante presencia territorial ya que gobernaban las dos principales ciudades, Santiago y La Banda. El justicialismo, liderado por Carlos Juárez,[5] sólo dejó la gobernación luego de movilizaciones sociales que culminaron en Intervenciones Federales.[6] En 2005, Gerardo Zamora, dirigente de la Unión Cívica Radical, asumió como gobernador, liderando el Frente Cívico, formado por radicales y dirigentes políticos del peronismo que se fueron

---

de bienes es del 36% del PBG, sin modificarse sustancialmente el peso de la actividad manufacturera (Consejo Federal de Inversiones, 2007). El crecimiento del producto bruto agropecuario, principalmente a partir de la entrada de la soja en algunas áreas de la provincia, no ha transformado una estructura productiva donde las actividades de la administración pública y los servicios urbanos constituyen los principales demandantes laborales (PNUD, 2005).

[3] Con respecto al PBG, estas transferencias representan alrededor del 40%. Esta dependencia también está ilustrada por el bajo peso de los ingresos tributarios de origen provincial, inferior al 10% del total de ingresos (9,2% en el año 2003), mientras que los recursos de origen nacional representan el 73,8% del total de fondos con los que cuenta la provincia (Centro de Estudios de CTA, 2004). Tanto en 2007 como al primer semestre de 2008, con recursos tributarios provinciales por debajo del 10%, Santiago del Estero junto con Formosa representaban las dos provincias con mayor dependencia de los recursos coparticipados (IIE-BCC, 2009).

[4] En 2001, el porcentaje de la población con Necesidades Básicas Insatisfechas (NBI) en Santiago del Estero era del 31,3%, muy por encima del porcentaje del total del país, de 17,7%. En 2010, ese porcentaje era del 28%, aún por encima del porcentaje nacional, 16,1%. Santiago del Estero se encuentra entre las cuatro provincias más pobres del país, junto con Formosa, Chaco y Salta (Censo 2001 y Censo 2010, INDEC).

[5] Carlos Juárez gobernó la provincia de Santiago del Estero en cinco oportunidades: entre 1949 y 1952; entre 1973 y 1976, entre 1983 y 1987; entre 1995 y 1998; y entre 1999 y 2001. Entre 1983 y 2004, otros gobernadores ocuparon el lugar de Juárez: César Iturre, Carlos Mujica, Darío Moreno, Carlos Díaz y Mercedes Aragonés de Juárez.

[6] El "estallido" en 1993 conocido como "El Santiagueñazo" y la movilización por el reclamo del esclarecimiento de los crímenes de La Dársena, a raíz de la cual tuvo lugar la Intervención Federal que dio fin al "régimen juarista" en 2004.

incorporando en forma progresiva. El Frente Cívico triunfó en todas las elecciones, y el gobernador logró ser reelecto en 2008 con el 85,3% de los votos. Actualmente el oficialismo provincial gobierna, con intendentes radicales o peronistas integrados en esta fuerza política, la totalidad de los municipios de la provincia, con excepción de La Banda. Las identidades partidarias ya no constituyen el principal criterio de agrupamiento.

Podría decirse que el partido oficialista funciona actualmente como una "máquina política", donde ya las lealtades partidarias no tienen un rol importante; donde exclusivamente pesan las "recompensas materiales". Sin embargo, se mostrará que, aunque el vínculo entre dirigentes políticos no esté principalmente mediado por identidades partidarias e incluso los bienes materiales ocupen gran parte del quehacer político, el vínculo entre votantes, dirigentes intermedios y dirigentes principales sigue siendo el de representantes y representados.

En la primera parte del artículo se presentan ciertos elementos teóricos que permiten comprender por qué y en qué sentido se habla de representación política. Luego se presenta una caracterización de los liderazgos de popularidad territorial, concebidos en los términos de un tipo ideal. Se argumenta en qué sentido estos dirigentes tienen un capital político personal y en qué sentido proveniente del partido al que pertenecen, haciendo especial referencia al rol del acceso a los bienes materiales en la reproducción de estos dirigentes como tales. Hacia el final se presentan algunas reflexiones a modo de conclusión.

2. Representación y capitales políticos, elementos teóricos para abordar la política provincial

El surgimiento del gobierno representativo, según explica Manin (1998), supuso la preferencia por un tipo de gobierno en el que los representantes fueran un "órgano electo", mejor capacitado para discernir el interés común que el pueblo, para lo cual requerían cierta independencia con respecto a él. En los estados de masas es imposible eliminar el "rasgo cesarístico" de la política en la que siempre domina la superior capacidad de maniobra de los pequeños grupos dirigentes, más aun en un gobierno democrático, con la extensión del sufragio igualitario (Weber, 1922). Ciertos individuos se diferenciarán de la "masa" en virtud de las cualidades necesarias para desempeñar las actividades de la dirección, siempre necesarias en una organización, más allá de que se proponga objetivos democráticos, según la "ley de hierro de la oligarquía" postulada por Robert Michels (Burnham, 1945). Las minorías gobernantes siempre poseen algún requisito o cualidad, que muestran variabilidad histórica, según qué es lo que sea apreciado por la sociedad en la que viven (Mosca, 1896).

La noción de representante político conlleva un elemento de distinción, de diferenciación con respecto a los representados. Podría decirse que la diferencia entre dirigentes políticos como un presidente, legisladores nacionales y gobernadores y sus votantes es fácilmente perceptible. Está materializada en espacios físicos y simbólicos que dan cuenta de ella, sea la Casa Rosada, el Congreso, la casa de Gobierno Provincial o incluso formas de vestirse, expresarse. De allí las exigencias de parecido e identificación entre electores y elegidos que caracterizan crecientemente a las democracias contemporáneas, en un creciente rechazo a la distancia inherente entre representantes y representados (Schnapper, 2005), que en Argentina se ha materializado dramáticamente en el reclamo del "que se vayan todos" en 2001.[7]

En cambio, la distancia inherente a la condición de representante no resulta tan evidente en los dirigentes más cercanos –físicamente y simbólicamente–, como intendentes, y sobre todo cuando se trata de dirigentes barriales o "de pueblo", cuyas vidas cotidianas se desenvuelven en paralelo a la de sus representados. Auyero (2001) describe cómo muchas veces los mediadores tienen una pertenencia similar de clase a la de sus "clientes". Sin embargo, se establece una diferencia entre ellos a partir de la posesión de cierto capital social, la cantidad de recursos derivada de las conexiones y pertenencia a cierto grupo. Ello no quita que igualmente los mediadores intenten legitimarse a partir de la supresión de esa distancia, presentándose públicamente como uno de ellos –los llamados "clientes"–, con quienes se identifican, como también describe el autor.

Es dicha situación diferencial en términos de vínculos personales la que les permite conseguir "cosas" para "solucionar los problemas" de sus representados. En el marco de este trabajo se insiste especialmente en que el hecho de que lo que esté en juego en la relación entre dirigentes intermedios y votantes sean bienes materiales –planes sociales, materiales para una vivienda, comida, medicamentos, un cargo– no es contradictorio con considerar las relaciones entre éstos como vínculos de representación. Más que dar respuesta a problemas concretos se trata de *ser reconocido como* capaz de hacerlo. Los capitales movilizados en el *oficio político* son producto de las percepciones y representaciones de los diferentes actores, siendo que la *elegibilidad* para un cargo político depende de la "percepción por los otros de

---

[7] La exigencia de transparencia y publicidad y la crítica a la corrupción –presentes en este episodio de la historia argentina– son una de las manifestaciones de esta exigencia de anulación de la diferencia entre representantes y representados (Schnapper, 2005).

ciertas cualidades y recursos sociales escasos" (Offerlé, 2011a:92). Detentar cierto capital político significa entonces *ser reconocido como* competente para el oficio político.

Que la política verse sobre el mejoramiento de las condiciones de vida de la población, no significa que se esté frente a un proceso de despolitización. Abelès (1989) sostiene que el interés y revuelo que despiertan las elecciones locales en la Francia rural, donde están en juego las posibilidades abiertas de obtener ciertas ventajas para la localidad en cuestión –por ejemplo conseguir un camino asfaltado– no puede reducirse a una explicación pragmática de la política. El autor afirma que es imposible negar los aspectos simbólicos: representar, es también ser reconocido por los otros.[8]

Se trata de prestar atención a las representaciones y clasificaciones que producen los propios actores sobre qué es valioso para ocupar un cargo político, en tanto la "representación de lo real forma parte de lo real" (Bourdieu, 2008) y en tanto comprender el mundo social significa comprender el modo en que los hombres definen su situación (Schutz, 2008).

En este artículo se toma en cuenta especialmente una distinción realizada por los propios actores políticos, que es aquella entre los que tienen legitimidad propia y los que deben su legitimidad a ser el portavoz o representante de otro líder político, entre los que "tienen votos propios" y los que no. Si bien es imposible empíricamente comprobar si los votantes deciden su voto en virtud de su apoyo al dirigente intermedio o al líder principal, a ambos u otra razón; esta distinción tiene sus efectos reales. Quienes acceden a ser candidatos son aquellos clasificados como "representativos" o con "votos propios". Ello nos remite a la distinción bourdiana entre capital delegado y capital personal. Las fuentes a las que un dirigente puede deber su fuerza de movilización son el *capital personal* de "notoriedad" y de "popularidad" –fundado sobre el hecho de "ser conocido y reconocido" en su persona– y el *capital delegado*, aquel proveniente de su pertenencia a una organización política (Bourdieu, 1981).

Un dirigente es *representativo* cuando detenta un capital personal –no atribuible exclusivamente a su pertenencia partidaria– y justamente es en virtud de este capital que es convocado para integrar un partido político. Al mismo tiempo, el dirigente intermedio funda su autoridad en sus vínculos

---

[8] Por ejemplo, en las elecciones municipales de Quarré-les-Tombes en 1983, el intendente saliente se presentaba como apolítico y con una vocación de gestión. Éste contaba con una ventaja sobre los otros candidatos que también exhibían sus competencias como gestores, ya que era especialista en carreteras en una región donde era importante el mantenimiento continuo de los caminos. Ya había dado cuenta de sus competencias en esta área, lo cual había sido apreciado por sus administrados.

con el centro. Típicamente, es a lo que se refiere la frase popular de "correr con el caballo del comisario", en alusión a las ventajas que implica presentarse como candidato del oficialismo.

Valiéndonos de los elementos teóricos presentados, se abordan a continuación las características del líder de popularidad territorial, concebido como un tipo ideal de representante político, construido a partir de los dirigentes intermedios en una provincia argentina.

3. Los líderes de popularidad territorial en la política provincial

Si bien nuestro objetivo es iluminar aspectos de la representación política en los partidos provinciales más allá del contexto particular estudiado, el origen de esta reflexión es inescindible del terreno donde fue realizado el trabajo de campo. La experiencia de estudio de los procesos electorales en Santiago del Estero entre 2005 y 2010 permitió formular una serie de interrogantes sobre los dirigentes o líderes intermedios, aquellos que median entre el gobernador y sus votantes.

Las elecciones municipales, realizadas en 2006 y 2010, y las de comisionados municipales en 2008 –en poblaciones de menos de 2000 habitantes–, fueron de especial relevancia para estudiar el rol de los líderes locales o territoriales. En ellas la competencia se dio casi exclusivamente entre candidatos oficialistas. Dirigentes políticos de extracción peronista, radical, de partidos vecinales, dirigentes sociales, apoyaron al oficialismo provincial, pero llevando su propio candidato.[9] Aunque el gobernador aspiraba a elegir un único candidato que representara al partido oficialista, en la mayoría de los casos no fue posible. Estos dirigentes "tenían" algo que el gobernador necesitaba para garantizar el triunfo del oficialismo a nivel local. Era el *capital acumulado de representatividad*, producto de un trabajo político en el territorio.

El rol de los dirigentes territoriales excede el nivel local, ya que es en virtud de este capital territorial que luego logran acceder a cargos provinciales e incluso nacionales –como diputados y senadores nacionales. Al estudiar las formas de reclutamiento de los diputados provinciales en el período 1999-2008, apareció como principal requisito el de ser conocido en un territorio determinado. Entre los candidatos a diputados provinciales del partido gobernante en 2008 resultó llamativo que predominaban dirigentes políticos sin participación en los medios de comunicación locales. Incluso quien encabezaba la lista, el intendente de un municipio santiagueño, Loreto, era un completo

---

[9] Para un análisis y descripción de estas elecciones, ver Ortiz de Rozas (2011a).

desconocido para la ciudadanía santiagueña, con excepción de los habitantes de Loreto. Su popularidad estaba circunscripta a ese territorio.

La elaboración de la noción de líder de popularidad territorial está basada en la recolección de información y observaciones sobre dirigentes de distinto tipo como intendentes, comisionados –así como los candidatos a esos cargos que finalmente no triunfaron– y diputados provinciales. Se presentan fragmentos de entrevistas personales con estos dirigentes, cuyas identidades son reservadas, destacando solamente el cargo ocupado en el momento de realización de la entrevista. De lo que se trata es de destacar aquellos rasgos que tienen en común en tanto líderes de popularidad territorial, que comparten en tanto dirigentes intermedios, mediadores entre los votantes situados en un territorio determinado –un barrio, un pueblo, una ciudad– y el gobernador. Ellos son los "representantes" del gobernador en el territorio. Si este último depende de ellos para "llegar" a todos los rincones de la geografía provincial, para los dirigentes territoriales presentarse como "dirigente de" la principal figura provincial es un capital político que les permite reproducirse como dirigentes.

Igualmente, lo que define a los líderes de popularidad territorial es que tienen "representatividad" propia. Son la excepción aquellos diputados de los que se dirá que "votos no tenía" o que "no tenía votos propios".

3.1. *"Tener votos o no tener". El capital personal de los dirigentes intermedios.*

Para comprender cómo funcionan las (mal) llamadas "máquinas políticas" lideradas por los gobernadores, aquellas estructuras que les permiten elegirse y reelegirse –en ocasiones con altos porcentajes– es importante tener en cuenta quiénes son los dirigentes políticos que las integran. Es en el estudio de los mecanismos de reclutamiento de candidatos donde se encuentran las claves para comprender cómo el partido oficialista provincial triunfa en las elecciones.

El gobernador tiene un rol central en la decisión sobre las candidaturas, como ha sido estudiado para el caso de los diputados provinciales (Lodola, 2009), los legisladores nacionales (Jones, Saiegh, Spiller y Tommasi, 2002) y para los casos de los integrantes de los partidos oficialistas en Salta (Maidana, 2010) y Santiago del Estero (Ortiz de Rozas, 2011). En general, la información recopilada muestra la incidencia determinante de los gobernadores en las trayectorias políticas de los dirigentes provinciales.

Es importante detenerse asimismo en cuáles son los criterios de reclutamiento de estos candidatos, en qué sentido son valiosos para el gobernador y para el partido, cuáles son los capitales políticos con los que cuentan. Entre otras cosas susceptibles de convertirse en *capital político*, Offerlé (2011a:94) menciona "los éxitos o los fracasos acumulados, la naturaleza y el volumen de los mandatos y de los puestos acumulados en el curso de una carrera política, el grado en el cual es dominada una clientela o una base de apoyo personal por fuera del control del partido (…) la duración de la profesionalización, el tipo de trayectoria seguida desde la entrada a la política, la posición ocupada en las redes sociales pertinentes…".

En términos generales, estos dirigentes son elegidos en virtud de su capacidad de ganar elecciones, capital personal preexistente a la realización de la elección misma. Más allá de los bienes o recursos materiales a los que puedan acceder en el curso de la elección, pueden ser clasificados anteriormente como capaces de ganar una elección o no. Se trata de diferenciar quienes "tienen votos" de quienes no los tienen. Para elegir los dirigentes que cuentan con este capital personal, se toman en cuenta diferentes criterios: los votos obtenidos en elecciones anteriores en las que se presentó como candidato, los votos obtenidos para el partido en elecciones en las que no fue candidato –pero se consideran fruto de su "trabajo político" territorial–, la cantidad de personas susceptibles de ser movilizadas por el dirigente en actos e incluso, en algunos casos, la realización de encuestas.

3.1.a. Los votos obtenidos en elecciones anteriores

En el trabajo realizado sobre las trayectorias de los diputados provinciales santiagueños entre 1999 y 2008, se verificó que una buena carta de presentación es haber ocupado anteriormente cargos electivos. En general, la mitad o más de la mitad de los integrantes del Poder Legislativo provincial había ocupado un cargo electivo antes de ocupar una banca legislativa.[10] Los cargos electivos más frecuentemente observados entre las trayectorias de los legisladores son los cargos electivos locales, es decir, intendencias y

---

[10] Según los datos recabados, de los diputados electos en 1999 el 49% había ocupado un cargo electivo; en 2002, el 61%; en 2005, el 44% y en 2008 el 62%. La menor proporción de diputados con mandatos anteriores en el año 2005 se comprende en el marco del cambio del signo político del gobierno provincial, luego de una intervención federal que dio fin al "régimen juarista", observándose cierta renovación del personal político. Sin embargo, difícilmente pueda hablarse de un recambio total del personal político ya que el 60% de los nuevos diputados había ocupado un cargo anteriormente y el 44% ya había ocupado algún cargo electivo (Ortiz de Rozas, 2011:139).

concejalías,[11] lo cual constituía una especie de "prueba" de la popularidad en el territorio en cuestión.

Si haber ganado elecciones constituye una evidencia irrefutable de que el dirigente en cuestión cuenta con los seguidores que "dice tener", existía a su vez otro tipo de pruebas del desempeño político de los dirigentes. Entre las dirigentes mujeres del justicialismo juarista, las jerarquías entre dirigentes se establecían de acuerdo al "trabajo político" realizado. Vommaro (2009) explica que éstas debían su posición en este sector partidario al trabajo social y/político –sin una clara distinción para los actores involucrados– realizado. Estas dirigentes debían producir pruebas de la actividad realizada: fotografías de todas las actividades que se realizan en las unidades básicas (fiestas, entrega de alimentos y de ropa, etc.), que incluían en carpetas donde se guardaba información sobre la actividad realizada. Igualmente, la "prueba final" luego estaba dada por los votos obtenidos por el partido en el territorio a cargo de la dirigente.

> Lo que pasa, sobre todo la Rama Femenina, de acuerdo a cómo ganabas tu circuito generalmente no era un trabajo político, toda la gente está conmigo, todo planilla, hoy he llegado hasta estas casas y tenías que tener todo firmado. O sea no ibas a hacer el verso, haceme ver cuántas casas has visitado hoy. 1000, demostrame que has visitado 1000. Efectivamente si ganabas bien las elecciones, significa que sí era cierto. No era para los verseros.
> (Subdirector de Comisiones del Poder Legislativo desde 1974).

La cantidad de votos obtenidos en una elección forma parte de una especie de "*curriculum*" de los candidatos, que da cuenta de su capacidad *personal* de ganar elecciones. Esta metáfora del mundo del trabajo ilumina ciertos aspectos del reclutamiento de candidatos.

Por ejemplo, en las elecciones a diputados provinciales de 2008, un dirigente que en elecciones anteriores se había presentado como opositor pero que aspiraba a integrarse al oficialismo, compensó esta desventaja mostrando a los principales dirigentes –como quien destaca ciertos aspectos de su *curriculum*– los votos obtenidos en la elección municipal de 2006, un mérito propio. En las elecciones municipales de 2006, a pesar de no haber ganado las elecciones, este dirigente "mostró" que tenía cierto capital político personal en tanto obtuvo mayor porcentaje de votos que el candidato a intendente de su fuerza política, en una provincia en la que el "corte de boleta" –la elección de candidatos de diferentes partidos para distintos

---

[11] En el período 1999-2008, siempre alrededor de entre un tercio y la mitad de los legisladores, ha ocupado un cargo de este tipo (Ortiz de Rozas, 2011:139).

cargos, en este caso de intendente y concejal– no es una práctica frecuente. El dirigente obtuvo poco más que un punto porcentual de diferencia con respecto al candidato a intendente, algo que se consideró como muestra de su propio poder político.

Los dirigentes que nunca fueron candidatos tendrán otras formas de mostrar su capacidad electoral. A pesar de no presentarse como candidato, un dirigente político puede ser considerado representativo si en el territorio donde desarrolla su actividad política el partido que integra obtiene un diferencial de votos.

3.1.b. "Hacer ganar" elecciones

Un capital político con el que puede contar un dirigente es del de ser reconocido como capaz de "hacer ganar" elecciones a su partido. La forma de definir si en un determinado territorio la *performance* electoral es "mérito" de un dirigente en particular es observar la cantidad de votos en el distrito o circunscripción electoral donde el dirigente en cuestión desarrolla su actividad política. Es ilustrativo en este sentido el caso de los comisionados municipales en Santiago del Estero, que eran nombrados por el gobernador hasta 2008, cuando por primera vez se llamó a elecciones en estas localidades.[12] El criterio del que se valía el gobernador para confirmar o hacer abandonar su cargo a un comisionado era su desempeño electoral.

> (…) a ningún cargo nos presentábamos nosotros, siempre el gobernante en su momento, nos tomaba como parámetro, nuestra continuidad dependía de nosotros como salíamos en las elecciones (…) Cuando había elecciones a gobernador, si vos, en tu pueblo había un mal resultado, te cambiaban.
> (Comisionado municipal).

Nuevamente resulta atractiva la metáfora laboral: los comisionados conservaban su cargo si mostraban haber tenido un buen desempeño, en este caso electoral. Los votos obtenidos por el dirigente constituían la prueba de su propia representatividad, pertenecían al comisionado. El procedimiento de observar los votos de un partido y atribuírselos a un dirigente descansa en una suposición más básica, que es la de que un dirigente controla o es capaz de influir en la forma de votar de su grupo de seguidores. El mismo comisionado citado no vacilará en afirmar que "(…) *normalmente en los*

---

[12] Ello fue posible luego de la reforma Constitucional de 2005 en la que se estableció que esos cargos serían electivos.

pueblos se vota al candidato. Más se vota por el comisionado que por el aspirante al gobernador. En todos los pueblos es así (…)".

Asimismo, en el reclutamiento de diputados provinciales, se tenía en cuenta su *performance* electoral anterior en un determinado territorio. Un caso ilustrativo son los "militantes de base" –justamente por no ocupar cargos electivos o no electivos– que acceden a una banca de diputados, que muchas veces es el primer cargo electivo que ocupan los diputados santiagueños.[13] Al indagar sobre las razones por las que un diputado justicialista en 1999 había sido elegido candidato, fue posible recabar las siguientes respuestas:

> Era muy buen dirigente, ganaba casi todas las elecciones. Evidentemente (…) se hacía querer (…) Claro, por ejemplo hay veces, sobre todo en el interior, que ganaban por mucha diferencia, y porque era muy buen dirigente, y ganaba por mucho, o sea que ahí lo empiezan a tener en cuenta. (…) A lo mejor no tenía ningún cargo pero había sido responsable de ese departamento, y bueno ahí se hacía mérito.
> (Subdirector de Comisiones del Poder Legislativo desde 1974).

> Era un gran dirigente político, le ganó a los poderosos "caminando" (…) Le ganó a los que tenían medios (…) Era un tipo humilde que se destacó (…) Ganó en sulky y bicicleta mientras los otros andaban en camioneta.
> (Empleado de seguridad de la Legislatura).

Si bien no había ocupado cargos electivos antes de ser diputado, el dirigente había participado en procesos electorales en favor de Juárez o de candidatos juaristas. Años después de ser diputado, logró ser electo intendente en 2006 y en 2010. En las últimas elecciones incluso ganó sin el apoyo del partido oficialista, por lo que "se dice de él" que "le ganó a Zamora".

Además del éxito –considerado propio– en las elecciones, otro modo de reconocer a un dirigente como representativo es a partir de la cantidad de personas que lo acompañan en un acto político.

3.1.c. Los actos

Los actos políticos pueden ser concebidos principalmente como modos de objetivación política, momentos en los que se hacen visibles los apoyos con los que cuentan los dirigentes políticos. Lo más sustancial en cuanto

---

[13] Si se observa la proporción de cargos electivos anteriores en los diferentes años se advierte que en 1999 y 2005 más de la mitad de los diputados obtienen su primer cargo electivo, y en 2002 y 2008 casi un 40%. (Ortiz de Rozas, 2011:139)

al vínculo entre los dirigentes y quienes van al acto para apoyarlo no se encuentra en el acto en sí mismo, por ejemplo en la distribución de bienes anterior al acto, sino en el entramado de redes de relaciones y representaciones culturales construidas diariamente entre mediadores y seguidores, como sostiene Auyero (2001). Igualmente, la escenificación –de aquello que existe previamente, la cantidad de seguidores– tiene sus consecuencias. Al mostrar la cantidad de personas que se es capaz de movilizar, se aspira a posicionarse en un juego político determinado, por ejemplo acceder a una candidatura.

En Santiago del Estero, era principalmente en los gobiernos del Partido Justicialista en los que los actos tenían una gran centralidad en la definición de los posicionamientos al interior del partido. Durante los gobiernos de Carlos Juárez, en los actos políticos se ponía en juego el equilibrio interno de poderes entre las ramas partidarias –rama femenina, la juventud y la rama política–,[14] ocupando la organización de los actos un lugar central en las tareas de los dirigentes políticos. Godoy (2007) describe cómo en los actos cobraba especial relevancia el lugar donde se posicionaban los dirigentes con el fin de ser vistos por los líderes principales, Carlos Juárez y su esposa "Nina", líder de la Rama Femenina.

Contar con el capital político de la representatividad supone ser reconocido, ser percibido como tal por los demás. En los actos políticos existe la posibilidad de mostrar la cantidad de gente que un dirigente es capaz de movilizar, cobrando verosimilitud la afirmación de cada dirigente sobre cuántos dirigentes dice "tener", algo que puede definir el acceso a una candidatura. Godoy (2007) describe un episodio en el que se definían las candidaturas a concejales de 2003, en el que cita el relato de un dirigente de la Juventud Peronista:

> Entonces nosotros ¿qué queríamos hacer?, demostrarle a Carlos Juárez que podíamos ser primeros candidatos digamos. Entonces hubo actos previos, en donde pactamos digamos, pactamos en el sentido de que convocamos muchísima gente poniendo plata nuestra para que... para ir al acto y cantar y hacerlo sonar

---

[14] Sobre todo en los últimos años del juarismo, adquirieron importancia las distintas ramas en las que se estructuraba el peronismo: la Rama Femenina, la Juventud, la Rama Política, la Rama Sindical y la Generación Intermedia –una rama que no tenía su correlato a nivel nacional, formada por militantes jóvenes–, siendo las dos primeras las dos fuerzas movilizadoras de mayor peso en el partido y con un lugar prioritario en los cargos de funcionarios de gobierno, en cargos legislativos municipales, provinciales y nacionales, en cargos partidarios y en el acceso a cargos de la administración pública –la Policía, los Tribunales y el sector educativo– (Godoy, 2009); si bien la Rama Política y el sindicalismo solía tener representación en términos de candidaturas.

> en nombre de Alberto por ejemplo, y decir —mirá somos todos estos digamos,
> hemos llenado una tribuna él sólo, somos todos estos los dirigentes que quere-
> mos que Alberto sea.
> (Godoy, 2007:117).

El testimonio citado es interesante asimismo porque menciona cómo incluso los dirigentes utilizaban su propio dinero para garantizar los costos organizativos del acto. Es posible encontrar también este tipo de argumentos entre las mujeres de la Rama Femenina:

> ...y ahí no te daban nada, vos tenías sola que poner de tu bolsillo (...) Y vos movi-
> lizabas, de tu bolsillo tenías que poner, el colectivo, darle el sandwichito a la gente
> (...). Y estas chicas eran las que seguramente, entre tantas, las que más sobresalían
> en los distintos grupos, por eso es que la Nina las ha premiado (...).
> (Diputada por el Frente Cívico electa en 2008 y ex integrante de la Rama Feme-
> nina del Partido Justicialista).

La mención a la utilización de recursos propios es recurrente entre los dirigentes políticos intermedios. Más allá de determinar exactamente la proporción del tipo de recursos utilizados para organizar el acto —personales, del estado, del partido— la posibilidad de concebir la utilización de recursos propios da cuenta de qué es lo importante en estos eventos. Lo sustancial radica en conseguir ser visto, ser reconocido como representativo. Los recursos materiales con los que cuenta el dirigente intermedio están subsumidos a una lógica política: mostrar la capacidad de movilizar personas y así mostrarse detentando cierto capital político *personal*. De lo que depende su reproducción como dirigente es de su capacidad de mostrar gente y no de las "cosas" que tenga: lo que "tiene" son personas.

Además de los actos políticos, en los años recientes de la política provincial se ha visto incrementado el uso de otro instrumento que permite determinar qué dirigentes son los que detentan el capital personal de la representación política, las encuestas.

3.1.d. Las encuestas

Las encuestas como "indicadores prácticos" adquirieron centralidad en la Argentina luego de la derrota del peronismo en las elecciones de 1983. Si se trata de indicadores, es porque se encuentran en lugar de propiedades o situaciones que denotan. Construidas a partir de la experiencia práctica de los actores, se transformaron en herramientas útiles para conocer el estado de la lucha política al modo de "pruebas" y al mismo tiempo se transformaron ellas mismas en un elemento en disputa (Vommaro, 2008).

En tiempos en que las lealtades partidarias ya no constituyen el principal criterio de decisión, estos instrumentos prácticos adquieren mayor relevancia en los momentos de elección de candidatos. Es lo que sucedió en la provincia de Santiago del Estero luego de la caída del juarismo, con un Partido Justicialista en crisis una vez que perdió la gobernación y su principal líder salió de la escena política. La posibilidad de incorporar a los dirigentes territoriales peronistas a un partido liderado por un gobernador radical alteró necesariamente los mecanismos de reclutamiento de candidatos.

Fue en las elecciones municipales de 2006 y 2010 donde se observó la utilización de encuestas. Ante la diversidad y cantidad de dirigentes territoriales importantes que aspiraban a llevar la boleta oficialista –de extracción peronista, radical, vecinal, dirigentes sociales–, las encuestas aparecieron como un instrumento válido para elegir los candidatos. Se trataba de encuestas encargadas por parte de dirigentes políticos provinciales cuyo objetivo era "saber" quién tenía más chances de ganar, encuestas a las cuales no siempre tenían acceso los dirigentes locales. Eran encuestas que no tenían estado público, que no tenían difusión en los medios de comunicación.[15] Eran utilizadas como insumos internos para elaborar estrategias electorales partidarias, para elegir candidatos locales según su "intención de voto".

Sin embargo, la utilización de encuestas no bastó para encolumnar a sectores tan heterogéneos bajo una única candidatura. Se recurrió a las listas "colectoras", listas de candidatos con diferentes etiquetas políticas que compiten entre sí pero apoyan a la misma candidatura a nivel provincial.[16] La elección del candidato que efectivamente sería el representante del Frente Cívico sería efectuada en el curso de la elección misma, de modo que la "prueba" final estaría dada por los votos efectivamente obtenidos.

La utilización de encuestas, con las particularidades de cada caso, muestra cómo las transformaciones de las democracias contemporáneas en los términos de un pasaje de una democracia de partidos a una democracia de audiencia (Manin, 1998) es perceptible incluso en los más recónditos rincones de la geografía argentina, en aquellos lugares considerados como reductos

---

[15] En entrevistas informales con dirigentes oficialistas de nivel provincial, fue posible conocer de la existencia de dichas encuestas.

[16] Las colectoras son aquellos caminos paralelos a la autopista principal, si bien todos conducen a un mismo destino final. De la misma forma, las listas de candidatos que operan como "colectoras" constituyen caminos alternativos que conducen al mismo "destino" provincial. La estrategia de implementar "colectoras" fue ampliamente utilizada en las elecciones de 2007 por el oficialismo nacional. Ver al respecto Cheresky (2009).

de la política tradicional, como Santiago del Estero. Es importante destacar cuáles son estas particularidades del caso estudiado, si de lo que se trata es de definir las características de los líderes de popularidad territorial, con elementos comunes pero también disímiles de los liderazgos mediáticos.

Las encuestas no constituyen el único criterio de selección de candidatos: en ocasiones sólo bastaba una entrevista personal con el gobernador para obtener su apoyo como "candidato oficial", entrevista en la que el candidato propuesto explicaba sus virtudes. Por ejemplo, si era un intendente que aspiraba a ser reelecto, presentaba un "informe de su gestión": un buen desempeño en la función pública –por ejemplo, la realización de numerosas obras públicas– era relevante para ser elegido candidato oficialista. Haber realizado una "buena gestión" hacía probable –ante la mirada del gobernador– que el candidato concitara el apoyo de los habitantes de su localidad. Asimismo, fue posible reconstruir ciertas nociones de los mismos actores sobre las encuestas o sondeos electorales que dan cuenta del modo en que se construye la popularidad territorial.

> Después tenemos un equipo de gente que está haciendo el sondeo ya electoral, tenemos una suerte de comando electoral, donde hay chicos que están trayendo listas de gente que ellos van a movilizar.
> (Secretario de Comisionado)

Los dirigentes más cercanos a los potenciales votantes son considerados capaces de hacer un sondeo o encuesta que permita tener una idea previa de los votos que se obtendrán en la elección. En un estudio sobre las internas abiertas en un departamento en el ámbito provincial y municipal del Partido Justicialista para las elecciones generales de 1999, Rosato (2003) explica que durante las campañas "reconoce" a los militantes como capaces de "pulsear" el sentimiento de los votantes –aquellos considerados "su gente"– respecto de las intenciones de votos hacia cada precandidato o candidato en la interna partidaria. La palabra del militante puede tener incluso más valor que una encuesta en términos de predicción de la votación. Se trata de un concepto de encuesta o sondeo en el que cada dirigente, en virtud de su contacto personal con los votantes, tiene la capacidad de predecir el curso de la elección.

En todo caso, de lo que se trata es de verificar qué candidatos tienen las cualidades o requisitos de ser populares, conocidos, capaces de concitar el apoyo de los votantes. Si este capital político es *personal* y es valorado en el partido de pertenencia, es porque es diferenciable del capital *delegado* por pertenecer a ese partido.

3.2. *"Hombres de pueblo" antes que "hombres de partido"*

En el mundo político local se distingue entre quienes tienen "votos propios", "representatividad propia", y aquellos cuyo desempeño electoral está atado al del líder principal y/o al del partido al que pertenece. Esta concepción de un capital político propio más allá del partidario se ha materializado en acciones concretas como las de presentarse a elecciones por partidos vecinales en el caso de los intendentes.

En las elecciones municipales de 2006 los candidatos de diferente extracción que apoyaban a nivel provincial al oficialismo se presentaron por diferentes listas que los diferenciaban –los radicales con la lista Frente Convocatoria Social y los de extracción peronista por Partido Federal. Algunos pocos lo hicieron por partidos vecinales, sin una referencia ni provincial ni nacional, siendo aquellos que los encabezaban sus referentes. Fueron los casos de los peronistas Amado Chamorro "Unidos por el Progreso" y Marcelo Barbur en Los Juríes con el partido "Juntos por el Cambio", quienes finalmente ganaron las elecciones, y fue sólo después de ello que se incorporaron al oficialismo provincial. La decisión de presentarse con partidos vecinales fue interpretada en el medio político local como un modo de diferenciarse y mostrar que su triunfo era "propio" y no se lo debían a ninguna etiqueta partidaria oficialista.

Si bien con el nuevo gobierno encabezado por Zamora las fronteras partidarias se volverían cada vez más lábiles, no se trataba de un fenómeno nuevo. Entre los diputados radicales, fue posible encontrar uno que anteriormente había sido intendente y concejal por el justicialismo en la ciudad de Frías. Por intermedio de un acuerdo con el entonces líder partidario, José Zavalía, había ingresado a la lista de diputados de la UCR en calidad de "aliado extrapartidario". Su principal aporte a los ojos del radicalismo fue su capacidad de "traccionar votos de Frías", según una dirigente radical de ese momento, quien señalaría que "lo importante es cuántos votos aportás".

Cuando se encontraba "armando" su "estructura" política en las elecciones provinciales de 2005, el futuro gobernador Zamora debió dejar de lado en algunos casos su corazón radical para elegir a los líderes representativos locales. A continuación se presenta un fragmento de un relato sobre cómo en un municipio, Zamora se decidió por los dirigentes peronistas, dejando a un lado los radicales:

> Y me decían ¿por qué me han traído un radical? Es un buen candidato, una buena persona, no tenemos otro candidato que pueda representarnos a nosotros, al margen de que no sea de nuestra línea política. Es un hombre que quiere

> cambiar Santiago, y que va a cambiar Monte Quemado, y que va a cambiar toda
> la provincia. Usted que no tiene agua puede pedir (…) Bueno, Mabel, nosotros
> lo vamos a apoyar porque usted nos pide, porque nosotros le debemos a usted
> (…) Yo les vengo a pedir que lo apoyemos porque yo comprometí a trabajar
> con él porque yo estoy segura que cuando él esté vamos a seguir cumpliendo
> con lo que quedó (…) Íbamos a las casas con grupos de dirigentes radicales y
> le han dicho "Mire, Zamora, nosotros sí le vamos a dar el voto a usted porque
> doña Nora lo acompaña, pero esa gente que usted tiene al lado no sirve" (…)
> No sirven, uno es odontólogo. Vamos al hospital y el doctor nunca nos quiere
> atender, así que aquí no venga a pedir cosas. Nosotros lo vamos a votar a usted
> Zamora pero no al doctor. Después salía con los grupos nuestros peronistas, y
> no salía con los radicales, ganamos la elección.
> (Dirigente peronista de Monte Quemado).

Este relato es ilustrativo de cómo una dirigente peronista se posicionó como referente local desplazando a los sectores radicales. A su vez, muestra el modo en que se concibe el rol de los líderes locales, en tanto orientadores del voto de sus seguidores. Si Mabel decía de votar a Zamora, sus seguidores lo harían, ya que estaban "en deuda" con ella. En cambio, nada debían al dirigente radical que "nunca los atendía".

Podría decirse que los líderes de popularidad territorial antes que "hombres de partido" son "hombres de pueblo". Cuando analiza la vida política local en la Francia rural, Abèles (1989) concluye que se está frente a "personalidades locales", donde la etiqueta política es una entre otros elementos de su personalidad. El autor muestra, a través de los recorridos políticos de diversos dirigentes locales, la forma que en que la adquisición de una legitimidad local implica un trabajo de larga duración. En particular, el trabajo que implica "esa extraña convergencia entre un hombre y un territorio" (Abelès, 1989:225). Lejos de aparecer como algo dado, es necesario dar cuenta de este "fenómeno de ósmosis entre el personaje y su departamento de adopción", del trabajo que implica "hacer cuerpo con el territorio" (Abelès, 1989:354).

La variable temporal es clave para comprender en qué sentido son valiosos los dirigentes territoriales para los partidos provinciales y por qué no es tan fácil reemplazarlos a pesar de estar en control del aparato del estado. La popularidad territorial no es algo que se alcanza en el curso de una elección, sino a lo largo de una vida, en la que –siguiendo con el lenguaje económico– se alcanza un *capital acumulado de representatividad* del cual disponen los dirigentes políticos más allá de los recursos con los que cuenten efectivamente en una elección determinada.

3.3. Puntos de partida particulares, un mismo punto de llegada: la popularidad territorial

El análisis de cómo cada dirigente llegó a ocupar una posición de mediador entre el centro y las bases territoriales, supone una reconstrucción de la génesis de esta "estructura" de dirigentes intermedios con la que cuenta un gobernador. En el estudio de las trayectorias se trata de identificar aquellas competencias sociales que identifican a quienes ejercen la actividad política y de las que otros de hallan desprovistos (Bourdieu, 1981). No sólo se trata de los cargos ocupados sino también de tener en cuenta otros aspectos ligados a aprendizajes realizados en el marco de "una socialización difusa" que supone el oficio político (Offerlé, 2011). A diferencia de otras profesiones u oficios, el del político es uno en el que la formación o los pasos necesarios para ejercerlo se encuentran menos predeterminados.

En las trayectorias de los diputados provinciales santiagueños entre 1999 y 2008, se encontraron similitudes en cuanto al tipo de oficios o profesiones desempeñadas, en tanto los sitúan en lugares de la comunidad desde los cuales podían ser conocidos entre los pobladores. El prestigio o reconocimiento derivado de este lugar era susceptible de transformarse en capacidad electoral.

Entre otras ocupaciones, ser abogado, ser docente, médico, estudiante universitario, hasta incluso comerciante o empresario coloca a los individuos en un lugar privilegiado para constituirse en *dirigentes representativos*. Ello se debe principalmente a que por su profesión u oficio tienen la posibilidad de conocer a gran parte de los habitantes de su ciudad, pueblo o departamento, dándoles así arraigo local y permitiéndoles contar con cierto *capital territorial*. Más que la calificación técnica –en tanto un título universitario no aparece como un requisito imprescindible para ser diputado– se trata de la posibilidad de devenir representativos.

En el caso de los docentes, por ejemplo, las tareas que involucra la enseñanza sitúan a los que la practican en una posición privilegiada para conocer las familias de los alumnos, los vecinos de las escuelas. Desde las escuelas, participan en actividades variadas como eventos sociales como cumpleaños y eventos de otro tipo, hasta en los mecanismos decisorios sobre la adjudicación de planes sociales en virtud de sus conocimientos de las necesidades de la comunidad local. Es ilustrativa en este sentido la trayectoria de un diputado del Frente Cívico electo en 2005 y 2008. Si bien es docente y contador público, en el relato de su trayectoria destaca que antes de ser contador ejerció la docencia, desde donde tuvo contacto con los jóvenes de la ciudad de Termas, ya que era profesor de tercer año en la única escuela.

Adquirió primero su "prestigio" como docente, luego como contador en la administración de los equipos locales de fútbol y básquet. De esta forma devendría un dirigente representativo local hasta finalmente ocupar una concejalía entre 1987-1991. La llegada de un gobernador radical al poder le daría la posibilidad de acceder a un cargo provincial como diputado.

Ser médico, asistente social, educador sanitario, nutricionista serán valoradas en el ámbito político en virtud de su contacto con "la gente" y con la posibilidad de "ayudarlos". El relato de la concejal de Loreto y luego diputada del Frente Cívico en 2008, muestra cómo ser nutricionista se valoriza en el ámbito de la actividad política:

> Soy una profesional de la salud, nutricionista. Siempre trabajé en hospitales: en el regional (Santiago), en la Banda y después recién Loreto (…) Nunca ha dejado de hacer política, en el lugar donde estaba. Antes de ser concejal, además de estar en los hospitales, estaba aparte como militante. Atendía comedores sociales que eran del estado. Conocía el tema, sabía cómo lo podía manejar. Juárez y la señora nos tenían identificados a todos los militantes. Cuando uno se destacaba, te tenían en cuenta.
> (Diputada provincial).

De la misma forma, comerciantes y hasta empresarios valorizarán su actividad en el ámbito político. Un diputado del Frente Cívico, electo en 2005, era un "comerciante de pueblo" junto a su padre en la ciudad de Las Termas, lo cual lo había hecho "conocido" entre los habitantes. Otro diputado oficialista electo en 2008, venía de una familia de obrajeros, que también tenía un comercio de ramos generales, donde por ejemplo "fiaban" productos a los habitantes. Si bien actualmente posee una fábrica de muebles y se dedica a la elaboración de productos forestales, proviene de una familia conocida en Campo Gallo, ya que como empresarios del obraje se "moviliza mucha gente, al tener un monte se nuclea gente, muchos hacheros y ellos tienen familia", según explica una dirigente radical. Una diputada electa por el Frente Cívico en 2005, tenía una fábrica de baterías y a su vez era presidenta del Club de fútbol Güemes. Era una empresaria conocida a quien se le reconocía una actividad social. Otro diputado dirá de ella que:

> (…) ayuda mucho al hospital de niños, en la cooperadora (…) una empresaria que en lo social era muy reconocida. Ayudaba y ayuda mucho. No sé si has visto en el diario de ayer que vendían unas pinturas, una pintura barroca para ayudar a la cooperadora del hospital de niños. Bueno, ella es la promotora de todo eso.

Lejos de atribuir una posición a un dirigente en virtud de su estatuto social, lo que *es* en un ámbito fuera de la actividad política, lo que cuenta es lo que se *es* en el ámbito propiamente político. La noción del mérito político está muy arraigada entre los dirigentes políticos santiagueños. El acceso a un lugar en la lista de diputados es principalmente concebido como un "premio" al "trabajo político" realizado. Los mismos actores clasifican entre quienes pueden mostrar una trayectoria de "militancia" y quienes no, entre quienes han hecho mérito para obtener ese cargo y quienes no. El dirigente típico ideal es aquel quien *tiene* o de quien se presume que *"tiene militancia", "tiene estructura", "tiene su propia gente"*. Incluso cuando se dice en forma peyorativa de otro dirigente que "no tiene estructura propia", ello revela cuáles son los requisitos valorados para ser diputado.

En función de la evidencia sobre las trayectorias de los diputados provinciales, es posible afirmar que en la gran mayoría de los casos de diputados que habían ocupado cargos como funcionarios, y aún tratándose de dirigentes con prestigio en sus profesiones, realizaban actividades políticas de algún tipo. Éste es también el caso de los funcionarios del radicalismo y sus desprendimientos, quienes si bien eran "profesionales destacados" en su ámbito, en su mayor parte tenían actividades de militancia barrial en los departamentos de Banda y Capital. Eran "profesionales con militancia barrial", diría un diputado radical.

Resultan excepcionales los casos en los que los dirigentes en cuestión nunca realizaron algún tipo de actividad política y deben su cargo a su condición de notables, como si su posición social pudiera traducirse linealmente a la política, sin ser sometida a sus propias reglas. En este caso, es también relevante recurrir a las clasificaciones producidas por los propios actores, quienes distinguen entre quienes simplemente son "conocidos" y entre quienes realizan una actividad política. Distinguirán a quienes podrían llamarse "notables locales" de los dirigentes "políticos". Los notables se caracterizan por traspasar su posición de reconocimiento en la sociedad –por su situación económica, su nivel educativo, entre otros– al ámbito político. En cambio, quien es reconocido como un dirigente político es a partir de los "méritos" mostrados en ese ámbito. En el caso de los diputados santiagueños, no todos los profesionales son notables locales, sino que son principalmente reconocidos como dirigentes políticos.

La trayectoria política supone una inversión de trabajo político a lo largo del tiempo. Es el tiempo justamente uno de los recursos principales con los que cuentan los mediadores, el tiempo invertido en un lugar. Podría encontrarse una noción del tiempo como recurso en el estudio realizado por Auyero (1997, 2001) cuando destaca que el poder de los mediadores es producto de interacciones regulares con los votantes, las cuales, si bien normalmente son inauguradas por un "favor fundacional", deben ser cultivadas y practicadas de manera constante. Es necesario remontarse a momentos anteriores a la elección misma si se quiere comprender lo que sucede en el momento electoral. Ello explica cómo no siempre es determinante si en el proceso electoral mismo no necesariamente tiene "cosas" para dar.

El interrogante pendiente es por qué estos líderes con el capital propio de la representatividad, deciden alinearse con el oficialismo, masivamente compiten por "ser el candidato del gobernador", en qué sentido el acceso al centro incide en su reproducción como dirigentes. Se trata de comprender en qué medida requieren de este capital delegado y por supuesto, qué papel juegan en ello las "cosas": aquellos bienes y servicios, favores, que se otorgan a los potenciales votantes o seguidores.

3.4. Las "cosas" en su lugar. Sobre las razones para ser el candidato oficialista

> es que todos quieren estar con el jefe, todos quieren ser el caballo del comisario. Porque, al tener la figura del gobernador en Aurora…Zamora tiene un 83% de imagen positiva, entonces todos quieren colgarse de ese saco. (Comisionado municipal).

Hasta aquí se hizo especial hincapié en la noción de que los dirigentes intermedios cuentan con un capital político personal y en ese sentido son valiosos para el partido político provincial. En este apartado se intenta explicar en qué sentido integrarse en el partido político oficial es una fuente de capital político para estos dirigentes.

Si se plantea el vínculo entre mediadores y dirigentes principales en los términos de un intercambio de bienes por votos, se podría decir que el dirigente aporta los votos que "tiene" a cambio de los bienes que obtiene de aquellos que controlan su acceso. En cambio, si el vínculo entre dirigentes intermedios y principales es entendido en términos de una cadena de representación, donde lo que circula son capitales políticos, es posible vislumbrar ciertos aspectos dejados de lado por una visión instrumental de la política.

El rol de los bienes materiales que circulan está subordinado a vínculos políticos, relaciones personales entre dirigentes principales, mediadores y votantes. Si aquello que diferencia a los mediadores de sus seguidores es un capital social (Auyero, 2001), es justamente esta capacidad de relacionarse con personas que forman parte del poder político lo que está en la base de su poder político. En el estudio de las trayectorias de los diputados santiagueños, se ha constatado que quienes finalmente habían logrado ocupar una banca por el partido oficialista eran quienes, además de contar con el capital de la representatividad, contaban con un vínculo personal con el gobernador o con alguien de su círculo íntimo (Ortiz de Rozas, 2011).

La búsqueda de recursos –bienes para entregar a los votantes como comida, acceso al control de planes sociales, cargos en los que se controla ese acceso, entre otros–, lejos de tratarse de un asunto digno de ocultar, constituye un motivo legítimo para explicar el alineamiento de los dirigentes con el oficialismo. La dificultad de "gestionar",[17] de "conseguir cosas", "dar respuesta a la gente", estando fuera del oficialismo, aparece como una razón que esgrimen recurrentemente los dirigentes que optan por alinearse con el oficialismo.

La posibilidad de presentarse como candidato oficialista no siempre va acompañada de recursos para la campaña electoral, o al menos no de los recursos suficientes según evalúan los mismos dirigentes. Ello permite dar cuenta de la especificidad de las implicancias de *llevar la boleta* del gobernador como recurso en sí mismo.

> No, bueno, pero yo también he estado siempre en la oposición, cuando he estado con Zamora me ha dado, diez contratos más no (…). Para la gente, contratitos de locación de servicios (…). Nosotros cuando hemos hecho el acuerdo con el gobernador Zamora por necesidad política de supervivencia y por financiación para la campaña (…) Zamora nos ha dado unos pesos y después no nos ha permitido poner el nombre de él en ningún lado (…). A la colectora por ejemplo no nos permitía, por ejemplo en una publicidad televisiva, usar el nombre de él, en los afiches tampoco, no nos permitía usar en los medios gráficos, tampoco disponíamos de los recursos del Estado. Es decir, no disponíamos de vehículos, ni de materiales del Estado, como por ejemplo, bolsones de alimentos, chapas, mercadería de Acción Social (…). Lo único que nos ha dado ha sido la boleta de él y una platita, muy poquito, que no representaba ni siquiera el tercio de gasto. Pero bueno, era diferencia de vivir o morir. Y la boleta era la diferencia entre vivir o morir. Era un suicidio ir solo (…).
>
> (Candidato a diputado por una "lista colectora" del Frente Cívico).

---

[17] "Gestionar" remite a la posibilidad de dar respuesta desde la administración pública a diversas problemáticas sociales. Ello puede ser tanto a través de la ocupación de un cargo público o de tener la posibilidad de contactar a algún funcionario que dé respuesta a las diversas demandas. El que "gestiona" es típicamente el mediador, aquél que intermedia entre las diversas personas o grupos que demandan y el funcionario con capacidad de dar respuesta a la demanda en cuestión.

Entre los recursos para la campaña es posible mencionar los bienes materiales de origen estatal y la posibilidad de mostrar la imagen del gobernador, a los cuales la fuerza política del dirigente en cuestión no pudo acceder. Sólo obtuvieron dinero para la campaña —considerado insuficiente— y la posibilidad de presentar el nombre del gobernador en la boleta. Aparecer asociado al oficialismo en la boleta es percibido como la diferencia entre vivir o morir.

Es recurrente encontrarse con situaciones en las que los dirigentes deben solventar la campaña con sus propios recursos. En ocasión de las elecciones para diputados provinciales de 2008, un dirigente que se presentó como "colectora" del gobernador, relataba:

> Ahora, el mecanismo de financiación ha sido los 3, los 4 legisladores. Los 3 legisladores hemos tomado un préstamo (…) Yo he hipotecado una propiedad y con eso hemos empezado a trabajar (…) Algunos candidatos han puesto unos pesitos (…) Esta es la sede, este es el lugar de trabajo, vos verás que es mi estudio, verás camisetas, afiches todo mezclado. En el solar de al lado hacemos las reuniones, 100, 200 personas, estamos pasando los cien y pico de centros de movilización. Ya hemos reclutado casi todos los fiscales, estamos por supuesto en temas más difíciles pendientes que son vehículos (…).
> (Candidato a diputado por una "lista colectora" del Frente Cívico).

La mutua dependencia entre dirigentes intermedios y dirigente principal, la medida en que cuenta más el capital delegado o el capital personal, es algo que se expresa en términos de recursos materiales en el curso de la elección. Cuando el gobernador cuenta con una alta aprobación ciudadana y no depende de un determinado candidato para triunfar en el nivel local, se limita a darles la posibilidad de adosar la boleta oficialista a la propia, pero ello no se traduce necesariamente en recursos para la campaña, considerados insuficientes por los candidatos.

> (…) en este momento no nos están dando nada, ni sabemos cuánto nos van a dar. Es escaso, porque el gobernador como está con un porcentaje alto y aquí hay tres listas colectoras y todas llevan la imagen de él arriba. El gobernador lo que quiere es sacar un 80 por ciento, está ahí y después no me importa; por eso está largando candidatos, en toda la zona nos está haciendo la competencia a los principales. Yo no he estado muy de acuerdo, en un primer momento pensé en irme y dejar todo.
> (Candidato a comisionado).

La búsqueda de recursos materiales para la campaña electoral no necesariamente constituye la principal razón esgrimida para incorporarse a las filas oficialistas. Ser el candidato del gobernador, por más que no se materialice en recursos para la campaña, supone la posibilidad de cumplir con promesas futuras.

Presentarse como el candidato del gobernador es un capital simbólico nada desdeñable en provincias como Santiago del Estero. Sobre todo en los últimos años, en los que la alianza del gobernador con el oficialismo nacional en el marco de la "Concertación Plural"[18] se ha traducido en la realización de numerosas obras públicas en la provincia, en el marco del "Acta de Reparación histórica" firmada entre el ex presidente Kirchner y Zamora.[19]

Ser el candidato oficialista, estar cerca del centro hace verosímil las promesas de los dirigentes y reproducirse en tanto tales. "Correr con el caballo del comisario" en ocasiones es un modo de mostrarse capaz de cumplir con la palabra empeñada.

> primero hay que ver qué has hablado con tu gente vos, cuál es el proyecto y si le vas cumpliendo con lo que dice, si vos le cumples lo que dicen, la gente va a seguir respaldando porque van a ver en vos alguien creíble y que lo que le has prometido estas cumpliendo (…) si nos toca la suerte de llegar nosotros vamos a hacer comedores infantiles, vamos a trabajar mucho en lo social, vamos a hacer polideportivos, vamos a hacer esto, vamos a conseguir eh… puestos de trabajo, vamos a conseguir vivienda, vamos a gestionar en los distintos ámbitos (…) para ayudar a la gente. La gente ha visto que estamos trabajando y es por eso que sigue, si mañana me dicen "convocalos a todos" y los volvemos a convocar tranquilos (…).
>
> (Candidato a diputado provincial).

Por otro lado, los recursos que cuentan para reproducirse en tanto dirigentes representativos no son sólo aquellos que se reciben en la elección, sino los que se circulan en la construcción cotidiana del vínculo representativo.

---

[18] Meses después de triunfo en 2005, Gerardo Zamora se había convertido en un aliado del entonces presidente y pasó a formar parte de la Concertación Plural, en el marco de la cual Kirchner convocó a importantes dirigentes radicales con cargo electivos, en particular cinco de los entonces seis gobernadores de ese signo político y numerosos intendentes, conocidos como "Radicales K" (Cheresky, 2009).

[19] El 25 de julio 2005 Zamora y Néstor Kirchner firmaron el "Acta de Reparación Histórica", por el que se acordó la realización de diversas obras de infraestructura vial, hídrica y viviendas, entre otras cosas. De las obras ejecutadas, se destacan la construcción del dique Figueroa, de viviendas en el marco del Plan Federal de Viviendas, así como la construcción y mejoramiento de rutas provinciales.

Los candidatos que ocupan cargos ejecutivos "hacen campaña" durante el tiempo que dura su gestión.

> Ponele que vengan en este momento, a las tres colectoras nos dan los mismos recursos. Pero nosotros tenemos los módulos, tenemos las escuelas que se ha trabajado, la ayuda material que se está aportando (…).
> (Secretario de comisionado municipal).

> muchos recursos para la campaña no hubo ni va a haber. Porque el gobernador quiere que se trabaje con la gestión, es un gobernador que hizo muchísimas cosas (…) Yo creo que la mejor campaña es la gestión, haber hecho módulos habitacionales, estamos empezando ya por 50 módulos ahora y estamos terminando 10 módulos prácticamente totalmente terminados y entregados a la gente.
> (Secretario de comisionado municipal).

Aun cuando se trata de administrar recursos, de lo que se trata es de diferenciarse. En las elecciones de comisionados municipales de 2008, los comisionados que se presentaban a reelección apoyando al oficialismo, proponían su forma de administrar los recursos como particular:

> Pero, igualmente, yo tengo pocas posibilidades, recibiendo mensualmente una coparticipación neta de 7000 pesos y ahí tengo mi sueldo y el de mi secretaria, el resto del personal, el gasto de combustible y todos los insumos de las herramientas que tengo (...) El programa de erradicación de ranchos con fondos propios de la comisión municipal, ¿cómo hago? Pero yo hago (…) acabo de entregar la quinta casa (…) ni café tomo. Me manejo con mi celular, al crédito lo pago de mi bolsillo, en cambio anteriormente había que ver las rendiciones contables de la comisión anterior era todo celular, todos los comprobantes eran cargas de celular, de la comisionada, el secretario, y de los empleados.
> (Candidato a comisionado).

Incluso cuando la política se trata de dar y conseguir "cosas" hay lugar para la diferenciación individual, para la "distinción" que caracteriza a los representantes y que hace que tenga sentido elegir entre ellos. "Consiguiendo cosas" se revela un dirigente político como individuo.

> no solamente que mi sueldo de legislador lo dono todo, si no que va dinero de mi empresa, de mi negocio, de mi familia, de mi vida va para el comedor (…) Pero no todos son así, yo no conozco otros ¿mmm? Ahora eh (…) porque mi compañero a mí me ha demostrado un compromiso, un trabajo, yo lo he visto

levantarse desde las seis de la mañana, he andado con él por 17 departamentos hasta las 2, 3 de la mañana y eso hace que uno se identifique.
(Diputado provincial).

no es que me sienta cómodo por el sólo hecho de estar en el ejercicio de la función, simplemente que desde mi llegada he marcado diferencias con el comisionado anterior, hasta ahora la gente tuvo dirigentes que oficiaban o que fueron en su momento puestos por el gobierno de turno en carácter de comisionado. Pero se circunscribían al sector urbano de la comisión, no recorrían los circuitos rurales, tenemos nosotros votantes a 50, 60, 70 km y esa gente indudablemente tiene necesidades y hay que asistirlas, y hay escuelas en esa zona. Y a esas personas las hemos asistido medianamente y dentro de las posibilidades económicas. Y es ahí donde está mi fuerte. La gente reconoce… soy el primero que he llegado, permanentemente he estado en contacto visitándolos, acercándoles cosas. Y hay zonas en las que Santiago del Estero tiene problemas de agua, en esas zonas hay agua salada y entonces como es la comisión municipal más próxima, vienen a pedir que les acerquen agua, y anteriormente se cobraba, 50, 70, 100 pesos, de acuerdo a la distancia más cercana o a la más lejana y ahora no se cobra un solo centavo y eso la gente está viendo y reconoce.
(Comisionado municipal).

4. Palabras finales

(…) la mayoría de las palabras y actos se refieren a alguna objetiva realidad mundana, además de ser una revelación del agente que actúa y habla (Arendt, 2004:206).

En gran parte de la literatura sobre política provincial se construyen explicaciones en las que *cualquiera* con capacidad de acceder a los recursos estatales puede ser un dirigente, más allá de sus características particulares. Poco importa en estos abordajes la forma en que ciertos dirigentes devienen tales y no otros. Lejos de ser *intercambiables*, los dirigentes intermedios muestran ciertas características *particulares*. El dirigente típico ideal es aquél que ha mostrado capacidad de encarnar las demandas de la comunidad local y devino así su representante. Si se trata de una suerte de notables locales, éstos han devenido tales en virtud de su actividad política. Las formas en que un dirigente deviene "representativo" en ocasiones están vinculadas a las posibilidades de hacerse conocido a partir del ejercicio de su profesión u oficio, que lo coloca en un lugar privilegiado para establecer vínculos con los ciudadanos en su comunidad de origen, transformando sus actividades en *capital territorial*.

La clasificación entre quienes son capaces de ganar una elección o no es anterior a la elección misma: se trata de identificar quiénes poseen un *capital acumulado de representatividad política*, obtenido a partir de una inversión de trabajo político a lo largo del tiempo en un territorio. Los líderes de popularidad territorial son identificados a partir de diferentes criterios: los votos obtenidos en elecciones anteriores, los votos obtenidos para el partido en elecciones en las que no fueron candidatos, la cantidad de personas susceptibles de ser movilizadas por los dirigentes en actos y en algunos casos la realización de encuestas.

A partir del estudio de estos personajes de la política provincial, se ha buscado destacar el hecho de que la política provincial es una cuestión de relación entre representantes y representados, incluso en contextos de altos niveles de pobreza y donde la principal forma de relacionarse con la política está ligada a la supervivencia material. Se ha buscado desplazar la problemática hacia el campo de representación política, descuidado por la literatura sobre política provincial.

Si se ha recurrido a un vocabulario lleno de metáforas economicistas, ha sido justamente para enfatizar el hecho de que las organizaciones políticas provinciales están formadas por dirigentes políticos que "tienen" sobre todo capitales políticos, donde los bienes materiales están subordinados a una lógica de circulación política. Si en ciertas provincias las fuerzas políticas oficialistas disponen de gran ventaja en términos de acceso a la principal fuente de recursos a partir del control del aparato estatal, la política impone su propia lógica incluso en tales contextos.

Al mismo tiempo, se ha buscado evitar trazar una distinción radical entre los líderes territoriales y los líderes mediáticos, sobre todo si ello implica asociar a los primeros con las prácticas clientelares con las que reproducen la "máquina" política que integran y a los segundos con líderes que conquistan a la ciudadanía por el uso de su palabra e imagen. Se está frente a diferentes maneras de construir el lazo representativo, que incluso no son excluyentes. Un dirigente devenido "mediático" no olvidará al territorio que lo vio nacer como líder político, como se ilustra en el siguiente ejemplo.

El 17 de julio de 2008 el senador nacional por Santiago del Estero Emilio Rached protagonizó la escena pública nacional al votar en contra del proyecto oficial sobre la resolución N°125 de retenciones propuestas por el gobierno nacional, el cual finalmente fue rechazado por el presidente del Senado y vicepresidente de la Nación Julio Cobos en su histórico "voto no positivo". Fue el voto de Rached el que llevó a que los votos a favor y en contra de las retenciones quedaran empatados, haciendo necesario el voto del vicepresidente.

Rached había sido intendente de la ciudad santiagueña de Pinto, con una importante actividad agrícola y ganadera donde habían tenido lugar manifestaciones de rechazo a las retenciones. Durante el día de la votación, se hizo visible –en medios provinciales y nacionales– la especulación en torno al voto del senador, que se suponía en conflicto entre las demandas de los productores rurales de Pinto y las exigencias del alineamiento nacional de la fuerza política provincial a la que pertenecía. Incluso circuló la versión de que los productores fueron hasta la casa del ex intendente para presionar por un voto en contra de las retenciones.

Cuando ya era un hombre de los medios –también como vicegobernador había tenido un gran protagonismo en los medios provinciales–, Rached todavía debía responder a su "base" territorial en Pinto, el lugar donde había comenzado su trayectoria política. Sus lealtades se hallaban divididas entre su partido, su audiencia mediática y su territorio de origen.

Bibliografía

Abelès, Marc (1989): *Jours tranquilles en 89. Ethnologie politique d'un département français*. París: Odile Jacob.

Arendt, Hannah (2004): *La condición humana*. Buenos Aires: Paidós.

Auyero, Javier. (1997): *¿Favores por votos? Estudios sobre clientelismo político contemporáneo*. Buenos Aires: Losada.

Auyero, Javier (2001): *La política de los pobres. Las prácticas clientelistas del peronismo*. Buenos Aires: Manantial.

Bourdieu, Pierre (1981): "La représentation politique: éléments pour une théorie du champ politique", en: *Actes de la recherche en sciences sociales*, n° 36-37.

Bourdieu, Pierre (2008): *¿Qué significa hablar? Economía de los intercambios lingüísticos*. Madrid: Ediciones Akal.

Burnham, James (1945): *Los maquiavelistas: defensores de la libertad*. Buenos Aires, Emecé.

Cheresky, Isidoro y Pousadela, Inés (2004): *El voto liberado. Las elecciones de 1983 en perspectiva histórica y estudios de casos* (co editor con I. Pousadela). Buenos Aires: Biblos.

Cheresky, Isidoro (2006): *La Política después de los partidos*. Buenos Aires: Prometeo.

Cheresky, Isidoro (2009): *Las urnas y la desconfianza ciudadana en la democracia argentina.* Rosario: Homo Sapiens.

De Luca, Miguel; Jones, Mark y Tula, María Inés (2002): "Back Rooms or Ballot Boxes?: Candidate Nomination in Argentina", en: *Comparative Political Studies,* vol 35, n° 4, mayo 2002.

Farinetti, Marina (2005): "Violencia y risa contra la política en el Santiagueñazo: Indagación sobre el significado de una rebelión popular" en: Schuster,F.; Naishtat,F.; Nardacchione,G. y Pereyra,S. (compiladores) (2005): *Tomar la palabra.* Buenos Aires: Prometeo.

Gibson, Edward y Calvo, Ernesto (2000): "Federalism and Low-Maintenance Constituencies: Territorial Dimensions of Economic Reform in Argentina", en: *Studies in Comparative International Development,* vol. 35, n° 3.

Gibson Edward y Suárez Cao, Julieta (2010) : "Federalized Party Systems and Subnational Party Competition : Theory and an Empirical Application to Argentina", en: *Comparative Politics,* vol 43, n° 1.

Godoy, Mariana (2007): "Los últimos actos. Prácticas de organización, representación y segmentación del Partido-Estado Juarista. El caso de los actos comiciales y los actos de celebración ritual. Santiago del Estero. 2002-2003", Universidad Nacional de Santiago del Estero.

Godoy, Mariana (2009): "El PJ-juarista en la espesura de la crisis del régimen. Un mapa de la estructura partidaria para ir hacia las prácticas", en: Marisa Silveti (compiladora) (2009): *El protector Ilustre y su régimen: redes políticas y protesta en ocaso del juarismo.* Viamonte. Santiago del Estero: Universidad Nacional de Santiago del Estero.

Jones, Mark P., Saiegh, Sebastián M., Spiller, Pablo T. y Tommasi, Mariano (2002): "Amateur legislators-Professional Politicians: The Consequences of Party-Centered Electoral Rules in Federal Systems". En: *American Journal of Political Science,* vol. 46, págs.656-69

Jones, Mark (2004) : "The recruitment and Selection of Legislative Candidates in Argentina", presentado en "Pathways to power : Political recruitment and Democracy in Latin America", Graylyn International Conference Center, Wake Forest University, Winston-Salem, NC, 3 y 4 de abril, 2004.

Katz, Richard. y Mair, Peter (1997): *Party System Change, Approaches and Interpretations.* Nueva York: Oxford University Press.

Kitschelt, Herbert y Wilkinson, Steven (2007): "Citizens-politician Linkages: An Introduction" en: Kitschelt, Herbert y Wilkinson, Steven (eds.): *Patrons, Clients, and Policies. Patterns of Democratic Accountability and Political Competition.* Cambridge: Cambridge University Press.

Leiras, M. (2007): *Todos los caballos del rey. La integración de los partidos políticos y el gobierno democrático de la Argentina, 1995-2003*. Buenos Aires: Prometeo.

Levitsky, Steven (2003): *Transforming Labor-Based Parties in Latin America. Argentine Peronism in Comparative Perspective*. Estados Unidos: Cambridge University Press.

Lodola, Germán (2009) "La estructura subnacional de las carreras políticas en Argentina y Brasil". En: *Desarrollo Económico. Revista de Ciencias Sociales*, Nro.194, pp. 247-286.

Manin, Bernard (1998): *Los principios del gobierno representativo*. Madrid: Alianza Editorial.

Mosca, Gaetano [2006 (1896)]: *La clase política*. México: Fondo de Cultura Económica.

Offerlé, Michel (2011): "La cantidad de votos. Electores, partidos y electorado socialista en Francia a fines del siglo XIX" en Offerlé, Michel (2011): *Perímetros de lo político: contribuciones a una socio-historia de la política*. Buenos Aires: Antropofagia.

Offerlé, Michel (2011a): "Los oficios, la profesión y la vocación de la política" en *PolHis. Boletín Bibliográfico Electrónico del Programa Buenos Aires de Historia Política*, n° 7, Mar del Plata.

Ortiz de Rozas, Victoria (2011): "Las formas de reclutamiento del personal político, una vía de entrada al estudio del régimen político provincial. Santiago del Estero (1999-2009)", en *Revista Perspectivas de Políticas Públicas*, Universidad Nacional de Lanús, ISSN 1853-9254, Año 1, No. 1 (julio-diciembre 2011), págs. 133-159.

Ortiz de Rozas, Victoria (2011a): "El *gran elector* provincial en Santiago del Estero (2005-2010). Una perspectiva desde adentro de un 'oficialismo invencible'", en: *Revista de la Sociedad Argentina de Análisis Político*, Vol. 5, No. 2.

Rosato, Ana (2003): "Líderes y candidatos: las elecciones 'internas' en un partido político" en Rosato, Ana y Balbi, Fernando Alberto (2003): *Representaciones sociales y procesos políticos. Estudios desde la antropología social*. Buenos Aires: Antropofagia.

Schnapper, Dominique (2004): *La democracia providencial. Ensayo sobre la igualdad contemporánea*. Rosario: Homo Sapiens.

Schutz, Alfred (2008): *El problema de la realidad social. Escritos I*. Buenos Aires: Amorrortu editores.

Vommaro, Gabriel (2008): *Lo que quiere la gente. Los sondeos de opinión y el espacio de la comunicación política en Argentina (1983-1999)*. Buenos Aires: UNGS-Prometeo.

Vommaro, Gabriel (2009): "Redes políticas y redes territoriales en la construcción del posjuarismo" en Marisa Silveti (compiladora) (2009): *El protector Ilustre y su régimen: redes políticas y protesta en ocaso del juarismo*. Viamonte, Santiago del Estero: Universidad Nacional de Santiago del Estero Argentina.

Vommaro, Gabriel y Quirós, Julieta (2011): "'Usted vino por su propia decisión': repensar el clientelismo en clave etnográfica", en: *Desacatos*, nro. 36, mayo-agosto 2011, pp. 65-84.

Weber, Max [1992 (1922)]: *Economía y Sociedad*. Buenos Aires: Fondo de Cultura Económica.

Las formas del giro judicial. Judicialización de la política en la democracia argentina contemporánea

Lucas Martín[1]

1. Introducción

"Proponé. Hacete escuchar", "Hacé que tu voz se escuche", "Respondemos. Valoramos tu propuesta", "Construí apoyo. Más gente, más fuerza", todos estos enunciados son, naturalmente, llamados a la participación ciudadana. Podría suponerse que son llamados provenientes de organizaciones de la sociedad civil o de lo que suele llamarse organizaciones no gubernamentales. También podría creerse que son extractos de discursos de políticos o de funcionarios de gobierno. La neutralidad o la universalidad que reviste el mensaje refleja lo que pueden tener en común las organizaciones de la sociedad y los dirigentes políticos cuando discurren en el espacio de la opinión pública. Agregar que esos eslóganes forman parte de un programa llamado "Gobierno Abierto" recorta el panorama: no son enunciados provenientes de la sociedad. Tampoco forman parte de un discurso de campaña. Ni son frases esgrimidas por funcionarios de gobierno, de lo que estamos habituados a denominar "gobierno". Esos llamados, el programa "Gobierno Abierto" y los propósitos anexos de "alentar la participación ciudadana", "promover la transparencia de los actos de gobierno", "promover la transparencia informativa, la participación social y la prioridad asignada al servicio que se brinda a la comunidad", todo eso, forma parte del nuevo "paradigma" del

[1] Quisiera agradecer a la Fondation Maison des Sciences de l'Homme cuya beca "Fernand Braudel" me permitió realizar una parte importante del trabajo de investigación para este capítulo. También agradezco a Rocío Annunziata por sus comentarios a una primera versión de este texto.

Poder Judicial que la Corte Suprema de Justicia de la Nación (CSJN) lanzó en Argentina a fines de 2011.

Pocos ejemplos puedan quizá ilustrar mejor la naturaleza del llamado fenómeno de judicialización, en particular en Argentina, que el que acabamos de evocar. En el nuevo paradigma de "Gobierno Abierto" del Poder Judicial argentino, se deja ver el lazo estrecho que el fenómeno de judicialización, que en estas páginas también llamaremos "giro judicial", mantiene con las transformaciones políticas en curso. La apelación directa a la ciudadanía remite a las mutaciones contemporáneas en la relación de representación y en la experiencia ciudadana que tienen por centro el espacio de la opinión pública. Si a eso agregamos que el soporte de dicho programa es el sitio oficial de informaciones del Poder Judicial (el Centro de Información Judicial), y que sus instrumentos principales de mediación son las nuevas tecnologías, entonces podemos afirmar, además, que el ejemplo también muestra la importancia de una estrategia comunicativa orientada al espacio público.

Iniciativa por parte del Poder Judicial, transformaciones en la representación y en la ciudadanía y centralidad del espacio público en sus diversas manifestaciones (audiencia de medios masivos de difusión, usuarios de nuevas tecnologías, encuestados para sondeos): tales son los elementos a tener en cuenta para comprender el fenómeno de la judicialización o "giro judicial" de la política. En las páginas que siguen examinaremos las formas que adopta el giro judicial de la política elaborando al mismo tiempo una reflexión teórica sobre los conceptos que se ponen en juego. Observaremos cómo se caracteriza este *giro*, cuáles son algunos de sus emergentes más destacados y cuál es su evolución en Argentina. En ese recorrido, nos interesa, por un lado, indagar el sentido que adopta el *giro judicial* de la política en Argentina y, por otro lado, examinar de manera más amplia cómo este fenómeno se relaciona con la legitimidad democrática.

2. Las formas del giro judicial de la política

De un modo general, se ha definido a la judicialización como la intervención del derecho en todos los dominios (Rouvillois, 2008). Así entendida, la judicialización remite en primer lugar a un fenómeno social difuso en el que se observa una extensión del uso del lenguaje de los derechos en las más diversas relaciones sociales que anteriormente se regulaban de acuerdo a otras formas del lazo. El derecho ya no reemplaza primordialmente el recurso a la fuerza sino que cada vez más el lenguaje del derecho y, con él, los jueces, median allí donde en un tiempo no muy lejano otro tipo de reglas y otros lenguajes resolvían tensiones, conflictos y desacuerdos: la costumbre, la confianza, la deferencia, el vínculo familiar o laboral o las reglas de cortesía (Rouvillois, 2008; Garapon, 1997). Este fenómeno se inscribe, según se ha dicho, en un conjunto de cambios sociales epocales: la desinstitucionalización y desregulación de las relaciones sociales, la desarticulación del Estado, en particular en su forma providencial o social, la individualización y el avance del mercado (Commaille y Kaluszynski, 2007). El giro judicial presenta, sin embargo, un aspecto paradojal en medio de esas transformaciones en la medida en que el lenguaje del derecho, el principio de la legalidad y la esfera de la justicia, son formas de instituir relaciones entre los hombres, en particular, relaciones entre ciudadanos. La judicialización institucionaliza, regula, genera relación con el otro, instituye autoridad, cuando todo eso parece ser objeto de entredicho en las sociedades moderno-tardías. Y puede afirmarse, desde esta perspectiva, que el lenguaje del derecho y de lo jurídico permite producir una legibilidad de lo social que se había vuelto opaca, al menos desde el punto de vista de la tradición.

En ese contexto, la "judicialización de la política" ha sido entendida como el conjunto de transformaciones que dan forma a un proceso en el que los jueces tienen cada vez mayor injerencia en los asuntos políticos y en el que los institutos y procedimientos judiciales o cuasi-judiciales ganan preponderancia en las negociaciones, las deliberaciones y los conflictos políticos. Así, si tradicionalmente la función de jueces y tribunales consistía en "decir la ley", en aplicarla, en ser la "boca de la ley", ahora cada vez más su función es la de crear la ley (Rouvillois, 2008; Garapon, 1997). En ese sentido, se ha hablado de una "americanización del derecho" en referencia a la gravitación que los jueces han tenido históricamente, por la estructura de su sistema jurídico, en Estados Unidos; pero también por la mayor preponderancia que los jueces han tenido en ese país desde la tercera década del siglo XX cuando se acuñara el término de "gobierno de los jueces". La diferencia entre la tradición jurídica anglosajona y la continental o romano–napoleónica marca un contraste importante de contextos, pero eso no es óbice para que el fenómeno de la judicialización sea percibido en todas las latitudes.[2] A diferencia del sistema anglosajón, que entiende la ley como una regla de juego y basa su sistema jurídico en la evolución jurisprudencial, el sistema de tradición continental, que ha servido de modelo a los sistemas jurídicos latinoamericanos, se erige sobre textos, constituciones y grandes codificaciones, que los jueces se limitan, en principio, a aplicar (Commaille

---

[2] Cf. Rouvillois, 2008; Arantes, 2008; Garapon, 1997. Cabría agregar que los alcances del nuevo giro judicial no podrían reducirse al enunciado de una "americanización del derecho", en la medida en que dicho giro también afecta la relación entre justicia y política en Estados Unidos.

y Kaluszynski, 2007). Existe por cierto interpretación en esa aplicación, pero sus límites son más estrechos y han sido definidos secularmente en un sentido formalista y desvinculado de la política por la doctrina. Como ha afirmado en este sentido M. Bohmer, ése es el corazón de los cambios actuales en América Latina: las ideologías codificadoras dogmáticas y formalistas que dejaban a los jueces la aplicación despolitizada de una parte de los derechos (la parte operativa, distinta de la otra parte, programática, que debía esperar la decisión de los otros poderes) empiezan a perder terreno frente a una nueva perspectiva del derecho (y de los derechos), de la ley y de la justicia, nueva perspectiva en la que los jueces asumen la parte que les toca en la institución política de lo social y que configura la etapa constitucional no de la justicia en sí sino de la política y las democracias latinoamericanas (Bohmer, 2010).

De este modo, y como en otras regiones, en América Latina el giro judicial aparece ligado tanto a un conjunto de *reformas* en el orden del derecho, la ley y la justicia como a la mayor y más novedosa utilización de herramientas legales preexistentes, utilización impulsada por un inédito *activismo* judicial. Así, en algunos casos la elaboración de nuevas constituciones[3] sentó las bases para un nuevo rol del Poder Judicial, sin perjuicio de lo cual fue necesario que esas nuevas potencialidades fueran aprovechadas, más temprano o más tarde, por parte de jueces, abogados, organizaciones sociales y ciudadanos. A su turno, reformas contempladas en las constituciones o realizadas paralelamente proveyeron un mayor acceso a la justicia (como con instancias judiciales de proximidad, en Brasil); crearon nuevas instituciones cuasi-judiciales o judiciales, como las defensorías del pueblo (América Central, Perú y Argentina) o los consejos judiciales o de magistrados (México, Argentina); o también mejoraron los mecanismos de selección y promoción de jueces (Argentina, México); y reformaron las instituciones ya existentes, como los ministerios públicos (Brasil) o los tribunales electorales (México).

En nombre de la constitución y de los derechos fundamentales que ella consagra en su texto o incorpora dando rango constitucional a tratados internacionales –incorporación que, por estar siempre abierta a nuevos tratados, funciona como un sistema de enmiendas–, la justicia reconoce la legitimidad de su intervención en la política, en aquello que antes era considerado, sin excepción, no judiciable. En Argentina, como veremos, la reforma constitucional de 1994 establece nuevas herramientas al alcance del ciudadano (amparo colectivo, defensoría del pueblo, nuevos tratados internacionales con rango constitucional) que progresivamente son puestas en práctica, mientras que

[3] Son ejemplo Colombia (1991), Perú (1993), Argentina (1994), México (1994 y 1996), Venezuela (1999), Bolivia (2006-2009).

institutos anteriores a la reforma, como el de control de constitucionalidad, cobran un nuevo impulso, y nuevas jurisprudencias son adoptadas en un sentido que desplaza la frontera entre lo jurídico y lo político y, por lo tanto, entre lo judiciable y lo no judiciable, especialmente a partir de la renovación de la Corte de Suprema de Justicia de la Nación en el primer lustro del siglo.

Los tribunales cumplen un rol cada vez más activo en la garantía de derechos fundamentales protegidos por Constituciones y por el derecho internacional y las Cortes Supremas o Constitucionales o Tribunales Superiores se muestran más receptivos a los controles de constitucionalidad de las cámaras y los tribunales inferiores cuando dicho control es descentralizado. En Brasil, por ejemplo, la Constitución de 1988, además de poner en su texto un listado comprehensivo y detallado de derechos que ha llevado a hablar de una "constitucionalización de las políticas públicas", incorpora un sistema de revisión judicial descentralizado y accesible que fue prontamente utilizado y que, combinado con su particular constitución, ha desbordado las capacidades del Poder Judicial corroyendo consecuentemente su fiabilidad y su imagen.[4]

América Latina presenta además una particularidad, a saber, que muchos reclamos no contestan leyes o políticas públicas que se presume son contrarias al texto constitucional, sino que reclaman la ausencia de leyes y políticas que garanticen la efectivización de derechos fundamentales. Gran parte de los denominados litigios "estructurales" o "de interés público", es decir, aquellos que, más allá de los intereses de los litigantes, se orientan a producir reformas políticas generales y de efectos colectivos, tienen este sentido. De este modo, si toda sentencia que obliga al Estado tiene consecuencias económicas, la judicialización en curso, en virtud de su orientación "colectiva", tiende a ejercer una mayor presión sobre el presupuesto público, esfera tradicionalmente bajo la órbita de los poderes ejecutivo y legislativo. Son cada vez más comunes las sentencias que modifican, influyen sobre, o directamente definen, políticas públicas, y comportan consecuentemente erogaciones más o menos importantes de parte del Estado. Esto expone muchas veces a los Poderes Judiciales y a los máximos tribunales no sólo a eventuales conflictos con los otros poderes sino además a la posibilidad de ver que sentencias importantes y de resonancia pública no se ejecutan.[5]

---

[4] La accesibilidad puede amenazar de colapso al sistema judicial así como permitir a minorías opositoras desafiar gobiernos con mayorías parlamentarias (sobre Brasil, cf. Arantes 2008). En Colombia, Costa Rica y Brasil, el sistema de control constitucional es muy accesible a la ciudadanía (Sieder, Schjolden y Angell, 2008).

[5] Ver Uprimny Yepes (2006) y Rodríguez Garavito y Rodríguez Franco (2010) sobre los casos en Colombia sobre condiciones carcelarias y migrantes forzados como consecuencia de conflictos armados. Veremos luego ejemplos para Argentina.

Paralelamente, aun cuando las sentencias de revisión de constitucionalidad y de exigencia de derechos fundamentales tengan efectos jurídicos sólo en el caso particular y no en general (*erga omnes*), la nueva visibilidad pública de la justicia en general, y de las cortes en particular, así como la legitimidad pública de que gozan por añadidura, pueden dar lugar a efectos más generales de tipo político, simbólico, cultural, e incluso jurídico, por ejemplo, forzando un cambio en la legislación, sentando jurisprudencia a instancias judiciales inferiores o dando lugar a nuevas demandas por parte de reclamantes que, antes de tal o cual fallo, no veían viabilidad para sus reclamos.

De acuerdo con esta caracterización, la judicialización de la política puede ser entendida como un giro interno dentro de un consenso democrático y sostenido en el tiempo. Esto no significa que democratización y judicialización se correspondan completamente o que la segunda constituya una etapa de mayor desarrollo de la primera. El ejemplo de Colombia muestra que es posible tener una Corte Constitucional cuyo activismo se destaca en comparación con el de otras Cortes de la región y, a la vez, una pésima situación en lo referente a la protección de derechos humanos fundamentales.[6] La relación entre democracia y judicialización se mantiene como incógnita. Sin embargo, entendemos que puede afirmarse que, en nuestra región, en el marco de una democracia "consolidada" –de la que el paso del tiempo y la puesta a prueba por crisis agudas constituyen indicios cabales–, la ley, el derecho y la justicia ya no ponen en juego su sentido únicamente en la oposición con un régimen injusto y arbitrario, carente de ley y de derecho, sino que, a la par, y quizá primordialmente, lo trabajan (al sentido) en sus escenificaciones internas y, en parte, en la recepción que se realiza del derecho internacional.[7]

Sin negar su carácter incompleto, sin negar las promesas que aún no cumple, la democracia, cualquiera sea la extensión de su definición, aparece en Latinoamérica como un régimen valorizado unánimemente y como una forma de sociedad adquirida (Cheresky 2011). Y esta valorización recae no sólo sobre las elecciones como mecanismo privilegiado de la manifestación ciudadana y como pilar del régimen sino también sobre la igualdad ante la

---

[6] Cf. Uprimny Yepes (2006) y Rodríguez Garavito y Rodríguez Franco (2010).

[7] En efecto, conviene recordar, pese a que no nos referiremos al tema en este texto, la importancia creciente del derecho internacional en la judicialización de la política nacional. En Argentina esto se observa en una variedad de casos, que van desde el tratamiento de los crímenes de la última dictadura hasta las demandas realizadas por ciudadanos de otros países tenedores de bonos públicos, pasando por la apelación a la Corte Interamericana de Derechos Humanos en cuestiones de seguridad social.

ley, la centralidad de los derechos fundamentales y la ciudadanía entendida como condición política de todo miembro de una comunidad que se rige por el principio del "derecho a tener derechos". No es que pueda darse por descontada la amenaza de un posible retorno del fantasma autoritario (ejemplos como el de Honduras a mediados de 2009 no sólo despiertan viejas alertas sino que suscitan nuevas respecto del rol de las Cortes supremas aun en el contexto de un consenso regional que liga los derechos con la democracia),[8] pero el sentido de la democracia y, como consecuencia, las eventuales derivas hacia formas autoritarias del ejercicio del poder, deben ser indagadas, a nuestro entender, no tanto en el marco de la oposición autoritarismo/democracia como al interior mismo de la forma democrática, y en sus propias mutaciones –mediante la interrogación, en resumen, del modo en que ella misma genera sus propios sentidos.

En un contexto así definido por las nuevas herramientas legales, por un expandido activismo judicial, por un acentuado, cuando no conflictivo, juego de relaciones entre los poderes del Estado y por una mayor visibilidad pública de la Justicia, en un contexto así, entonces, los poderes judiciales y, en particular, los máximos tribunales, adoptan más o menos deliberadamente estrategias de comunicación con la sociedad en vistas a, por lo menos, mantener o alimentar la buena imagen que se forma de ella la opinión pública, especialmente en contraste con los otros poderes (y, en general, con "los políticos"). Y esto, a pesar de que la Justicia no deja de ser objeto de la misma desconfianza ciudadana que aqueja a todas las instituciones del Estado y a todas las instancias de representación.

Tales son los aspectos más salientes del fenómeno de la judicialización de la política. Desde un punto de vista analítico, conviene diferenciar distintas facetas o niveles que hacen a la complejidad del fenómeno. La primera de esas facetas, y la más característica, es la que muestra la mayor preeminencia de los *jueces como actores* de la política. En el marco de legitimidad social antes mencionada y de legitimidad pública, a la que nos referiremos luego, los jueces tienen un creciente rol en los asuntos políticos. Se los ha caracterizado como sustitutos o complementos de la representación política, como operadores de una *mediación* judicial de cuestiones políticas o, en términos más clásicos, como una instancia de articulación entre sociedad y Estado

---

[8] En junio de 2009, el entonces presidente constitucional Zelaya fue depuesto y expulsado del país por orden de la Corte Suprema, que decidió la operación de captura en secreto y la comunicó *post factum* al Poder Legislativo. Éste, a su turno, nombro un sucesor. El argumento de la Corte fue el carácter inconstitucional de la convocatoria a una consulta popular, por parte del Presidente, para la reforma de la Constitución Nacional (ver prensa de la época, y *La Nación*, 29/06/2009).

(Peruzzotti, 2010; Sieder et al., 2008; Smulovitz, 2005, 2008a, 2008b). El poder judicial avanza así, progresivamente, en su influencia y su control sobre la definición e implementación de políticas públicas.[9] Una segunda faceta remite al papel más amplio del *espacio público*. Allí el lenguaje de los derechos aparece cada vez más como un lenguaje privilegiado. La retórica de los derechos deviene la gramática de mayor legitimidad en la opinión pública así como en las manifestaciones de la ciudadanía. Del mismo modo, el Poder Judicial, particularmente sus instancias más altas, gana una visibilidad pública, una atención de la opinión pública, sin precedentes. La amplia resonancia que da el espacio público a todo lo que tiene lugar en él extiende, multiplica y da forma a las potencialidades del giro judicial hacia los otros dos niveles o facetas. En el mismo sentido, cabe subrayar las mutaciones propias de una ciudadanía que desborda la sola manifestación electoral y se manifiesta crecientemente, y de diversas formas, en un espacio público en el que escenifica su creciente autonomía respecto de sus relaciones de pertenencia o identidades tradicionales. Fenómeno convergente con la desinstitucionalización señalada anteriormente, la ciudadanía presenta escenificaciones fluctuantes (como electorado, como opinión pública, como audiencia, como manifestante) en un espacio que es público y en los términos de un lenguaje común que es el de los derechos.[10] Puede decirse que es en ese marco de ciudadanización de la democracia, donde el espacio público deviene el escenario principal en el que se juega la legitimidad en las democracias contemporáneas, que tal recepción pública de la retórica de los derechos puede otorgar a la "judicialización" su cuota insoslayable de legitimidad. Finalmente, un tercer nivel o faceta lo encontramos en el modo en que el Poder Judicial se presenta como una nueva *escena* de la política. Otros actores, no judiciales, actores políticos, dirimen los conflictos y las competencias políticas que antes dirimían en otra parte (los partidos, el parlamento, las negociaciones informales, la tribuna pública, etc.) en la escena judicial. Asimismo, y en relación con los niveles anteriores, las cortes, los tribunales y los juzgados abren sus recintos hacia una publicidad mayor y más porosa, tanto en la modalidad más institucionalizada de las audiencias

[9] Cabe señalar aquí que este fenómeno, como ha sido señalado por otros antes que nosotros, puede ser impulsado tanto "desde arriba", a partir de reformas de los sistemas jurídicos o de las constituciones, como "desde abajo", en virtud de las transformaciones de una ciudadanía más exigente (y también, en sentido "transnacional", por las progresivas interrelaciones con las instancias y movimientos de derecho internacional).

[10] Cf. Cheresky 2011: 144-158 et passim; también Cheresky 2006. "Este término, 'ciudadanía', condensa una gama de variaciones, pero pone el acento en lo que es cada vez más frecuente: un espacio de individuos dotados de derechos o que los reclaman, y que constituyen vínculos asociativos e identitarios cambiantes." (Cheresky, 2011: 144).

públicas como en la más indeterminada apertura al espacio de la opinión pública. De uno y otro modo, se desdibujan las fronteras entre lo jurídico y lo político y se abre el espacio jurídico a una mayor publicidad.

Desde un punto de vista histórico, esos tres niveles encuentran distintos momentos de eclosión en la Argentina democrática, momentos que señalan la inscripción histórica del giro judicial contemporáneo. En primer lugar, con la recuperación democrática a fines de 1983 tuvo lugar una revalorización de los derechos como un principio que excede, y es externo respecto de, los límites del Estado.[11] Más que en otros países de América Latina que en los mismos años ochenta recorrieron procesos similares, en Argentina, el nuevo comienzo democrático expuso en la escena pública, y de la mano del movimiento de derechos humanos, la legitimidad del "derecho a tener derechos".[12] Ese principio se completó con la escenificación del principio de la igualdad ante la Ley en el juicio fundacional contra las tres primeras Juntas militares que gobernaron la última dictadura (González Bombal, 1995; Vezzetti, 2002). La historia sucesiva tuvo, por cierto, sus vaivenes, y el sentido de ese nuevo comienzo fundado en la Ley, los Derechos Humanos y la Justicia es aún hoy objeto de controversias, pero persiste todavía, según entiendo, la fuerza de esos principios como claves de comprensión y de acción en la democracia argentina. En segundo lugar, la reforma de la Constitución Nacional de 1994 estableció nuevos institutos de derecho cuyas potencialidades se revelarían con el tiempo. Más allá de sus limitaciones políticas (recordemos que hubo un "núcleo de coincidencias básicas" previo a la Convención Constituyente que limitaba el poder constituyente de esta),[13] la reforma dio rango constitucional a una serie de tratados internacionales, consagró nuevos derechos (del consumidor, de comunidades originarias, al medio ambiente sano, entre otros) y estipuló nuevas herramientas de protección de los derechos (como la figura del Defensor del Pueblo o la acción de amparo colectiva).[14] Finalmente, el tercer momento lo encontramos luego de la aguda crisis de fines de 2001 y principios de 2002 cuando el presidente N. Kirchner (electo en 2003) inició la renovación de la desprestigiada CSJN (conocida en la década del noventa como la "mayoría automática" que homologaba las decisiones del presidente Ménem) por medio de un método nuevo de carácter público que contemplaba la opinión de la sociedad civil y que tuvo por resultado una conformación de notorio prestigio (Cheresky, 2008; Verbitsky, 2006;

---

[11] Seguimos de cerca aquí los trabajos de I. Cheresky (1999a, 2008) y C. Smulovitz (1995 y 2008b); ver también Martín (2011).

[12] Cf. I. Cheresky (1999a); ver también Cheresky 2008 y Smulovitz 1995 y 2008b.

[13] Cf. Cheresky 1999b, Smulovitz 1995.

[14] Smulovitz, 1995, 1997, 2008b; Bohmer, 2010; Bohmer y Salem, 2010.

Guthmann, 2007). Aunque difícilmente podría asimilarse cada uno de estos tres momentos con las diferentes dimensiones mencionadas antes, particularmente porque éstas aparecen ya conjuntamente y con fuerza en el momento refundacional, es posible observar acentos: la novedad de la sociedad civil como nueva fuente de derechos legitimada en el espacio público en el primer momento; la institución constitucional de nuevos derechos y garantías que darían las bases para una mayor intervención de los jueces en el segundo momento; y la mayor escenificación judicial de la política tras una crisis que tuvo su foco en la política misma y en los políticos.

En suma, la legitimidad pública de la retórica de los derechos, el nuevo protagonismo de los jueces y la creciente transposición de la política a la escena judicial, son tres niveles o facetas diferentes del fenómeno del "giro judicial de la política" o la "judicialización política" que se presenta de distintas formas en la historia.[15] Como sugerimos antes, la distinción es analítica y a los fines de observar un mismo fenómeno. Se verá, sin embargo, a medida que avancemos en nuestro estudio, que, al menos en Argentina, el giro judicial toma forma definida recién cuando la segunda y, especialmente, la tercera de las facetas tienen mayor desarrollo o, al menos, se vuelven más visibles. Los términos mismos con que se designa al fenómeno en cuestión –judicialización, juridización, giro judicial– ya nos indican que son el Poder Judicial y los jueces los índices para reconocerlo. Teniendo en cuenta esto, en lo que sigue examinaremos el modo en que el giro judicial se presenta en Argentina bajo los tres aspectos señalados. En primer lugar, nuestro análisis se centrará en el nuevo rol político de la justicia; luego, nos enfocaremos en el modo en que la justicia se transforma en instancia política para la ciudadanía y la opinión pública; finalmente, examinaremos cómo la sede judicial deviene escena de la política.

3. El nuevo rol de la Justicia

Como en otras latitudes, en Argentina el giro judicial recibe gran parte de su fuerza de la cima de la pirámide judicial. A partir de su renovación, la CSJN adoptó una nueva postura jurisprudencial por la que se presenta con un marcado perfil de independencia respecto de los otros poderes, y particularmente respecto del Poder Ejecutivo. Esto llevó a revertir, en varias

---

[15] Finalmente, existe un nivel transnacional del derecho que influye cada vez más tanto en las argumentaciones de los magistrados como en el imaginario de las organizaciones que reivindican derechos, tema del que no nos ocupamos en este trabajo (ver Sikkink, 2008).

ocasiones, jurisprudencia de la Corte anterior,[16] por ejemplo, en una serie de sentencias referidas a derechos previsionales, en particular, al derecho constitucional a la movilidad de las jubilaciones (fallos "Sánchez", de 2005, y "Badaro", de 2006). Aquí, la Corte entendió que existía una "conectividad" entre los derechos previsionales y los derechos básicos a la alimentación, a la salud y a un nivel de vida digno. Asimismo, entendió que debía haber proporcionalidad entre los haberes jubilatorios, por un lado, y el salario y los aportes previsionales realizados durante el período de actividad del damnificado, por otro, así como también una proporcionalidad respecto de las variaciones del costo de vida. La sentencia declaraba de cumplimiento exigible esos derechos, es decir, los desligaba de las vicisitudes presu-puestarias, transformando de ese modo a unos derechos tradicionalmente considerados "programáticos" (es decir, de efectividad sujeta a decisiones de los otros poderes) en derechos tan operativos (tan exigibles) como los derechos-libertades; finalmente, también exigió acciones a los otros poderes para que corrigieran la situación irregular de cientos de miles de jubilados (Abramovich, 2009).[17]

Pero ese cambio de postura no se limita a la jurisprudencia del propio tribunal en ciertas materias sino que alcanza también al modo de concebir la propia función de los magistrados: la Corte asume también un rol activo frente a causas en las que están en juego derechos de grupos o de incidencia colectiva y en las que distintas agencias del Estado aparecen como respon-sables –dando así un paso adelante hacia eso que, no mucho tiempo atrás, quedaba, sin excepciones, fuera de su órbita: las políticas públicas. El ejemplo que aquí se destaca por sobre el resto es el famoso fallo "Mendoza", de julio de 2008. En 2004, un grupo de vecinos y asociaciones civiles denunciaron la lesión del derecho constitucional "a un ambiente sano, equilibrado, apto para el desarrollo humano" (art. 41) que constituía el estado de contamina-ción de la Cuenca Matanza-Riachuelo.[18] La Corte se declaró competente en

[16] Para el ejemplo que desarrollaremos enseguida cabe un matiz: la Corte anterior ya había comenzado a cambiar su propia jurisprudencia luego del cambio de signo político del gobierno en 1999 (ver Abramovich, 2009).

[17] "La Corte fija, además, un marco conceptual que permite reorientar una nueva regu-lación de la seguridad social en el país, y a partir precisamente de sus decisiones fuerza a actuar al gobierno y al Congreso en una dirección determinada." (Abramovich, 2009: 20). La Corte se funda además en el nuevo artículo 75, inciso 23 de la Constitución de 1994, referido a una igualdad sustantiva respecto de las personas de tercera edad (también se funda en el derecho internacional).

[18] Se trata del río más contaminado del país, que afecta a tres millones de personas; su cauce comprende catorce municipios de la provincia de Buenos Aires y un tercio del perímetro de la Ciudad Autónoma de Buenos Aires. Sobre esta causa ver "Especial

la causa, pidió la elaboración de informes a las empresas denunciadas y a las tres instancias de gobierno responsables (el Estado nacional, la provincia de Buenos Aires y el Gobierno de la Ciudad Autónoma de Buenos Aires), realizó varias audiencias públicas informativas y ordenó crear una entidad multipartita para la gestión del saneamiento y la reubicación de familias asentadas en las zonas más contaminadas de la ribera (Autoridad de Cuenca-Matanza Riachuelo); fijó responsables, plazos, sanciones por incumplimiento (multas), y exigió un plan sanitario de emergencia; finalmente, delegó el control del desarrollo del plan de saneamiento en el Defensor del Pueblo de la Nación y en las organizaciones no gubernamentales inscriptas en la causa, y mantuvo una posición de apoyo al juez de instancia que debía llevar adelante el seguimiento de la ejecución de la sentencia. El tipo de medidas y sus implicancias presupuestarias, la multiplicidad de actores involucrados y la importancia social y pública del tema, dieron lugar a que se abriera un espacio para la participación y el control ciudadanos (acotado, es cierto, a los más activos e interesados en el tema). Las audiencias, la difusión y el trabajo realizado por el CIJ, dieron gran visibilidad al tema en sus inicios y la mantienen periódicamente cada vez que se toma una nueva decisión en la causa.[19]

Este nuevo perfil de la Justicia sobresale en el tribunal supremo pero no se limita a éste y tiene, además, antecedentes. En el caso "Viceconte",[20] de 1998, una acción de amparo de interés público por la necesidad de producir con urgencia una vacuna contra la fiebre hemorrágica argentina, fue aceptada (luego de un rechazo en primera instancia) por la Sala IV de la Cámara Nacional en lo Contencioso Administrativo Federal, que responsabilizó a los ministros ligados al caso e hizo dar conocimiento a la Presidencia de la Nación. Ante el incumplimiento del cronograma obrado en la sentencia, los camaristas adoptaron un rol activo asumiendo la fiscalización directa del cumplimiento de todas las medidas necesarias para la fabricación de la vacuna y delegaron el monitoreo de su desarrollo en el Defensor del Pueblo. En este caso, como en el del saneamiento del Riachuelo, la sentencia fue el inicio de un proceso y no, como suele ser entendida clásicamente en el

---

Riachuelo", CIJ, 3/11/2008, http://www.cij.gov.ar/nota-63-Especial-Riachuelo.html; Defensoría del Pueblo de la Nación, Informe especial sobre la Cuenca Matanza-Riachuelo, 2003, disponible en http://www.dpn.gob.ar/informes/riachuelo.pdf. También, Márquez, 2007 y Fairstein, Kletzel, García Rey, 2010: 53-57; *Página 12*, 21/06/2006.

[19] En la misma lógica de cambio inflexivo puede contarse el fallo de la CSJN, en 2008, favorable al reclamo por el derecho de libre agremiación promovido por la Central de los Trabajadores Argentinos ("Histórico fallo de la Corte: aprobó la libertad sindical", *La Nación*, 12/11/2008).

[20] Sigo aquí Fairstein, Kletzel, García Rey 2010.

ámbito jurídico, su cierre —aspecto éste que caracteriza la nueva influencia de la Justicia sobre las políticas públicas.

Por otra parte, los jueces se han ganado un nuevo lugar en los medios de comunicación de la mano de su reciente activismo y de su creciente involucramiento en asuntos antes considerados políticos. En este sentido, en otro ejemplo que ganó difusión pública, a raíz de una muerte por inacción del servicio de emergencias público porteño, un juez de primera instancia tomó una serie de resoluciones, entre las que se contaban la intervención parcial del servicio, la implementación de un plan de salud, monitoreo y audiencias públicas. El Jefe de Gabinete del gobierno de la Ciudad de Buenos Aires, H. Rodríguez Larreta replicó en esa ocasión: "Ésta es una clara intromisión de poderes (...). Si el juez quiere gobernar, que se presente a elecciones".[21]

Estos casos, y otros, dan cuenta de un nuevo rol, activo y político, de los magistrados, que tiende a tener efectos de "cambio estructural" (tal es el término adoptado por los especialistas) y que encuentra en la Constitución su fundamento, y en la ciudadanía, apoyada o representada por asociaciones de la sociedad civil y grupos de abogados, su legitimidad. Los jueces disponen medidas que afectan la orientación de los recursos humanos y presupuestarios de las agencias estatales dependientes del Poder Ejecutivo. Y sin que ello implique interferir en el diseño de la política pública, el poder judicial vuelve público y sujeto a debate tanto el diseño como la planificación y se erige en contralor, o estipula quién tendrá el mandato de control del cumplimiento de los plazos y de la implementación de las políticas exigidos. La frontera de lo no judiciable no desaparece pero se corre.[22] El proceso se abre a instancias de deliberación pública y la sentencia, una vez dictada, empieza a dejar de constituir, como solía, la clausura de la intervención judicial para devenir un nuevo comienzo jurídico político en el que las instancias públicas (audiencias), la participación de los demandantes y otros derechohabientes

[21] *Clarín*, 16/04/2011. La demanda fue presentada por el Ministerio Público de la Ciudad de Buenos Aires luego de que un vecino de un asentamiento precario falleciera sin haber podido recibir asistencia médica por la negativa del personal de Servicio de Asistencia Médica de Emergencias de la ciudad (SAME) a ingresar a la "villa" donde se encontraba. El juez era R. Gallardo.

[22] Por ejemplo, en septiembre de 2010 un fallo de la Corte Suprema restringía el uso de "decretos de necesidad y urgencia" por parte de la Presidencia; en julio de 2011, un fallo de Cámara reabre una causa sobre irregularidades en el otorgamiento de Aportes del Tesoro Nacional (facultad presidencial). Ambos fallos se pronunciaban sobre nociones que se refieren a la realidad política ("emergencia", "necesidad y urgencia"), algo que hubiera sido considerado inaudito apenas unos lustros atrás (ver "Revocan el archivo de una causa por presuntas irregularidades en la distribución de ATN", www.cij.gov.ar, 18/7/2011, y "La Corte quiere afirmar su autoridad", Roberto Gargarella, en *La Nación*, 19/09/2010).

y la difusión a través de los medios de comunicación juegan un rol en la extensión en el espacio público de esta forma de poder ciudadano fundado en el derecho.

Por cierto, existen limitaciones. Durante gran parte del tiempo que duran (tiempo contado generalmente en años), el proceso y la ejecución de la sentencia se desarrollan en la semi-publicidad de las salas del poder judicial, o en audiencias públicas de hecho acotadas a la presencia de las partes interesadas; el interés de parte de la prensa, a su vez, se mantiene oscilante dependiendo de la existencia o no de otras noticias y del interés o la necesidad que las organizaciones dedicadas al patrocinio de litigios tengan en dar difusión a su actividad. En otro sentido, la vía judicial suele encontrar dificultades para lograr efectivizar fallos que requieren la realización de políticas públicas por parte de los otros poderes del Estado. El caso "Defensor del Pueblo" (2007), en el que se sentencia a un gobierno provincial y al Estado nacional a emprender reformas estructurales de los sistemas de protección social para mejorar las deplorables condiciones de vida de comunidades aborígenes asentadas, es uno de los tantos ejemplos en los que la justicia encuentra sus limitaciones para hacer cumplir la sentencia y lograr cambios sociales.[23]

Las limitaciones que puede tener la acción de la justicia en términos políticos y de publicidad se vuelven más sensibles cuando el colectivo que eventualmente es beneficiado por la sentencia que protege derechos fundamentales forma parte de un colectivo más amplio que no está representado en el caso. Los ejemplos abundan. Sentencias que benefician a un grupo de familias carentes de vivienda digna, obligando al gobierno local la provisión de las mismas, no tienen efectos sobre todo el universo de ciudadanos en condiciones habitacionales igualmente precarias y de hacinamiento, incluso dentro de una misma jurisdicción. Tal es el caso de "Villa La Dulce", una larga causa en la que el seguimiento de la ejecución de la sentencia por parte de la justicia, que obligó al Estado a garantizar el derecho a una vivienda digna a un conjunto de setenta y cinco familias, encontraba, hacia el final del logro de la adjudicación de las mencionadas viviendas, la reacción de

---

[23] La causa fue promovida por el Defensor del Pueblo de la Nación en representación de las comunidades indígenas afectadas por una situación de extrema pobreza e insalubridad. La Corte dispuso medidas cautelares ordenando a la Nación y a la Provincia del Chaco el suministro de agua potable y alimentos a comunidades indígenas tobas y wichís chaqueñas. Salvo algunas medidas puntuales y de emergencia, la situación de las comunidades aborígenes no se modificó (Cf. Fairstein, Kletzel, García Rey, 2010). Ver también Rodríguez Garavito y Rodríguez Franco (2010), quienes afirman que en esta limitación se halla una de las principales críticas contra los fallos "estructurales" de las Cortes.

otros vecinos que, igualmente sujetos a condiciones de vulnerabilidad y precariedad habitacional, opusieron su reclamo frente al nuevo complejo de viviendas.[24] De igual modo, los fallos que obligaban eliminar la limitación temporal (plazo) para la inscripción en el programa social "Plan Jefas y Jefes de Hogar Desocupado"[25] alcanzaban sólo a los damnificados denunciantes, en su gran mayoría patrocinados por asociaciones civiles consagradas a la defensa de derechos, y no al universo de potenciales beneficiarios. Similarmente, en lo que se refiere a las causas sobre derechos jubilatorios, el gobierno ha encontrado menos costoso indemnizar judicialmente al gran —y creciente— número de demandas individuales con fallos inexorablemente favorables (dada la jurisprudencia de la Corte), costas de abogados incluidas, que corregir su política previsional.

Más allá de las variaciones en cuanto a eficacia ejecutiva, del tiempo que requieren los procedimientos y las garantías del debido proceso, del mayor o menor alcance de los fallos respecto del universo de ciudadanos con un mismo derecho vulnerado y de las oscilaciones en términos de visibilidad pública, las sentencias tienen un valor simbólico que trasciende el ámbito jurídico[26] y que puede incluso ser el principal objetivo de los demandantes, que buscan el reconocimiento público de sus reclamos. De allí que, en todo el lapso que duran los procesos judiciales, existe, latente, un potencial de publicidad de los derechos litigados en sede judicial. En este sentido, las instancias de "diálogo" o deliberación dispuestas por los magistrados son pequeñas ágoras que atañen a una parte de la ciudadanía que aparece, o es representada, como afectada y que puede en todo momento —dependiendo de lo que esté en juego y del modo de exposición o dramatización del litigio— acceder al gran ágora de la opinión pública.

En el marco del giro judicial, el espacio de opinión publica cobra preponderancia. Por esta razón, otro aspecto significativo del nuevo rol de la justicia reside en la elaboración de una estrategia comunicativa propia. Ésta se despliega, en primer lugar, por medio de los fallos. Éstos, si bien constituyen la tradicional vía de manifestación de dicho poder, adoptan una nueva forma a partir de la retroalimentación que se genera con la imagen que le devuelve la opinión pública (lo ilustra la alternancia de fallos favorables y desfavorables

---

[24] *Página 12*, 12/07/2008. Cf. Fairstein, Kletzel, García Rey, 2010.

[25] Poco menos de 200 damnificados pudieron ser inscriptos en el PJJHD. Los fallos ni exigieron ni produjeron indirectamente reforma en la política pública. Cf. Arcidiácono, Fairstein y Kletzel, 2009.

[26] Este aspecto de la judicialización es señalado de diversas maneras por la mayoría de los especialistas. Para ver dos posturas al respecto, véase los trabajos de C. Smulovitz y de Rodríguez Garavito y Rodríguez Franco.

al gobierno por parte de la Corte Suprema). En segundo lugar, la comunicación es llevada adelante por las voces de los jueces, especialmente jueces federales y de la Corte Suprema, que cada vez atraen mayor interés de parte de los medios. Finalmente, puede reconocerse una novedosa y deliberada estrategia comunicacional a partir de la creación de una agencia de noticias judicial en Internet.[27] Es en esta última que se enmarca la nueva política de "Gobierno Abierto" de la CSJN. La nueva estrategia comunicativa del Poder Judicial se orienta hacia una mayor intervención en el espacio de la opinión pública y hacia una mejor y más extendida relación con la ciudadanía. El principal soporte de esta estrategia es el Centro de Información Judicial (CIJ), una agencia de noticias propia, en formato virtual, accesible desde las redes sociales de las nuevas tecnologías (*Twitter*, *Facebook*, telefonía inteligente e incluso un canal propio en *Youtube*) y administrada por profesionales de la comunicación. Por este medio se informa sobre las causas más relevantes del fuero federal y de la CSJN, sobre las actividades de formación y culturales desarrolladas por el Poder Judicial y sobre el funcionamiento interno del mismo. El estilo simple y llano en que se plasma la información (y no sólo en el CIJ, sino, cada vez más, en las distintas formas de intervención pública de la magistratura) busca una mayor receptividad de parte de la ciudadanía. A esto se suma la intención de intervenir de manera correctiva o preventiva en la circulación de la información tal como es presentada habitualmente (sesgada, tergiversada o dramatizada, según lo observan los propios actores judiciales) por los medios de comunicación masiva.[28] Mayor control sobre la producción y circulación de noticias judiciales, por un lado, entonces, pero también, por otro, intervención en la generación de una imagen propia, deslindada de la imagen de los otros poderes del Estado y, más aun, marcando un contraste respecto de éstos en virtud de que se presenta la propia imagen desde un discurso que permite la comparación: "gobierno", "transparencia", "accesibilidad", "derecho a la información", "políticas de Estado", son los términos con los que la CSJN trabaja la imagen pública de la Justicia.

Las transformaciones señaladas hasta aquí no agotan, por cierto, la extensión y el significado del giro judicial, aunque configuran su manifestación institucional más visible. El giro judicial se deja ver igualmente en una serie de cambios que tienen que ver con la ciudadanización de las sociedades democráticas y con la extensión de una retórica de los derechos en el espacio público. Éste es el tema del apartado siguiente.

---

[27] Nos hemos en parte ocupado de las diferentes estrategias comunicativas del Poder Judicial en Martín 2011.

[28] Ver el libro digital elaborado por la Corte Suprema de Justicia de La Nación, Justicia argentina on-line, 2011 (www.cij.gov.ar).

4. Espacio público, (des)confianza ciudadana y (des) movilización judicial

Entre los fenómenos que caracterizan al giro judicial, se destaca la llamada "movilización legal" o, como preferimos llamarla en estas páginas, la "movilización judicial".[29] Con este nombre se denota un tipo de activación de las instancias judiciales promovida desde la sociedad civil con el fin de obtener la satisfacción de demandas.[30] La ciudadanía se vuelca cada vez más a expresar sus demandas en la justicia en términos de derechos, sea individual o colectivamente. En Argentina, uno de los ejemplos más sobresalientes de esta tendencia fue la movilización judicial que respondió a las restricciones que el gobierno de F. De la Rúa, primero (2001), y el de E. Duhalde, luego (2002), impusieron a los ahorristas para la extracción del dinero de sus propios depósitos bancarios –los denominados, respectivamente, "corralito" y "corralón", acompañado, este último, de la pesificación de los depósitos en dólares. Ambas medidas fueron seguidas por amparos que denunciaban la naturaleza confiscatoria de las mismas. Si los amparos colectivos fueron los que iniciaron la movilización judicial, la ola de amparos que se desencadenó subsecuentemente y que tuvo un crecimiento prácticamente exponencial, provino de una multitud de recursos presentados individualmente por parte de quienes podían costearse la asistencia legal (Meili, 2003).[31] A fines de 2002, el número de amparos referidos a las restricciones de depósitos así como a las medidas sucesivamente tomadas por el gobierno para limitar los reclamos en sede judicial alcanzaba la cifra de 337.952.[32] Otro de los

[29] El uso del término "movilización legal" proviene de la traducción directa de la expresión en inglés "legal mobilization".

[30] Sigo aquí los trabajos de C. Smulovitz (2005, 2008a y 2008b). Existe un uso del término que amplía su denotación al incluir la movilización "de abajo", "de arriba" e incluso "globalizada". Preferimos restringir el significado a la primera acepción. Una caracterización más amplia conlleva, a nuestro entender, una pérdida de precisión. Podría incluirse, aunque no podemos detenernos en ello, el uso que los grupos corporativos (empresas, sindicatos, etc.) hacen de la vía judicial.

[31] El gremio de los empleados judiciales presentó el primer amparo colectivo a pocos días de decretado el "corralito" ideado por el Ministro de Economía del presidente De la Rúa, D. Cavallo. Los defensores del pueblo de la Nación y de la Ciudad Autónoma de Buenos Aires presentaron amparos contra la aplicación del coeficiente para la devolución de los depósitos "pesificados" (decreto 214/02) (Smulovitz, 2005). La diversificación posterior de los amparos comprendía: las dos restricciones para la extracción de los ahorros, el coeficiente por el que se los convertía en pesos y las limitaciones para las acciones judiciales (suspensión de la ejecución de sentencias, aumento de los requisitos para iniciar demandas, etc.). Cf. Smulovitz 2005.

[32] Según datos del Boletín del Poder Judicial de la Nacional, citados por Smulovitz, 2005: 165-166; ver también Meili 2003.

ejemplos es el ya señalado reclamo judicial por la violación de los derechos previsionales. Si bien esta "movilización judicial" se remonta, con altibajos en el activismo judicial y en la resonancia pública, a más de medio siglo en la historia argentina, en los últimos años ha ganado un renovado impulso en el contexto de judicialización (Smulovitz, 2005; Abramovich, 2009). Por medio de un importante fallo, el fallo "Badaro" (2006), la CSJN exigía la actualización retroactiva de los haberes jubilatorios y explicitaba cuál iba a ser su opinión jurisprudencial en adelante.

Que la sentencia, como es regla, se ciñera al caso particular y no operara como jurisprudencia vinculante para las instancias inferiores, no impidió que, desde entonces, el incremento del número de causas presentadas individualmente llevara al fuero previsional a una situación de colapso: el número de demandas presentadas contra la Administración Nacional de Seguridad Social (ANSES) posteriores al fallo y, puede presumirse, inspiradas en el fallo, ascendía a 297.500 hacia agosto de 2011, con un ingreso aproximado de 100.000 nuevas demandas por año y una acumulación de 470.000 causas.[33]

Aunque en ambos ejemplos los recursos judiciales no logran totalmente los fines de los litigantes, hubo algunos buenos resultados y también logros extra-legales. Al transformar por vía judicial sus peticiones en peticiones legales, los demandantes ganan legitimidad y transforman sus demandas en promesas rotas y, a los jueces, en guardianes de las promesas pasadas. De manera que si el aumento general de la litigiosidad constituye una parte

---

[33] *Clarín*, 17/10/2009, 19/09/2010, 12/03/2012; *La Nación*, 20/09/2010, 11/08/2011, 22/08/2011; *Página 12*, 27/11/2007; ver www.cij.gov.ar, "Seguridad social: en dos años creció 71% el ingreso de causas" (2/11/2010). Sobre la complicación que esta "encrucijada" trae a la Corte, ver las declaraciones de la jueza C. Argibay (*Perfil*, 26/05/2011), quien opinó: "La gente cree que nosotros podemos ser legisladores y extender automáticamente lo que hemos fallado". Luego de que la presidenta vetara una ley impulsada por legisladores de la oposición que estipulaba una movilidad del 82%, el Congreso aprobó, en octubre de 2008, un proyecto de ley del Ejecutivo de "movilidad jubilatoria" que resolvía este problema parcialmente (por un coeficiente aún condicionado a las disponibilidades presupuestarias) y de efectos hacia el futuro (Ley 26.417, en vigor a partir de marzo del año siguiente, 2009). Ver *Página 12*, 02/10/2008. Un año más tarde, una de las salas de la Cámara de la Seguridad Social (instancia de apelación en el fuero correspondiente a las causas sobre jubilaciones y pensiones) dispuso, en base al fallo "Badaro", el reajuste inmediato en más del 50% de la jubilación de un demandante (*Clarín*, 17/10/2009). En otras de las oposiciones judiciales, quizá las de mayores efectos de obtener un fallo favorable, la Defensoría del Pueblo de la Nación presentó una "acción de clase", es decir, una demanda en representación del universo de los damnificados (*La Nación*, 11/08/2011). En el momento en que se revisa este texto (mayo de 2012), la CSJN no se ha expedido. El fallo, que en vistas de la jurisprudencia de la Corte, sería favorable al demandante, tendría consecuencias inéditas en materia de presupuesto.

importante de lo que se reconoce como "judicialización de la política", la invocación de derechos en sede judicial se orienta más al logro de resultados extra-legales que a la obtención de sentencias favorables; una suerte de recurso a la justicia como vía "para hacer política por otros medios". Las expectativas ciudadanas estarían orientadas no tanto a resultados judiciales favorables como al reconocimiento simbólico y político de los reclamos (Smulovitz, 2008a; 2005).

Paralelamente, conviene subrayar aquí que la idea de "movilización" no remite necesariamente a acciones coordinadas y sostenidas colectivamente. En efecto, aunque los dos casos descritos fueron acompañados por manifestaciones de protesta, éstas sólo estuvieron presentes por momentos, mientras que los procesos judiciales se inscribían en una temporalidad larga que en muchos casos aún no culmina (en particular, en materia previsional). Más aún, gran parte de los reclamos judicializados no incentivan, o incluso desincentivan, la participación de los damnificados, que delegan la tarea litigiosa en sus representantes legales, tal como se ha observado en litigios por el derecho a la vivienda, el derecho al beneficio de ayuda sociales o los derechos previsionales, entre otros (Fairstein, Kletzel, García Rey, 2010; Abramovich, 2009; Bohmer, 2010). Inversamente, aunque en un mismo sentido, una vez que la Justicia se ha convertido en un actor político relevante y que tal o cual litigio gana visibilidad pública, puede ocurrir que las manifestaciones de ciudadanos activos y organizados se manifiesten en *contra* de la lógica y los procedimientos de la Justicia y en otro lenguaje que el de los derechos. Ejemplos de esto último los encontramos, por un lado, en las movilizaciones partidarias que se realizaron frente al Palacio de Tribunales para exigir un fallo de la Corte que confirmase la Ley de Servicios de Comunicación Audiovisual promulgada por el gobierno y desafiada en la justicia por miembros de la oposición y empresas afectadas;[34] y por otro lado, en las medidas de fuerza, manifestaciones y cortes de calles y rutas, llevados a cabo por grupos sindicales luego de la detención de dos importantes dirigentes en virtud de procedimientos penales.[35] En suma, si la movilización judicial, el inicio masivo de causas, puede servir para lograr una legitimidad pública y política más amplia, ello no implica la generación de una movilización social

[34] *Perfil*, 17/04/2010; *Página 12*, 02/05/2010, 29/09/2010; *La Nación*, 25/09/2010, 29/09/2010, 06/10/2010.

[35] Se trata de J. Pedraza, Secretario general de la Unión Ferroviaria, y de G. Venegas, de la Unión Argentina de Trabajadores Rurales y Estibadores. El primero fue acusado de instigar el asesinato de un militante (Mariano Ferreyra); el segundo, fue imputado por comercialización de medicamentos adulterados, entre otros delitos (ver *Página 12*, 13/02/2011, 26/02/2011; *Perfil*, 12/02/2011, 13/02/2011).

en el sentido más clásico, es decir, en el sentido de una movilización en la que puede observarse una activa participación ciudadana. En una palabra, la movilización judicial no sería, desde esta perspectiva, ni especialmente "judicial", puesto que aspira a un reconocimiento extra-judicial, ni concretamente "movilización", porque el carácter individual de las demandas y la delegación de las acciones en los abogados son compatibles con ciudadanos desmovilizados.

No obstante, con todas sus ambigüedades y matices, la movilización judicial entendida como aumento general de la litigiosidad configura una parte importante de lo que hoy reconocemos como "judicialización de la política". La doble ambigüedad, de una movilización judicial socialmente desmovilizante y de las movilizaciones contra-jurídicas que se le oponen, da cuenta de las ambigüedades en torno a la judicialización que hemos señalado desde el comienzo. Esto nos conduce a una interrogación sobre la elaboración de sentido de los derechos en las manifestaciones contemporáneas del giro judicial. Pues si bien el fenómeno se deja leer desde una economía de repertorios de acción o de continuación de los conflictos políticos por medios judiciales (Smulovitz, 2005, 2008a, 2008b), también es cierto que la multiplicación de los litigios encuentra su base en una opinión pública que se muestra receptiva a la judicialización y dispuesta a reconocer legitimidad a los reclamos así expuestos. La cuestión que se abre es si, más cerca de la primera lectura, el derecho simplemente reviste intereses que se afianzan en el movimiento individualizante de nuestras sociedades al precio de los lazos de solidaridad y del sentido de lo público, y si, por esa razón, la judicialización puede en cualquier momento revertirse en movilizaciones contra-jurídicas, o si, en cambio, y más cerca de la segunda lectura, el derecho señala la esfera de lo común manteniendo una tensa relación con los intereses y la individualización.

La respuesta a un tal interrogante habrá de variar de acuerdo a los sucesos particulares que se observen. Hecha esta reserva, es posible reconocer una dinámica abierta por el giro judicial. Esa dinámica es motorizada por el doble proceso de ciudadanización y de judicialización; la primera hace referencia a la centralidad que gana la figura del ciudadano como resultado de la desarticulación de las identidades y pertenencias sociales tradicionales, mientras que la segunda remite, de manera general, a la mayor influencia de la Justicia en los asuntos políticos y de la retórica de los derechos en la expresión pública de las demandas ciudadanas. Ciudadanía y derecho convergen, de ese modo, en la apertura de un espacio público y simbólico de indeterminación que genera una tensión tanto con identidades preconcebidas como con intereses presupuestos y ligados a esas identidades. Asimismo, si la ciudadanización puede hacer suponer una tendencia hacia la individualización, la inscripción pública de las demandas en términos de derechos exige un regreso a una instancia colectiva en la medida en que el significante "derecho" tiene una pretensión de validez universal de la que carece la idea de "interés", respecto de la cual el interesado tiene un privilegio interpretativo. En este sentido, puede mencionarse la "desindividualización" de los derechos (Bohmer 2010) que se observa cuando las demandas se articulan en términos de derechos colectivos o de incidencia colectiva, o de un "interés público". Podría decirse que el derecho sobredetermina los intereses imprimiendo en ellos su impronta de indeterminación, la apertura a una interrogación sobre la legitimidad y la naturaleza de los intereses, interrogación escenificada en el espacio público o en el espacio semi-público de los tribunales, o, si se prefiere, la apertura a una traducibilidad de los intereses en términos de derechos que no deja de ser transformadora.

Si nuestro argumento es correcto, la movilización judicial como fenómeno saliente del giro judicial debe comprenderse en su articulación con la ciudadanía como sujeto enunciador, con los derechos como su gramática propia y con el espacio público como espacio de aparición legítima para ciudadanos que esgrimen el lenguaje de los derechos ante la Justicia. En una palabra, el giro judicial aparece como un fenómeno propio de las democracias de opinión en las que el espacio público conforma la escena en la que se juega la legitimidad y la ciudadanía hace valer su voz permanente en términos de opinión pública. Puede decirse que a nuestras democracias de audiencia o del público se corresponde un giro judicial *público* de la política. Y en uno y otro caso, la publicidad del espacio en el que se dirime la legitimidad deja una incógnita sobre el sentido de lo democrático y de lo justo en la medida en que esa misma publicidad muestra su vitalidad mayormente de manera negativa: con vetos, rechazos, expresiones de desconfianza.

La desconfianza ciudadana caracteriza al formato democrático contemporáneo. Desconfianza expresada de manera permanente en el espacio de opinión pública, ella se dirige no sólo a los representantes políticos, sus partidos y las instituciones en las que actúan, sino también a los jueces y a la Justicia. La nueva visibilidad pública que tienen los jueces los expone —a ellos, a sus instituciones y a su autoridad— a la misma indeterminación que experimenta todo lo que aparece en el espacio público. La Justicia sufre inexorablemente un descrédito análogo al que sufre la política. Casi unánimemente, la literatura destaca la paradoja que de este estado de cosas se deriva: la profundización del proceso de judicialización en un contexto de desprestigio y desconfianza respecto de la Justicia y los jueces. En la Argentina del giro judicial, aunque el prestigio de la Justicia mejoró desde su derrumbe en el contexto de crisis profunda de 2001, los indicadores que dan cuenta de la desconfianza se mantienen invariablemente por encima del 50% o el 70% (dependiendo de los indicadores).[36] A nuestro entender, esta paradoja sólo se vuelve inteligible si se considera la centralidad del espacio público en las transformaciones en curso. La judicialización de la política en contextos de desprestigio de la Justicia sólo es pensable en la medida en que se reconozca la actualización que ella permite del rol legitimador del espacio público. Como hemos sostenido en otra ocasión (Martín, 2011), el giro judicial presenta la ocasión de escenificar la confianza no ya en la Justicia y los jueces sino en el espacio público de opinión.

5. La justicia como escena de la política

La legitimidad pública de la Justicia puede percibirse también en el creciente recurso a ella por parte de líderes y representantes políticos en sus relaciones mutuas. En diferentes situaciones y a través de diversas vías, la escena judicial es convertida en una escena en donde se dirimen los conflictos políticos. No se trata aquí específicamente de un nuevo rol de la Justicia sujeto a la iniciativa de los jueces ni de una movilización de exigencias ciudadanas que se canalizan por las vías del Derecho sino de iniciativas de representantes políticos que deciden jugar sus roles cambiando de escena. Un primer fenómeno observable, que podríamos denominar la *judicialización de la relación entre gobierno y oposición*, se caracteriza por la apelación a la Justicia, por parte de los líderes políticos, como instancia de resolución de conflictos que eventualmente hubieran podido ser resueltos por ellos mismos, como antaño, en tanto que miembros de los otros poderes, de los poderes que tienen legitimación electoral. Uno de los momentos en que, en la Argentina reciente, la conflictividad política adoptó esta forma del giro judicial fue hacia fines de 2009 e inicios de 2010, en el contexto del cambio de relaciones de fuerza en el Congreso luego de la derrota del oficialismo en las elecciones legislativas en junio de 2009. En este contexto,

---

[36] Según una estadística oficial, para la opinión pública, el prestigio institucional de la Justicia argentina fue decreciendo desde 1984 (57%) hasta caer en el 12% en 2001 (Smulovitz, 2005). El Latinobarómetro informa un 90,3 % de baja y nula confianza en el sistema judicial en 2002, en un contexto de crisis generalizada de las instituciones (citado en Smulovitz, 2008a). Para datos más actuales, ver el "Índice de Confianza en la Justicia", elaborado por la Universidad Torcuato Di Tella, el Foro de Estudios sobre la Administración de la Justicia y la Fundación Libertad, marzo 2010, en www.utdt.edu. Según este informe, al observar las "conductas" y no meramente las "percepciones", la Justicia obtiene un mayor coeficiente en el índice. Esta diferencia converge con lo expuesto por nosotros.

hubo dos episodios destacados de este tipo de judicialización. El primero tuvo lugar tras la promulgación de la nueva ley que transformaba significativamente la regulación sobre la distribución y la gestión de los medios de comunicación. La Ley 26.522/09 de Servicios de Comunicación Audiovisual, tal su denominación oficial, era recibida con una serie de medidas cautelares presentadas por legisladores de la oposición que la suspendían total o parcialmente y que dieron inicio a un litigio que aún no ha sido resuelto (mayo de 2012).[37] El segundo episodio se dio con la llamada "crisis del Central" que se desencadenó, en su forma judicializada, a fines de 2009 cuando un grupo de diputados de la oposición se presentó ante la justicia para exigir la suspensión, vía recurso de amparo, de la creación por decreto del Ejecutivo nacional de un fondo de garantía para futuros empréstitos públicos con recursos del Banco Central de la República Argentina (BCRA), arguyendo la inconstitucionalidad de la decisión.[38] A ese recurso, seguirían otros en lo que constituyó una escalada judicial en la que nuevos intentos de constituir el fondo eran contestados judicialmente. La escalada llegaría hasta la CSJN que, recordemos, desestimó su competencia por tratarse de un recurso de amparo.[39]

[37] *Página 12*, 22/12/2009, *La Nación*, 09/03/2010. Naturalmente, los desafíos legales más importantes provinieron de las más grandes empresas de medios de comunicación, principales damnificados. Sin embargo, los primeros recursos judiciales fueron de origen político: primero, en diciembre de 2009, por parte del diputado E. Thomas (del Peronismo Federal de la provincia de Mendoza), y luego, por parte de la diputada Z. B. Daré (Peronismo Federal, de la provincia de Salta). La Corte desestimó la suspensión total pero no las medidas cautelares parciales (sin pronunciarse sobre la cuestión de fondo) que habían suspendido, entre otros de menor relevancia, los artículos puntuales 161 (sobre el plazo de un año para desinversión de los propietarios de medios en situación monopólica) y 45 (que dispone la cantidad de medios que pueden poseerse), y que habían sido confirmadas en instancia de alzada (Cámara Civil). Sobre estas medidas, el por entonces Procurador de la Nación, E. Righi, emitió su opinión (no vinculante para la CSJN) a fines de 2011 en favor de la posición del Estado. En mayo de 2012, la CSJN resolvió poner un límite temporal (07/12/2012) a la medida cautelar que suspende parcialmente la ley. Paralelamente en el mismo fallo, y en línea con los argumentos vertidos en estas páginas, la Corte señala que el propio Estado prorrogó la desinversión para otros medios y no se muestra preocupado en la aplicación de la ley. Véase "Otro juez suspendió la ley de medios", por A. Ventura, *La Nación*, 09/03/2010, también 06/10/2010; *Clarín*, 18/06/2010; *Perfil*, 19/06/2010; *Página 12*, 06/10/2010, 20/12/2011, 23/05/2012.

[38] Los diputados que presentaron el recurso de amparo fueron: F. Pinedo, del PRO y, Prat Gay, J. C. Vega y P. Bullrich, de la Coalición Cívica. Ver *Perfil*, 09/01/2010; *Página 12*, 07/01/2010.

[39] Entre los numerosos recursos judiciales cabe mencionar el freno judicial a la destitución del presidente del BCRA (en ese momento, el economista M. Redrado), una denuncia penal contra la presidenta de la Nación, varios de sus ministros y el directorio del BCRA, por desobediencia judicial (denuncia realizada por la Coalición Cívica) (*Página

Las escenificaciones judiciales de los conflictos en torno de "Ley de Medios" y de la "crisis del Central" tuvieron una amplia cobertura en los medios de comunicación[40] en virtud de la importancia de los temas y del número de actores e intereses relevantes involucrados –especialmente en el primer caso, donde eran los mismos medios parte interesada. En esa publicidad se dejaba ver la legitimidad pública del recurso a la justicia y, en consecuencia, la legitimidad que tiene la Justicia en sí misma en el espacio público. En este sentido, si bien puede apreciarse una desconfianza generalizada –si no un rechazo– respecto de la clase política, y si la palabra política (la de los políticos) está desacreditada a los ojos de la opinión pública, no ocurre lo mismo con el uso público de la retórica jurídica por parte de los políticos. Cuando los políticos suben al escenario de la Justicia para blandir la retórica judicial en ocasión de desacuerdos políticos, es posible que no capitalicen necesariamente beneficios en términos de imagen o prestigio, pero es asimismo poco probable que pongan algo de eso especialmente en riesgo.

La desconfianza que afecta a los políticos, a sus palabras, y en particular a sus promesas, no parece entonces ser trasladable a sus discursos cuando éstos se inscriben en la gramática del giro judicial. Es posible ver en ello una de las razones por las cuales los políticos recurren cada vez más a la justicia, o amenazan públicamente con recurrir a ella, en vistas a poner en la agenda pública temas conflictivos en los que, por lo general, la fuerza partidaria, las facultades institucionales o los mecanismos políticos tradicionales –el debate parlamentario, las negociaciones informales– se revelan insuficientes. Los asuntos impugnados son de la naturaleza más diversa: trámites legislativos (como la mencionada "Ley de Medios"), distribución de la recaudación impositiva,[41] disponibilidad de efectivos policiales para garantizar la seguridad,[42] problemas

---

12, 5/3/2010; *Perfil*, 13/03/2010), y la impugnación de la conformación de la Comisión Bicameral de Trámite Legislativo, encargada de evaluar los decretos de necesidad y urgencia, presentada por senadores del oficialismo (*Perfil*, 13/03/2010).

[40] Cf. los diarios nacionales *Clarín*, *La Nación*, *Página 12* y *Perfil*, de diciembre de 2009 a marzo de 2010, especialmente las ediciones de enero. Ver en particular: *Perfil*, 09/01/2010, 24/01/2010, 20/02/2010, 07/03/2010; *La Nación*, 14/01/2010, 09/02/2010; *Página 12*, 07/01/2010.

[41] Se trata de varios conflictos sobre la coparticipación de impuestos entre Estado y provincias y por diferencias en la distribución de Aportes del Tesoro Nacional (los ATNs). Los gobernadores H. Binner (de Santa Fe), J. Schiaretti (Córdoba), A. Rodríguez Saá (San Luis), E. Brizuela del Moral (Catamarca) y O. Jorge (La Pampa), presentaron un recurso ante la CSJN (*La Nación*, 23/02/2010). Asimismo, un grupo de 34 senadores de la oposición pidieron ser oídos como *amicus curiae* ante la Corte (*Página 12*, 18/12/2009).

[42] El gobierno de la Ciudad Autónoma de Buenos Aires denunció a la Ministra de Seguridad, N. Garré, y al jefe de la Policía Federal Argentina, E. Capdevila, por el delito de

con el sistema de recolección de residuos urbanos[43] o actualización de los ingresos previsionales,[44] entre otros.

Un segundo fenómeno discernible dentro de esta faceta del giro judicial donde la justicia deviene escena de la política es la *judicialización de la competencia electoral*. Por "judicialización de la competencia electoral" entendemos el inicio y la reactivación de causas penales contra adversarios electorales. En 2005, en plena campaña para las elecciones legislativas, más precisamente, tres días antes de las elecciones que se llevarían a cabo el 23 de octubre, el candidato del ARI (Argentinos por una República de Iguales) E. Olivera era denunciado ante la Oficina Anticorrupción por falsear su declaración jurada. El hecho tuvo grandes repercusiones en la prensa aunque pocas consecuencias, presumiblemente, en el resultado electoral; y ciertamente no tuvo consecuencia ulterior alguna en lo judicial.[45] Similarmente, F. De Narváez, también candidato opositor a una banca en el Congreso en 2009, fue vinculado con el tráfico de efedrina en plena campaña electoral.[46] Y en julio de 2011, ocho días antes de las elecciones porteñas, un juez allanó las oficinas del Ministerio de Desarrollo Social de la Ciudad de Buenos Aires, Ministerio a cargo de M. E. Vidal, por entonces candidata a vice-jefe de gobierno por el PRO (Propuesta Republicana).[47] Estos son los ejemplos más salientes por su cercanía con las elecciones y por sus repercusiones en

---

"incumplimiento de deberes de funcionario público" tras haber retirado éstos efectivos de la PFA que realizaban custodias fijas en la Ciudad.

[43] "Los intendentes, dispuestos a pasar factura en la Justicia" (*Clarín*, 07/04/2011; *Perfil*, 03/04/2011).

[44] Al final de la sesión legislativa que aprobaba la ley de movilidad de jubilaciones y pensiones, y en desacuerdo con el coeficiente que regularía dicha movilidad, un grupo de legisladores anunció que requeriría la declaración judicial de la inconstitucionalidad de la ley ("La oposición va rumbo a tribunales", *Página 12*, 02/10/2008). Desde su promulgación, ley sigue manteniendo su vigencia (mayo de 2012) y su discusión ha salido de la agenda pública, aunque no de la agenda judicial.

[45] La fuerza ARI obtuvo el segundo lugar en esas elecciones. La denuncia, según se comprobaría luego, había sido realizada sobre evidencia falsa (*Página 12*, 19/10/2005; *La Nación*, 02/08/2007).

[46] Sobre el caso De Narváez, ver *Clarín*, 18/04/2009; *Perfil*, 14/05/2009; *Crítica de la Argentina*, 12/04/2009, y en general la prensa de la segunda mitad de abril, de mayo y de junio.

[47] El mismo juez, Roberto Gallardo, que aparece periódicamente en conflicto con distintas áreas del gobierno porteño, fue acusado por el Jefe de Gobierno, M. Macri, de "hace[r] política desde el primer día" (*La Nación*, 02/07/2011). El candidato del Frente para la Victoria D. Filmus denunció, a su turno, al PRO, partido del Jefe de Gobierno que aspiraba a la reelección (M. Macri), por lo que la prensa llamó "campaña sucia" en referencia a afiches y encuestas telefónicas que en los que se vinculaba al padre de Filmus con el escándalo del "caso Shoklender" ("Filmus denunció una 'campaña sucia'",

las campañas electorales. Otros ejemplos muestran que denuncias menos cercanas a fechas electorales pueden sin embargo generar efectos (no siempre en un mismo sentido) sobre la instalación de precandidatos o sobre las autoridades que eventualmente aspiren a una reelección.[48]

Aunque es difícil ponderar las consecuencias de estas denuncias penales o cuasi-penales sobre los resultados electorales, y mucho más difícil atribuir consecuencias semejantes en todos los casos, la recurrencia a esa estrategia da cuenta de su receptividad de parte de los medios de comunicación y de la opinión pública (y eventualmente, también, del electorado).[49] Por esa vía se realiza una apelación a un sentido común trabajado públicamente que asocia la corrupción con el lugar del representante mientras que, en el lado

---

La Nación, 06/07/2011; "La campaña sucia habría afectado a 700 mil porteños en solo una semana", *Perfil*, 24/07/2011; *Clarín*, 23/07/2011).

[48] En varios de estos casos, la "judicialización de la competencia electoral" se superpone con judicializaciones que desafían a las autoridades electas y con la judicialización de la oposición política que vimos antes. El jefe de Gobierno de la Ciudad de Buenos Aires desde 2007, M. Macri, tuvo varias causas en su contra, entre ellas, una relacionada con abusos de autoridad de la Unidad de Control de Espacio Público del gobierno, y otra en la que fue procesado por asociación ilícita para la realización de "escuchas" ilegales (*La Nación*, 21/05/2010, 16/07/2010, 23/07/2010; *Perfil*, 17/07/2010; *Clarín*, 18/07/2010). La primera de ellas tuvo un momento de reactivación en un contexto prelectoral; la segunda, motivó una impugnación a su nueva candidatura para el cargo de Jefe de Gobierno. Ver "Macri declaró por la UCEP", *Página 12*, 15/06/2011; "Por estar procesado, Macri podría no ser jefe de Gobierno", *Perfil on-line* 17/05/2011 [acceso 14/03/2012]; "Presentaron la impugnación de la candidatura de Macri", *Perfil on-line* 23/05/2011 [acceso 14/03/2012]. Agradezco a Gabriela Mattina las referencias de prensa sobre los procesos seguidos contra el Jefe de Gobierno porteño. Para otros casos en el mismo sentido, ver por ejemplo, "Hebe de Bonafini pedirá el juicio político de Cobos", *Perfil on-line* 21/04/2010 [acceso 14/03/2012]; "Piden reabrir la causa por enriquecimiento contra Kirchner e investigar el uso del Tango 10", *La Nación*, 16/07/2009; "Denuncian a los Kirchner por enriquecimiento", *Clarín*, 17/07/2009. En un sentido similar, aunque se trata de un acontecimiento más complejo, originado en un trágico accidente en un espectáculo público en el que murieron 194 personas, y resuelto por medio de un juicio político, la destitución del Jefe de Gobierno de la Ciudad de Buenos Aires, Aníbal Ibarra, en 2006, dejó ver la legitimidad con que cuentan los procedimientos que buscan responsables individuales de los errores y desmanejos de la burocracia pública. Bajo la forma dramatizada de la judicialización (con juicio político incluido), este caso muestra tanto la gravitación que tienen las formas jurídicas para la política como la oportunidad que éstas presentan de poner en escena la personalización contemporánea de la política.

[49] Que los efectos de estas estrategias jurídico-electorales favorezcan a los acusadores o a los acusados o sean inocuos, no sólo es difícil de determinar sino que muy probablemente los efectos cambien según las distintas circunstancias. No he encontrado estudios cuantitativos relevantes referidos al tema. Para una opinión (no del todo desinteresada) que afirma la inocuidad e incluso los efectos contraproducentes de las estrategias de judicialización en contextos electorales, pueden leerse las declaraciones de J. Durán Barba, asesor de M. Macri (*Perfil*, 13/06/2010, *Clarín*, 18/07/2010).

opuesto, la ciudadanía reafirma su desconfianza, su desencanto, su victimización y, en el extremo, su rechazo, respecto de la política expresada por los políticos. Asimismo, esta forma de judicialización, de tinte penal, pone en escena uno de los rasgos característicos de la política contemporánea, a saber, la *personalización* de la política sobre la base de la opinión pública o la (im)popularidad. En efecto, la denuncia por corrupción u otros delitos permite, por un lado, dirigir el debate público en torno de un individuo y, por otro, desligar el debate y el individuo de toda connotación ideológica o de la referencia a una pertenencia partidaria. El fenómeno que examinamos se deja así inscribir en el marco de las transformaciones de la representación que nos permite hablar del paso de una democracia de partidos a una democracia de opinión o de audiencia (Manin, 1998, Rosanvallon, 2007; Cheresky, 2006a, 2006b, 2008, 2011). En esta última forma de democracia, a diferencia de la precedente, la identificación de los ciudadanos con la autoridad política no se genera a través de la mediación partidaria sino en una relación directa con el líder en un encuentro que se produce en el espacio público de la opinión. Es en este sentido que hablamos de una *personalización* de la política, ligada a cambios de las últimas décadas largamente discutidos en la literatura (desencanto político, crisis de las ideologías, ilegibilidad de lo social, etc.), que pone en escena la legitimación política en términos de reputación individual antes que en términos de programas de gobierno, ideologías e identificaciones partidarias y que, consecuentemente, se revela concordante con las características que definen al giro judicial de la política.[50]

La judicialización de la relación entre gobierno y oposición y la judicialización de la competencia electoral son dos de los fenómenos salientes que hacen al giro judicial, en particular, al modo en que éste se presenta cuando la Justicia es la escena de la política y de los políticos. Tal como señalamos al examinar el nuevo protagonismo de los jueces y el vuelco de la ciudadanía hacia lo judicial, también aquí encontramos que los jueces y los tribunales toman decisiones que tienen efectos sobre la esfera política (desde allanamientos hasta citaciones judiciales, desde medidas cautelares que suspenden artículos de una ley hasta una orden de restitución de efectivos de la policía, para evocar algunos de los ejemplos mencionados). Sin embargo, si bien este aspecto parece tener una relevancia elemental, los efectos no jurídicos de la judicialización parecen tanto o más decisivos. Tal como se deja apreciar quizá de manera más acentuada en el segundo que en el primero de los fenómenos descritos en este apartado, los efectos sobre

---

[50] Debe diferenciarse la forma jurídica de personalización de un espectro más amplio de veto ciudadano *ad hominem* que se multiplica y que incluye desde el "escrache" hasta "juicios populares" (simbólicos, no jurídicos), pasando por la descalificación personal.

el espacio de opinión pública parecen pesar en igual o mayor medida que los estrictamente jurídicos.

Mientras que la judicialización espasmódica de la competencia electoral nos habla de una búsqueda del favor de la opinión pública y del electorado por medio de la acusación pública de un contendiente, la judicialización periódica de la relación gobierno-oposición busca atraer la opinión pública en vistas a lograr efectos políticos tangibles que no pueden ser logrados por otros medios. Entre una y otra forma de judicialización se pone en juego no tanto la confianza en la justicia como la desconfianza en los políticos y la confianza en el espacio público como fuente de una legitimidad expresada en una retórica jurídica. La justicia se vuelve así no tanto el actor en quien se deposita la confianza sino el *espacio* en el que se pone en escena la desconfianza que la opinión pública hace recaer sobre los políticos.

6. A modo de conclusión: ¿Representación judicial?

Una nueva y creciente gravitación de la Justicia en los asuntos tradicionalmente considerados políticos, y también tradicionalmente resueltos por "los políticos", tiene lugar en Argentina. Como en otras partes del mundo, y particularmente como en otros países de la región, los jueces ganan terreno aquí a partir de propias iniciativas, de exigencias ciudadanas y de intervenciones de los propios representantes políticos; y sus sentencias avanzan sobre la agenda política, las deliberaciones sobre políticas públicas y las decisiones presupuestarias. Este "giro judicial de la política" reposa en Argentina sobre un espacio público de la opinión que le es receptivo y que adopta el lenguaje de los derechos como lenguaje ciudadano. Sobre esa base de legitimidad, la Justicia aparece como algo más que un actor, un recurso y uno de los poderes del Estado de derecho: se escenifica como *imagen*, como *retórica ciudadana* y como *escena* políticas. La tradicional frontera entre lo jurídico y lo político, entre lo judiciable y lo no judiciable, se corre y se desdibuja, pero no se oscurece en la medida en que ese corrimiento transcurre mayormente a la luz del espacio público. Las limitaciones en la eficacia, en los alcances y en la publicidad de las decisiones judiciales, así como la desconfianza que la ciudadanía mantiene hacia el Poder Judicial como hacia los otros lugares de poder y autoridad, no parecen implicar un obstáculo a una judicialización que avanza sobre la base de su naturaleza *pública*. Y es en este aspecto, el de la publicidad, en el que las ambigüedades del giro judicial encuentran si no su explicación al menos su sentido (indeterminado). En efecto, si el espacio público de opinión tiende a aceptar cada vez más reclamos, conflictos y denuncias en términos de justicia y de derechos, eso ocurre a un precio en términos de intereses, pertenencias e identidades tradicionales (corporativas o partidarias), que antes eran fuente de sentidos estables. En ese sentido, lo que desde un punto de vista puede aparecer como una limitación (i.e., desde el punto de vista de los intereses), desde otro punto de vista se presenta como el rasgo distintivo de un proceso potencialmente abierto, inapropiable e indeterminado. Si esto es así, entonces puede entenderse que la movilización judicial encuentre sus límites como *movilización* allí mismo donde halla sus potencialidades *público-jurídicas*: si la presentación de un reclamo en sede judicial realiza un recorte del actor reclamante al inscribirlo en el lenguaje más técnico de los procedimientos jurídicos interviniendo así sobre su "identidad" o su "interés" en el caso particular, el carácter público de la judicialización en curso, a su turno, tiende a traducir el reclamo a la retórica más amplia de los derechos y a reinscribir al reclamante en la identidad indeterminada e indiferenciada de la ciudadanía. El giro judicial *público* de la política —pues de eso se trata— puede ser leído en consecuencia como una de las formas de representar el poder ciudadano generado en el espacio público.

Desde este punto de vista, antes que exhibir una nueva articulación entre lo social y lo político o lo estatal, o una nueva forma de hacer valer lo social en la política, el giro judicial podría ser pensado como una forma de *institución* de lo social, la forma jurídica de la institución política de lo social en el marco de una democracia que encuentra en el espacio público su principal fuente de legitimidad. Como forma de institución entonces, el giro judicial debe ser interrogado como "semi-representación" del poder que las sociedades tienen de auto-instituirse (Lefort, 1985). En este sentido, en la literatura consultada, la perspectiva de una justicia que toma el lugar de la representación política aparece como pregunta, como virtualidad, como deriva o como promesa. En el extremo, la perspectiva de un avance de los jueces sobre asuntos que comprometen definiciones presupuestarias y políticas públicas parecería poner en cuestión los orígenes mismos de la revolución democrática (al menos en EEUU, según propone Walzer, 2007) en lo que podría resumirse en la fórmula: *No taxes without judiciarisation*.

La perspectiva de una justicia que deviene instancia de representación parece allanarse en el marco de las transformaciones experimentadas en la forma de la democracia en las últimas décadas. No obstante, aunque es posible identificar varios de los elementos que B. Manin, en su clásico estudio, señala para toda forma de representación (autonomía relativa del representante, libertad de opinión pública y deliberación como base de la legitimidad de las decisiones), el componente de elección periódica de los representantes está, por definición, ausente cuando se trata de los jueces. Componente éste, es cierto, aristocrático en su origen antes que democrático, pero distintivo de las democracias representativas modernas. Sea como fuere, los jueces fundan su legitimidad en la unanimidad que supone la Constitución como pacto social de la totalidad, de la comunidad de ciudadanos toda; y si bien no son expuestos al control periódico del voto, esa legitimidad es puesta a prueba ante el escrutinio de la opinión pública y la ciudadanía. En efecto, si la relación que actualmente entabla la ciudadanía con los representantes se yergue, a diferencia de las identificaciones fundadas en la pertenencia social del pasado, sobre una distancia o brecha persistente *vis-à-vis* los representantes, distancia sólo reducida en la imagen temporalmente cristalizada de los liderazgos sobre la base de una popularidad sostenida en el espacio público, si tal es la brecha y tal el modo de identificación, entonces, la situación de los jueces, su imagen, ya no se diferencia tanto de la de los representantes políticos como en el pasado. Jueces y políticos comparten ciertos rasgos del tipo de representación política que caracteriza a la democracia de audiencias: la importancia de los medios, la preponderancia del espacio público de opinión ciudadana, la desinscripción a lazos permanentes y la personalización.

Sin embargo, en la medida en que el giro judicial también excede la figura de los jueces (porque no tiene su centro ni en la persona ni en la imagen de los jueces), conviene indagar la relación de representación desde otra perspectiva, considerándola como el espacio de poder de institución de lo social, es decir, como esa "semi-representación" de un poder inapropiable por el cual las sociedades democráticas deliberan sobre lo legítimo y lo ilegítimo, lo bueno y lo malo, lo justo y lo injusto (Lefort, 1985). Más precisamente, y siempre en la línea de pensamiento abierta por C. Lefort, si desde la revolución democrática podemos reconocer en *la* política una semi-representación de *lo* político, una escena en la que se representa un poder que excede los límites de lo establecido, similarmente, el giro judicial *de la política* podría indicar una mutación de esa semi-representación del poder configurada de acuerdo con las transformaciones que dan forma a las democracias de opinión. Dicho de otro modo, el giro judicial de *la* política señalaría otra forma de dar visibilidad al poder auto-instituyente de las sociedades en el contexto de las democracias "de audiencia" o de "lo público". De ser así, no estaríamos frente a una justicia que avanza sobre *la* política, que la reemplaza o la complementa, sino ante otra forma de semi-representación de *lo* político generada en el espacio público y que se manifiesta en la justicia que, a su turno, se vuelve "política". Puede haber "judicializaciones" de la política que se sustraigan a la luz pública, como puede haber politizaciones de la justicia que transcurren en las sombras. Pero la importancia del espacio público y la opinión pública en lo que hemos llamado el "giro judicial" nos habla de un fenómeno de mayor complejidad. Es posible señalar, entonces, que así como la opinión pública o la audiencia pueden ser leídas como una forma (virtual, mediatizada) de hacer *inteligible* el poder ciudadano, y así como la popularidad sobre la que cada vez más se erigen los liderazgos políticos vuelve *visible* un poder generado en el espacio público (Cheresky, 2008, 2011), así también la judicialización *pública* de la política escenificaría el poder ciudadano, como una forma de semi-representar *lo* político, y lo expresaría en la retórica de los derechos.

Entre las oscilaciones de la opinión pública representada como audiencia por los sondeos y la diversidad de litigios judiciales particulares pero permanentes, la consagración de liderazgos representativos sigue siendo predominante como forma de representación del poder. Sin embargo, entre elección y elección esta última forma es trabajada por las dos primeras. Los representantes consagrados por la legitimidad electoral deben responder a las exigencias de un poder que los excede, exigencias cuyo origen debe buscarse en esa parte irrepresentable (en la *semi*-representación de *la* política) del poder que encuentra formas de manifestarse en el espacio de la opinión pública y en la escena judicial. Si la opinión pública, en sus expresiones de veto, de desconfianza o de reclamo, muestra una sola voz (*la* opinión), general aunque cambiante, y muchas veces negativa, el giro judicial, a su turno, pone en escena una multiplicidad descentralizada de instancias en la que lo particular (*cada* litigio) se expone en la retórica de los derechos, unas veces como limitación del poder de los gobernantes, otras veces –cada vez más– como poderes de transformaciones parciales, y en algunos casos potencialmente generales. De este modo, el giro judicial de la política presentaría una multiplicidad de instancias de poder que pueden poner legítimamente en cuestión la relación directa que, en las democracias de audiencia, se establece entre liderazgos de popularidad y opinión pública, tanto más cuanto que la legitimidad de dicho poder (semi)representado judicializadamente no descansa solamente en su naturaleza institucional sino, especialmente, en el carácter público que ha adoptado la justicia en el nuevo "giro" político.

Poder escenificado de manera *virtual* e instalado en la *temporalidad*, el de la opinión pública; poder *institucional* y organizado en la *territorialidad* propia del Estado, el de la justicia; ambos parecen contribuir a la configuración de las democracias contemporáneas. Es en este sentido, el de una representación sin representante (los jueces, dijimos, no son la única figura saliente de la judicialización, que también incluye la justicia como escena y como imagen), el de una semi-representación judicial del poder, que puede hablarse, a nuestro entender, de representación judicial.

Bibliografía

Arantes, R. (2008): "Constitucionalismo, expansión de la justicia y judicialización de la política en Brasil", en Sieder, R., L. Schjolden, A. Angell (editores): *La judicialización de la política en América Latina*. Bogotá: Universidad Externado de Colombia, [Nueva York; Palgrave, 2005].

Arcidiácono P., C. Fairstein y G. Klerzel (2009): "La judicialización del Programa Jefes y Jefas de Hogar Desocupados: ¿por la buena senda?", en: Abramovich, V. y L. Pautassi (comps.): *La revisión judicial de las políticas sociales. Estudio de casos*. Buenos Aires: Editores del Puerto.

Arcidiácono, P., N. Espejo Yalsic y C. Rodríguez Garavito (coords.) (2010): *Derechos sociales: justicia, política y economía en América Latina*. Bogotá: Siglo del Hombre Editores/ LAEHR.

Abramovich, V. y L. Pautassi (comps.) (2009): *La revisión judicial de las políticas sociales. Estudio de casos*. Buenos Aires: Editores del Puerto.

Bohmer M. (2009): "La globalización y el nuevo espacio público en la Argentina", en: *El nuevo Derecho Administrativo Global en América Latina*, Institute for International Law and Justice, New York University y la Universidad de San Andrés, Colección de Cuadernos RPA, de Res Publica Argentina, Buenos Aires.

Bohmer M.: (2010) "Derecho de interés público, acciones colectivas y género", en Juan A. Cruz Parcero y Rodolfo Vázquez (coords.): *Debates constitucionales sobre derechos humanos de las mujeres*, Col. Derecho, género y justicia.

Bohmer M. y T. Salem (2010): "Litigio estratégico: una herramienta para que el Poder Judicial tenga voz en políticas públicas clave". *Documento de Políticas Públicas*, Análisis N° 89, CIPPEC, Diciembre de 2010, Buenos Aires.

Cheresky, I. (1999a): *La innovación política. Política y derechos en la Argentina contemporánea*. Buenos Aires: Eudeba/Instituto de Investigaciones Gino Germani – Universidad de Buenos Aires.

Cheresky, I. (1999b): "La experiencia de la reforma constitucional", en Novaro, M. (compilación y presentación): *Entre el abismo y la ilusión. Peronismo, democracia y mercado*. Barcelona/Buenos Aires: Grupo Editorial Norma.

Cheresky, I. (comp.) (2006a): *Ciudadanía, Sociedad Civil y Participación Política*. Buenos Aires: Miño y Dávila Editores.

Cheresky, I., (comp.) (2006b): *La política después de los partidos*. Buenos Aires: Prometeo.

Cheresky, I. (2008): *Poder presidencial, opinión pública y exclusión social*. Buenos Aires: Clacso/Manatial.

Cheresky, I. (comp.) (2011): *Ciudadanía y legitimidad democrática en América Latina*. Buenos Aires: Prometeo/Clacso.

Commaille, J. y M. Kaluszynski (2007): *La fonction politique de la justice*, La Découverte/ PACTE, coll. «Recherches», París.

Fairstein, C., G. Kletzel, P. García Rey (2010): "En busca de un remedio judicial efectivo: nuevos desafíos para la justiciabilidad de los derechos sociales", en Pilar Arcidiácono, Nicolás Espejo Yalsic y César Rodríguez Garavito (coords.): *Derechos sociales: justicia, política y economía en América Latina*. Bogotá: Siglo del Hombre Editores/ LAEHR.

Garapon, A. (1997): *Juez y democracia. Una reflexión muy actual*. S.L., Flore del Viento Ediciones.

Garapon, A. (dir.) (2003): *Les juges. Un pouvoir irresponsable?* París: Editions Nicolas Philippe.

Gargarella, R. (2006): *Carta abierta sobre la intolerancia. Apuntes sobre derecho y protesta*. Buenos Aires: Siglo XXI / Club de Cultura Socialista "José Aricó".

Gargarella, R. (2007): "Un diálogo sobre la ley y la protesta social", en: *Postdata. Revista de reflexión y análisis político*, N° 12, agosto 2007, Buenos Aires.

González Bombal, I. (1997): "1983: el entusiasmo democrático", en: *Agora*, núm. 7, invierno, Buenos Aires, 1997.

González Bombal, I. (1995): "'Nunca más': el juicio más allá de los estrados", en: AA.VV.: *Juicio, castigos y memorias. Derechos humanos y justicia en la política argentina*. Buenos Aires: Nueva Visión.

Guthmann, Y. (2007): "La reforma del sistema de Justicia (2003): una mirada crítica", en: *IV Jornadas de Jóvenes Investigadores*. Buenos Aires: Instituto Gino Germani/Facultad de Ciencias Sociales, Universidad de Buenos Aires, 19, 20 y 21 de septiembre de 2007.

Hirschman, Albert O, (1978) [1977]: *Las pasiones y los intereses. Argumentos políticos a favor del capitalismo antes de su triunfo*. México: FCE.

Lefort, C. (1985): "El problema de la democracia", en: *Opciones*, N° 6, Mayo-Agosto, Santiago de Chile.

Lefort, C. (1987): "Los Derechos Humanos y el Estado de Bienestar", en: *Revista Vuelta*, nro. 12 (julio), Santiago de Chile, pp. 34-43, 1987.

Lefort, C. (1990): "Derechos del hombre y política", en: Lefort, C.: *La invención democrática*. Buenos Aires: Nueva Visión.

Manin, B. (1998): *Los principios del gobierno representativo*. Madrid: Alianza.

Márquez, I. (2007): "El caso de la contaminación del Riachuelo", en: *Revista Argentina de Teoría Jurídica*. Buenos Aires: Escuela de Derecho/ UTDT, Vol 8 Nov.

Martín, L. (2011): "Giro judicial y legitimidad pública en la política argentina", en Isidoro Cheresky (compilador): *Ciudadanía y legitimidad democrática en América Latina*. Buenos Aires: Prometeo/Clacso.

Meili, Stephen (2003): «Cause lawyering et justice collective : l'exemple de l'amparo colectivo en Argentine», en: *Droit et société*, 2003/3 n°55, p. 659-686

Peruzzotti, E. (2010): "El otro déficit de la democracia delegativa. Retomando el debate acerca de la rendición de cuentas en las democracias contemporáneas de América Latina" en: *Journal of Democracy en Español*, Vol 2 julio de 2010.

Rancière, J. (2005): *La haine de la démocratie*. París: La Fabrique.

Rodríguez Garavito, C, D. Rodríguez Franco (2010): "Sobre los derechos sociales: el impacto de los fallos judiciales y el caso del desplazamiento forzado en Colombia", en Arcidiácono, P., N. Espejo Yalsic y C. Rodríguez Garavito (coords.), *Derechos sociales: justicia, política y economía en América Latina*. Bogotá: Siglo del Hombre Editores/ LAEHR.

Rosanvallon, P. (2007): *La contrademocracia. La política en la era de la desconfianza*. Buenos Aires: Manatial.

Rosanvallon, P. (2009): *La legitimidad democrática. Imparcialidad, reflexividad, proximidad*. Buenos Aires: Manatial.

Rouvillois, F. (2008): "Judiciarisation de la société : une entrée en matière", en F. Rouvillois: *La société au risque de la judiciarisation. Actes du colloque organisé par la Fondation pour l'innovation politique* (Noviembre 2006/ Abril 2007). París: Lexis Nexis.

Schnapper, D., (con la colaboración de Christian Bachelier) (2000): *Qu'est-ce que la citoyenneté?* París: Gallimard.

Schnapper, D. (2004): *La democracia providencial. Ensayo sobre la igualdad contemporánea*. Rosario: Homo Sapiens Ediciones.

Sieder, R., L. Schjolden, A. Angell (2008): "Introducción", en: Sieder, R., L. Schjolden, A. Angell (editores): *La judicialización de la política en América Latina*. Bogotá: Universidad Externado de Colombia. [Nueva York: Palgrave, 2005].

Sieder, R., L. Schjolden, A. Angell (editores) (2008): *La judicialización de la política en América Latina*. Bogotá: Universidad Externado de Colombia. [Nueva York: Palgrave, 2005].

Sikkink, K. (2008): "La dimensión de la judicialización de la política en América Latina", en: Sieder, R., L. Schjolden, A. Angell: *La judicialización de la política en América Latina*. Bogotá: Universidad Externado de Colombia.

Smulovitz, C. (1995): "Constitución y Poder Judicial en la nueva democracia argentina. La experiencia de las instituciones", en Carlos H. Acuña (comp.): *La nueva matriz política argentina*. Buenos Aires: Nueva Visión.

Smulovitz, C. (1997): "Ciudadanía, derechos y política", en: *Agora. Cuaderno de Estudios Políticos*, N° 7, Año 3, invierno 1997, pp. 159-187, Buenos Aires, 1997.

Smulovitz C. (2005): "Petitioning and Creating Rights. Judicialization in Argentina", en Sieder, R., Angell A. and Schjolden L. (eds.): *The Judicialization of Politics in Latin America*. Nueva York: Palgrave Macmillan.

Smulovitz, C. (2008a): "La política por otros medios. Judicialización y movilización legal en la Argentina", en: *Desarrollo Económico*, vol 48, N° 189-190, julio-septiembre/octubre-noviembre 2008, Buenos Aires, pp. 287-305.

Smulovitz, C. (2008b): "Organizaciones que invocan derechos. Sociedad civil y representación en la Argentina", en: *Postdata. Revista de reflexión y análisis político*, N° 13, agosto 2008, Buenos Aires.

Uprimny Yepes, R. (2006): "Should Courts enforce social rights? The Experience of the Colombian Constitutional Court". En: «,http://www.dejusticia.org/index.php?modo=interna&tema=estado_de_derecho&publicacion=359».

Verbitsky, H. (2006): *Hacer la Corte. La construcción de un poder absoluto sin justicia ni control*. Buenos Aires: Sudamericana/Página 12.

Vezzetti H. (2002): *Pasado y Presente. Guerra, dictadura y sociedad en la Argentina*. Buenos Aires: Siglo XXI.

Walzer, M.: "Philosophy and Democracy", en: Walzer, M. (2007): *Thinking Politically. Essays in Political Theory*. New Heaven y Londres: Yale University Press.

Fuentes

Asociación por los Derechos Civiles: *El litigio estratégico como herramienta para la exigibilidad del derecho a la educación. Posibilidades y obstáculos. n/d, n/l.*

Corte Suprema de Justicia de La Nación: *Justicia argentina on-line*, 2011 (www.cij.gov.ar).

Defensoría del Pueblo de la Nación: *Informe especial sobre la Cuenca Matanza-Riachuelo, 2003*, http://www.dpn.gob.ar/informes/riachuelo.pdf

Universidad Torcuato Di Tella: *Índice de Confianza en la Justicia*, marzo 2010, en www.utdt.edu.

Prensa escrita y digital:

Clarín

Crítica de la Argentina

La Nación

Página 12

Perfil

Sitios en Internet:

www.cij.gov.ar

SEGUNDA PARTE
ESCENARIO POLÍTICO Y PROCESOS
ELECTORALES RECIENTES

La democracia argentina en debate. Reconfiguración del régimen político y nuevo mapa de poder post-electoral

Hugo Quiroga

El categórico triunfo de Cristina Kirchner en las elecciones presidenciales del 23 de octubre de 2011 con el 54% de los votos pone en discusión dos aspectos centrales de la reconfiguración del régimen político que se ha producido en 2001. El primero se relaciona con el poder personal y el rol fundamental de los liderazgos, y el segundo se vincula con un sistema de fuerzas, que expresa una convergencia de signos preocupantes, presente en la reorganización interna del peronismo. En definitiva, hablamos de un poder concentrado, de las reglas de sucesión del poder, del problema de su acceso y transmisión.

A pesar, entonces, de la contundente victoria de la Presidenta, y de haber obtenido mayoría en ambas cámaras legislativas, el escenario político y económico que se ha abierto deja una sensación de incertidumbre, que no guarda correspondencia con la legitimidad de las urnas. Pocos gobernantes en la Argentina han tenido la fortaleza política que hoy exhibe Cristina Kirchner. Sin embargo, emergen dudas y desafíos en su segundo mandato sobre las consecuencias que pueden tener para nuestra sociedad los conflictos dentro del peronismo, y por fuera de él. Los conflictos ya están planteados en el orden fiscal, monetario, salarial e inflacionario; en el orden político por las duras tensiones entre el "cristinismo" y el gobernador de Buenos Aires Daniel Scioli, o el secretario general de la CGT, Hugo Moyano. Su resolución dependerá de la decisión de la Presidenta, del rumbo y orientación que le imprima a su nueva gestión, y del poder de veto y bloqueo de los diversos actores políticos y sindicales opositores.

En pocos meses, y de manera sorpresiva, nos "encontramos" con *otra Argentina*, pero también con un *gobierno que comienza a cambiar de fisonomía*. Asoma una fase de agravación del conflicto (inherente a la vida colectiva) desde el año 2008, tanto en su dimensión política como económica. Son tendencias subterráneas, con manifestaciones diferentes, que recorren el cuerpo social, sin que sean necesariamente percibidas por la mayoría como un verdadero problema. El proceso de cambio se torna visible en noviembre de 2011 (días después de las elecciones de octubre y antes de la asunción de la Presidenta a su segundo mandato, en diciembre) con la propuesta de eliminación de subsidios y con el control progresivo del mercado cambiario. La "profundización del modelo" o, en palabras de la propia Cristina Kirchner, la aplicación de una "sintonía fina", no eran otra cosa que la anticipación del ajuste que se venía ante la evidencia de una economía estancada y con perspectivas de recesión. El modelo kirchnerista muestra signos de agotamiento: el déficit fiscal puso fin a los superávit gemelos (el fiscal y el de balance de pagos); el cierre de las importaciones complica las actividades productivas; y la persistente inflación reduce el poder adquisitivo de los salarios.

El ciclo del crecimiento económico entre 2002 y 2008, que se explica por la reactivación del mercado interno (bajo el impulso del consumo creciente), por la productividad del agro y sus exportaciones (principalmente a través de la soja) y por la industria que mejoró sus cifras de exportaciones (aunque su mercado principal es el interno), ha sufrido un proceso de desaceleración en 2012, con probabilidades de caer en una situación recesiva. Las cuentas públicas revelan datos inquietantes y el riesgo "eterno" de la inflación muestra su rostro amenazante. Las dudas pasan por saber si la Argentina no está perdiendo una oportunidad histórica, si podrá aprovechar las ventajas que posee para incrementar su productividad y mejorar la redistribución social, aun en un contexto mundial difícil por la crisis financiera y económica. En fin, las dudas se relacionan con la posibilidad de llevar adelante un verdadero cambio económico-social.

En el terreno político y gubernamental, hay evidencias de un comportamiento diferente de la Presidenta con respecto a Néstor Kirchner. El tablero político oficial comienza a modificarse. ¿Se inicia una *nueva etapa* en el kirchnerismo? Cristina Kirchner desmantela progresivamente la estructura política erigida por su esposo, que incluía una particular modalidad de acción política, y un sistema de alianzas que se va demoliendo. Para ilustrar lo que decimos, hay un gesto presidencial que presenta una intencionalidad explícita. A principios de junio de 2012, Cristina Kirchner le retiró el área de Transporte a Julio De Vido (aliado histórico de Néstor Kirchner) y la ubicó en la cartera del ministro del interior, Florencio Randazzo, rival de De

Vido en la interna oficial. Unos días antes lo había desplazado de YPF, y lo reemplazó por Axel Kicillof, quien había criticado en el Congreso, delante del propio De Vido, su política energética. En el tiempo quedaron viejos aliados del ex presidente, Alberto Fernández, Rudy Ulloa, Aníbal Fernández, Carlos Mazzón. El apoyo central del renovado poder oficial proviene del camporismo y de los sectores cristinistas duros y puros; y el simbolismo de los años setenta se destaca sobre el trasfondo de las otras dimensiones de la vida política.

La actividad política, en el contexto de la crisis de los partidos, se ha personalizado como nunca en la figura del Ejecutivo y se ha concentrado en el ámbito estatal. En la era kirchnerista, que ahora se extiende a doce años (el período más largo de una fuerza política en el ejercicio legítimo del poder), se ha edificado una especie de "yo gubernamental" (De Jouvenel, 1998:175), con una vida real que no se distingue del cuerpo del Estado. Cristina Kirchner ocupa el centro de la escena política sin rivales de fuste. El poder personal de la Presidenta quedó fielmente simbolizado cuando su hija, Florencia, le colocó la banda presidencial, como si el poder público fuera algo privado y familiar. Nada más alejado de una ética republicana y de una práctica institucional. Lo público se confunde con lo privado. Con la misma lógica, el otro símbolo de mando, el bastón presidencial, no fue entregado por nadie. La Presidenta lo toma directamente y se confiere a sí misma sus atributos. He ahí el ejercicio de una "personal" autoridad soberana.

Bajo este telón de fondo, hay preguntas que buscan respuestas conceptualmente más precisas, porque vivimos tiempos de *desequilibrios económicos* y de *desequilibrios políticos*, que conmueven la vida colectiva. En ese sentido, ¿qué se entiende por régimen político? ¿La Argentina continúa en "emergencia permanente"? ¿Cómo caracterizar al kirchnerismo, después de Kirchner? ¿Dónde se ubica la oposición real, en el interior del peronismo o fuera de él? Estos y otros interrogantes son lo que contemplaremos en las páginas que siguen.

1. Sobre el régimen político

Las "elecciones fundacionales" de octubre de 1983 constituyeron un giro decisivo en la historia político-institucional argentina. La decepción que produce la guerra de Malvinas y la comprobación de que los militares no sirven para gobernar (tampoco para hacer la guerra, a pesar de ser ésta su función específica) hicieron estallar en mil pedazos el sistema político pretoriano. Los orígenes se hallan en los cambios producidos en la cultura política y en la desconfianza a los militares como actores políticos. Nace un nuevo régimen político en 1983, de carácter democrático. Se ha producido una verdadera mutación en la vida pública de los argentinos.

El mejor régimen político, escribe Aristóteles, es el que más contribuye al bien de la ciudad. Afirma nuestro autor: "Cuando el uno, o la minoría o la mayoría gobiernan en vistas del interés común, esos regímenes serán necesariamente rectos, y aquellos en que se gobierne atendiendo al interés particular del uno, de los pocos o de la masa serán desviaciones" (Aristóteles, 1997: III, 7, 1279 a). Dicho de otra manera, la legitimidad de los diversos regímenes se apoya en su interés por el bien común, mientras que la ilegitimidad de las formas desviadas proviene fundamentalmente de anteponer el interés propio al común.

El régimen político es la forma de organizar la comunidad política;[1] es lo que le da forma y carácter a nuestro modo de vida colectivo. Pero el régimen no se identifica únicamente con la democracia, hay otros regímenes que pueden igualmente adoptar otras formas como la tiranía, la oligarquía, etc., y por eso su régimen es distinto. Desde luego, todos los regímenes que proponen el bien común son "rectos", y los que sólo tienen en cuenta el de los gobernantes son "defectuosos". Y sabemos, por Aristóteles, que pueden ser el uno, la minoría o la mayoría.

En dos libros de mi autoría (Quiroga 2005, 2010), he empleado la noción de régimen político, en el sentido aristotélico del término, para examinar el período que comienza en 1983, y que aún continúa. Esta noción de régimen político no es en absoluto contradictoria con la caracterización que efectúo de sistema político pretoriano (entre 1930 y 1983),[2] porque, de un lado, el régimen político es siempre, y en todo momento, lo que le da forma y constituye la ciudad y, por el otro, porque en 1983 hubo un cambio de régimen político. Con respecto al primer aspecto, referirse a un régimen político de corte pretoriano (como el que existió durante el golpe de 1976) es, ante todo, prestar atención a un modelo autoritario expresado en un concepto que de manera útil, comprensible y acertada pone en evidencia la intervención de los militares como actores políticos, junto a los partidos. Revela también la ausencia de instituciones consolidadas y, fundamentalmente, muestra

---

[1] Para Leo Strauss, la *Politeia*, tal como la entendía Aristóteles, no tiene nada que ver con una ley, con una "constitución" (en realidad una traducción en su opinión un poco tramposa); más bien el significado real sería "orden político" o el orden político que está en el origen de las leyes. Véase su libro (Strauss, 2004:38). En otras palabras, lo que está en el origen del orden legal es el orden político, el régimen.

[2] En mi libro *El tiempo del "Proceso". Conflictos y coincidencias entre políticos y militares 1976-1983*, hablo de sistema político pretoriano cuando en verdad me tendría que haber referido a un régimen político pretoriano, por las razones y argumentos invocados en este parágrafo (Quiroga, 2004).

la naturaleza histórica de ese concepto cuando la sociedad no condena al golpe militar, sino que, a la inversa, espera de él tranquilidad y la salida de un escenario de incertidumbre provocado (a ojos de la mayoría) por los desaciertos del gobierno de Isabel Perón y por el desorden generalizado de un clima de época, que incluye la violencia política. En relación con el segundo aspecto, la ciudad siguió existiendo pero se convirtió en otra ciudad, con otro carácter, bajo otra forma. La democracia vino para quedarse. El principio de legitimidad democrática se impuso frente a la ambigüedad del principio de legitimidad autoritario que subyace en los gobiernos militares, como un apoyo silencioso que deja hacer, sobre todo durante la última dictadura militar. Lo que importa es la aplicación y validez de aquel concepto en la discusión teórico-política, y en el campo de la investigación.

Con la misma argumentación aristotélica, Leo Strauss escribe que el legislador es el cuerpo gobernante, y el carácter de ese cuerpo depende del orden social en su conjunto. El origen de las leyes está en ese régimen. El tema principal de la filosofía política, por tanto, no son las leyes, sino los regímenes. Strauss continúa: "El régimen comprende todo ese conjunto que hoy nosotros estamos acostumbrados a contemplar en forma fragmentaria: comprende, al mismo tiempo, *la forma de vida de una sociedad, su forma política, su organización y el espíritu de las leyes*" (Strauss, 1970:43,44). El régimen político, enseñaba Aron (1989), designa el modo de ejercicio del poder, establece un sistema de protección contra los abusos y arbitrariedades y determina si una sociedad es libre o despótica, por tanto, se deduce que el régimen puede ser democrático o despótico.

Con esta inspiración, un régimen político no se define únicamente por instituciones, reglas y procedimientos establecidos en la Constitución, es decir, por elementos propiamente institucionales, sino también por elementos culturalmente relacionales constitutivos de un *orden* que le da forma y vida a la sociedad. En este sentido, Rosanvallon escribe que para algunos autores los regímenes políticos se caracterizan en la actualidad no tanto por su arquitectura propiamente institucional (sistema presidencial o parlamentario, bipartidista o multipartidista, etc.) como por las modalidades por las cuales las condiciones de acción están determinadas por las posibilidades de bloqueo que proceden de los diferentes actores (Rosavallon, 2007:33).

Desde una perspectiva un poco más restringida a sus dimensiones institucionales, reglas y procedimientos, O'Donnell define al *régimen democrático* como el núcleo de la democracia política (régimen y democracia política son términos equivalentes) con tres clases de componentes: primero, elecciones limpias; segundo, derechos positivos y participativos de votar y de ser elegido; tercero, un conjunto de libertades concomitantes, necesarias para posibilitar tales elecciones y el ejercicio de sus derechos de participación, aunque sea imposible determinar con precisión sus límites internos y externos. Al avanzar más allá de su noción de régimen democrático, O'Donnell (2010) tiene un primer encuentro con el *estado*,[3] como elemento co-constitutivo de la democracia política. No concibe la viabilidad de la democracia sin la presencia del estado. Al desagregarlo distingue, al menos, cuatro dimensiones: el estado como un conjunto de burocracias, como sistema legal, como foco de identidad colectiva, y como un filtro en su relación con su "afuera". Este universo tan conexo y estrecho, no exento de tensiones, sería imposible sin la entidad del *ciudadano* como Agente, y no en su condición de mero votante.

Desde un pensamiento tan original como radical, exteriorizado en la figura intelectual de Castoriadis, la concepción de "democracia procedimental" (que hace de ella un simple conjunto de reglas y procedimientos), pone fin a una antigua matriz de pensamiento político que veía en la democracia un *"régimen"*, que era indisociable de una concepción sustantiva de los fines de la política, y de una aspiración del tipo de ser humano que le corresponde (Castoriadis, 1997: 267). Castoriadis define a la democracia "como el régimen de autoinstitución explícito y lúcido, tanto como se pueda, de las instituciones sociales que dependen de una actividad colectiva explícita" (Castoriadis, 1997: 272), y un poco más adelante agrega que "una definición de la democracia tan buena como cualquier otra es: el régimen en el cual la esfera pública se transforma real y efectivamente en pública –pertenece a todos, está efectivamente abierta a la participación de todos" (Castoriadis, 1997: 276). En definitiva, "la democracia como régimen (y, agrego, no como procedimiento) es entonces a la vez el régimen que trata de realizar, en la medida de los posible, la autonomía individual y colectiva, y el bien común tal como es concebido por la colectividad concernida" (Castoriadis, 1997: 290). Aun de difícil concreción, la democracia es, siguiendo la tradición republicana, un proceso de ampliación de la esfera pública. Precisamente, la construcción de un espacio público común es la condición de realización de la democracia. Cuando la democracia y el Estado de derecho organizan el ejercicio público del poder, las decisiones políticas deben estar abiertas a procesos adecuados de deliberación pública, abiertas a la participación y al veredicto de los ciudadanos.

Entre diferencias y coincidencias podemos arribar a la delimitación de un concepto tan controvertido como el de régimen político, el cual desde mi punto de vista no se define únicamente por referencia a un sistema ins-

---

[3] La minúscula en el término Estado corresponde a O'Donnell.

titucional, ni por un conjunto de reglas de sucesión que regulan el traspaso del poder, sino principalmente por una manera específica de vivir, la manera de vivir de la sociedad, por la forma de la vida colectiva. El régimen es, en definitiva, el *carácter* que adquiere la vida en común, que es inseparable de la *relación entre los poderes públicos, y de éstos con los ciudadanos* y, por ende, de la *intermediación de los partidos y las asociaciones informales*. En efecto, la sociedad no se define únicamente por referencia a su sistema institucional. El talante del régimen político, en nuestra mirada, depende también de su capacidad para promover dinámicas cívicas que revitalicen a la democracia, y para aceptar el disenso de ciudadanos y grupos formales e informales.

El régimen democrático de 1983 se ha reconfigurado en la Argentina a partir del año 2001. Reconfigurar quiere decir que ha perdido su anterior figura, aquella que se conformó en diciembre de 1983, sin que se haya producido un cambio de régimen. El orden político que nació ese año, caracterizado como un "bipartidismo imperfecto", con identidades políticas estables, con un sistema de partidos más o menos estructurado, ha sido reestructurado por una realidad política muy volátil y vertiginosa. El régimen político actual es muy diferente al de 1983 que concentraba el 80% de los sufragios en los partidos peronista y radical. No vivimos la era del gobierno de los partidos. La situación de nuestros días es muy distinta. Hay un cambio de orientación en el régimen político difícil de explicar y más difícil aún es conocer su destino y nuevos contornos. El colapso institucional de 2001 puso fin a la "democracia de partidos" en la Argentina, dando origen a la disgregación del sistema partidario, y a su reemplazo por un sistema de coaliciones "atrapa todo", frágil e inestable. No hay partidos, hay fragmentos de partidos. En otras palabras, sólo existen asociaciones políticas que se renuevan permanentemente.

2. El segundo kirchnerismo

Mucho se habla de las *características* del segundo mandato de Cristina Kirchner. Algunos analistas perciben una diferencia entre lo que fue el período de Néstor Kirchner con el actual de Cristina que se inauguró en diciembre de 2011. Aunque, en rigor, la matriz político-ideológica es la misma, la singularidad que se detecta, como se verá más abajo, en lo que podría llamarse segundo kirchnerismo (lo que el oficialismo puro y duro denomina "profundización del modelo"), parece más que evidente. Entre ambos hay similitudes y diferencias, que trascienden lo que podrían ser estilos de gobierno o temperamentos políticos distintos. ¿Hay, entonces, un cambio en la continuidad? En principio, el segundo kirchnerismo, o el kirchnerismo después de Kirchner, representa un giro notable con relación al primero. El período del primer kirchnerismo llegaría, tentativamente, hasta la muerte de Néstor ocurrida el 27 de octubre de 2010.

A partir de esa desaparición se tejieron múltiples conjeturas. El ex presidente de la Nación puede ser caracterizado, en términos aristotélicos, como un verdadero "animal político": un hombre enteramente político, motivado por la incesante lucha por el poder. La política ocupó un lugar central en su actividad humana, y su ausencia dejó un vacío que se proyectó al conjunto del orden colectivo. Se abrió un nuevo escenario en la Argentina sin que se pudiera saber en ese momento qué rumbo tomaría; y el horizonte no estaba despejado de interrogantes e incertidumbres.

El resultado de la competición electoral condujo a una entronización plebiscitaria. Con el segundo mandato de Cristina Kirchner se ha profundizado la estructura de poder decisionista edificada durante la gestión de Néstor Kirchner. La concentración del poder pesa sobre todas las partes del edificio institucional. Hay una deriva hacia un extremo poder personal y un reforzamiento de la preponderancia presidencial, que ha modificado como nunca el equilibrio entre los poderes públicos. Su concepción absoluta del poder proviene de la soberanía popular. Con el 54% de los votos, el poder no se comparte ni se cuestiona. Asoma, pues, un uso intensivo de su carisma personal, la explotación de la emoción y la creación de un clima de afectividad entre la Presidenta (desde el atril y por Cadena Nacional) y su público, sin mediaciones partidarias.

En un clima de cierta euforia fueron recibidas con júbilo la expropiación de YPF y las declaraciones y posturas frente a Malvinas; con anterioridad se había festejado la estatización de las AFJP, luego, la modificación de la Carta Orgánica del Banco Central para disponer a discreción de sus reservas (esto es, la recuperación de la "soberanía monetaria"). En este *revival* nacionalista también hicieron su aporte importantes sectores de la oposición, muchos de ellos temerosos de ser acusados de antipatriotas y enemigos de la Nación, y algunos otros convencidos de la actualidad de la matriz nacional y popular. En una excelente nota, Luís Alberto Romero[4] considera que se ha instalado en el sentido común de la población un "nacionalismo patológico". En el siglo XIX la situación era otra. La nación argentina se construyó estimulada por un nacionalismo constructivo e integrador, que convocó a los hombres del mundo, sin distinciones, a vivir bajo su Constitución. Pero ese proyecto fue atrapado por la idea de la unidad de la nación, que encerraba un componente homogeneizador (en una sociedad de inmigrantes, plural y

---

[4] Romero Luís Alberto, "El nacionalismo patológico", *La Nación*, 07/03/2012.

heterogénea), esencial y eterno, que fue conocido como "ser nacional". Esta delimitación política justifica la separación del enemigo, del apátrida o del antipatriota. Romero propone, entonces, tomar distancia del significado de ese nacionalismo y recurrir al concepto de patriotismo, de larga historia, como una palabra más adecuada para fundamentar el sentimiento de pertenencia a la comunidad nacional. No es éste el lugar adecuado para entrar en detalles sobre este interesante debate. Sólo agregaría una cita del republicano italiano Maurizio Viroli: "Los romanos empleaban dos términos distintos: *patria* y *natio*. *Patria* se refiere a la 'res publica', la constitución política, las leyes y el modo de vivir derivado de las mismas (y por tanto también una cultura); *natio* indica el lugar de nacimiento y lo que a él va unido, como la etnia y la lengua".[5]

Es cierto que el Estado argentino tiene dificultades para organizar y orientar a su comunidad histórica. Estamos haciendo referencia a la relación del Estado democrático con su "comunidad histórica" (Bobbio y Viroli, 2002:21), con el pueblo, es decir, con las metas comunes, con la esperanza de todos y el destino colectivo de esa comunidad. Aludimos al "nosotros" (al deseo de vivir juntos en una comunidad política), a una identidad simbólica que comunica a los ciudadanos con su destino común, que se constituye y mantiene por una actividad propia permanentemente renovada, que es sustancialmente diferente del lenguaje nacionalista de singularidad y homogeneidad.

El poder ejecutivo controla ambas cámaras del Congreso y el Consejo de la Magistratura (presidido ahora por un miembro peronista), y no se siente obligado a rendir cuentas frente a la inercia de la mayoría de los organismos de contralor. A pesar de la independencia de la Corte Suprema, la mayoría de los jueces federales se muestran excesivamente condescendientes con el poder ejecutivo. En algunos casos más resonantes, como sucede en Santa Cruz, el gobernador no acata la sentencia de la Corte de reponer a un ex procurador en su cargo, ni el poder ejecutivo nacional, a través del Ministerio de Trabajo, cumple con los dos fallos que apuntan a la libertad sindical al declarar la inconstitucionalidad del artículo 41 inc. a de la ley de Asociaciones Sindicales de 1988. Es el reconocimiento del reclamo de personería gremial que beneficiaría a la CTA. La independencia del poder judicial está cuestionada. La OIT se ha pronunciado sistemáticamente, desde hace más de 20 años, a favor de la libertad sindical, y hace 7 que el gobierno no responde al pedido de personería de la CTA. Un nuevo informe de la Comisión de Expertos será tratado en junio de 2012 en la 101° conferencia de la OIT, donde se insistirá en modificar la ley sindical argentina y se reclamará por

---

[5] Bobbio y Viroli, 2002:21.

la falta de pronunciamiento del Ministerio de Trabajo ante los reclamos efectuados por la CTA.[6]

Los organismos de control del Estado (la Fiscalía de Investigaciones Administrativas, la Oficina Anticorrupción, la Sindicatura General de la Nación y la Defensoría del Pueblo) cayeron en un estado de somnolencia profunda, en contraste con el rol activo y vigilante de la Auditoria General de la Nación (AGN) presidida por Leandro Despouy, uno de los escasos órganos de control que cumple con su función, a pesar de las trabas que interpone el oficialismo. La tragedia ferroviaria de Once, ocurrida el 22 de febrero de 2012, muestra de manera palpable la negligencia e irresponsabilidad de los organismos de contralor del Estado en esta materia, la secretaría de transporte y la Comisión Nacional de Regulación del Transporte (CNRT). Las auditorias realizadas por la AGN, que denunciaban el estado deplorable del sistema ferroviario, no fueron tomadas en cuenta.

La Argentina es un país que continúa en la "emergencia permanente", a pesar de que han transcurrido diez años de la crisis de 2001-2002 y de que la economía se ha beneficiado con una alta tasa de crecimiento durante la era kirchnerista, superior al 8% anual. A fines de 2011 se sancionó la ley 26729 que prorroga la emergencia pública hasta el 31 de diciembre de 2013. El argumento que ahora utiliza el poder ejecutivo nacional, cuando remite el proyecto de ley al Congreso, es la incertidumbre en la que se desenvuelve la economía global y la persistencia de la crisis originada en el año 2008, razón por la que necesita de las herramientas suficientes para poder reaccionar ante posibles y repentinos cambios en el contexto internacional. Recordemos que la ley 25561 de emergencia pública fue sancionada por el presidente Duhalde en 2002, y que ha sido prorrogada de año en año. En realidad, lo que se prorroga ininterrumpidamente es la *situación de emergencia*, que delega competencias legislativas al poder ejecutivo.

Tampoco cesan los decretos de necesidad y urgencia, y el trabajo parlamentario reveló una parálisis evidente en el año 2011. Sólo se aprobaron 65 leyes, el registro más bajo desde 2007; la cámara de diputados sesionó ocho veces y la de senadores catorce. La inactividad parlamentaria es atribuida a las campañas electorales de los legisladores y a las dificultades para formular consensos en un escenario político de la oposición muy atomizado. Por falta de tratamiento en el recinto quedaron sin ser discutidos proyectos de leyes fundamentales para el funcionamiento del Estado y la democracia: el que se relaciona con la publicidad oficial, el acceso a la información pública, el aumento de la coparticipación federal, la creación de un nuevo

---

[6] "El gobierno intimado otra vez por la OIT", por Horacio Meguira, Director del Departamento Jurídico de la CTA, *Clarín*, 07/03/2012.

INDEC (Instituto Nacional de Estadística y Censos), entre otros.[7] El decreto presidencial 324 del 30 de diciembre de 2011 dispuso incrementar el presupuesto del año 2012 (que acababa de ser aprobado) con la recaudación impositiva que resultó superior a la prevista. El gobierno aumentó el gasto público en 21.000 millones de pesos, y buena parte de ese monto se destinó a subsidiar consumos de energía, combustibles, y solventar el déficit de las empresas públicas. El *decisionismo fiscal* es el legado de Néstor Kirchner, que continúa a rajatabla el segundo kirchnerismo (Quiroga, 2010). Aun así, el ex presidente fue un cuidador mucho más celoso del equilibrio fiscal, que ahora se ha desequilibrado en circunstancias económicas diferentes, pero previsibles.

La no criminalización de la protesta fue un postulado original de Néstor Kirchner. El conflicto ambiental suscitado en las provincias mineras generó una represión brutal contra los pobladores del lugar y los ambientalistas en La Rioja y Catamarca. En el camino de una represión escalonada no habría que olvidarse del problema de viviendas y de la ocupación de tierras, que produjeron el violento desalojo en el Parque Indoamericano y las represiones en Formosa y Jujuy, con víctimas fatales. Habría que añadir también la feroz paliza que sufrieron los veteranos de Malvinas en la avenida 9 de Julio en Buenos Aires.

La política de seguridad del gobierno nacional se ha modificado. La sanción de la ley Antiterrorista, reclamada por el Grupo de Acción Financiera Internacional (GAFI), organismo creado para luchar contra el lavado de dinero, fue criticada por la vaguedad con que se define a los delitos terroristas que podría alcanzar a las protestas sociales, y a la prensa. Las Abuelas de Plaza de Mayo, las Madres de Plaza de Mayo Línea Fundadora, y el Centro de Estudios Legales y Sociales (CELS), que preside Horacio Verbitsky, cuestionaron la nueva legislación. A esto se suma la existencia del Proyecto X, una red de espionaje implementada por la Gendarmería Nacional, con el fin de investigar a militantes y dirigentes sociales y políticos. El Proyecto X mereció la preocupación de los periodistas Verbitsky y Wainfeld del diario *Página 12*, quienes apoyaron la iniciativa de la ministra Garré de efectuar una auditoría sobre el contenido del software utilizado por Gendarmería. No obstante, el Proyecto X sigue vigente.

El segundo kirchnerismo marca también una diferencia con la política de alianzas. Néstor Kirchner se mostraba más pragmático, flexible y negociador en el interior del peronismo. Cristina encarna una actitud más

---

[7] "El Congreso cierra el año menos productivo de la última década", por Laura Serra, *La Nación*, 05/12/2011. Los datos fueron tomados de las estadísticas oficiales del Congreso.

intransigente y toma distancia de sus antiguos socios: Moyano, Scioli, el empresario Eskenazi (YPF) y el banquero Jorge Brito, entre otros. Mientras profundiza el enfrentamiento con Scioli, cercándolo con el vicegobernador Mariotto, el poder de La Cámpora se extiende por todo el Estado. Más alejado del partido peronista, de sus símbolos y liturgia, el cristinismo apela a la construcción de un relato histórico que se inscribe en la matriz nacional y popular de la *década del setenta* del siglo XX, pero sin ninguna apelación al ejercicio de la violencia racionalizada emprendida por las organizaciones guerrilleras de la época.

3. El segundo mandato y la crisis macroeconómica

Un sistema novedoso de control del dólar se constituyó en una de las medidas preparatorias del segundo mandato, cuya iniciativa nació en el seno del poder. Comenzó a ser aplicada a los pocos días de las elecciones de octubre. La medida del gobierno, dicho de manera breve, consistió en que para poder comprar dólares se requería de la autorización de la AFIP (Administración Federal de Ingresos Públicos) en cada operación que se realizaba en bancos o casas de cambio. El objetivo era detener la creciente demanda de dólares y la fuga de divisas, para no sacrificar las reservas del Banco Central. Esa resolución, con algunos reacomodamientos posteriores, detuvo, en parte, el retiro de los fondos de las cajas de ahorro, o implicó la no renovación de los plazos fijos. Con todo, en 11 días del mes de noviembre se retiró más de la mitad de los dólares que se depositaron en el año, más allá de la cuantiosa fuga de capitales que lleva ya un tiempo largo.

En la segunda semana de mayo de 2012 el gobierno nacional reforzó aún más el cepo cambiario y cerró de manera completa la venta de dólares en casas de cambio y bancos. Según el Informe del Mercado de Cambios publicado por el Banco Central,[8] el 16 de febrero de 2012 la salida de capitales alcanzó los 21.504 millones de dólares, prácticamente el doble que en 2010, aunque la tendencia se frenó durante el cuarto trimestre de 2011 por las medidas del Banco Central y la AFIP. Ante la necesidad de fondos, el gobierno restringió más las operaciones de empresas y ahorristas a partir del 9 de mayo de 2012, y limitó a su mínima expresión la venta de divisas.

Un dato relevante de la actualidad es el desequilibrio fiscal, y la escasez de dólares. De ahí, la asistencia financiera que recibe el Tesoro Nacional desde hace dos años. Según el presidente del Instituto Argentino de Análisis Fiscal, Nadin Argañaraz, luego de seis años de superávit fiscal, el Banco Central

---

[8] *Clarín*, 17/02/2012.

pasó a ser un provisor de fondos al Tesoro por tres vías: 1) la utilización de reservas para pagar la deuda por 25.700 millones de pesos (1,6% del PBI) en 2010 y 39.750 millones en 2011 (2% del PBI); 2) el envío de 19.500 millones y 32.500 millones de pesos en cada uno de los años mencionados, en concepto de adelantos (préstamos) y transferencias de utilidades del Banco Central al Tesoro Nacional; 3) el traspaso de utilidades del Banco Central por, aproximadamente, 21.000 millones de pesos en 2010 y 10.000 millones en 2011. En total, por las tres vías el financiamiento del Banco Central representa el 3,6% del PBI en cada uno de los años. De esta forma, dice Argañaraz,[9] el sector público se convirtió en uno de los factores del crecimiento de la base monetaria, cuando en los años de superávit fiscal actuaba frenando la expansión monetaria. Asimismo, esta asistencia financiera representó el 117% del total de los subsidios a los servicios públicos ejecutados en el período, principalmente a la electricidad, el gas, y el transporte. Ello explica las dificultades del gobierno nacional para eliminar completamente los subsidios: por el malestar que hubiera provocado en la sociedad, dado el salto de los precios de los servicios, y por los planes sociales tan necesarios como atemperantes de la situación de los sectores marginados y vulnerables. Hasta el presente, el ejecutivo nacional no ha podido eliminarlos por su relevancia social.

En las actuales circunstancias, se ha quebrado la regla de solvencia fiscal impuesta por Néstor Kirchner. El Banco Central ha devenido en un agente financiero del Estado, cuya balanza comercial, con débiles saldos positivos, ha llevado al secretario de comercio interior Guillermo Moreno a reducir las importaciones de manera generalizada. Se acabó el excedente de dólares que financiaba las importaciones. Se cierra la economía y se utilizan discrecionalmente los recursos del Estado. Hay otras cajas públicas a las que el gobierno ha echado mano para financiar el Estado, por ejemplo, la ANSES, que recibió los recursos transferidos por las AFJP.

La inflación ha mostrado los límites del "modelo", reduciendo la competitividad de la economía. Las cuentas públicas hicieron agua, y la respuesta fue bloquear las importaciones, impedir la repatriación de dividendos y disminuir la demanda de dólares. La inflación abrió también una fuente de conflicto con el movimiento sindical que resistió aceptar el 21% de aumento salarial "sugerido" por la Presidenta, y que el gremio de los empleados públicos, liderado por Andrés Rodríguez, aceptó. El problema fiscal de la Argentina tiene igualmente sus manifestaciones en las provincias, que no

---

[9] "El Banco Central, una caja que tiene límites", por Nadin Argañaraz, *La Nación*, 06/05/2012.

reciben a tiempo de la Nación los fondos de la coparticipación, ni han percibido un incremento en los mismos.

Si se tienen en cuenta las observaciones de un economista riguroso, y no apocalíptico, como Pablo Gerchunoff,[10] el título de una columna de opinión de su autoría es contundente: "La economía kirchnerista que conocimos ha terminado". En su opinión, no alcanza con estabilizar la economía, es imprescindible tener una visión sobre el desarrollo. El país puede regresar a su crecimiento histórico, del 3 o 4% (no del 8 o 9%); aun así el gobierno debe resolver de dónde saca los dólares para ese reducido crecimiento. La pregunta sería: "¿cuál es el patrón de desarrollo sostenible?". Gerchunoff agrega que durante el kirchnerismo mejoraron las condiciones de vida de los sectores populares y hubo mayor empleo, producto de la reactivación. Sin embargo, desde la óptica de la distribución del ingreso la Argentina está hoy peor que en las épocas difíciles de Alfonsín.

Néstor Kirchner vivió obsesionado por el superávit fiscal y comercial. Sabía, haya o no leído a Joseph Schumpeter, que el Estado moderno es un "Estado fiscal". Por eso cuidaba tanto el equilibrio fiscal, principio muy ponderado por la derecha económica, que fue uno de los pilares del neoliberalismo en los años noventa del siglo pasado. Pero el equilibrio fiscal es un postulado fundamental para la salud de cualquier economía, por lo tanto no puede ser una bandera exclusiva de la derecha. En este punto hay que ser pragmático conociendo los riesgos que siempre conlleva el desequilibrio fiscal.

El problema es que el modelo kirchnerista se ha quedado, como dijimos, sin financiamiento; el superávit fiscal se transformó en déficit fiscal, el tipo de cambio ha dejado de ser competitivo, y faltan dólares. Para el financiamiento del Tesoro, el gobierno necesita ahora de recursos del Banco Central. Con este escenario fiscal, que se une a las trabas de las importaciones y a las restricciones cambiarias, la reforma de la Carta Orgánica del Banco Central podría aportar, según estimaciones privadas, el equivalente a 32.000 millones de dólares. Para la mayoría de los economistas los efectos de esta política repercutirán negativamente sobre la economía; en cambio, para el oficialismo será una medida positiva. En el terreno de la controversia, se abren las dudas sobre las políticas económicas actuales, muy dependientes todavía de los *commodities* agropecuarios, especialmente del *boom* supuestamente imparable de la soja en este año.

Los problemas fiscales arrastran a todas las provincias, que han debido disminuir las obras públicas, interrumpir contratos, diferir pagos a los

---

[10] Pablo Gerchunoff, "La economía kirchnerista que conocimos ha terminado", *La Nación*, 15/01/2012.

proveedores y que, en algunos casos, se ven muy atemorizadas frente a la imposibilidad de pagar salarios. Por eso, ciertos analistas estiman que el desequilibrio creciente de las cuentas provinciales superará los 21.000 millones de pesos. La posibilidad histórica de la transformación argentina parece estar en riesgo. El desarrollo de la economía a una tasa acumulativa anual promedio del 8,2% entre 2002 y 2007 muestra, según sugieren Belini y Korol, la excepcionalidad del momento histórico en que vive el país. Sin embargo, en la actualidad, a los riesgos de desequilibrios en la economía local se unen las consecuencias que sufre el sector externo por la crisis económica europea, y los conflictos políticos por los que atraviesa el gobierno norte-americano para seguir financiando su déficit fiscal en las cuentas públicas (Belini y Korol, 2012 : 292-294).

El crecimiento de la economía producido entre 2002 y 2007 sufre una caída en los años 2008 y 2009, para luego comenzar a recuperarse en 2010. No obstante, hay un rápido cambio de tendencia hacia fines de 2011, que se profundiza en 2012, como fue anteriormente señalado. Para numerosos intérpretes esto era algo inevitable. En la opinión de Neffa y Panigo, que buscan una explicación de fondo, los resultados exitosos del crecimiento elevado del PBI entre 2003 y 2008 le quitaron visibilidad a la necesidad de elaborar un Plan Nacional de Desarrollo Económico y Social que pudiera establecer las grandes orientaciones estratégicas de mediano plazo, así como también la creación de un Consejo Económico y Social capaz de vertebrar los consensos indispensables con los actores económicos y sociales. Asimismo, en esa etapa de crecimiento, se perdió la oportunidad de constituir un Fondo anticíclico con los excedentes fiscales y de comercio exterior para enfrentar las dificultades provenientes de los momentos de crisis, y prever el pago de la deuda, tal como lo hicieron otros países de la región (Neffa y Panigo, 2010: 338).

En la opinión de Gerchunoff la nueva realidad de la Argentina de la época kirchnerista ha dado lugar a un debate profundo sobre el rumbo del "patrón productivo y distributivo" (Gerchunoff, 2010:156,157). El progreso material sostenido por la dinámica de las exportaciones (habiendo quedado atrás la hipoteca de la deuda) quizá no resulte suficiente para integrar por la vía del empleo a los excluidos sociales que, por migración o expulsión, conforman las periferias urbanas. Éste es un punto crucial que no se ha resuelto. El otro, menos visible, se asocia -de acuerdo a nuestro autor- a la pregunta sobre si están dados los requisitos para el crecimiento perdurable. Su respuesta es: existen razones para colocar el signo de interrogación.

4. El segundo mandato y la crisis política

El mapa de poder que se abre con los resultados electorales del 23 de octubre, no está disociado de la crisis de 2001. Esta crisis se devoró al FRE-PASO (la agrupación que prometía poner fin al bipartidismo) e hizo entrar en diáspora al radicalismo (de su interior surgieron dos partidos, liderados por Elisa Carrió y Ricardo López Murphy); el peronismo, un poco más entero –aunque disperso– recuperó el poder, primero, con Eduardo Duhalde y, más tarde, con Néstor Kirchner. En síntesis, en todos estos años la oposición se debilitó y el oficialismo se fortaleció, incluso en los momentos en que no tuvo mayoría en ambas cámaras.

Recordemos brevemente las idas y vueltas del poder kirchnerista. El pragmatismo de Néstor Kirchner puso en marcha una estrategia de poder con dos caras, que circularon al mismo tiempo, y que no fueron incompatibles. Por un lado, el Frente Para la Victoria y un armado transversal del territorio progresista (que finalmente fracasó) que aglutinaba a todos aquellos que no participaban del partido justicialista; por el otro, las alianzas con el peronismo tradicional con base territorial y representación legislativa. El apoyo más firme y decidido lo recibió del Frente Para la Victoria, de Hugo Moyano y de los movimientos piqueteros leales.

El poder acumulado por Néstor Kirchner durante más de cuatro años fue malgastado de manera incomprensible, en el término de dos años, durante 2008 y 2009, por errores de estrategia, de concepción y de intolerancia política. El conflicto con el campo conmovió a la sociedad argentina y puso en evidencia una concepción antagónica de poder sustentada por el gobierno nacional. Los resultados de los comicios legislativos del 28 de junio de 2008 fueron la demostración del desgaste de la política oficial.

A pesar de la derrota electoral, el oficialismo retomó la iniciativa política con una enérgica ofensiva que venció la resistencia de una oposición todavía tenue y disgregada. Apuró sus pasos, y en menos de cinco meses logró la aprobación de un amplio paquete de leyes, antes de la renovación de las cámaras, e implementó un conjunto de medidas de trascendencia. Así, el gobierno sacó todas sus fuerzas para mantener y fortalecer el poder fiscal de la presidenta Kirchner, mediante las prórrogas de las delegaciones legislativas, y la ley de emergencia pública y cambiaria, entre otras.

Luego de la muerte de Néstor Kirchner, la jefa de Estado toma mayor distancia de los símbolos y de la liturgia peronista (es muy sintomático su discurso en el acto de asunción ante el Congreso, de diciembre de 2011, en el cual sólo menciona a Perón por no haber incorporado el derecho de huelga en la Constitución de 1949), y se apoya para gobernar en las agrupaciones camporistas (cuyas figuras más representativas ocupan lugares de poder en el Estado y en los órganos deliberativos) y en algunos dirigentes de los movimientos sociales. Preserva su núcleo de consejeros íntimos, en el que sobresale la figura desacreditada de Guillermo Moreno, secretario de comercio, que ha revitalizado su poder. Recordemos, a modo de ejemplo, que la Cancillería cambió su denominación por la de Relaciones Exteriores y Culto, y fue transferida el área de Comercio Exterior a la órbita de control de Moreno.

Ciertamente hay una continuidad política en el proyecto kirchnerista, pero es evidente un *realineamiento de las alianzas*, que puede hacer pensar en un cambio de rumbo o en la radicalización del "modelo". La imagen que asoma es que el poder está encarnado en la Presidenta, que no lo comparte con sus aliados; que hay una construcción por y para el poder personal. La Presidenta manda sola, los demás ejecutan las órdenes.

En los inicios de este *nuevo escenario*, la palabra de las oposiciones no tiene fuerza ni mucha credibilidad. La verdadera oposición al cristinismo, en la coyuntura actual, la encabeza Hugo Moyano, quien ha comprendido el ajuste que se viene, que no tiene asegurada la renovación de su cargo como secretario general de la CGT, y que en consecuencia se propone liderar el descontento social que presagia ante el declive de la economía, y los desajustes fiscales. A pesar de haber sido el sindicalista más beneficiado por el proyecto kirchnerista, el secretario general de la CGT demostró su malestar por la escasa participación sindical en las listas de las últimas elecciones. También está presente en su enojo la manipulación que puede hacer el gobierno de los juicios que tiene pendientes.

Más allá de las especulaciones que Moyano pueda hacer del descontento social que presume se avecina, los temas del desencuentro entre la Presidenta y el dirigente sindical con más poder en la Argentina radican, someramente, en el tope que fija el gobierno a los aumentos salariales, los reclamos de Moyano para ajustar el mínimo no imponible del impuesto a las Ganancias, la participación de los trabajadores en las utilidades de las empresas, y el rechazo a las intenciones del gobierno de avanzar en las obras sociales sindicales. La interna sindical se pondrá al rojo vivo por el reemplazo de Moyano al vencimiento de su mandato al frente de la CGT en el mes de julio de 2012. Pero en su oposición al cristinismo, Moyano ha recibido el apoyo de un adversario tradicional, Jerónimo Venegas, secretario general del sindicato de peones rurales, aliado histórico de Eduardo Duhalde.

La presidenta también profundizó su enfrentamiento con Daniel Scioli al cercarlo con el vicegobernador camporista Gabriel Mariotto, y con una legislatura que el gobernador no controlará por la amplia presencia de legisladores de La Cámpora. En un gesto inusual, el gobernador Scioli no cedió a la presión del kirchnerismo que pretendió reemplazar a su ministro de Seguridad y Justicia, cuestionado por la ministra Nilda Garré debido a los incidentes entre policías y militantes camporistas, durante el acto de asunción de las autoridades bonaerenses. Pero quizá el dato más significativo sea el espacio de poder que Scioli otorgó en su gabinete a dos hombres de Moyano: Hugo Bilabao, al frente de la recientemente creada Agencia Provincial de Transporte y Logística, y Jorge Otaharán, a cargo de la subsecretaría de Puertos. La contienda alcanzó su punto más crítico cuando Daniel Scioli, en la primera semana de mayo de 2012, proclamó su disidencia: "tengo aspiraciones presidenciales para 2015", al mismo tiempo que creaba su propia estructura política, "La Juan Domingo", para rivalizar con La Cámpora en la provincia de Buenos Aires.

Mientras tanto el peronismo político que acompañó y acompaña al oficialismo no se pronuncia, al menos públicamente, ante un enfrentamiento que parece inevitable, y que conducirá a un gran combate por la conducción del peronismo, con miras a las elecciones de 2015. No obstante, se observan ya algunos gestos públicos de aquellos intendentes que resolvieron no concurrir a la Plaza de Mayo el día de la asunción de la Presidenta; plaza que estaba ocupada por las fuerzas propias del camporismo, la juventud sindical que conduce Máximo Kirchner, y por el Movimiento Evita, que dirige Pérsico.

Cristina Kirchner se ha convertido en la líder de un movimiento fragmentado, cargado de contradicciones, y de perfiles políticos diferentes, de derecha a izquierda, que recibió el apoyo del 54% del electorado. Su incuestionable legitimidad proviene de las urnas, como ha quedado demostrado en octubre de 2011. Desde la cumbre del Estado, lidera el sector más "radicalizado" y obsecuente del oficialismo (La Cámpora, el cristinismo), que forma parte de un *movimiento* político complejo y heterogéneo, poseedor de una gran cultura de poder, cuyas fronteras (en tanto movimiento) son difíciles de trazar. La tensión entre "partido" y "movimiento" es evidente en el interior del peronismo, pero en ese debate, la superioridad del movimiento con respecto al partido no está cuestionada. Un movimiento de ideas y prácticas expresadas en un variado conglomerado no puede reducirse a una corriente política. Si pensamos con una vieja categoría de la democracia de partidos, diríamos que estamos delante de un "partido predominante" (no hegemónico), que profundizará la concentración y verticalidad del poder con el control absoluto del Congreso. El riesgo institucional es la conformación de un sistema mayoritario, poco respetuoso de las minorías, en el cual la fuerza del número se combine con las medidas de emergencia. La democracia no flota en el aire, y la regla de la mayoría se debe enmarcar en el Estado de derecho, con su sistema de contrapesos y controles. Sin el respeto a las minorías no hay democracia.

En el escenario político postelectoral, sólo parece quedar en pie el proyecto de un sector del peronismo que maneja las riendas del Estado, y ha logrado construir un sólido grupo de poder político, económico y cultural. En todos los casos, los líderes fuertes personifican un conjunto de *temores* y *esperanzas*. Cristina Kirchner tendrá que evaluar cómo administra el crecimiento de su poder y cómo resuelve los conflictos de las corrientes internas del movimiento peronista. Por el momento la Presidenta no está dispuesta a cederle ningún espacio político a Daniel Scioli, ni aún en el interior del partido justicialista nacional, que en los hechos no funciona como tal. En la reunión celebrada el 22 de mayo de 2012 bajo la titularidad del gobernador de Buenos Aires, con la presencia de gobernadores, ministros del poder ejecutivo nacional, y la plana mayor de la conducción de La Cámpora, Mariano Recalde (titular de Aerolíneas Argentinas), Juan Cabandié (legislador porteño) y Andrés Larroque (diputado nacional), Scioli leyó, al final del encuentro, un comunicado en el que se afirma que "la Presidenta ejerce un liderazgo indiscutible dentro de nuestra estructura partidaria, pero ha declinado ejercer la presidencia del Consejo Nacional del PJ".[11] En esa oportunidad se creó la Comisión de Acción Política (CAP), compuesta por 21 miembros,[12] que será la encargada de la conducción del PJ, y que no integra Scioli, a pesar de ser el titular de la estructura partidaria nacional. En cambio, forman parte de ella el ultrakirchnerista Kunkel, y el jefe del distrito de Buenos Aires de La Cámpora, José Ottavis. La CAP convocó a elecciones internas en el orden nacional, y en todos los distritos del país, para el 31 de marzo de 2013.[13]

El oficialismo, con habilidad, ha cimentado simbólicamente ese poder con las nuevas tecnologías de la comunicación, la televisión digital, el futbol para todos, junto a nuevas y diferentes señales audiovisuales. No se trata de

[11] "El PJ le brindó un fuerte respaldo a Cristina y evitó críticas a Scioli", por Juan Cruz Sanz, *Clarín*, 23/05/2012.

[12] Ellos son: Juan Manuel Urtubey, Jorge Capitanich, Sergio Urribarri, José Luis Gioja, José Alperovich, Lucía Corpacci, Carlos Kunkel, Julio Pereyra, Antonio Caló, Teresita Luna, Juan Cabandié, Julio de Vido, Florencio Randazzo, Aníbal Fernández, Miguel Pichetto, Agustín Rossi, Mario Ishii, Andrés Rodríguez, Omar Viviani, José Ottavis, Teresa García. Todos sus miembros conforman el núcleo duro del kirchnerismo, a excepción del gobernador de Salta, Urtubey, que fue aliado de Alberto Fernández, ex jefe de Gabinete. Ver *La Nación*, 28/05/2012.

[13] Se informó también la aceptación de la renuncia de Hugo Moyano como integrante del Consejo del Partido Justicialista. Moyano había renunciado también a la conducción del PJ bonaerense, del que había quedado como titular tras el accidente de Alberto Balestrini. Ver *Perfil*, 28/05/12.

un simple asunto tecnológico, sino de una propuesta de comunicación de masas que extiende el espacio público, pero de una manera sesgada desde un punto de vista político-ideológico, que responde a un proyecto que ambiciona ser culturalmente hegemónico. Parece ser el triunfo, en definitiva, de la tradición nacional y popular (alimentada también por elementos de izquierda) frente a otra, minoritaria, de corte socialdemócrata. Son dos matrices políticas muy diferentes, que muy esquemáticamente se pueden referenciar en las nociones de "pueblo" y "ciudadanía".

Desde el punto de vista político se puede vislumbrar un año 2012 complicado para el oficialismo, por los enfrentamientos internos, y porque ya la huestes peronistas se preparan para las elecciones legislativas de 2013, con miras a las presidenciales de 2015. La complicación es doble para el oficialismo: por un lado, debe abortar las aspiraciones presidenciales de Scioli, y el intento de Moyano de fortalecer su presencia política en la provincia de Buenos Aires; por el otro, debe reunir la mayor cantidad de legisladores nacionales con vistas a una posible reforma constitucional. No obstante, enfrente se visualiza un clima favorable para el gobierno nacional, porque hay un grupo opositor que, hasta ahora, no puede superar sus infortunios ni dar muestra de cambio a corto o mediano plazo, de modo que le permita salir de su letargo para convertirse en opción de poder. Cristina Kirchner ya ha definido su adversario para el próximo período electoral, Mauricio Macri.

En este reforzamiento de la preponderancia presidencial con el círculo áulico que la acompaña, La Cámpora (que cada vez más gana espacios en los ámbitos del Estado) deja abierta las puertas al *torrente interno del peronismo* en su distintas manifestaciones (el peronismo político, el sindical, el territorial), que mantendrá cruentos enfrentamientos hasta encontrar el líder que los unifique, si Cristina no es candidata en 2015, y su hijo Máximo no cobra el perfil suficiente, a pesar de su apellido, para mantener disciplinado a un movimiento que, como expresa Juan Carlos Torre, es en sí mismo un sistema político. En definitiva, el desmembramiento de la representación política, que está en el corazón de la idea de régimen, desborda lo político, altera la conducta de los actores y penetra en el terreno económico.

Las oposiciones pasan hoy por su peor momento. No pudieron echar raíces en la sociedad a partir del conflicto del gobierno con el agro ni sacar provecho del triunfo electoral de 2009, ni del déficit del oficialismo. Tampoco pudieron leer con exactitud el impacto del *crecimiento económico* en la popularidad de la Presidenta, y se replegaron en el grave problema inflacionario y en la tergiversación de los números del INDEC, sin que pudieran plasmar una propuesta concreta, dado el cambio en la correlación de fuerzas en el Congreso. La debilidad y fragmentación de las oposiciones afectan a la vida pública, le restan dinamismo y vitalidad a la democracia. La primera de sus tareas es extraer las enseñanzas de esta contundente, y preanunciada, derrota. Los resultados electorales en todo país muestran los desequilibrios políticos, la dispersión y desorientación de las oposiciones: Cristina Kirchner y Amado Boudou, por el Frente para la Victoria, el 54%: Hermes Binner y Norma Morandini, por el Frente Amplio Progresista, el 17%; Ricardo Alfonsín y Javier González Fraga, por la Unión para el Desarrollo Social, el 11,15%; Alberto Rodríguez Saá y José María Vernet, por Compromiso Federal, el 8%, Jorge Altamira y Cristián Castillo por el Frente de Izquierda y de los Trabajadores, el 2,3%; Elisa Carrió y Adrián Pérez, por la Coalición Cívica, el 1,8%.

Un sector de esas oposiciones alcanzó una buena performance electoral en octubre de 2011. Me refiero al Frente Amplio Progresista (FAP), creado a mediados de ese año, liderado por el ex gobernador Hermes Binner, e integrado por el partido Socialista, el partido GEN, el partido Nuevo de Córdoba, la Corriente Nacional por la Unidad Popular, y por Libres del Sur. A pesar del lugar obtenido en las elecciones presidenciales, el FAP no resuelve todavía un ramillete de interrogantes y desafíos para una coalición electoral que debe aún demostrar su capacidad de institucionalización de fuerzas políticas disímiles como estructura nacional. En escasos meses se convirtió en la segunda fuerza política del país, todo un récord, que hace visible la vacancia de un espacio político de centro izquierda no peronista. Con todo, la distancia con el oficialismo es enorme: cerca de 37 puntos de diferencia. Si bien Hermes Binner fue el candidato presidencial más votado en la ciudad de Rosario, Cristina Kirchner lo fue en la provincia de Santa Fe, como ocurrió en las primarias del 14 de agosto de 2011.

Le cabe a ese Frente, junto a otros aliados, la responsabilidad de cumplir con su encargo electoral, controlar al gobierno y presentar opciones coyunturales y estratégicas en la búsqueda del "buen gobierno". El FAP tendrá que demostrar en las elecciones legislativas de 2013 si conserva el 17% del electorado reunido en las elecciones presidenciales y, a la vez, que ha emprendido un proceso de consolidación que lo habilita para capitalizar el voto no kirchnerista. En la cámara de diputados se ha conformado un interbloque con 22 diputados que integran todas las fuerzas del Frente, y en la de senadores, el interbloque está conformado por 4 senadores. La pregunta que queda flotando es: ¿cómo transformar un frente electoral en un verdadero frente de gobierno, con aspiraciones reales de poder? El FAP deberá sacar las enseñanzas dejadas por el FREPASO, elaborando una estrategia de mediano y largo plazo con miras al poder.

5. La cultura de la impunidad se impone

La Argentina es un país que no deja de sorprender, por ciertas políticas erráticas y por la sucesión vertiginosa de acontecimientos trascendentes, que ocupan la atención absoluta de los medios, en un cuadro donde un *nuevo hecho opaca al anterior*. En el término de meses hubo un bombardeo de los medios por las irregularidades cometidas por Sergio Schoklender, que afectan a la Fundación Madres de Plaza de Mayo, cuya presidenta es Hebe de Bonafini. El hecho de corrupción tomó estado público con la renuncia de su administrador, Pablo Schoklender, en diciembre de 2010.[14] Más tarde, en una secuencia acelerada sobrevinieron la tragedia de Once, con víctimas fatales y numerosos heridos (hecho sobre el cual la Presidenta se pronunció cinco días después),[15] las declaraciones oficiales sobre Malvinas, y el enfrentamiento con Inglaterra, el escándalo de la empresa Ciccone Calcográfica (con todas sus derivaciones) que involucra en un supuesto caso de corrupción al vicepresidente de la Nación, Amado Boudou, y finalmente la estatización de YPF, que levantó el ánimo, las emociones y los discursos más nacionalistas, victoria que fue rápidamente fagocitada por el clima que crearon las restricciones del mercado cambiario, los problemas que trae el cierre de las importaciones, y la permanente inflación.

En todos estos sucesos, a excepción de Malvinas, el Estado argentino (es decir, el gobierno) tiene responsabilidades de control que no cumple ni ha cumplido con eficacia, ya sea tanto en la seguridad del transporte, o en el desvío de los fondos públicos para la construcción de viviendas que administraba la Fundación Madres de Plaza de Mayo, como en materia energética. Los errores y deficiencias de política y de gestión pública no se corrigen necesariamente con propuestas estatizadoras, más allá de que se esté o no de acuerdo con la expropiación de YPF. Por ejemplo, la estatización de Aerolíneas Argentinas no ha mejorado todavía el rendimiento de la empresa.

Atrás quedaron las presuntas coimas del escándalo Skanska, la valija de 800.000 dólares de Antonini Wilson, y las droguerías involucradas en el narcotráfico que financiaron campañas oficiales, el crecimiento patrimonial

---

[14] Además de Sergio están imputados en la causa su hermano Pablo y otras personas que trabajaban en la Fundación, así como también Alejandra Bonafini, hija de Hebe, imputada por presunta asociación ilícita, a principios de junio de 2012.

[15] El 22 de febrero de 2012 ocurrió la tragedia, el 7 de marzo renunció el secretario de Transporte Juan Pablo Schiavi, por una dolencia cardiaca, y el 4 de junio el Juez Bonadío detuvo a Claudio Cirigliano, presidente de TBA (ex concesionaria de la línea Sarmiento), junto a otros tres directivos, bajo la acusación de entorpecer la justicia, *La Nación*, 05/06/2012. Cirigliano forma parte de un grupo económico muy cercano al Gobierno.

de Ricardo Jaime o, en otro orden muy distinto, la compra de dos millones de dólares que realizó Néstor Kirchner un día antes de su aumento, posiblemente haciendo uso de información privilegiada.

La amarga sensación que dejan estos acontecimientos, como tantos otros, es que las soluciones o respuestas no llegan, o llegan de manera insatisfactoria, o tardíamente; que las investigaciones en los casos de corrupción no terminan nunca en condenas.[16] La regla parece ser la impunidad y cierta desaprensión de la sociedad frente a estos hechos, en tanto el Gobierno garantice niveles determinados de crecimiento y de consumo. Estos comportamientos sociales no están disociados del proceso de construcción de la democracia, y de manera ineluctable complica la calidad de la relación entre el Estado de derecho democrático y la sociedad. Lo que subyace es una discusión sobre la calidad de la democracia.

La realidad de este intrincado escenario involucra al Estado, con sus instituciones, a la dirigencia en su conjunto y a los ciudadanos. En mis trabajos me he referido a la vigencia de un Estado de derecho atenuado, por la preponderancia del poder ejecutivo y su escaso respeto a la división de poderes, provisto de instituciones endebles (INDEC, organismos de control, etc.). La baja calidad de la democracia se expresa, además, a través de una clase dirigente (que incluye tanto a gobernantes como al resto de la élite política) que carece de proyectos estratégicos, y se maneja con la inmediatez de la política. La calidad de la democracia se mide también por el tipo de cultura política de los ciudadanos, y sus niveles de interés por la cosa pública. Los ciudadanos están más preocupados por la satisfacción de sus propios intereses que por el desenvolvimiento de la democracia y el fortalecimiento de sus instituciones.

Ésta es la forma en que se articula el vínculo entre gobernantes y gobernados. El comportamiento de la dirigencia política no está disociado del desinterés de la sociedad por ciertos procedimientos de orden institucional y ético, más allá de la atracción por el dinero ilegal que sienten algunos dirigentes y gobernantes. Según las circunstancias de tiempo y lugar, lo colectivo pasa a segundo plano. En este sentido, la dirigencia política "representa" genuinamente a la sociedad argentina.

---

[16] Entre otros ejemplos la justicia sobreseyó, a mediados de 2012, a Claudio Uberti (funcionario del gobierno argentino que contrató el avión en que viajaba Antonini Wilson) por el ingreso ilegal de la valija con 800.000 dólares. La Sala B de la Cámara Nacional en lo Penal Económico consideró que la acusación había prescripto por estar encuadrada como lavado de dinero, y no por contrabando. La consecuencia es que se cierra la causa para Wilson y los otros imputados.

Pareciera que el arte de gobernar requiere hoy de la "capacidad" de implementar políticas de corto plazo (para lo cual solicita talentos "corto placistas"), y de políticas demagógicas. ¿Cómo disociar, entonces, la escasa excelencia de los gobernantes y dirigentes de una sociedad de ciudadanos poco exigentes? Es evidente, estamos en otra era de la política. Asimismo, el tono plebiscitario y personalista del gobierno nacional se impone abrumadoramente frente a los contextos deliberativos, y las organizaciones partidarias. El país vive un presente eterno, rodeado de instituciones débiles, donde el respeto a la división de poderes es escaso y la sensación de impunidad abundante. En 30 años, el poder judicial condenó únicamente a dos funcionarios, de los tantos acusados por corrupción. Impuso una leve condena al funcionario menemista Castro Morgan de un año y medio en suspenso. Con anterioridad había condenado a María Julia Alsogaray, hoy en libertad. Durante el gobierno kirchnerista no hay condenados, aunque sí hay funcionarios procesados: Ricardo Jaime, Romina Picolotti, y Felisa Micelli.[17] Desde hace dos años está preso, con un proceso judicial en trámite, el dirigente bancario Zanola, acusado de corrupción por el manejo de las obras sociales de su sindicato. Evidentemente, la lista no es muy amplia.

La corrupción es un hecho difundido en la vida colectiva de los argentinos, pero nadie se engaña que es un fenómeno de hoy. Tampoco nadie desconoce que la expansión de este flagelo arruina las instituciones y desvía la conducta de los hombres. ¿Cómo desterrar la corrupción que obedece tanto a comportamientos individuales como estructurales? La resolución del problema es difícil. Tal vez convenga recordar las palabras de Montesquieu escritas en el siglo XVIII: "La corrupción de cada gobierno comienza casi siempre por la de sus principios". La virtud política, según nuestro autor, es el principio de la democracia. No parece, por cierto, un mal punto de partida. Corrupción de principios y corrupción de las instituciones, he ahí la verdadera encrucijada de la calidad de la democracia.

La cultura de la impunidad suele corroer los espíritus y el edificio institucional. La Argentina carece de una justicia federal independiente del poder político, a excepción de la Corte Suprema de Justicia. El juez Daniel Rafecas en una entrevista[18] se pronunció a favor de una reforma procesal de la justicia federal para agilizar los juicios por corrupción que –en su opinión– "no le interesan a toda la clase política" ni a los "distintos poderes ejecutivos que se han sucedido en los últimos 30 años". Dos meses después, como encargado de la investigación del caso Ciccone, ordenó el allanamiento de oficinas y

[17] "La justicia condenó por corrupción al segundo funcionario en 30 años", por Hernán Cappiello, *La Nación*, 02/07/2012.

[18] *La Nación*, 19/02/2012.

viviendas del empresario Vandenbroele, vinculado a Boudou, incluido un departamento de propiedad del vicepresidente.

En su defensa, Boudou atacó al Procurador General, Esteban Righi (ministro del interior en el gobierno de Cámpora que abrió las puertas de las cárceles a los presos políticos en 1973), solicitando que la justicia investigara al estudio de la familia Righi por tráfico de influencias, y al presidente de la Bolsa de Comercio, Adelmo Gabbi. Righi, integrante del histórico grupo Calafate, presentó su "renuncia". La aceptación por parte de la Presidenta debe ser interpretada como una medida ejemplar hacia los jueces, especialmente hacia los fiscales, y como un castigo para el ex funcionario por no haber frenado a tiempo al fiscal Carlos Rívolo que pidió a Rafecas los allanamientos. Simultáneamente, el representante del poder ejecutivo en el Consejo de la Magistratura presentó una denuncia contra Rafecas por presuntas irregularidades en su desempeño en la causa Ciccone, a pesar de que en los inicios de la investigación recibió el apoyo de la ministra Nilda Garré y del integrante de Carta Abierta, Ricardo Forster. La suerte del fiscal Rívolo quedó en manos del Juez Ariel Lijo, encargado de la causa Ciccone, luego que la Sala I de la Cámara Federal confirmara el apartamiento de Rafecas de la investigación, a pedido del abogado Diego Pirota, representante de Núñez Carmona, para evitar que Boudou continúe involucrado en la causa Ciccone. Finalmente, el juez Lijo separó al fiscal Rívolo de la causa en cuestión.

Todo un estilo y una estrategia para domesticar al poder judicial federal. La justicia, en un país democrático, no puede convertirse en un *asilo de impunidad*. Con esta impronta de la política no hay espacio para la independencia de la justicia. Amado Boudou es una creación exclusiva de Cristina Kirchner, y el oficialismo debió pagar el costo político por remover al juez y al fiscal que investigaban al vicepresidente, y a Righi, así como también el costo que le significó el fracaso de la propuesta de Daniel Reposo como candidato a Procurador General, en reemplazo de Righi; iniciativa que surgió del mismo Boudou. A pesar de que la imagen de la Presidenta ha caído en la opinión pública, según algunas encuestas, ella ha ordenado a sus seguidores el apoyo a su vicepresidente.

El poder del "cristinismo" no tiene límites, se concentra irrefrenablemente, y su carácter es expansivo, se construye desde el Estado por y para el poder personal. Y, ¿la oposición? No existe, no tiene capacidad de diferenciación política, únicamente podrá emerger, en el corto plazo, del seno del peronismo. Hoy por hoy comienza a estar representada por Hugo Moyano. Por su parte, el cristinismo o La Cámpora se preparan para que en las elecciones legislativas de 2013 su espacio aumente el número de legisladores como un *test* para saber cuán lejos o cuán cerca están de las 2/3 partes que se requieren para una reforma constitucional. En ese contexto, se pretende "fabricar" una nueva figura política, Máximo Kirchner. En las sombras comienzan las mediciones para su probable postulación como candidato a diputado por la provincia de Santa Cruz o Buenos Aires.

6. ¿Democracia o república?

Las dificultades para repensar la democracia no son pocas, y además son de difícil resolución. En fin, la democracia de nuestros días se enfrenta con numerosos desafíos, entre lo que podemos enumerar: la superioridad del ejecutivo sobre el legislativo y el judicial (que afecta la división de poderes), el significado actual del viejo principio de la "soberanía popular" (que alerta sobre una posible expresión vacía de sentido), y la intervención de los actores informales (que abre las puertas a una nueva tipología de conflictos sustentada en otras representaciones). De ahí se desprenden dos cuestiones centrales de la vida democrática actual.

Primero, una democracia débilmente estructurada, más allá de que mantenga un firme sistema de votación. La competencia electoral que finalizó en octubre de 2011 se encargó de reforzar algunas tendencias que se despliegan en la escena política, por lo menos, desde la crisis de 2001: la ausencia de partidos, la personalización del poder, y la trascendencia del sufragio. Estas tendencias aparentemente contradictorias dibujan el perfil de una democracia débilmente estructurada. Digo aparentemente contradictorias porque el vínculo más fuerte de los ciudadanos argentinos con la política pasa por las urnas.

Segundo, aunque proceden de tradiciones políticas diferentes, democracia y república son términos complementarios, conexos. La república (*politeia*) (Aristóteles, 1997, *Política*, III.7) es la sociedad política que se instituye en vista al interés común, pero como escribe Kriegel, Aristóteles deja indeterminada la cuestión del sujeto, esto es, quién debe ejercer el gobierno de la república. Cuando el uno, la minoría o la mayoría gobiernan en vista al interés común son regímenes necesariamente rectos. Un gobierno republicano es un gobierno establecido y guiado por el interés común. Por eso, en Aristóteles una república puede ser monárquica, aristocrática y democrática si tiene como objetivo el interés general (Kriegel, 1998:51). La conclusión de Kriegel es que si el gobierno del gran número puede realmente defender el interés común eso significa que sólo la democracia puede verdaderamente instituir la república (Kriegel, 1998: 52). En palabras de Lefort, "a través de sus metamorfosis, la república se ha hecho democrática, no tiene otra definición posible; la democracia misma es republicana, o bien deja de designar una sociedad política" (Lefort, 2007:110). En la Argentina lo que tenemos por delante es una democracia desolada de toda perspectiva republicana. Falta, pues, instituir la república, establecer en los hechos la separación de poderes, revitalizar la ciudadanía, ampliar las bases de la decisión política, y fortalecer los contextos de deliberación pública.

En un intento por caracterizar el kirchnerismo, Eduardo Rinesi (2011) no sólo reivindica la existencia de un "pensamiento kichnerista", sino que afirma que ese pensamiento –en su opinión– es deudor, entre otras cosas, de las tradiciones filosófico-políticas más variadas: el liberalismo, la tradición democrática popular (que se encarna en el peronismo), el jacobinismo y el republicanismo, valoración que no deja de asombrar por la variedad de fuentes fecundas, diversas y contradictorias que alimentan con algunos de sus componentes un fenómeno político inédito. Pareciera que estamos delante de la génesis de una matriz política, tan ecléctica como infundada, la *matriz k* (que no es otra, desde mi punto de vista, que el *decisionismo democrático*). Pero no es en este punto en el que me quiero detener sino en el concepto de republicanismo, para comprender nuestra propia realidad política actual.

La tradición republicana es plural y alberga en su seno posiciones diferentes y a veces enfrentadas sobre el tema de la ciudadanía, sobre el alcance de la participación política o la relación entre lo individual y lo colectivo. No existe una teoría unitaria sobre el republicanismo, es decir, un conjunto coherente y definido de tesis que constituyan una teoría unívoca. Hoy, en la Argentina, se reconoce republicano el pensamiento de centroizquierda del ARI, que dirige Elisa Carrió (el centro de formación política del partido se llama Hannah Arendt), o el de Ricardo López Murphy, un liberal democrático, el diario *La Nación*, o intelectuales de la estatura de Natalio Botana y Luis Alberto Romero, o representantes de la centroderecha conservadora, como Vicente Massot (actual director ejecutivo del diario *La Nueva Provincia*, de Bahía Blanca, que apoyó a la dictadura militar de 1976). Asimismo, sectores de la derecha autoritaria, como el ex general Díaz Bessone (junto a algunos civiles) preconizaron desde la Secretaría de Planeamiento la fundación de una "segunda República", durante el "Proceso". Por cierto, el kirchnerismo también es republicano. Según Rinesi posee componentes de un "republicanismo agonista y de liberalismo de avanzada" (Rinesi, 2011:157). Finalmente, en este universo de visiones tan disímiles cabe preguntarse si el republicanismo norteamericano es igual al republicanismo francés.

En los últimos años se ha renovado el interés por el republicanismo, que hasta hace poco era considerado por muchos como una tradición de pensamiento anacrónica u obsoleta, casi inviable para la complejidad de las modernas sociedades democráticas representativas. En esta recuperación del republicanismo han desarrollado una labor destacada historiadores del pensamiento político y filósofos políticos como Pocock, Skinner, Dunn, Pettit, Viroli, Doménech y otros, quienes han llamado la atención sobre la importancia de esta corriente de pensamiento, que aunque finalmente derrotada por el liberalismo (por la reescritura liberal de la historia de la modernidad política), tuvo un peso considerable en la teoría política de la modernidad. La tradición republicana (el republicanismo clásico) comienza con Cicerón en la Roma republicana, con la *Política* de Aristóteles en Atenas, continúa en las repúblicas italianas del Renacimiento, particularmente en la Florencia de Maquiavelo, en Venecia en el siglo XVII, en la república holandesa de las Provincias Unidas. Es el denominado "humanismo cívico" que conforma otro modelo de virtud cívica y ciudadanía. No podemos olvidar tampoco a los teóricos de la guerra civil inglesa, como Harrington, a los escritos de Montesquieu, a otros exponentes, como Rousseau. En pocas palabras, el abanico intelectual que refiere al republicanismo va desde Maquiavelo a Marx, pasando por Spinoza, la ilustración escocesa, y los teóricos de las revoluciones norteamericanas y francesa.

Vale la pena destacar, por último, la interpretación de Lefort sobre la obra de Maquiavelo. Entre los fundamentos de la república está el concepto de igualdad, por eso para Maquiavelo el republicanismo es un régimen superior. A la vez, señala Lefort, al Estado le es necesario ser poderoso, y su potencia se mide por la adhesión que le da el conjunto de los ciudadanos. Un Estado poderoso es aquel en el que los ciudadanos son capaces de movilizarse para defender sus derechos de participar en los asuntos públicos (Lefort, 2010: 570, 574).

Es cierto también que durante el siglo XVIII los términos "democracia" y "república" se emplearon de modo bastante intercambiable. En rigor, democracia y república son, como se dijo, términos conexos. La república representa la primacía de lo público, el bien común, la división de poderes. En este sentido, sólo la democracia puede instituir la república, a través de la soberanía popular o de la ficción de la representación. En el significado del siglo XIX la idea de república alude a la división de poderes y al control recíproco entre los mismos, lo que es confiado a la Constitución, que determina las atribuciones de los diferentes órganos y define sus ámbitos de actuación. Los poderes y los lazos sociales son regulados por la ley. Hoy, buscando un consenso mínimo, lo que distingue al republicanismo (con mucha coincidencia con el liberalismo político) son los componentes siguientes: la libertad política, el respeto a la división de poderes, el respeto a la ley y a las instituciones, el control del poder (para evitar su concentración, abusos y arbitrariedades, así como la permanencia en el mismo), la rendición de cuentas, y el valor de la deliberación en la toma de decisiones.

La gran preocupación de la democracia republicana de hoy es, como antes, la limitación del poder. Desde 1989, luego de los momentos más difíciles de la transición política argentina, nuestra democracia no pudo prescindir del ejercicio de los poderes excepcionales y se alejó de aquella concepción que proclama la separación de poderes y los controles mutuos, que reprime los posibles excesos de los gobiernos de turno. A esta práctica de gobierno la he denominado decisionismo democrático.

Cuando se ensancha la esfera del ejecutivo se desplaza el debate público, el parlamento pierde poder y capacidad de control. Con esa práctica, los gobiernos no suspenden el Estado de derecho, como lo indicaría una perspectiva decisionista schmittiana, pero lo atenúan. Es un modo no republicano de ejercicio del poder. Se valen de la Constitución para desarrollar plenos poderes, mediante la delegación legislativa, el veto parcial y los decretos de necesidad y urgencia. En este sentido, la democracia argentina vive en emergencia permanente. Es verdad que estos mecanismos de gobierno se desprenden del texto constitucional, pero están previstos para situaciones de excepción, para hacer frente a los períodos de crisis profunda y dificultades extremas, como las vividas en 1989-1990 y 2001-2002, no para las épocas de normalidad. Cuando no existen esas situaciones fácticas, extraordinarias, no hay buenos motivos para invocar la emergencia. La *normalidad*, en cambio, implica un juego político institucionalizado, respeto irrestricto a las normas y al procedimiento deliberativo, y un trato comunicativo y civilizado entre el Estado y los actores políticos y sociales.

Los poderes discrecionales de la democracia son válidos ante las situaciones de emergencia, y en momentos de crisis aguda son razonables. El problema se presenta cuando ellos son utilizados en épocas de normalidad, con injustificables argumentos pragmáticos. No olvidemos que el decisionismo democrático limita siempre al Estado de derecho y pone en peligro a la propia democracia que pretende salvaguardar.

Cuando se refuerzan los poderes extraordinarios del ejecutivo en tiempo de normalidad se desplaza el debate, se aparta a los ciudadanos de la participación indirecta en la toma de decisiones mediante sus representantes. Prevalece, entonces, la lógica decisionista, la voluntad política, sobre la lógica deliberativa. Sin debate político no hay intercambio de opiniones. Un ejecutivo vertical y concentrado se vuelve autosuficiente y se encierra en sí mismo. De ahí, sin dudas, la necesidad de revitalizar al parlamento como espacio de deliberación pública. La calidad de la democracia depende también de la calidad de la discusión pública. En definitiva, el decisionismo democrático no lo es tanto por afectar los derechos individuales –la libertad de expresión, de asociación, etc.–, como por restringir la deliberación pública, por dañar al parlamento como órgano de codecisión y contrapeso institucional, y por desvalorizar a la justicia. Sólo a través del parlamento la decisión política adquiere carácter público; el derecho se atenúa cuando desaparece la certidumbre, la previsibilidad de la deliberación pública.

La pregunta que nos inquieta es qué sería de la democracia argentina sin esa práctica del decisionismo democrático. ¿Cuál es su viabilidad si la excepcionalidad que adquirió la forma de normalidad vuelve a su justa expresión?

Pero no carguemos toda la culpa sobre el Ejecutivo. El decisionismo democrático sólo se entiende por la crisis de la función legislativa, y en este sentido ambos órganos de poder se implican mutuamente, a partir de las propias disposiciones de la Constitución Nacional. El Congreso vota las leyes que delegan facultades legislativas al Presidente en épocas de normalidad, o no ejerce adecuadamente los controles de las medidas excepcionales.

¿Cuándo se produce, entonces, el desequilibrio de poderes? Cuando se modifica la distribución de atribuciones y competencias que ha establecido la Constitución entre los distintos órganos del poder. Cuando, en definitiva, se altera el reparto del poder en el juego democrático –complejo, diverso, de rivalidad, cooperación, o concentración–, y se quiebra el sistema de frenos y contrapesos. El decisionismo democrático no respeta el reparto constitucional del poder. Dividir el poder es repartirlo entre los diferentes órganos. Si bien el Congreso es un órgano de codecisión, en la realidad, el decisionismo democrático no se explica sin la crisis del parlamento, sin la falta de control al ejecutivo.

En la Argentina, como en todas partes, el *gobierno* es identificado con el poder ejecutivo. Es cierto, el poder ejecutivo es un órgano central del proceso de toma de decisión, pero no es el único. En el juego democrático, la interacción entre el ejecutivo y el legislativo es fundamental a la hora de determinar el grado de superioridad de uno de ellos o el nivel de cooperación alcanzado. Son órganos distintos pero no están separados, están *obligados a colaborar*, porque ambos poderes forman parte del gobierno. Con todo, el papel decisivo recae sobre la tradición política forjada en la superioridad del ejecutivo.

7. Palabras finales

¿Cómo caracterizar, entonces, al kirchnerismo, después de Kirchner? Como respuesta tentativa, buscando una comprensión y explicación más conceptual, se podrían registrar brevemente tres reflexiones, que guardan un parecido de familia, sin caer en una mirada desprovista de matices.

La primera le pertenece a Guillermo O'Donnell.[19] Me refiero a su conocida definición de democracia delegativa que contrapone a la de democracia representativa, y que expresa una manera determinada de concebir y ejercer el poder político. La democracia delegativa "es un tipo 'disminuido', deficitario en aspectos muy importantes, de democracia" (O'Donnell, 2011:31). Así, por sus características antiinstitucionales y la acentuación de un discurso salvacionista, corre el riesgo de un deslizamiento hacia el autoritarismo, como sucedió en Venezuela con Chávez, en Rusia con Putin, y en Perú con Fujimori. El líder delegativo aparece como "todopoderoso", como alguien que se cree y se presenta como un "salvador de la patria", y reclama que lo dejen gobernar sin trabas. Para la democracia delegativa es un "estorbo indebido" la "interferencia" de instituciones que ejercen control o rendición de cuentas, en otras palabras, lo que O'Donnell ha denominado *accountability* horizontal. Ese líder busca subordinar al Congreso y al poder judicial, y erosiona cualquier forma de control de las democracias representativas. En la revisión de su concepto O'Donnell plantea una duda central, a la que no encuentra respuesta por la información hoy disponible: "¿hasta qué punto los líderes de la DD son real, sinceramente democráticos? Puede ser que así sea, pero tampoco es imposible que hayan adoptado la vía electoral por ausencia de otras opciones para acceder al gobierno" (O'Donnell, 2011: 29).

La democracia delegativa pone también de manifiesto una concepción mayoritaria e hiperpresidencialista de la política. Esta democracia mayoritaria, interpreto, basada en las urnas, en la soberanía popular, puede legitimar cualquier abuso, y descalificar los controles y los límites al poder fijados en la Constitución y en las leyes. El líder delegativo, en fin, se asume como un jefe que encarna personalmente los destinos de la Nación, que representa exclusivamente la soberanía popular, sin tener en cuenta que el contrato constitucional y los derechos fundamentales, son otra fuente de legitimidad del poder político.

La segunda reflexión es la que propone el politólogo italiano Michelangelo Bovero cuando acuña el término "autocracia electiva", en una época

---

[19] Una revisión de su concepto se halla en su último libro, O'Donnel Guillermo, Iazzetta Osvaldo y Quiroga Hugo (coordinadores) (2011): *Democracia delegativa*. Buenos Aires: Prometeo.

de democracias aparentes que expresan una tendencia de degeneración o des-democratización, potencialmente "autocratizantes". Si en un sistema institucional el gobierno ha asumido "plenos poderes" o se "legisla por decreto", ¿para qué sirve, entonces, el parlamento? Sólo tendría una función de "control" (Bovero, 2002: 167-171). Es difícil imaginar el control parlamentario cuando el parlamento ya no tiene ningún poder eficaz para oponerse a la acción de gobierno. Un sistema sin parlamento, o con un parlamento despojado de poderes, ¿es todavía una democracia? Si la respuesta fuera positiva, expresa Bovero, porque el presidente o el jefe de gobierno son elegidos por los ciudadanos mediante la regla democrática de la mayoría, cabría replicar que ya no se trata de una democracia sino de una autocracia electiva sostenida por la mayoría. Las tendencias degenerativas encaminadas a "reforzar el ejecutivo", que "obstaculiza el flujo ascendente del proceso democrático acentuando los momentos de decisión descendentes" (Bovero, 2002: 168), abren las puertas a la instauración de una autocracia electiva, populista y plebiscitaria. Al reducir la envergadura de la deliberación parlamentaria no se hace más eficiente a la democracia, al contrario, se la hace menos democrática.

En una entrevista de principios de 2012 reafirma la misma concepción cuando sostiene que, al observar los procesos políticos de las últimas dos o tres décadas, es claramente reconocible que la democracia asume gradualmente características de una forma de gobierno distinta, a la que ha denominado, como ya dijimos, autocracia electiva. Son regímenes con elecciones libres, pero las decisiones se toman de arriba hacia abajo. Una democracia representativa, para ser verdaderamente una democracia, tiene que ser representativa, y no lo es si el poder decisivo y preponderante, por la calidad y cantidad de las atribuciones y prerrogativas, está conferido a una sola persona. Se pregunta si las democracias reales no se han acercado peligrosamente a una frontera crítica, a tal punto que, en algunos casos, han cruzado la línea de demarcación entre democracia y autocracia.[20]

La tercera, mi interpretación, ya expuesta en este texto, alude a una práctica de gobierno que he denominado decisionismo democrático. El decisionismo democrático es esencialmente un gobierno del Ejecutivo, que le incorpora poderes incontrolados al presidencialismo. La voluntad del líder decisionista se antepone a las instituciones y sus reglas, y a los contextos deliberativos. En definitiva, en el segundo mandato hay una mayor personalización del poder, que pone en evidencia que la razón del poder es el mando (que trasciende su justo fin).

[20] Michalengelo Bovero, "Vivimos en democracias que pueden convertirse en autocracias electivas", entrevista de Fabián Bosoer, *Clarín*, 05/02/2012.

Thomas Hobbes, en el siglo XVII, y Bertrand de Jouvenel, en el XX, dos de los más grandes estudiosos del poder en la historia de la teoría política, se valen de sendas metáforas para definirlo. Mientras Hobbes apela a una imagen bíblica del libro de Job, el *Leviatán*, un monstruo marino feroz e indomable, Jouvenel lo hace recurriendo a una mítica palabra griega, *Minotauro*, un monstruo con cabeza de hombre y cuerpo de toro. A pesar de las diferencias entre ambos autores sobresale una nota común: el Estado es el palacio que alberga el poder. Una segunda nota a remarcar, esta vez compartida entre Jouvenel y Carl Schmitt (otro destacado teórico del siglo XX), es que el poder se configura libremente a sí mismo. El poder tiene vida propia. Ahora en palabras de Schmitt, existe una dialéctica interna del poder que se autonomiza del poderoso y, a la vez, lo atrapa. El poderoso se aísla cuanto más se concentra el poder directo en su persona.

Bajo este telón de fondo, el poder personal se ha acrecentado en las sociedades contemporáneas. En la Argentina, la imagen que asoma en la experiencia adquirida es que el poder está encarnado en Cristina Kirchner, que no lo comparte con sus aliados y que hay un Consejo áulico que la acompaña en sus decisiones. Prevalece una construcción por y para el poder personal. Lo demás, aquello que es planteado como un horizonte de sentido, el llamado "modelo" (el poder al servicio del bien común), no es más que la retórica de un discurso político que intenta cambiar nuestra visión del mundo, y la compresión que tenemos de una compleja realidad.

El "cristinismo" es una profundización de la estructura de poder decisionista edificada por Néstor Kirchner desde el palacio presidencial. El Estado es el centro de la decisión política, pero la Presidenta personifica un poder aún más vertical, concentrado y discrecional que el de su antecesor. Al tener vida propia, el poder (ante el menor descuido y debilidad) "atrapa" al poderoso de turno mediante su lógica interna, y deja abiertas las puertas al movimiento de rotación del poder.

En los inicios de este nuevo escenario, las oposiciones no poseen fuerza ni credibilidad, carecen de iniciativa y de espacio en la competencia política. La verdadera oposición al oficialismo habita en el interior del propio peronismo, y hoy la encabeza Hugo Moyano, quien se propone liderar el descontento social que presagia ante el declive de la economía, y los desajustes fiscales. Fue el sindicalista más beneficiado por el proyecto kirchnerista. Hoy es su principal adversario. ¿Es Moyano un actor central de la rotación del poder? Pareciera que su propósito es intervenir en la definición de las elecciones de 2013, como paso intermedio para la sucesión presidencial de 2015; su mejor aliado entonces es Daniel Scioli.

Con la masiva concentración en Plaza de Mayo a fines de junio de 2012 (no importa aquí discutir el número), Moyano ofreció un testimonio resonante de su posición cuestionadora, afectó el mando político de la Presidenta (intocable hasta ahora por las oposiciones), y mostró su fortaleza en el espacio público. Moyano volteó la primera trinchera del poder oficial. En su jugada política y sindical (por mantenerse al frente de un sector de la CGT), el actual secretario general abrió la calle para que se canalizaran demandas e interpelaciones varias, como ser: el aumento del mínimo no imponible, la universalización de las asignaciones familiares, y la amenazante inflación. No se puede hablar de un triunfo altisonante, pero sí de un fuerte desafío a un poder concentrado que espera el acompañamiento de otras voces del peronismo, que protestan por lo bajo y se muestran temerosas en la superficie.

Las temerarias declaraciones del canciller Héctor Timerman en la Cumbre del Mercosur en Mendoza, a fines de junio, acerca de que hay "intereses (económicos y de los medios de comunicación) que quieren voltear a la Presidenta", para agregar que no van golpear a Cristina como lo hicieron con Zelaya y Lugo, revelan intolerancia política y la imposición de una lógica incapaz de aceptar el disenso. La retórica, con ideas inconsistentes, también pretende construir la realidad.

La Presidenta dio luz a su enfrentamiento con Scioli al cercarlo con el vicegobernador Mariotto, y con una legislatura que el gobernador no controla por la amplia presencia de legisladores de La Cámpora. La respuesta de Scioli fue la creación de la "Juan Domingo" y la proclamación de su disidencia: "tengo aspiraciones presidenciales para 2015". En contrapartida, el gobierno nacional le envió menos fondos de los que necesita para pagar los sueldos de julio, el gobernador debió desdoblar el aguinaldo, lo que le genera un conflicto con los sindicatos estatales y docentes. Es Scioli y no Macri el adversario para la sucesión presidencial. En definitiva, estamos presenciando la historia concreta de la lucha por la sucesión del poder en 2015 en el interior del peronismo.

Nuevamente el peronismo traslada sus conflictos al conjunto de la sociedad, y acorrala al sistema político tras un falso relato que abre un campo antagónico entre los que buscan profundizar el "modelo" (con nuevas alianzas estratégicas) y los que pretenden, peronistas o no, poner en discusión las supuestas innovaciones. En verdad, se trata de la puja por el control de un movimiento que contiene fracciones diferentes y enfrentadas entre sí. En el medio se halla una sociedad que espera certezas de sus dirigentes, estabilidad y gobernabilidad.

Bibliografía

Aristóteles (1997): *Política* (edición bilingüe). Traducción de Julián Marías y María Araujo, III, 7, 1279 a. Madrid: Centro de Estudios Constitucionales.

Aron, Raymond (1989): *Estudios sociológicos*. Madrid: Espasa Calpe.

Belini, Claudio y Korol, Juan Carlos (2012): *Historia económica de la Argentina en el siglo XX*. Buenos Aires: Siglo XXI editores.

Bobbio, Norberto y Viroli, Maurizio (2002): *Diálogo en torno a la república*. Barcelona: Kriterios Tusquets Editores.

Bovero, Michelangelo (2002): *Una gramática de la democracia. Contra el gobierno de los peores*. Madrid: Trotta.

Castoriadis, Cornelius (1997): "La democracia como procedimiento y como régimen", en Castoriadis, Cornelius: *El avance de la insignificancia*. Buenos Aires: Eudeba.

De Jouvenel, Bertrand (1998): *Sobre el poder*. Madrid:Unión Editorial.

Gerchunoff, Pablo (2010): "Causas y azares… En más de un siglo de Historia Económica Argentina", en Roberto Russell (Editor): *Argentina 1910-2010. Balance de siglo*. Buenos Aires: Taurus.

Kriegel, Blandine (1998) : *La Cité républicaine. Les chemins de l'État-4*. París :Galilée.

Lefort, Claude (2007): *El arte de escribir y lo político*. Barcelona: Herder.

Lefort, Claude (2010): *Maquiavelo. Lecturas de lo político*. Madrid: Trotta.

Neffa, Julio César y Panigo, Demián (2010): "Modelos productivos y sus impactos sobre la relación salarial. Reflexiones a partir del caso argentino", en De la Garza Toledo, Enrique y Neffa, Julio César: *Trabajo y modelos productivos en América Latina*, Buenos Aires: CLACSO.

O'Donnell, Guillermo (2010): *Democracia, agencia y estado. Teoría con intención comparativa*. Buenos Aires: Prometeo.

O'Donnell, Guillermo (2011): "Nuevas reflexiones acerca de la democracia delegativa (DD)", en O'Donnell Guillermo, Iazzetta Osvaldo y Quiroga Hugo (coordinadores): *Democracia Delegativa*. Buenos Aires: Prometeo.

Quiroga, Hugo (2004): *El tiempo del "Proceso". Conflictos y coincidencias entre políticos y militares 1976-1983*. Rosario: Editorial Fundación Ross y Homo Sapiens Ediciones.

Quiroga, Hugo (2005): *La Argentina en emergencia permanente*. Buenos Aires: Edhasa.

Quiroga, Hugo (2010): *La República desolada. Los cambios políticos de la Argentina (2001-2009)*. Buenos Aires: Edhasa.

Rinesi, Eduardo (2011): "Notas para una caracterización del kirchnerismo", en *Debates y Combates*, N °1, Año 1, Buenos Aires, Abuelas de la Paz, Universidad Nacional de San Martín, Escenarios, FCE, noviembre de 2011.

Rosanvallon, Pierre (2007): *La contrademocracia. La política en la era de la desconfianza*. Buenos Aires: Manantial.

Strauss, Leo (2004) : *Nihilismo et politique*. París : Rivages Poche/Petite Bibliothéque.

Strauss, Leo (1970): *¿Qué es la filosofía política?*. Madrid: Ediciones Guadarrama.

Bajo el signo del desequilibrio político

Osvaldo Iazzetta

1. La elección del 2011 y sus rasgos novedosos

El escenario político que emerge tras la reelección presidencial de Cristina Fernández de Kirchner en octubre del 2011, está signado por el desequilibrio entre un oficialismo fortalecido y revalidado por el abrumador apoyo electoral obtenido, y una oposición dispersa y desconcertada que aún no logra reponerse de aquel demoledor resultado.

Si consideramos en conjunto las elecciones celebradas durante el ciclo democrático abierto en 1983, este último turno presenta algunos rasgos novedosos.[1] Su singularidad no reside tanto en el contundente respaldo electoral logrado por la presidenta (54% de los votos) que supera ligeramente el 52% obtenido por Alfonsín 28 años antes, sino especialmente en los 37 puntos que la separan del segundo candidato más votado.[2]

Una de las primeras derivaciones de ese desbalance pudo verificarse en la celeridad con la que el oficialismo sacó provecho de su reciente mayoría parlamentaria aprobando -tras renovarse la composición de ambas cámaras, proyectos legislativos que tenía demorados y no lograba imponer con su representación anterior. La facilidad con la que impuso una batería de iniciativas enviadas por el Ejecutivo al período de sesiones extraordinarias a fines del 2011 –tales como el presupuesto 2012 o una controvertida ley

[1] Si consideramos la presidencia de Néstor Kirchner (2003-2007) como el inicio de este ciclo político, ésta es la primera ocasión en que un mismo espacio gobernará durante tres períodos consecutivos (2003-2015).

[2] Vale recordar que en las elecciones presidenciales de 1973 Juan Perón obtuvo el 62% de los votos y ganó por una diferencia de 38% pero en un contexto muy singular marcado por el regreso a la democracia tras un ciclo autoritario (1966-1973) y el retorno del viejo líder tras un prolongado exilio y proscripción desde su derrocamiento en 1955 (véase Rodolfo Terragno "Cuando Perón ganó por 38 puntos", *Clarín*, 11/09/2011).

antiterrorista reclamada por organismos internacionales que fiscalizan el lavado de dinero– sugieren que el respaldo obtenido por la presidenta tuvo también correlato en el Congreso Nacional, disponiendo de una cómoda mayoría[3] que no sólo anuncia un tiempo de mayor sintonía entre ambos poderes, sino también, la desaparición de un efectivo contrapeso opositor en la labor parlamentaria.

Este desequilibrio no se verifica sólo a nivel nacional sino también subnacional. La virtual extinción de provincias gobernadas por la UCR –la única que mantiene su adhesión orgánica a este partido es Corrientes– y la existencia de 20 distritos políticos –sobre un total de 24– alineados con el gobierno nacional, muestra otra cara, no menos reveladora, de la disparidad de fuerzas y recursos que se ha instalado.

Este desequilibrio mantiene cierta continuidad con el escenario que emergió tras la crisis del 2001. En efecto, algunos análisis recuerdan que las consecuencias de aquella crisis aún perduran sobre el sistema político. "Aquel año –recuerda De Riz– colapsó el sistema de partidos que había organizado la democracia desde 1983 [y el] peronismo pasó a ser la fuerza predominante de un sistema partidario desequilibrado por la pérdida de los apoyos del espectro no peronista".[4]

Esta interpretación confirma la actualidad de algunos diagnósticos y predicciones formulados tras la crisis del 2001. Entre ellos resalta el que efectuara Juan Carlos Torre (2003) al destacar que aquélla no afectó por igual a todas las fuerzas partidarias sino particularmente al polo no peronista. Esa crisis no significó el colapso del sistema partidario en su conjunto, sino el comienzo de un "sistema de partidos desequilibrado" que aún enfrenta serias dificultades para gestar fuerzas o coaliciones capaces de reequilibrar la distribución de las preferencias electorales.

En aquella evaluación, el énfasis recaía en las dificultades del *polo no peronista* para sobreponerse de la crisis y superar la dispersión que sobrevino tras el derrumbe del sistema de representación. La evaporación de ese polo explica el sugerente título de aquel texto: "los huérfanos de la política de partido". Una década después, ese espacio aún sigue vacante y persiste la misma orfandad retratada entonces por el autor.

Sin embargo, el escenario actual presenta mayor complejidad aun que la que pudo captar Torre en aquella oportunidad. Luego del 2001 –agrega De Riz– "…la fragmentación alimentada por la proliferación de nuevos partidos

---

[3] El oficialismo y sus aliados suman 38 bancas sobre un total de 72 en el Senado Nacional (el quórum exige 37) y 135 sobre 257 en la Cámara de Diputados (el quórum exigido es 129). Véase "La Presidenta tendrá un Congreso dócil", *La Nación* (24/10/2011).

[4] Véase "Una democracia a la sombra de la crisis del 2001", *Clarín* (16/08/2011).

–la mayoría de los cuales son partidos personales, sostenidos por el voto independiente– y la difícil reconstrucción del radicalismo, han conspirado contra la capacidad de la oposición de ofrecer propuestas que despierten el entusiasmo y conviertan la nostalgia en esperanza de futuro".[5]

2. Las razones del triunfo

Un reconocido analista condensó, con gran economía de lenguaje, las razones que confluyeron en este triunfo: "Si en un país la economía está creciendo bien, el consumo es alto y la oposición está dividida, el oficialismo es imbatible".[6]

Sin embargo, vale recordar –como señalamos al comienzo–, que el oficialismo no se impuso de cualquier modo, sino obteniendo el 54% de los votos y una diferencia de 37 puntos sobre la segunda fuerza.

Ante la contundencia de ese triunfo Vicente Palermo recuerda que en Argentina no se ganan las elecciones con semejante margen si ellas no tienen lugar bajo un nuevo clima de época. Algo similar –agrega– sucedió con Alfonsín, quien supo trazar una frontera entre la Argentina autoritaria y la Argentina democrática, y con Menem a mediados de los noventa, quien instaló un nuevo clima de época entre el infierno de la inflación y el sueño de ingresar al primer mundo. Como en los ejemplos anteriores –concluye–, el kirchnerismo "fue eficaz en la creación de un clima de época (…) un clima de época, de tiempos de cambio".[7]

Es posible que ese triunfo exprese un nuevo clima, pero en tal caso debemos aceptar que muchos de sus rasgos ya estaban presentes en las orientaciones de las políticas impulsadas durante la gestión de Néstor Kirchner desde el 2003: revisión de las políticas neoliberales, devolución de protagonismo al estado, crecimiento sostenido, reapertura de los juicios por violaciones a los derechos humanos y voluntad política de reparación social. Aunque esos elementos estaban disponibles desde entonces, adquirieron un perfil más definido y mayor intensidad en la segunda mitad de la presidencia de Cristina Fernández y más decididamente, tras la inesperada muerte de Néstor Kirchner en octubre de 2010.

El oficialismo logró presentarse como un garante de certidumbre –respaldado por la enorme recuperación económica encarada desde el 2003 y el buen desempeño de variables macroeconómicas cruciales– pero al

---

[5] Ibídem.

[6] Véase Rosendo Fraga, "Ahora se votó al cristinismo", *Clarín* (21/08/2011).

[7] Véase Vicente Palermo, "Cristina reactualiza el ciclo de poder de suma cero", *Clarín* (23/08/2011).

mismo tiempo, no le faltó audacia para impulsar políticas de reparación social —ampliación de la cobertura de las jubilaciones y pensiones sociales y la asignación universal por hijo—, todo ello rodeado de un gran impulso al consumo popular —créditos, congelamiento de tarifas, etc. El modo en que logró amalgamar estos elementos no sólo explica el apoyo proveniente de sectores populares que habitualmente votan al peronismo, sino también el de la misma clase media urbana que en la elección presidencial del 2007 se mostró reticente a la candidatura de Cristina Fernández de Kirchner (en adelante CFK).

Mientras transcurría el calendario electoral del 2011 —con elecciones municipales, provinciales y nacionales para renovar cargos ejecutivos y legislativos— ese clima de euforia contrastaba con el derrumbe económico de varios países de la Eurozona (España, Grecia, Portugal), poniendo en duda la continuidad de su moneda común y el proceso de integración en curso. En ese contexto, el gobierno hacía alarde de este buen momento y anunciaba —sin disimular cierta soberbia en el gesto— que nuestra economía permanecía "blindada" en un mundo jaqueado por fuertes turbulencias.

Esa clase media urbana no sólo se sintió poco atraída por las ofertas y candidaturas de la oposición sino que apostó a la continuidad de una gestión en la que los elementos desprolijos e irritativos —las denuncias de corrupción sobre algunos funcionarios, la vocación confrontativa del gobierno— no pesaron significativamente a la hora de decidir su voto.

Aunque estos sectores aprueban primordialmente los logros del oficialismo en el campo económico, no dejan de mirar con recelo otros gestos —la intolerancia y el rechazo al pluralismo— que perciben como innecesarios para los propósitos y para la lógica de sus políticas públicas.[8] Estos aspectos le han quitado encanto al proyecto kirchnerista, pero —como lo prueban los resultados de octubre del 2011- no impidieron a la presidenta lograr su reelección por amplio margen y obtener una cómoda mayoría parlamentaria en ambas cámaras.

Que esos aspectos "innecesarios" no hayan prevalecido en el momento de votar no significa que desaparezcan del horizonte de preocupaciones de los ciudadanos. Tampoco resulta descabellado suponer —como sugieren experiencias anteriores— que pronto pueden abandonar ese lugar subalterno si el gobierno tropieza con dificultades para renovar las expectativas de consumo que logró sostener durante estos años de bonanza y si algunos problemas desatendidos en tiempos de prosperidad —inflación, transporte, déficit energético, corrupción, entre otros— cobran mayor relieve y alteran el humor social.

[8] Esta lectura es sugerida por Mora y Araujo (2011:149).

La persistencia de este "clima" dependerá de la fortuna y pericia que muestre el nuevo gobierno para sostener las condiciones materiales que hicieron posible esa adhesión en un contexto que ya no luce tan favorable como en los años previos. Este nuevo escenario le exigirá mayor refinamiento técnico para actualizar sus diagnósticos y cierta permeabilidad para rectificar el rumbo, si fuera necesario. Como en tantos otros temas, aquí también conviene tener presente la certera advertencia de Maquiavelo (1993:104): "...el príncipe que sólo se apoya en la fortuna se arruina tan pronto como ésta cambia".

2. 1. Un clima favorable

Si como sugiere Palermo, el gobierno "fue eficaz en la creación de un clima de época", este clima combina, a nuestro entender, tres elementos que se refuerzan mutuamente.

a. El valor político de reducir incertidumbre:

En una sociedad aún traumatizada por la crisis del 2001, el oficialismo fue percibido como la mejor opción para reducir la incertidumbre, desconfiando de las credenciales de las otras fuerzas y candidatos para aportar similar competencia. Los antecedentes de estos últimos –recordemos que aún sigue presente el fracaso del gobierno de la Alianza triunfante en 1999–, abonan esas sospechas y favorecieron a un gobierno que no abandona la iniciativa y mostró enorme capacidad de recuperación tras sus caídas.

El kirchnerismo –señala Carlos Altamirano– transmite un valor político difícil de cuantificar que se resume en la idea de que "(...) puede gobernar un país difícil de gobernar".[9]

Si el componente decisionista[10] de este gobierno genera malestar e irritación por el estilo unilateral que contiene, su reverso, esto es, la parálisis originada en la impericia e incapacidad para adoptar decisiones –ya sea por vetos de otros actores o dificultades para crear mayorías– también se convierte en un problema para los ciudadanos y la estabilidad democrática. Argentina ha vivido –vive– oscilando entre ambos excesos, y esos vaivenes rigen la dinámica de la democracia recuperada en 1983. Detrás de este constante movimiento pendular, hay una sociedad marcada por una memoria de mie-

---

[9] Véase la entrevista efectuada por Raquel San Martín, "El kirchnerismo es el hecho maldito del progresismo", *La Nación* (18/09/2011).

[10] Sobre este tema nos remitimos a los aportes y evidencias reunidas por Quiroga (2005).

dos, que premia o castiga en sus preferencias electorales según la capacidad que inspiran los candidatos para reducir la incertidumbre.

No cuenta si los miedos agitados son reales o artificiales, lo cierto es que el miedo explica buena parte del comportamiento político del electorado en un país en el que la incertidumbre –y las bruscas oscilaciones– acecha a la vuelta de la esquina. Invocar el miedo desde el lugar de los que gobiernan es también una herramienta política que moviliza las energías y activa una búsqueda de seguridad que tiene correlato en las preferencias de los electores.[11]

Como alegó un conocido periodista para explicar el comportamiento del electorado en octubre del 2011: "Sólo se salta al vacío cuando cualquier cosa es mejor que la inestable cornisa. Una mayoría social, pragmática, realista y desideologizada prefirió quedarse en tierra firme. La tierra firme es lo que hay, aquí y ahora".[12]

b. Portador de una misión "reparadora":

Como parte de su pretensión refundadora, el gobierno buscó establecer una ruptura con un pasado que conculcó derechos civiles y sociales, tanto en los años de autoritarismo como bajo la oleada neoliberal instalada en los noventa.[13] La reapertura de los juicios sobre violaciones de derechos humanos, la extensión de beneficios jubilatorios a dos millones y medio de pasivos, la asignación universal por hijo (3 millones y medio de beneficiarios) y la legalización del matrimonio entre personas del mismo sexo, son parte de la extensión de derechos registradas en estos años que explican la amplia y heterogénea base social conquistada. Aunque las "políticas de reparación social"[14] explican la adhesión de los sectores más necesitados, otras "reparaciones" destinadas a otros públicos –como en las violaciones a los derechos humanos o el matrimonio entre personas del mismo sexo–, contribuyeron a ampliar el espectro y diversidad socio-cultural de los sectores identificados con sus políticas.

Este abanico de "reparaciones" –sumado al consumo que ha disfrutado la clase media urbana– contribuye a explicar la heterogénea base social que sostuvo el 54% de los votos reunidos.

---

[11] Véase a propósito de este tema la distinción que propone Robin (2009:15) entre miedos políticos y miedos personales.

[12] Véase Joaquín Morales Solá "La sociedad y las razones de la victoria", *La Nación* (21/08/2011).

[13] Véase Aboy Carlés (2005).

[14] Este aspecto ha sido destacado por María Pía López, *La Nación*, "Pasado y presente de la política argentina", (24/10/2011).

Como sostiene Altamirano,[15] la base social estable del peronismo reconoce un piso del 30-35% pero no se llega a la mitad de los votos sin el aporte de la volátil clase media. Aquel electorado fiel representa lo que Juan C. Torre (2011) denomina el "peronismo permanente". Sin embargo, a este umbral se sumó otra franja que –merced a la plasticidad propia del peronismo– sintoniza con el nuevo clima de época, ampliando su universo de adhesiones. Este otro sector, sin el cual no podría ganar las elecciones, representa –según Torre– al "peronismo contingente", esto es, un apoyo adicional equivalente al que obtuvo Menem bajo otro clima de época, cuando los tiempos dictaban entregar al mercado las empresas y servicios estatales creados bajo el primer peronismo.[16]

c. Optimismo retórico:[17]

El gobierno ha instalado la sensación de que transita un camino original ("modelo de acumulación con inclusión social") que le permitió conciliar altas tasas de crecimiento con inclusión social. Aunque cuesta reconocerlo como "un modelo", es indudable que el modo y celeridad con que Argentina logró reponerse de la crisis económica del 2001 constituye un motivo de elogio incluso entre prestigiosos economistas extranjeros (dos premios Nobel de Economía, Joseph Stiglitz y Paul Krugman, entre los más conocidos), que exaltan el camino heterodoxo encarado por el país para oponerlo a las recetas que, con menos fortuna por el momento, vienen ensayando algunos países centrales desde que se desató la crisis de EE.UU. en el 2007.[18]

Mantener tasas de crecimiento chinas, aumento de las reservas, superávit fiscal gemelos, etc., ha servido para generar una sensación de estabilidad en un mundo que tiembla, logros que no pasan inadvertidos para una sociedad que viene de soportar zozobras y penurias, en 1989 primero y luego en el

[15] Véase la entrevista realizada por Raquel San Martín (*La Nación*, 18/09/2011), "El kirchnerismo es el hecho maldito del progresismo".

[16] Véase Juan C. Torre, "Hay un peronismo permanente y otro contingente", en *El Estadista* N° 42, (12/10/2011). Manuel Mora y Araujo explica que "dividiendo gruesamente a la sociedad en tres franjas del mismo tamaño, a Menem lo votaron los de abajo y los de arriba, a Cristina lo votan los de abajo y los del medio" (véase su artículo "La historia, ¿se repite?", *Perfil*, 23/10/2011).

[17] Tomamos prestada esta expresión de Francisco Panizza (2011), aunque el uso que le de damos no responda enteramente al que le asigna su texto.

[18] No han faltado alusiones oficiales presentando esta "receta" como un modelo a seguir en EE.UU. y otros lugares del mundo. Esos gestos han podido respaldarse incluso en notas elogiosas como las que editó *The New York Times* en septiembre del 2011, en la que invita al presidente Obama a inspirarse en el modelo y experiencia argentina reciente. Véase http://www.nytimes.com/2011/09/02/opinion/argentinas-turnaround-tango.html?_r=2

2001 y en la que el temor a una nueva crisis siempre está latente. El incremento del consumo, los ingresos por exportaciones con un tipo de cambio favorable –aunque ha perdido competitividad en los últimos tiempos– y precios internacionales récord de las *commodities*, se han combinado de manera virtuosa para tornar creíble esa sensación de confianza.

Como en la década del noventa, la expansión del consumo –créditos para la compra de electrodomésticos, aumento del parque automotor, turismo interno y viajes al exterior con un dólar estancado–, ha contribuido a predisponer favorablemente el humor de los electores, haciendo que éstos premien a quienes gobiernan y desestimen a quienes desde la oposición no exhiben credenciales suficientemente confiables para garantizar el mantenimiento de ese clima.

Otra vez se privilegió la gobernabilidad, confirmando los miedos que aún conserva la sociedad argentina en su tumultuoso trayecto democrático abierto en 1983. La memoria de los altibajos transitados desde entonces aún mantiene vivo el recuerdo de tres gobiernos democráticos que no pudieron completar su mandato: Alfonsín, De la Rúa y Duhalde. Menem y Kirchner eran la excepción hasta el momento y CFK se ha sumado a esa lista. Ese contraste los favorece y confirma que el miedo desatado por las crisis de 1989 y 2001 sigue operando políticamente en el presente y empuja a la sociedad a premiar a quienes demuestran pericia para llegar sin demasiados sobresaltos al final de sus mandatos.

Ante el temor de volver atrás (siempre están los ejemplos traumáticos de 1989-2001 para actualizarlo) el gobierno ha logrado oponer un *optimismo retórico* que parece proveer de seguridad a la ciudadanía desafiando un clima internacional amenazado por el fantasma de la crisis.

Esta percepción no es infundada, la expansión del consumo popular y el acceso a nuevos beneficios sociales abonan aquella sensación. Sin embargo, debajo de ese optimismo que rodeó al momento electoral se esconden límites estructurales que ensombrecen la permanencia de este ciclo favorable. La persistencia de la brecha de desigualdad y de un elevado porcentaje del empleo informal,[19] los límites para avanzar hacia una diversificación de la economía[20] y las dificultades fiscales y de balanza de pagos que se pusieron

---

[19] La Encuesta Permanente de Hogares correspondiente al segundo trimestre del 2011 la ubicaba en torno al 34.5%. Véase "El empleo en negro está en un 34,5%", *La Nación* (17/09/2011).

[20] Véase al respecto el comentario de Joseph Stiglitz sobre la situación económica del país ("Stiglitz elogió a la Argentina, pero aconsejó "diversificar la estructura productiva"; *El Liberal*, 19/08/2011). Una evaluación similar puede hallarse en Martín Schorr, quien si bien destaca la expansión económica de estos últimos años señala que ésta no alteró el patrón industrial, concentrado en unas pocas ramas ligadas a la explotación de recursos

en evidencia al iniciarse el segundo mandato de CFK, pueden comprometer la sustentabilidad a mediano plazo tanto de ese clima de consumo como de los nuevos derechos sociales reconocidos.

Este *optimismo retórico* no implica que la ciudadanía haya sido engañada o distraída (compras de plasma en cuotas, turismo interno e internacional, etc.), pero esos límites representan un signo de alerta y anuncian que la fuente de aquél podría resultar más provisoria y perecedera de lo que sería deseable. En suma, el modo en que se logró salir de la crisis del 2001 permitió poner en marcha la economía y renovar las esperanzas de la ciudadanía, pero puede dar origen a nuevos problemas si no se actualiza el diagnóstico y se permanece aferrado a una fórmula que se insiste en presentar como exitosa.

El riesgo de esta insistencia –como alerta Fidanza– es que derive en un "narcisismo oficial" que expresa una ecuación inquietante: cuanto mayor es la sensación de invulnerabilidad que se tiene en el poder, mayor es la propensión a negar las dificultades.[21]

Las complicaciones que exhibe el contexto internacional obligan a interrogarnos sobre la capacidad analítica disponible en el gobierno y sobre su voluntad de rectificar el diagnóstico y el rumbo en un mundo crecientemente incierto e inestable. Algunos indicios –como el crónico maquillaje al que vienen siendo sometidas las estadísticas oficiales– sugieren que ese "narcisismo oficial" parece privar al nuevo gobierno de la sensibilidad analítica que sería necesaria para actualizar diagnósticos y sincerar el mapa en que efectivamente nos movemos.

La rusticidad de ciertas herramientas a las que viene apelando el nuevo gobierno para enfrentar sus primeras dificultades –restricción indiscriminada de las importaciones, incluso de libros– revela cierta impericia y estrechez de miras que puede agravar aun más ese complejo escenario.[22]

También atenta contra las posibilidades de corregir el rumbo cierta actitud autocomplaciente del discurso oficial que no parece registrar el impacto de los tropiezos, desaciertos u omisiones acumulados en los años anteriores (la inflación, y el déficit energético que se aceleró en los últimos años como

---

naturales y la armaduría automotriz, ni modificó la estructura exportadora (véase "Más allá del dólar alto", *Le Monde diplomatique*, N° 147, septiembre de 2011).

[21] Véase el artículo de Pablo Mendelevich, "Poder concentrado", *La Nación* (09/10/2011).

[22] Como expresa Torre: "El Gobierno sabe que las cosas vienen complicadas, pero no insalvables (…) Y van a tener que poner a prueba un talento que este Gobierno no ha terminado de exhibir porque ha gobernado un país con una situación externa favorable. Este país próspero pudo ser gobernado por rústicos como De Vido o Moreno, que han sido extraordinarios en lo suyo, sí, pero para lo que viene por delante va a requerir una tecnología un poco más avanzada que estos hombres rústicos" (véase "Hay un peronismo permanente y otro contingente", en *El Estadista*, N° 42, 12/10/2011).

consecuencia del crecimiento económico y la falta de inversiones, entre los más destacados). El tono dominante del discurso y la propaganda oficial evoca cierta idea de invulnerabilidad, interesada sólo en destacar los logros, por muy meritorios que éstos sean. Sin embargo, ese discurso se muestra impermeable a las críticas y no contribuye a prevenir y a preparar a la opinión pública para advertir los límites que enfrenta el país para sostener en el tiempo este buen presente.

3. La recuperación del oficialismo y la fragmentación opositora

Éste es el primer gobierno –dentro del ciclo democrático iniciado en 1983– que logra ser reelecto tras haber sufrido un revés en las elecciones de medio término. En las elecciones legislativas de junio del 2009, la oposición –en sus diferentes expresiones– había logrado superar el 50% de los votos al tiempo que el ex presidente Néstor Kirchner fue derrotado como candidato a diputado –por Francisco de Narváez de Unión-PRO– en el distrito electoral más importante del país: provincia de Buenos Aires.[23]

Un breve repaso de la suerte corrida por algunos gobiernos anteriores confirma la excepcionalidad que encierra esta recuperación del oficialismo en el 2011: la UCR pierde las elecciones legislativas de 1987 y eso anticipó su derrota electoral en las presidenciales de 1989; el PJ pierde las elecciones legislativas de 1997 y (con Duhalde de candidato presidencial) es derrotado en 1999; De la Rúa sufre un durísimo revés en las elecciones del 2001 y el castigo que le impone el "voto bronca" anuncia el fin anticipado de su mandato, dos meses después. Todas estas elecciones legislativas anticipan derrotas posteriores y alternancias de partidos en el gobierno: Menem sucede a Alfonsín en 1990; aquél fue sucedido por De la Rúa en 1999; y éste, luego de su renuncia, es reemplazado por varios presidentes provisorios provenientes del PJ hasta desembocar en el breve mandato de Duhalde hasta las elecciones presidenciales del año 2003.

[23] En la elección de Diputados Nacionales del 2009 el Frente para la Victoria obtuvo el 29,1% de los votos, el Acuerdo Cívico y Social el 26%, Unión-PRO el 15% y el Partido Justicialista no kirchnerista el 11,8%. En la elección del 2007 el Frente para la Victoria había obtenido el 54,6% de los escaños, aunque esa elección legislativa coincidía con una elección presidencial (véase Zelaznik, 2011:312). Aunque en las elecciones legislativas del 2009 el oficialismo reunió el porcentaje más alto de votos a nivel nacional, no logró retener las bancas obtenidas en el 2007 y no pudo evitar el impacto simbólico de la derrota sufrida por Néstor Kirchner en el distrito más importante del país, amplificando la sensación de un fracaso electoral.

La única excepción dentro de esa secuencia es la elección presidencial del 2011. ¿Cómo se explica esta singularidad? En el 2009 se configuró un escenario político dividido en tres vertientes: Frente para la Victoria (FPV), Acuerdo Cívico (UCR, Socialistas y Coalición Cívica) y Unión-PRO (una alianza entre el Pro de Mauricio Macri con De Narváez y Solá). Sin embargo, luego de esas elecciones sólo una de esas expresiones, el FPV, logró mantenerse compacta, mientras que las otras dos vertientes ubicadas en la oposición se fueron dispersando lentamente. El Acuerdo Cívico se fue diluyendo, primero con el temprano retiro de la Coalición Cívica y luego con la separación del Partido Socialista y la UCR. De modo tal que de esa coalición construida para las elecciones legislativas surgieron tres candidaturas presidenciales: Elisa Carrió, Hermes Binner y Ricardo Alfonsín. La otra vertiente de la oposición que se había conformado en el 2009 (Unión-PRO) también se dispersa aunque sin llegar a traducirse en candidaturas presidenciales. Con esa fragmentación, lejos quedó, como sugiere De Riz,[24] la elección a tres bandas de 2009.

Este desenlace muestra que las elecciones legislativas de medio término actúan como un predictor confiable de alternancia cuando el declive del oficialismo viene acompañado de la irrupción de una expresión opositora relativamente articulada. El escenario electoral del 2009, dividido en tres franjas –una representada por el oficialismo y las otras dos por la oposición–, no fue sucedido por el afianzamiento y condensación de una expresión opositora sino por la recomposición del polo oficialista y la atomización de aquélla.

La clave reside en la manera en que cada polo procesó el resultado electoral del 2009. Ninguna fuerza de la oposición logró perfilarse como sustituto confiable del partido gobernante al tiempo que enfrentaron enormes dificultades para generar, durante los dos años posteriores, cierta expectativa razonable de alternancia.[25] Esto marca una diferencia entre la elección del 2009 y sus equivalentes de 1987 y 1997. Si la derrota electoral de Alfonsín en 1987 anunciaba la recuperación del PJ –tras el duro shock que significó el triunfo radical en octubre de 1983–, lo mismo sucedió en 1997 con la Alianza para el Trabajo, la Educación y la Justicia, en lo que se depositaba la esperanza de cerrar el ciclo abierto por Menem en 1989.

Por el contrario, el escenario del 2011 se diferenció de dichas experiencias por una sobreoferta de candidatos de la oposición que impidió identificar

---

[24] Véase "Una democracia a la sombra de la crisis del 2001", *Clarín* (16/08/2011).

[25] Ello pudo apreciarse, particularmente, en las dificultades que enfrentó la oposición para sacar provecho de su ventaja numérica en el Congreso Nacional, luego de las elecciones legislativas del 2009.

una alternativa creíble para aquella porción del electorado descontenta tras ocho años de gobiernos kirchneristas, y acentuó de ese modo la dispersión del campo opositor.

Sin embargo, la clave explicativa no reside sólo en las dificultades de este polo para ensayar una estrategia exitosa, sino especialmente, en la colosal capacidad de recuperación del oficialismo, algo que también señala otra diferencia con los casos anteriores.

El traspié sufrido por el oficialismo en las elecciones legislativas de junio del 2009 afectó su representación en ambas cámaras y marcó el momento de mayor imagen negativa de la gestión de Cristina Fernández de Kirchner. Sin embargo, en medio de ese clima irrumpió la audacia del ex presidente Kirchner imponiendo una lectura de los hechos que significó el relanzamiento del gobierno de su esposa: "perdimos porque no profundizamos el modelo".[26]

Esa reacción ante una situación adversa marcó un punto de inflexión en la actitud del gobierno, adoptando nuevas modalidades de apoyo que le permitieron renovar la mística de los grupos ligados al gobierno y recrear su gestión impulsando políticas audaces que devolvieron la iniciativa al oficialismo. Luego del revés electoral del 2009, el gobierno retomó la iniciativa profundizando el rumbo de sus políticas y convirtiendo a la "batalla cultural" en la madre de las batallas. La politización de las redes sociales, la irrupción de medios de comunicación ligados al gobierno, el renovado entusiasmo de la juventud con la política –el reencantamiento ideológico con la política al que alude Carlos Altamirano (2011)–, los festejos del Bicentenario, la creación de Tecnópolis, y otros emprendimientos relativos al campo cultural y de las ideas, mostraron al kirchnerismo empleando nuevas y sofisticadas herramientas comunicacionales, valiéndose de una legión de artistas e intelectuales dispuestos a acompañarlo, tal como sucede desde el 2008 con el grupo Carta Abierta, gestado al calor del enfrentamiento con los sectores rurales.

Como resultado de ese relanzamiento –una actitud que resultó vigorizada tras la muerte de Néstor Kirchner–, en el término de dos años y con un escenario parlamentario más desfavorable que el que existía al iniciar su primer gobierno, se promovieron medidas que mantendrán sus efectos

---

[26] Véase la sugerente interpretación de Eduardo Fidanza en su artículo "Gobernar entre la desgracia y la felicidad", *La Nación* (25/05/2011). Como señala José Natanson, "el segundo kirchnerismo nació esa madrugada, a la defensiva, y se definió a partir de la creación de una 'minoría intensa' que, mediante iniciativas como el matrimonio igualitario, la ley de medios y la asignación universal, se fue expandiendo a otros sectores hasta alcanzar, asombrosamente, a una parte importante de las clases medias" (véase su artículo "El sonido del silencio", *Le Monde Diplomatique*, N° 147, septiembre 2011, p. 2).

en los próximos años: la ley de medios audiovisuales, la re-estatización de los fondos de pensión social, la asignación universal por hijo y la reforma política, entre las más resonantes.

Esto marca otra excepcionalidad de las elecciones del 2011 pues dentro del ciclo democrático abierto en 1983 constituye la primera ocasión en que un gobernante revierte su caída de popularidad, recuperando –e incluso superando– niveles de apoyo equivalentes a los que tenía al asumir su mandato. En otras ocasiones, esa pérdida de popularidad anunciaba un declive irreversible que concluía con la derrota del partido o coalición gobernante en el próximo turno electoral.[27]

En este tema, como en el fracaso sufrido en las elecciones de medio término, vuelve a evidenciarse una reversión de la tendencia que revela la enorme capacidad de recuperación del gobierno de CFK.[28]

4. Las dimensiones del actual desequilibrio político

4.1. Los cambios en el sistema de partidos

A diferencia de lo sucedido durante la vigencia del bipartidismo imperfecto de la década de 1980, cuando primera y segunda fuerza se repartían –con escasa diferencia– el 92% (1983) de los votos, en la elección presidencial de octubre del 2011, ambas suman el 71% pero sin que ese caudal se distribuya equitativamente: en esta ocasión el primero obtuvo 54,1% y el segundo 16,8%.

Si bien luego de aquella elección inaugural de octubre de 1983 asistimos a una *caída constante del voto polarizado*, en esta oportunidad la distancia entre primera y segunda fuerza es de tal envergadura que en verdad cabe interrogarse si es posible hablar de segunda fuerza. En rigor, el sistema de

---

[27] Vale recordar la derrota de la UCR en 1989, la del PJ en 1999 y la renuncia de De la Rúa en el 2001.

[28] La recuperación de la imagen de la presidenta –tras haber descendido a niveles muy bajos–, comienza tras la muerte de su esposo en octubre de 2010, creciendo progresivamente hasta las elecciones del 2011. Resta indagar cuánto ayudó en ese lapso el luto ininterrumpido y las constantes invocaciones a su marido, una actitud que aunque se presume impostada, seguía siendo merecedora de compasión y respeto por el público pues las muestras de dolor por la pérdida de su esposo convivían con gestos de entereza y gran voluntad de trabajo para continuar gobernando.

partidos quedó desprovisto de una segunda fuerza, como sugiere Ana María Mustapic.[29]

La brecha entre primera y segunda fuerza está indicando que ya no existe un *contrapeso electoral* equivalente al que existió en las primeras elecciones presidenciales registradas en los años '80 y '90 cuando ambas reunían –con un margen de distancia razonable– un caudal que superaba el 80% del total de los votos.

Votos obtenidos por la primera y segunda fuerza en elecciones presidenciales (1983-2011)

Año	% 1era fuerza	% 2da fuerza	Total reunido	Brecha
1983	51.75 (UCR)	40.16 (PJ)	91.9	11.5
1989	47.49 (PJ)	*37.04 (UCR)	84.5	10.0
1995	49.94 (PJ)	29.2 (FREPASO)	79.2	20.0
1999	48.37 (Alianza para el Trab., la Educ. y la Just.)	38.27 (Alianza Concert. Justicialista para el Cambio)	86.6	10.1
2003**	24.45 (Frente por la Lealtad)	22.24 (Frente para la Victoria)	46.6	2.2
2007	45.28 (Concertación Plural)	23.02 (Coalición Cívica)	68.3	22.2
2011	54.11 (Frente para la Victoria)	16.81 (Frente Amplio Progresista)	70.9	37.3

Fuentes: http://www1.hcdn.gov.ar/dependencias/dip/elecciones2003/resultadoselectorales.htm
http://www.mininterior.gov.ar/asuntos_politicos_y_alectorales/dine/infogral/resultados_historicos
* La UCR obtuvo 32,45% pero los votos obtenidos por la Confederación Federalista Independiente se sumaron a la fórmula presidencial de la UCR integrada por Angeloz-Casella.
**Estos datos corresponden a la primera vuelta. La segunda vuelta no se concretó pues Carlos Menem (Frente por la Lealtad) retiró su candidatura permitiendo que Néstor Kirchner (Frente para la Victoria) accediera a la Presidencia.

[29] Véase su testimonio en el artículo de Ricardo Cárpena, "El maleficio de las terceras fuerzas", *La Nación* (18/09/2011).

Cabe recordar que el sueño de mantener un bipartidismo imperfecto comenzó a esfumarse en la década de 1990, aunque esta tendencia fue interrumpida momentáneamente por el triunfo de la Alianza para el Trabajo, la Educación y la Justicia que en 1999 rehabilitó al radicalismo como una opción electoral luego de la hecatombe sufrida en 1995. Lo que sobrevino tras la renuncia de De la Rúa es conocido: el radicalismo sigue siendo una organización electoral con gran implantación en el territorio nacional, que aún retiene un significativo número de intendencias y un apreciable porcentaje de legisladores nacionales,[30] pero cuenta con un piso electoral muy bajo en las elecciones presidenciales, lo que le ha impedido posicionarse como segunda fuerza en las tres últimas elecciones realizadas durante este siglo (2003-2007-2011).

Mientras el peronismo conserva un piso estable del treinta y pico por ciento de los votos que puede ascender a cuarenta y pico y más aún –sumando por derecha, como hizo Menem, o añadiendo sectores progresistas, en el caso del kirchnerismo–, el radicalismo mantiene una presencia territorial que le permite triunfar en numerosas intendencias (de hecho, en las elecciones del 2011 ha ganado en ocho capitales provinciales, entre ellas Córdoba, Mendoza, Neuquén y Santa Fe) sin lograr transferir ese caudal a las elecciones presidenciales.[31]

Su desempeño tras la crisis del 2001 así lo ilustra: en el 2003 obtuvo 2,34% con la candidatura de Leopoldo Moreau; en el 2007 el tercer lugar (16,89%) con un candidato extra-partidario (Roberto Lavagna) y en el 2011, el 11,14% con la candidatura de Ricardo Alfonsín, ocupando el tercer lugar y manteniéndose a 5 puntos de distancia del socialista Hermes Binner que logró ubicarse segundo.[32]

Este declive también se ve reflejado en la reciente pérdida de dos provincias (Catamarca y Río Negro, esta última radical K pero emblemática por la continuidad que ese partido mantuvo desde 1983), y en la imposibilidad de recuperar numerosos distritos en los que gobernó durante este ciclo democrático (entre ellos, las provincias de Buenos Aires, Córdoba, Entre Ríos, Misiones, Mendoza, Chaco, Tierra del Fuego, Chubut, Río Negro y la Ciudad de Buenos Aires). Actualmente el radicalismo sólo conserva la

---

[30] En la Cámara de Diputados de la Nación, el radicalismo continuará siendo la segunda fuerza parlamentaria con 41 bancas, seguido por el peronismo disidente (véase Laura Serra, "Una mayoría compacta, diseñada por Cristina", *La Nación*, 24/10/2011).

[31] Además gobierna en 500 intendencias y comunas, convirtiéndose en el principal capital que hoy posee la UCR. Véase al respecto Laura Capriata, "La UCR, en su peor momento", *La Nación* (13/11/2011).

[32] Ibídem.

provincia de Corrientes, y esto marca un fuerte contraste con el escenario instalado en 1983.

Las últimas elecciones no han hecho más que confirmar la extinción de aquel sistema bipartidista que existió al iniciarse este ciclo democrático.[33] Especialmente a partir de la debacle del 2001, el voto del radicalismo se ha ido desgranando hacia la derecha y hacia la izquierda disponiendo de un magro piso electoral que contrasta con el alto voto de pertenencia que retiene el peronismo –ya se trate de las candidaturas de Carlos Menem o de Cristina Fernández de Kirchner.[34]

Sin embargo, el vacío dejado por la UCR no ha sido ocupado por una nueva fuerza. Su dispersión y declive no se tradujo en el surgimiento de otra fuerza, como sucedió de manera fugaz, cuando en 1995 el FREPASO irrumpió como principal contendiente en la elección en la que Menem fue reelecto para un segundo mandato presidencial.

El actual escenario político nos muestra un peronismo que dispone de un piso electoral estable y una UCR en declive, pero a su vez, el espacio vacante que ésta deja no logra ser ocupado por otra fuerza que muestre un despliegue territorial equivalente. Ésta es la principal fuente de desequilibrio de nuestro sistema partidario y eso es lo que convierte al peronismo –con sus diferentes rostros y variantes– en una fuerza predominante sin rivales, vaciando al sistema del potencial competitivo que sería deseable para sostener cierta expectativa razonable de alternancia.[35]

4.2. *Los desequilibrios en el nivel subnacional*

Se ha destacado con insistencia que en la ronda electoral del 2011 se impusieron "los oficialismos" en sus diferentes expresiones. En efecto, el oficialismo fue imbatible a nivel nacional pero ese comportamiento también se reiteró a nivel subnacional como lo muestra el abrumador triunfo de los diferentes oficialismos en las elecciones de gobernador.

Ello no sólo benefició a las gestiones que responden al amplio y hete-rogéneo abanico que abarca el peronismo, sino también a otras fuerzas de

---

[33] Rosendo Fraga sugiere que "(…) hace diez años todavía estaba vigente el bipartidismo, atenuado o débil, del peronismo o radicalismo, que no se reconstituyó en las tres eleccio-nes presidenciales realizadas desde entonces, 2003, 2007 y las primarias". Véase el artículo de Ricardo Cárpena "El maleficio de las terceras fuerzas", *La Nación* (18/09/2011).

[34] Véase el testimonio de Ana María Mustapic en la nota de Ricardo Cárpena, *ob.cit.* El radicalismo –agrega Mustapic– tiene un voto "(…) de tipo independiente, que pudo generar una alternativa competitiva cuando entendió que debía hacer una alianza".

[35] Véase Liliana De Riz, "Una democracia a la sombra de la crisis del 2001" (*Clarín*, 2011).

carácter local y menor implantación nacional (Frente Progresista Cívico y Social en Santa Fe, Partido Social Patagónico en Tierra del Fuego, Movimiento Popular Neuquino, Compromiso Federal en San Luis y PRO en la Ciudad Autónoma de Buenos Aires).

Sobre un total de 24 distritos electorales, podemos rescatar los siguientes rasgos:

1. En 15 de ellos hubo continuidad del oficialismo con *reelección* del gobernador en ejercicio: La Rioja, Tierra del Fuego, Misiones, Santiago del Estero, Neuquén, Salta, Tucumán, Chaco, Ciudad Autónoma de Buenos Aires, Santa Cruz, Buenos Aires, La Pampa, Entre Ríos, San Juan, Formosa. En uno de estos casos, el de Formosa, el gobernador en ejercicio ha sido reelecto para un quinto mandato y cuando complete este nuevo período habrá permanecido 20 años en el poder.

2. En 6 distritos hubo continuidad del oficialismo con cambios de gobernador: Santa Fe, Chubut, Córdoba, Mendoza, San Luis, Jujuy.

3. Solamente 2 distritos registraron alternancia de partidos en el gobierno: Catamarca y Río Negro, que pasaron a integrar el amplio arco de provincias que adhiere al gobierno nacional.

4. Resta mencionar a la provincia de Corrientes, que tuvo elecciones de gobernador en 2009 imponiéndose Ricardo Colombi –radical no cobista– sobre su primo, Arturo Colombi –radical cobista que venía ejerciendo ese cargo.

5. 7 de los 24 distritos electorales –casi un tercio del total– no han registrado ninguna alternancia desde 1983: Formosa, San Luis, Santa Cruz, Neuquén, La Pampa, Jujuy, La Rioja. Con excepción de Neuquén todas ellas son gobernadas por diferentes variantes del PJ. Hasta el 2011 también integraba esa lista Río Negro que venía siendo gobernada por el radicalismo –aunque en los últimos años formara parte de la vertiente K de la UCR.

6. Este escenario muestra situaciones de predominio en muchas provincias argentinas, combinado con fuerte presencia del reeleccionismo, que en casos límites, como el de Formosa, permite mantener al mismo gobernador durante 5 períodos consecutivos.

7. Para concluir, el mapa político quedará repartido entre 20 gobernadores que adhieren al gobierno nacional[36] y 4 opositores.[37]

---

[36] De esos 20, 3 provienen de otros partidos: Santiago del Estero, Neuquén, Tierra del Fuego y otros dos de extracción peronista que confrontaron con candidatos kirchneristas pero que se sumaron a la órbita nacional tras la reelección de CFK: Córdoba, y Chubut.

[37] Estas últimas son: Ciudad de Buenos Aires (Macri), Santa Fe (Bonfatti), San Luis (Poggi) y Corrientes, que desde 2009 está bajo el comando del radical Ricardo Colombi. Véase

Este mapa presenta una *homogeneidad* que no registra antecedentes en este ciclo democrático. "En las décadas del '80 y del '90 –señala Gervasoni (2011:125)– las provincias eran gobernadas fundamentalmente por el PJ y la UCR". En efecto, en 1983, la UCR gobernaba 7 provincias sobre 23 distritos electorales (Córdoba, Chubut, Buenos Aires, Misiones, Río Negro, Mendoza y Entre Ríos).[38] Hoy sólo mantiene Corrientes, y la otra provincia de extracción radical, Santiago del Estero, es kirchnerista desde que el gobernador Gerardo Zamora –único radical K que sobrevive luego del último turno electoral– accedió al gobierno en 2005.[39]

El constante declive de la UCR en las últimas elecciones presidenciales no le impidió conservar una presencia relativa a nivel de intendencias y mantener sus aspiraciones de conquistar nuevas gobernaciones. Sin embargo, a partir del 2011, esta última expectativa ha quedado reducida a su mínima expresión, pues retiene sólo Corrientes, frente a un abrumador predominio de las diferentes expresiones del PJ.

Aunque esta homogeneidad no alcanza a desmentir el peso de la territorialización y de los aparatos locales, a nadie escapa que la fragmentación que tiende a resaltar aquella interpretación no resultó incompatible con cierta dosis de coordinación procedente del gobierno nacional que intervino activamente en la confección de las listas a diputados y la nominación de algunos candidatos a gobernador. Parece más ajustado aceptar que hay un *mix* entre el peso de los aparatos locales y esa corriente descendente del nivel nacional. Cualquier interpretación unilateral resultará insuficiente, pues si bien ese impulso nacional no explica todo lo que sucede a nivel provincial, tampoco basta la lógica territorial para comprender este mapa monocolor que se ha configurado en las provincias.[40]

Aunque sigue siendo decisivo el peso de los aparatos locales, esta lógica no careció de cierta coordinación nacional, aun cuando esa injerencia fuera aceptada a regañadientes y no estuviera exenta de tensiones. Luego del triunfo de Cristina Fernández de Kirchner en las elecciones Primarias Abiertas, Simultáneas y Obligatorias (PASO) del 14 de agosto del 2011, algunas tentativas de resistencia –como las del peronismo cordobés– cedieron a las pretensiones del gobierno nacional, declinando su lista de diputados nacionales y admitiendo,

---

Clarín, "Mapa de gobernadores: caras conocidas y poca oposición" (24/10/2011).

[38] También gobernaba en la Capital Federal pero ésta aún no disponía de autonomía y sus autoridades eran designadas por el Poder Ejecutivo Nacional.

[39] Véase Laura Capriata, "La UCR, en su peor momento" (*La Nación*, 13/11/2011).

[40] La Presidenta diseñó personalmente las listas de sus representantes parlamentarios para evitar futuras traiciones y asegurarse una legión de leales en ambas cámaras (véase Laura Serra, "Una mayoría compacta, diseñada por Cristina", *La Nación*, 24/10/2011).

en su reemplazo, la impuesta por el gobierno nacional. Algo similar sucedió con el gobernador electo de Chubut (Martín Buzzi), que si bien resultó electo en representación de un sector del peronismo enfrentado al gobierno nacional bajo el liderazgo del gobernador Das Neves, cambió de postura luego del arrollador triunfo de CFK y hoy es uno de los gobernadores que lideró la ofensiva contra la petrolera Repsol-YPF diseñada por el Ejecutivo nacional para desembocar en su expropiación. El modo en que se dirimió la interna de los candidatos oficialistas en La Pampa también confirma que el impulso y coordinación que descendía desde el gobierno nacional no fue desatendido por los gobiernos provinciales. Cabe agregar, por último, que la Presidenta se ocupó de diseñar personalmente las listas de sus representantes parlamentarios para asegurarse un cuerpo leal y compacto que acompañe sus iniciativas y la resguarde de las deserciones que sufrió el bloque oficialista en los años previos, especialmente tras la ruptura con su anterior vice-presidente, Julio Cobos.[41]

En suma, la imagen que propone la literatura contemporánea acerca de la *desnacionalización del sistema de partidos* –enfatizando las crecientes diferencias interprovinciales en términos de los partidos que compiten y los resultados que se obtienen–, si bien conserva validez en muchos aspectos, no alcanza a retratar la compleja bilateralidad que contiene este fenómeno.[42] Más bien pone en evidencia las limitaciones de los enfoques centrados en un solo nivel, sea éste nacional o subnacional, y la necesidad de reconocer los múltiples vasos comunicantes que los conectan.[43]

En esta elección convergen dos factores que han atenuado la desnacionalización destacada en los últimos años. Por un lado, como sugiere Gervasoni (2011:125) "en la Argentina kirchnerista hay más centralización fiscal y más centralización política que antes de 2003. La subordinación de los gobernadores, aun de aquellos de partidos opositores y de las provincias más poderosas, es expresión y consecuencia de ello". De modo tal que aunque la centralización de la recaudación fiscal no es nueva, se ha acentuado cuantitativa y cualitativamente bajo el kirchnerismo (2011:123).

[41] Ibídem.

[42] Como sugiere Andrés Malamud al evaluar la pertinencia de este enfoque, la imagen de una desnacionalización del sistema de partidos, en parte es cierto y en parte engaña: "...en realidad –señala–, partidos y gobernadores se parecen cada vez más entre sí. El alineamiento de los gobernadores peronistas, radicales, neuquinos y fueguinos con los Kirchner deja poco más que a Macri, Rodríguez Saá y el suave Binner en la oposición. ¿Veintiuna de veinticuatro provincias alineadas con el gobierno? Quizás, después de todo, la tan mentada desnacionalización de la política...también sea un fenómeno nacional" (véase su artículo "Las provincias como ancla", *Le Monde diplomatique*, N°146, agosto 2011, p. 5).

[43] Tomamos esa imagen del excelente texto de Snyder (2009). Sobre esta relación también puede consultarse Dalla Via (2011:46).

En otras palabras, la disponibilidad de una enorme masa de recursos fiscales, asignados con cierta discrecionalidad, le permitió al gobierno central mantener bajo control la estructura territorial del peronismo, disponiendo de un efectivo instrumento de disciplinamiento político.[44]

Otro factor que ha atenuado la desnacionalización se asocia al elevado nivel de popularidad que mantuvo Cristina Fernández de Kirchner durante el desarrollo del turno electoral 2011. Cuando ello sucede las agrupaciones provinciales de los grandes partidos tienen menores incentivos para desligarse de la competencia nacional aun cuando no descuiden la supervivencia en sus propios distritos. En cambio –como bien señala Leiras (2010:234)–, tienen mayores incentivos para desentenderse de la contienda nacional y privilegiar la supervivencia en su territorio cuando la gestión presidencial pierde apoyo en la opinión pública y las etiquetas partidarias nacionales se devalúan.

Esto último no ocurrió en la última elección presidencial, pues la popularidad de la Presidenta actuó como un poderoso mecanismo de tracción en varios distritos provinciales. Ello puede apreciarse especialmente en los 9 distritos en los que la elección presidencial del 23 de octubre del 2011 coincidió con la elección de gobernadores, entre ellos, la poderosa provincia de Buenos Aires, la más importante del país por la magnitud de su padrón electoral. En 6 de esos 9 distritos los gobernadores en ejercicio se postulaban para la reelección: Scioli (Buenos Aires), Peralta (Santa Cruz), Urribarri (Entre Ríos), Insfrán (Formosa), Omar Jorge (La Pampa) y Gioja (San Juan), siendo reelectos para un nuevo período y todos ellos cobijados bajo la constelación oficialista encarnada a nivel nacional por Cristina Fernández de Kirchner.

4.3. El predominio del peronismo, pero, ¿cuál peronismo?

Natanson destaca un doble desbalance en el comportamiento electoral del 2011 pues advierte que "(...) el sistema es pro oficialista pero también pro peronista", sugiriendo una marcada preeminencia de este partido. "Como señaló Andrés Malamud –agrega Natanson–, muchos sistemas políticos subnacionales –y cabe preguntarse si también el nacional– se ubican a las puertas de lo que Giovanni Sartori define como 'sistema de partido predominante', o sea uno en donde hay elecciones limpias y donde la oposición compite y hasta gana (...) muy raramente".[45]

---

[44] Véase Novaro (2011:29). Puede consultarse también la idea de "decisionismo fiscal" que desarrolla Quiroga (2010) para abordar este tema.

[45] Véase José Natanson, "El sonido del silencio", *Le Monde Diplomatique*, N° 147, septiembre 2011.

Esa impresión es compartida por quienes, como Botana (2011:371), destacan que:

> (…) el peronismo gobernó veinte años y medio de los veintiocho que la democracia cumplirá en diciembre de 2011. Son décadas de predominio discontinuo en el orden nacional que, sin embargo, llaman la atención acerca de la capacidad de las distintas versiones de los partidos pertenecientes a esa corriente (PJ, FPV, etc.) para retener el gobierno de la mayoría de las provincias en los intervalos en que el radicalismo obtuvo el premio de la presidencia.

Esa situación de predominio es más contundente aún si contabilizamos desde la asunción de Menem en 1989 –año en que el PJ accede por primera vez al gobierno nacional en este ciclo democrático– hasta el año 2015 –cuando concluya el actual mandato de CFK. Para entonces habrán transcurrido 26 años, de los cuales 24 años y medio habrán sido gobernados por diferentes variantes del peronismo. Podrá alegarse que el sistema de alianzas y las políticas implementadas por Néstor Kirchner y Cristina Fernández de Kirchner difieren radicalmente de las que implementó Menem en los '90. Eso es indudable, pero al mismo tiempo confirma la enorme plasticidad del PJ para expresar los climas cambiantes que atraviesan el país y la región.

Lo cierto es que este resultado ha revivido el fantasma de una "hegemonía peronista" y ha despertado una enorme tentación por ensayar analogías con experiencias como las que vivió México bajo la "hegemonía pragmática" del PRI. Sin embargo, el abuso en el empleo de estas categorías y comparaciones reclaman mayor esmero y rigor conceptual para captar la singularidad histórica de una situación que no parece ajustarse fácilmente a ciertas etiquetas canonizadas por algunas tipologías muy influyentes.

Sartori (2000) –un referente indiscutido en este tema–, ofrece algunas claves para descartar cualquier homologación entre ambas experiencias al distinguir entre *hegemonía* y *predominio*.[46] En primer lugar, reserva la noción

---

[46] Vale aclarar que el concepto de hegemonía posee un significado diferente según lo derivemos de la tradición gramsciana que nos llega mediada por Laclau –adquiriendo una connotación positiva asociada a la capacidad de imponer una dirección moral e intelectual al conjunto de la sociedad– o de la concepción pluralista de Sartori, para quien el concepto posee una carga negativa pues alude a la permanencia de un partido en el gobierno como producto de las trabas impuestas a los otros partidos para poder competir libremente. La novedad de estos últimos ocho años –y en especial de la nueva fase abierta en el 2008 a partir del conflicto con el campo– es que la primera versión de hegemonía ha recobrado legitimidad como parte de la batalla cultural que el gobierno y sus intelectuales han lanzado a través de sus medios y redes sociales. Asimismo, algunos intelectuales de la oposición no vacilan en reconocer la hegemonía cultural que el kirchnerismo ha logrado imponer con relativo éxito en los últimos años.

de hegemonía para designar aquellas situaciones –como la del PRI mexicano– en que la permanencia de un partido en el gobierno resulta de las trabas impuestas a los otros partidos para competir libremente. El partido predominante pertenece, en cambio, al ámbito del "pluralismo de partidos", es decir, se trata de "(…) un sistema de más de un partido en el que la rotación no ocurre en la práctica", pero sin que ello pueda atribuirse a restricciones para competir libremente. En suma, "(…) un sistema de partido predominante lo es en la medida en que, y mientras, su principal partido se vea constantemente apoyado por una mayoría (…) de los votantes" (2000:249).

Si bien Sartori (2000:255) admite que los sistemas de partido predominante están "(…) al borde de la zona competitiva (…)" igualmente expresan un tipo de *pluralismo* de partidos en el que "(…) el sistema político brinda oportunidades para un disenso abierto y efectivo, esto es, para oponerse al predominio del partido gobernante".

Asimismo, agrega (2000:249) que el hecho de que no se produzca una alternancia no significa que esa posibilidad esté descartada, pues un partido predominante puede dejar de serlo en cualquier momento alterando el carácter del sistema. Ello dependerá, finalmente, de la eficacia que muestren los partidos que compiten con él.

De modo tal que lo que distingue a un sistema de partido hegemónico y a un sistema de partido predominante es si admite o no *elecciones disputadas*, esto es, si se trata de un sistema competitivo o no. De inmediato Sartori (2000:258) aclara que *competencia* no equivale a *competitividad*, pues mientras la primera alude a las reglas del juego, la segunda alude a un *estado concreto del juego*. La competencia incluye la *competitividad como algo potencial*, aunque ella no logre concretarse. Ello es lo que sucede en un sistema de partido predominante, pues si bien sigue las normas de la competencia "(…) da muestras de escasa competitividad, o incluso la inexistencia de cuasi competitividad".

Falta considerar una cuestión crucial, ¿cuánto tiempo debe ser predominante un partido para que el sistema exhiba esa característica?, ¿cuánto tiempo le lleva a un partido predominante establecer un sistema predominante? Aunque Sartori (2000:252) admite que cualquier definición acerca del tiempo puede resultar arbitraria, se inclina a sugerir que "(…) tres mayorías absolutas consecutivas pueden constituir indicación suficiente, siempre que el electorado parezca estar estabilizado, que el umbral de la mayoría absoluta se sobrepase con claridad y/o que el intervalo sea amplio".

Retomando la tipología de Sartori, Pasquino (2004:174) señala que en un sentido "técnico", el término "predominio" significa "(…) que un partido mantiene un alto consenso electoral y un alto número de bancas por un período de tiempo razonablemente largo, pero también que es lo suficientemente fuerte como para dictar las coaliciones y controlar la mayoría de los cargos de gobierno".[47]

Cualquiera sea la exigencia de tiempo que se fije a ese predominio, lo cierto es que el partido predominante se impone en una contienda libre que refleja no sólo la capacidad del partido triunfante para atraer al electorado, sino la incapacidad de la oposición para coaligarse y generar una alternativa confiable y eficaz. El sistema de partido predominante contiene un componente *relacional*, de modo que no se explica unilateralmente por la vocación de un partido de retener el gobierno sino, también por los déficit de la oposición para disputárselo con éxito.

La permanencia en el Poder Ejecutivo nacional, la disponibilidad de mayoría en las cámaras del Congreso Nacional, el sistema de lealtades en las provincias, todo ello parece haberse consolidado en el turno electoral que transcurrió a lo largo del 2011 y aproxima esta experiencia al tipo descripto por Sartori. De hecho, existen muy valiosos intentos[48] por contabilizar esa permanencia, señalando situaciones de predominio a nivel provincial o alertando sobre signos de hegemonía en aquellos casos donde la persistencia indefinida del mismo partido viene acompañada de una muy baja competitividad electoral que pone en duda su carácter pluralista.

El orden subnacional exhibe –pese a la enorme inflación de partidos políticos de distrito que sobrevino luego del 2003– una relativa estabilidad que permite reconocer situaciones de predominio en diversos distritos. Enfatizando esta inercia, Malamud (2011:109) señala que desde 1983 –excluyendo el turno del 2011– "(…) de 164 elecciones para gobernador, el peronismo conquistó 103 mandatos y el radicalismo 39. Los demás vienen atrás: ocho fuerzas provinciales se repartieron 18 gobernaciones de las cuales siete fueron para el Movimiento Popular Neuquino".

---

[47] Citando a Sartori, Pasquino (2004) señala tres rasgos que sustentan ese "predominio": a) dispone de un porcentaje de las bancas mucho más elevado que cualquier otro partido, obteniendo a menudo la mayoría absoluta, b) mantiene este porcentaje durante bastante tiempo y por un período ininterrumpido, y c) gobierna solo.

[48] Véase el interesante ejercicio encarado por Andrés Malamud, "Las provincias como ancla", *Le Monde Diplomatique*, 146, Agosto 2011. En otro trabajo Malamud (2011:112-113) sugiere que, en términos de Sartori:
(…) el sistema partidario a nivel presidencial puede definirse como bipartidista en el formato y predominante en la mecánica: sólo dos partidos pueden ganar las elecciones, pero uno lo hace con mayor frecuencia. A nivel senatorial, la configuración es marcadamente predominante, con el peronismo en mayoría permanente; en contraste, en la Cámara baja el sistema es pluralista moderado, dado que las mayorías absolutas son infrecuentes y, por lo tanto, las coaliciones son necesarias.

El orden nacional también presenta cierta estabilidad, especialmente tras haber perdido la fluidez que mostró con sus dos experiencias de alternancia (1989 y 1999) y con un peronismo que no parece contar, por el momento, con rivales en condiciones de disputar su predominio.

Sin embargo, esa relativa estabilidad ha venido acompañada de una proliferación de nuevas etiquetas partidarias que hacen más difícil identificar una serie temporal entre lo que fue el PJ en los años '90 y lo que es el PJ bajo el ciclo kirchnerista. El PJ, en tanto partido, ha quedado desactivado y reemplazado por nuevas denominaciones que no procesan sus divergencias en un espacio compartido y abarcan, en conjunto, algo más del 60% de los votos en las elecciones nacionales.

Desde la elección presidencial del 2003, que Duhalde convirtió en una interna abierta para dirimir las candidaturas del peronismo eludiendo al PJ —entonces conducido por Menem—, este partido quedó fracturado en tres vertientes (Menem, Kirchner y Rodriguez Saá), que sumaron el 61% de los votos. Una dispersión similar se ha reiterado en la elección presidencial del 2011, reuniendo con sus diferentes expresiones el 68% de los votos (CFK, 53,77%; Rodríguez Saá, 8% y Duhalde, 6%).

Como hemos aludido al predominio del peronismo en el orden nacional, se impone interrogarnos si es posible hablar de un mismo partido predominando desde 1989, o lo que es más decisivo aún, si puede hablarse del PJ como un partido cuando permanece paralizado y fracturado en diferentes sellos creados para la ocasión. El propio oficialismo se apoya, desde las elecciones legislativas del 2005, en una etiqueta partidaria (Frente para la Victoria) que descansa en el poder de convocatoria de los *liderazgos de popularidad* (Cheresky, 2009) que se han sucedido desde entonces (Néstor Kirchner primero, Cristina Fernández de Kirchner, en la actualidad), sin responder al estereotipo del partido político, tal como lo conocimos en su formato clásico (locales diseminados en el territorio, autoridades electas y actividades internas periódicas).

En principio, cabe aclarar que para algunos analistas la elección del 2011 puso en evidencia que la política argentina se va quedando sin partidos y que mostró "…lo poco que perdura de los tiempos en que dos auténticas organizaciones partidarias se disputaban la presidencia y la mayoría de las gobernaciones. La personalización de las campañas se agudizó notablemente en comparación con décadas pasadas y con países hermanos".[49]

---

[49] Véase Carlos Gervasoni, "Una elección casi sin partidos" (*La Nación*, 25/10/2011). Lo mismo señala Hugo Quiroga cuando destaca que "no hay partidos, hay fragmentos de partidos (…) La actividad política se ha personalizado como nunca en la figura del Ejecutivo y se ha concentrado en el ámbito estatal" (véase "¿Sistema de partido pre-

Ahora bien, si concebimos a los partidos políticos más allá de su formato jurídico tradicional, tal vez tenga asidero la interpretación que ofrece Juan Carlos Torre cuando advierte cierto patrón de continuidad en un *peronismo permanente* que se sostiene sobre un electorado fiel –nunca inferior al 35% de los votos– al que se suma un *peronismo contingente* que le agrega aquello que sintoniza con el clima de época. Así como el peronismo contingente versión Menem se apoyó sobre un peronismo permanente que permaneció inalterable en cuanto a su identificación con algunos ítems, ahora tenemos el "(…) peronismo de Kirchner, que se desarrolló sobre el mismo sustrato de electorado pero agregándole una lectura de los tiempos políticos poscrisis de 2001 a nivel nacional y en sintonía con la región a nivel internacional". En suma, los *peronismos contingentes* de Menem y Kirchner –agrega Torre– se han montado sobre el *peronismo permanente,* pero añadiéndole a éste el sello de cada época. En suma, el peronismo permanente es una reserva electoral del que se nutren los peronismos de época.[50]

Vale aclarar que una discusión del mismo tenor se suscitó en los '90 cuando el menemismo se reivindicaba como una auténtica expresión del peronismo pese a que sus políticas pro-mercado y su inserción internacional representaban un espejo invertido de la tradición estatista y no alineada que distinguió a su versión original.[51]

En aquellos años, Portantiero (1995:105-107) sugirió –en un ejercicio similar al que hoy propone Torre con el kirchnerismo–, que "peronismo originario y peronismo actual o menemismo son, ambos, fenómenos de época" y que "(…) el populismo conservador de Menem no hace más que continuar, en su relación con las instituciones, con un legado pragmatista de

---

dominante?" (*Clarín*, 26/10/2011). Vale aclarar que no todas las opiniones comparten este diagnóstico. En especial destaco la lectura de Malamud (2011:113), quien sugiere no sobrestimar el proceso de descomposición de los partidos políticos abierto con las elecciones legislativas de octubre del 2001.

[50] Véase "Hay un peronismo permanente y otro contingente" (*El Estadista* N° 42, 12/10/2011). Torre agrega que "este peronismo sabe, sobre el telón de fondo del otro, capturar el clima de la época y ampliar su universo de adhesiones (…) En ese sentido, el peronismo tiene una ventaja superior sobre cualquier otro partido de la Argentina, y es su gran agnosticismo ideológico. Un partido que no tiene su mochila cargada de ideologías, lo que le da más libertad para moverse con soltura en una y otra dirección, pero que cuando comienza a caminar con su mochila cargada comienza a hacerlo con paso cada vez menos ágil, y esto pasa con los que quieren eternizar el peronismo contingente, y que no se dan cuenta de que son un momento".

[51] Esa plasticidad que distingue al peronismo puede verse reflejada en el apoyo que el actual senador Carlos Menem brindará al proyecto de re-estatización de la empresa YPF, privatizada bajo su presidencia. En su justificación alegó que "…estamos en otra época totalmente distinta. Los tiempos cambian. Cambió el escenario" (véase "Menem: 'Votaré por la estatización de YPF'"; *La Nación,* 20/04/2012).

hacer política apegado a las formas decisionistas del poder y hostil al estilo democrático republicano, como lo fuera el peronismo clásico".[52]

Lo cierto es que, aún concediéndole al kirchnerismo una identidad propia (no tan peronista sino como "una etapa superior del peronismo") como reclaman muchos de sus adherentes,[53] ha protagonizado un hecho sin precedentes, atendiendo a su continuidad. Es la primera vez, en lo que va de este ciclo democrático, que el mismo grupo político ejercerá el poder por más de una década y tras sortear tres elecciones presidenciales.[54] Para hallar algo equivalente en nuestra historia política deberíamos remontarnos a la sucesión de gobiernos radicales registrada a partir de 1916 –aunque sin haber completado el tercer mandato, interrumpido por golpe militar de 1930.

Cuando concluya este ciclo de 12 años, el kirchnerismo habrá superado no sólo al mismísimo Perón, quien gobernó entre 1946 y 1955 –año en que fue derrocado por un golpe militar– sino también a Carlos Menem, quien lo hizo durante una década (1989-1999).

Pero lo más significativo es el enorme poder personal que concentra la presidenta Cristina Fernández de Kirchner en este segundo mandato que acaba de iniciar. El capital político conquistado con el 54% de los votos y la ausencia de un partido activo al que rendirle cuenta, crean una situación inédita en la que las decisiones sobre lo que va a pasar descansan sobre una persona.[55] El estilo presidencial expresa al mismo tiempo una férrea voluntad de mando que se refleja no sólo en el aislamiento con el que adopta sus decisiones, sino también en el lenguaje y la estética que rodea sus actos públicos.[56]

Sin embargo, esto que hoy constituye su principal fortaleza puede convertirse mañana en su principal debilidad. Como destaca Gargarella, "políticamente, es negativo que la atención y expectativas populares se depositen sobre las espaldas de un solo individuo, ya que ello, más tarde

---

[52] Mora y Araujo (2011:133) también recuerda esta idea de Portantiero y entiende que su juicio sobre el menemismo, se aplica igualmente a los tiempos de Kirchner y, antes, a los de Duhalde. Lo mismo sugiere Eduardo Fidanza, para quien el peronismo, bajo distintas configuraciones y estilos, es el actor político dominante del sistema (véase "La confirmación del dominio peronista"; *La Nación*, 09/10/2011).

[53] Véase al respecto el testimonio de Ricardo Forster –uno de los referentes intelectuales del grupo Carta Abierta– en Natalia Zuazo, "¿Todos somos peronistas?", *Le Monde Diplomatique*, N° 149, Noviembre 2011, pág. 9.

[54] Este rasgo ha sido destacado por Marcos Novaro, "Hegemonía e inestabilidad" (*Perfil*, 23/10/2011).

[55] Tal es lo que sugiere Juan C. Torre en una entrevista. Ver "Tenemos, por primera vez, una presidenta que va a gobernar sola" (*La Nación*, 06/11/2011).

[56] Puede consultarse al respecto Beatriz Sarlo, "La idea del poder absoluto" (*La Nación*, 14/01/2012).

o más temprano, indefectiblemente se vuelve contra quien promueve la concentración".[57]

Esta personalización arriesga deslizarse hacia formas de "representación encarnada" (Cheresky, 2011) que no admiten fácilmente sucesores en su jefatura, dificultando toda posible institucionalización del proceso sucesorio.

Nadie se atrevió a confesar este dilema con mayor franqueza que Ernesto Laclau –un intelectual de gran influencia sobre los gobiernos argentinos que se sucedieron desde el 2003– poco antes de concretarse la reelección de Cristina Fernández de Kirchner. Interrogado sobre la necesidad de pensar en un sucesor para ella, Laclau respondió: "(…) hay que ver si Cristina no puede ser reelecta, si no se modifica la Constitución (…) una democracia real en Latinoamérica se basa en la reelección indefinida. Una vez que se construyó toda posibilidad de proceso de cambio en torno de cierto nombre, si ese nombre desaparece, el sistema se vuelve vulnerable".[58]

Detrás de esta aspiración –no siempre confesada de manera tan llana– puede advertirse la encerrona a la que están sometidos estos liderazgos. Ésta no sólo despierta serios interrogantes sobre los límites del ejercicio del poder que admite esta concepción de la democracia, sino que también introduce un componente catastrofista al convertir a sus actuales líderes en garantes excluyentes de los cambios emprendidos.

Esa situación se ve agravada por el hecho de que la Constitución de 1994 no admite una re-reelección y ello amenaza desatar una intensa disputa sucesoria que reedite un escenario como el que tuvo lugar durante la segunda presidencia de Menem, en el que el partido gobernante reunía al mismo tiempo oficialismo y oposición. Como advierte Juan Carlos Torre, "(…) el peronismo en el gobierno, en su condición de partido predominante, es un sistema político en sí mismo. Es el oficialismo y su principal oposición. Esto es lo que puede llegar a pasar nuevamente".[59]

5. Breves palabras de cierre

Hemos procurado describir las diferentes vertientes que reflejan el desequilibrio que se ha consolidado en el escenario político argentino tras las elecciones del 2011. Aunque las primeras manifestaciones de ese desequi-

---

[57] Véase Roberto Gargarella, "El riesgo de la excesiva concentración de poder" (*La Nación*, 10/12/2011).

[58] Entrevista de Ailín Bullentini, "La real izquierda es el kirchnerismo" (*Página 12*, 02/10/2011).

[59] Véase la entrevista efectuada por *La Nación*, "Tenemos, por primera vez, una presidenta que va a gobernar sola", 06/11/2011.

librio se remontan a los años '90 –década en que se inicia un progresivo declive del voto polarizado que caracterizó a los primeros años de este ciclo democrático–, esa tendencia se vio reforzada tras la crisis institucional del 2001, marcando la evaporación del polo no peronista y la persistente dificultad para reconstituir ese espacio.

Asimismo, corresponde agregar que este desequilibrio objetivo de las fuerzas se ve reforzado por la concepción sobre el ejercicio del poder que ha caracterizado al ciclo político abierto por Néstor Kirchner en el 2003, entendiendo a éste como un juego de suma cero en el que "el que gana se lleva todo".[60]

En los gobiernos que se sucedieron desde entonces subyace una concepción mayoritaria de la democracia que no deja margen para aceptar los límites que regulan el ejercicio del poder y revela dificultades para reconocer la autonomía de los otros poderes que actúan como contrapeso del Ejecutivo.[61]

Como ha sugerido Rosanvallon, la democracia no es un puro sistema de mayoría basado en elecciones. Éstas no bastan para garantizar que un poder sea plenamente democrático, también es preciso que éste se someta a pruebas de control que sean concurrentes y complementarias de la expresión mayoritaria.[62]

En suma, el desequilibrio de fuerzas y recursos que muestra el escenario político no puede separarse de la emergencia de un estilo decisorio personalizado y concentrado que no cuenta con una contraparte capaz de fijar límites a ese impulso que desciende desde el Ejecutivo.

Es posible, tal como sucedió en los '90, que la principal oposición provenga de las propias filas del oficialismo. El duro enfrentamiento que la CGT de Moyano ha protagonizado en los primeros meses del 2012 con el nuevo gobierno resulta ilustrativo de esa dinámica que podría profundizarse todavía más cuando la proximidad del 2015 desate disputas entre los aspirantes a suceder a Cristina Fernández de Kirchner, imposibilitada constitucionalmente de gobernar por otro mandato.

[60] Véase Vicente Palermo, "Cristina reactualiza el ciclo de poder de suma cero", *Clarín* (23/08/2011).

[61] La iniciativa de Néstor Kirchner de recomponer la Corte Suprema de Justicia promoviendo la incorporación de nuevos integrantes que prestigian a ese cuerpo, ha venido acompañada de cierto desdén por sus fallos cuando éstos entran en colisión con los intereses del Ejecutivo (véase Gargarella, 2011).

[62] Véase Pierre Rosanvallon, "Reinventar la democracia es hacerla más responsable", *Clarín* (04/05/09). En igual sentido Alain Rouquié (2011:192) señala que "las elecciones no hacen solas las democracias, también se necesita el Estado de derecho y el ejercicio reglamentado del poder".

Institucionalizar dicha sucesión y acatar lo dispuesto por la Constitución del '94 –evitando la tentación de forzar una reforma constitucional para destrabar una posible re-reelección–[63] serán dos pruebas cruciales que ameritan ser seguidas con atención, pues ellas nos darán una medida de la magnitud y el modo que asumirá este desequilibrio en el futuro próximo.

Bibliografía

Altamirano, Carlos (2011): *Peronismo y cultura de izquierda*. Buenos Aires: Siglo XXI Editores.

Aboy Carlés, Gerardo (2005): "Populismo y democracia en la Argentina contemporánea. Entre el hegemonismo y la refundación", en *Estudios Sociales. Revista Universitaria Semestral*. 28, pp.125-149.

Botana, Natalio (2011). "Epílogo. Lo que sobrevive y lo que cambia", en Hilda Sábato y otros: *Historia de las elecciones en la Argentina. 1805-2011*. Buenos Aires: Editorial El Ateneo.

Cheresky, Isidoro (2009): "¿El fin de un ciclo político?", en Isidoro Cheresky (comp.): *Las urnas y la desconfianza ciudadana en la democracia argentina*. Rosario: Homo Sapiens.

Cheresky, Isidoro (2011): "Ciudadanía y democracia continua", en Isidoro Cheresky (comp.): *Ciudadanía y legitimidad democrática en América Latina*. Buenos Aires: CLACSO y Editorial Prometeo.

Dalla Via, Alberto R. (2011): "La competencia política en el federalismo argentino", en: *Ciencias Sociales. Revista de la Facultad de Ciencias Sociales/UBA*, N° 78, Agosto.

Gargarella, Roberto (2011): "Notas sobre kirchnerismo y justicia", en Andrés Malamud y Miguel De Luca (coords.): *La política en tiempos de los Kirchner*. Buenos Aires: Eudeba.

Gervasoni, Carlos (2011): "La política provincial es política nacional: cambios y continuidades subnacionales del menemismo al kirchnerismo", en Andrés Malamud y Miguel De Luca (coords.): *La política en tiempos de los Kirchner*. Buenos Aires: Eudeba.

Leiras, Marcelo (2010): "Los procesos de descentralización y la nacionalización de los sistemas de partidos en América Latina", en: *Política y Gobierno*, Volumen XVII, N° 2, Segundo Semestre, pp. 205-241.

---

[63] Cabe aclarar que el apoyo recibido por el gobierno tras la re-estatización de la empresa petrolera Repsol-YPF, ha alentado a algunos sectores del oficialismo a impulsar una reforma constitucional alegando la necesidad de incorporar un reconocimiento sobre el rol del estado. Sin embargo, esa iniciativa encerraría la intención de erradicar las trabas que impiden a la actual presidenta CFK aspirar a un nuevo mandato.

Maquiavelo, Nicolás (1993): *El príncipe*. Barcelona: Altaya.

Malamud, Andrés (2011): "Ni mucho gobierno de la opinión ni tanto regreso de la voluntad: bipartidismo recargado", en Andrés Malamud y Miguel De Luca (coords.): *La política en los tiempos de los Kirchner*. Buenos Aires: Eudeba.

Mora y Araujo, Manuel (2011): *La Argentina bipolar. Los vaivenes de la opinión pública*. Buenos Aires: Sudamericana.

Novaro, Marcos (2011): "¿Es todavía competitivo nuestro sistema político? ¿Puede esta elección dar a luz un nuevo sistema de partidos?", en: *Ciencias Sociales. Revista de la Facultad de Ciencias Sociales/UBA*, N° 78, Agosto.

Pasquino, Gianfranco (2004): *Sistemas políticos comparados. Francia, Alemania, Gran Bretaña, Italia y Estados Unidos*. Buenos Aires: Prometeo Libros y Bononiae Libris.

Panizza, Francisco (2011): "¿De qué hablamos cuando hablamos de populismo? ¡Más populista será tu abuela!", en: *RECSO. Revista de Ciencias Sociales*. 2, 15-37.

Portantiero, Juan C. (1995): "Menemismo y peronismo: continuidad y ruptura", en Atilio Borón y otros: *Peronismo y menemismo. Avatares del populismo en la Argentina*. Buenos Aires: Ediciones El Cielo por Asalto.

Quiroga, Hugo (2005): *La Argentina en emergencia permanente*. Buenos Aires: Edhasa.

Quiroga, Hugo (2010): *La República desolada. Los cambios políticos de la Argentina (2001-2009)*. Buenos Aires: Edhasa.

Robin, Corey (2009): *El miedo. Historia de una idea política*. México: Fondo de Cultura Económica.

Rouquié, Alain (2011): *A la sombra de las dictaduras. La democracia en América Latina*. Buenos Aires: Fondo de Cultura Económica.

Sartori, Giovanni (2000): *Partidos y sistemas de partidos*. Madrid: Alianza.

Snyder, Richard (2009): "Reducción de la escala: el método comparativo de unidades subnacionales", en: *Desarrollo Económico. Revista de Ciencias Sociales*, Vol 49, N° 194, julio-setiembre, pp. 287-306.

Torre, Juan C. (2003): "Los huérfanos de la política de partidos. Sobre los alcances y la naturaleza de la crisis de representación partidaria", en: *Desarrollo Económico. Revista de Ciencias Sociales*, N° 168, (Enero/Marzo).

Zelaznik, Javier (2011): "Materiales para el estudio del sistema político argentino (1999-2011), en Andrés Malamud y Miguel De Luca (coords.): *La política en los tiempos de los Kirchner*. Buenos Aires: Eudeba.

La incertidumbre en escena: debilitamiento partidario, comportamiento ciudadano y liderazgos de popularidad en la provincia de Córdoba

María Victoria López

1. Introducción

El declive del rol de los partidos como generadores de identidades estables y permanentes y su correlato, la fluctuación del voto ciudadano, han colaborado en la configuración de una dinámica política en la que priman la incertidumbre y la indeterminación. La provincia de Córdoba, en particular durante el proceso electoral 2011, se ha revelado como excepcional con respecto a estos fenómenos y nos brinda por lo tanto un escenario privilegiado para la observación e interpretación de los mismos.

Se ha señalado que uno de los signos del debilitamiento de las identidades partidarias es la fluctuación intertemporal del voto (Manin, 1992 y 1998). Mientras que antaño los electores votaban por el mismo partido elección tras elección, e incluso generación tras generación, hoy en día los comportamientos electorales ya no muestran esta estabilidad. El caso del proceso electoral 2011 en la provincia de Córdoba nos brinda una ilustración sorprendente e inédita de este tipo de fluctuación en el comportamiento electoral, puesto que nos permite observar tres *escenas*[1](Mauro, 2009) temporalmente muy cercanas en las que los comportamientos de la ciudadanía han sido signi-

---

[1] Empleamos la noción de escena política en tanto ésta logra dar cuenta de procesos de institución política que no son nunca absolutos ni completos, y de un espacio político más amplio en el que diferentes discursos pueden suscitar identificación o rechazo en el electorado (Mauro, 2009:335).

ficativamente diferentes. Por lo tanto, el caso cordobés nos permite ofrecer también una ilustración clara del debilitamiento contemporáneo de las identidades partidarias, así como de la correlativa preponderancia de los liderazgos de popularidad. En efecto, las diversas escenas políticas son instituidas por estos liderazgos, que pesan en la definición de las candidaturas y sobresalen en las estrategias de campaña. Junto con los comportamientos electorales fluctuantes, el fenómeno de configuración de escenas políticas diferentes separadas por breves períodos de tiempo da cuenta de la pérdida de centralidad de los partidos y se manifiesta en su débil organización y en el recurso cada vez menos frecuente a su simbología.

Efectivamente, a lo largo del año 2011 identificamos en la provincia de Córdoba tres escenas que, a pesar de su extrema cercanía en el tiempo, resultaron ser muy diversas entre sí. Por un lado, un primer escenario dominado por el liderazgo de José Manuel De la Sota quien, luego de resultar vencedor en la carrera por la gobernación, parecía encaminarse a encarnar, en la figura del "cordobesismo",[2] un peronismo crítico al poder nacional. Por otro lado, el triunfo de Cristina Kirchner en las primarias y generales evidenció el peso de la figura de la presidente en una provincia siempre adversa al kirchnerismo y, a su vez, la complejidad de las interrelaciones entre la escena nacional y la provincial, y entre los oficialismos de ambos niveles. Por último, la elección del radical Ramón Mestre como intendente de la capital provincial lo erigió en uno de los principales referentes de la tan mentada renovación del centenario partido, tanto a nivel provincial como nacional, y relegó al Frente Cívico en su bastión principal, planteándose el desafío de la continuidad para una fuerza vertebrada en torno al *liderazgo de popularidad*[3] de Luis Juez.

Esta fluctuación intertemporal del voto da cuenta no sólo de una situación coyuntural particular, sino que también, y fundamentalmente, de un electorado que define sus preferencias en función de la oferta electoral que se presenta en cada oportunidad y en cada nivel electoral, donde las características particulares de los candidatos adquieren mayor gravitación que las etiquetas partidarias tradicionales.

---

[2] De la Sota, en su discurso luego de las elecciones a gobernador que citamos más adelante, introduce la idea del "cordobesismo" para expresar un proyecto propio y diferenciado del gobierno nacional.

[3] Nos referimos a aquellos liderazgos que establecen con los ciudadanos un vínculo directo, prácticamente carente de mediaciones institucionales, y apoyado en el empleo de los medios de comunicación que les permiten hablar por sí mismos en el espacio público (Cheresky, 2008:19-20).

El desarrollo de este artículo, entonces, estará guiado por la descripción de cada uno de los escenarios recién mencionados, para lo cual estudiaremos brevemente las lógicas y criterios operantes en el armado de cada oferta electoral, haremos una caracterización general de las campañas y, finalmente, analizaremos los resultados de los comicios para dilucidar las especificidades de cada elección y la incidencia de los mismos en la configuración postelectoral.

La mirada sobre cada escena privilegiará los elementos que, a nuestro juicio, son más ilustrativos de las transformaciones antes mencionadas, es decir, la creciente fragilidad de las identificaciones partidarias, la fluctuación del voto y el peso que adquieren los liderazgos.

Asimismo, la comparación con procesos electorales anteriores nos permitirá adoptar una visión diacrónica que resalte los cambios en la dinámica política provincial en los últimos años, de modo tal de extraer de dicha lectura elementos que colaboren con el estudio de las mutaciones en la representación política.

2. Antecedentes

La comprensión de los cambios en la vida democrática contemporánea no puede ser ajena a uno de sus aspectos más significativos: los lazos y lealtades partidarias tradicionales basadas en un principio identitario fuerte, construido sobre clivajes sociales (Novaro, 2000), se han diluido, y con ello se han desagregado las bases que sustentaban la cohesión de los partidos y, a la vez, el vínculo de representación que los unía con los ciudadanos se ha visto alterado. Los partidos no han desaparecido y tienen un rol fundamental en la organización de la vida política como coordinadores del juego electoral, pero ya no son proveedores de una cosmovisión generadora de adhesión y dadora de estabilidad a la escena política, ni creadores de sistemas de opinión (Cheresky, 2006; Quiroga, 2009:76-77).

La ciudadanía, sin identificaciones ni pertenencias ideológico-partidarias estables, se manifiesta de modo fluctuante y autónomo, y es más proclive a reconocer liderazgos de nuevo tipo, con los cuales establece un lazo directo, apoyado en el empleo de los medios de comunicación y sin mediación de las organizaciones partidarias, pero de carácter más efímero que en el pasado, en tanto que su único sustento es la propia imagen del líder (Cheresky, 2006:36-37).

En este marco, las elecciones delimitan los períodos de mayor intensidad política (Cheresky, 2006) y adquieren así una centralidad esencial como expresión privilegiada de una ciudadanía poco identificada con pertenencias asociativas o corporativas tradicionales y más interpelada por liderazgos de nuevo tipo.

Detener la mirada sobre la provincia de Córdoba nos permite estudiar las complejidades y particularidades con que se desarrollan estos fenómenos en dicho escenario. A partir de la recuperación de la democracia, la Unión Cívica Radical (UCR) y el Partido Justicialista (PJ) se fueron sucediendo en el poder de la provincia;[4] desde mediados de los años noventa, sin embargo, se empezó a registrar una disminución de la concentración del voto entre las dos fuerzas principales de entre 20 y 40 puntos porcentuales, en los distintos niveles electorales (Panero, 2008: 76-77). El PJ y la UCR continuaron ganando las elecciones provinciales, aunque recurriendo a alianzas electorales con partidos menores y al empleo del mecanismo de "sumatorias", método que permite que las distintas fuerzas políticas que conforman una alianza compartan candidatos en algunos tramos de la elección y en otros presenten candidaturas propias. La caída en la adhesión a las listas del PJ y la UCR, especialmente en Córdoba capital, se dio conjuntamente con una personalización de la opción electoral, evidenciada en que un porcentaje cada vez mayor de los votos que los candidatos de ambos partidos obtuvieron, provino de las boletas de otros partidos con los que éstos habían conformado coaliciones, a través del empleo de sumatorias (Varetto, 2008: 208-209). Este hecho, junto con la disminución de la participación ciudadana en los comicios (para las elecciones presidenciales pasó de ser del 88,35% en 1983, a 82,45% en 1999, 77,80% en 2003 y 71,95% en 2007; las elecciones para cargos provinciales muestran tendencias similares) y un leve pero significativo aumento de los votos en blanco y nulos (para las elecciones a gobernador fue del 4,38% en 2003, y del 8% en 2007; en 2009, para diputados y senadores nacionales, fue del 3,68%), son una muestra del novedoso comportamiento de los votantes, en el que volveremos a hacer hincapié más adelante.

En este contexto surgió, a fines del año 2002, el *Partido Nuevo contra la corrupción, por la honestidad y la transparencia*, liderado por Luis Juez, un dirigente de larga militancia en el PJ, que había sido diputado provincial, síndico en Papel Prensa S.A. y pre candidato a intendente de Córdoba. Durante el segundo gobierno de De la Sota, Juez fue designado Fiscal Anticorrupción y alcanzó altos niveles de popularidad a partir del escándalo que produjo

---

[4] El ex candidato a presidente Eduardo Angeloz (UCR) gobernó en el período 1983-1995, seguido por su histórico adversario interno Ramón Mestre, hasta 1999. El PJ –en la alianza Unión por Córdoba (UPC)– alcanzó la gobernación con José Manuel de la Sota (quien gobernó entre 1999-2007 e inició un tercer período en diciembre de 2011), y Juan Schiaretti, entre 2007 y 2011. Al mismo tiempo, ambos partidos tradicionales predominan en el nivel municipal.

su expulsión de dicho cargo luego de sus denuncias contra funcionarios del oficialismo. Fue precisamente en torno a dicha popularidad que se constituyó el nuevo partido, es decir, como un dispositivo al servicio del líder para la competencia electoral (Cheresky, 2008:36) que, al igual que muchas otras fuerzas políticas surgidas al amparo de liderazgos de imagen, careció de fortaleza orgánica y estructural.

La reorganización del escenario provincial, generada por la aparición de un liderazgo que rápidamente logró encarnar las demandas de renovación política[5] de grandes sectores del electorado, no sólo dio cuenta del debilitamiento de la capacidad representativa de los tradicionales protagonistas de la competencia política provincial, sino que también puso de manifiesto la expansión de un electorado independiente, que se identifica más con las imágenes de los candidatos que con las etiquetas partidarias.

Los comicios de 2007 expresaron claramente estos cambios y representaron una bisagra en la vida política cordobesa: por un lado, el ajustado –y cuestionado– resultado a favor del candidato de Unión por Córdoba, el entonces vicegobernador Juan Schiaretti,[6] llevó a una crisis política y activó el descontento ciudadano (Montero, 2009:410); por otro lado, supuso el desplazamiento de la UCR al tercer lugar a nivel provincial y la aceleración de la migración de numerosos dirigentes de sus filas, principalmente hacia el juecismo y partidos vecinales.

La estabilidad en la alternancia entre UCR y PJ que caracterizaba al escenario provincial hasta inicios de la década fue paulatinamente reemplazada, como vimos, por una fragmentación incipiente y por actores que se constituyen y reconstituyen permanentemente. Partimos entonces desde estas observaciones iniciales para, a la luz del proceso electoral 2011, dar cuenta de las formas en las que se expresa la reconfiguración del vínculo entre los ciudadanos y los partidos.

[5] Sobre el concepto de renovación ver el artículo de Julieta Lenarduzzi en este mismo volumen.

[6] En las elecciones para gobernador de 2007, Juan Schiaretti logró el primer lugar con el 37,17% de los votos, seguido por Luis Juez con un 36,04%, lo que representaba una diferencia de alrededor de 17.000 votos. Luego de un arduo y conflictivo escrutinio, en el que el sistema de recuento de votos sufrió muchas dificultades y la transmisión fue interrumpida en momentos clave, Juez cuestionó la legitimidad del resultado y solicitó "abrir las urnas", pedido que fue finalmente rechazado por la Justicia Electoral pero que trascendió el ámbito judicial, generando numerosas manifestaciones y protestas, y dejando instalada en la opinión pública la sensación de que se había producido un fraude electoral.

3. Con el signo del "cordobesismo": las elecciones provinciales del 7 de agosto

> Ya no soy un peronista cordobés, sino que ahora soy un cordobés peronista, y en este caso el orden de los factores sí altera el producto. Peronismo, radicalismo, socialismo, kirchnerismo, no deben ser razones que dividan a los argentinos; hace falta que pensemos mucho más en grande, y hoy le estamos poniendo nombre a esto más grande que estamos haciendo entre todos (…), *se llama cordobesismo y nació esta noche aquí.*
>
> (José Manuel De la Sota, discurso de victoria del 7 de agosto de 2011)

3.1. La oferta electoral bajo la lupa

En el contexto del debilitamiento de las identidades políticas tradicionales y la desagregación de los partidos, como mencionáramos en el apartado anterior, la competencia política es organizada por líderes políticos que se relacionan de manera directa con la ciudadanía, a través del empleo de los medios de comunicación. Los líderes, de este modo, son cada vez más los depositarios de la iniciativa política y los que configuran las alianzas y la oferta electoral, desplazando a las organizaciones partidarias (Cheresky, 2004). Los partidos, por su parte, ya no tienen la centralidad de antaño ni fijan la agenda pública, y se transforman adoptando estrategias pragmáticas, como la inclusión de candidaturas con elevada popularidad ante la opinión pública en detrimento de su inserción en la estructura partidaria. Sin embargo, la persistencia de sus redes territoriales continúa siendo un recurso de importancia para el desarrollo de la campaña electoral, la fiscalización de los actos electorales y el gobierno (Cheresky, 2011).

Estas cuestiones quedaron evidenciadas en la contienda más esperada en el territorio provincial, es decir, las elecciones del 7 de agosto, donde debían renovarse los cargos de gobernador y vice, junto con la totalidad de la Legislatura provincial. El ordenamiento del espacio político respondió al peso de los liderazgos, y en la definición de la oferta electoral intervino, en cierta medida, la propia ciudadanía, a partir de que la selección de candidatos tuvo en cuenta la popularidad que éstos poseían en las encuestas, o bien se produjo mediante elecciones primarias.

Ejemplo del primero de estos casos, es decir, de líderes seleccionados para la competencia a partir de su posicionamiento en la opinión pública, es el del ex gobernador José Manuel De la Sota, quien aparecía en las encuestas como el único candidato capaz de retener el poder para el peronismo organizado en torno a Unión por Córdoba, que venía de sufrir una dura derrota en los comicios para senadores y diputados nacionales en 2009, cuando fue relegado por primera vez al tercer puesto a nivel provincial. Ilustraremos, a continuación, el rol fundamental de los líderes en la constitución de los escenarios, a partir de un breve análisis del modo en que las decisiones tomadas por ellos impactaron en la configuración final de la oferta electoral del peronismo cordobés, en la cual se destacó la imposibilidad de concreción de un acuerdo con el kirchnerismo.

Efectivamente, los malos resultados obtenidos en las elecciones de 2009 (cuando, por primera vez, el kirchnerismo había decidido presentar una lista propia, separada de Unión por Córdoba, dada la impronta crítica al gobierno nacional de los candidatos del oficialismo provincial),[7] los bajos índices de aceptación de las figuras kirchneristas en el territorio provincial y la necesidad de obtener una victoria en el tercer distrito de mayor peso a nivel electoral, impulsaron a Cristina Kirchner a procurar un acuerdo para el 2011 con el PJ cordobés que incluyera, a la vez, un armado conjunto de las listas para las primarias y generales nacionales. Sin embargo, según los informes periodísticos, la candidatura a la vicegobernación de la intendente de Laboulaye, Alicia Pregno, decidida pura y exclusivamente por De la Sota, fue uno de los motivos centrales que hicieron naufragar el acuerdo. Asimismo, la decisión de Schiaretti de separar los comicios provinciales de los nacionales, la intención de De la Sota de mantener una autonomía respecto de la imagen presidencial y de retener en sus manos la decisión final sobre la designación de su compañera de fórmula y sobre las listas para ambas elecciones (provinciales y nacionales),[8] junto a la negativa presidencial a aceptar condicionamientos y a permitir listas colectoras −alternativa que había barajado el delasotismo para no sufrir la desventaja de competir con una lista corta de diputados nacionales, teniendo en cuenta el efecto de arrastre de votos que la figura de la presidente podía generar−, dieron forma a un escenario en el cual la concreción del acuerdo a nivel provincial fue imposible, aunque sí se gestaron numerosas alianzas entre el Frente para la Victoria (FPV) y Unión por Córdoba para las contiendas municipales.

---

[7] Recordemos que la lista de senadores de Unión por Córdoba en el año 2009 estaba encabezada por Eduardo Mondino, quien renunció al cargo de Defensor del Pueblo de la Nación, que había ocupado por diez años, para participar de esa campaña, en medio de fuertes críticas al gobierno nacional.

[8] La prohibición de las "sumatorias", establecida en la reforma electoral provincial de 2008, contribuía a la rigidez de los esquemas de alianza posibles, al imposibilitar que un mismo candidato a gobernador llevara más de una lista de legisladores. A su vez, los plazos dispuestos para la oficialización de las alianzas en la nueva normativa electoral nacional también obstaculizaban los acuerdos.

En el caso de la Unión Cívica Radical, el diputado nacional Oscar Aguad fue electo como candidato a gobernador a través de internas abiertas.[9] Aguad era la figura radical con mejor imagen en la opinión pública a partir del primer lugar obtenido por la lista a diputados nacionales que encabezó en 2009, lo cual le permitió contar con el apoyo de la mayor parte de las corrientes internas del radicalismo; el desarrollo de elecciones internas no sólo contribuyó a revalidar al líder ante los ojos de los afiliados y de los ciudadanos en general, sino también a encolumnar tras de sí las redes y aparatos territoriales necesarios para llevar adelante la campaña y controlar los procesos electorales. La decisión de Aguad de designar como compañero de fórmula a Néstor Roulet, un dirigente agropecuario extrapartidario que adquirió una buena imagen particularmente en el sur de la provincia durante el conflicto agropecuario de 2008, es un ejemplo del modo en que la lógica de los índices de opinión se impone en el proceso de selección de candidaturas, donde la popularidad comienza a pesar más que la carrera al interior de las organizaciones partidarias.

Por otra parte, el senador Luis Juez directamente se autoproclamó candidato a la gobernación. Los altos niveles de popularidad sostenidos por Juez desde 2003 lo señalaban como el candidato indiscutible de su coalición electoral, el Frente Cívico. Como indican algunos entrevistados pertenecientes al juecismo, fue el propio líder quien se encargó de seleccionar a los candidatos que lo acompañarían, privilegiando aquellos perfiles que representaban la técnica y la gestión (su compañero de fórmula, Marcelino Gatica, era reconocido por su exitosa tarea al frente del municipio de Jesús María; tres de las primeras cuatro mujeres de la lista para legisladores provinciales por distrito único tenían una trayectoria asociada a la administración y la consultoría), y que le garantizaban lealtad con posterioridad a los comicios.[10] La ausencia de negociación y la absoluta subordinación al líder

[9] En las internas de 2011, abiertas a la participación de ciudadanos independientes, el único competidor de Aguad fue el ex legislador provincial Dante Rossi, y de Mestre, el concejal Mario Rey, Sergio Piguillem (alfonsinista de la línea interna Identidad Radical) y Jorge Orgaz (por la corriente Compromiso Radical). La reforma de la carta orgánica en agosto de 2010 subió del 10 al 25% el piso electoral para que las minorías ingresen a las listas de candidatos, dificultando así las posibilidades de que las líneas internas minoritarias se presentaran a internas.

[10] En 2007, en las listas del juecismo había una gran presencia de independientes o *outsiders*– personas que no habían participado antes en política y/o gozaban de un importante nivel de popularidad por ser parte del mundo del espectáculo, del deporte, del periodismo, etc.–, y de candidatos pertenecientes a las variadas fuerzas y agrupaciones que, en esa oportunidad, apoyaban a Juez. Sin embargo, esto se había traducido en falta de cohesión en el comportamiento de los bloques legislativos municipales, provinciales

son propios de estos espacios articulados entorno a un liderazgo de imagen, característicos de un formato de representación personalizado.

A continuación, y a través del desarrollo de los aspectos principales de la campaña electoral de los tres candidatos más competitivos, daremos cuenta de la relevancia que adquiere la imagen de los candidatos en el contexto del nuevo formato de representación, la democracia de audiencia.

3.2. Imágenes en pugna

El momento de la campaña electoral pone de manifiesto, con claridad, el modo particular en que se constituyen los actores en cada escenario. Como señala Manin (1992 y 1998), el énfasis en la personalidad de los candidatos en lugar de los programas de gobierno, y la importancia de su desempeño en los medios de comunicación, son características salientes de las campañas electorales en el contexto del formato representativo actual, al que denomina *democracia de audiencia*. El candidato, a partir de la radio y la televisión, logra hacerse conocer y relacionarse con sus votantes sin necesidad de la mediación de las organizaciones militantes, por lo que la individualidad del representante adopta un lugar central en la percepción de los electores. A su vez, la incertidumbre y la imprevisibilidad, características del nuevo entorno en que se desarrollan las actividades gubernamentales, hacen que la confianza personal inspirada por los candidatos se convierta en un principio de elección más adecuado que la evaluación de acciones futuras definidas a partir de un programa detallado.

Al reflexionar sobre el caso particular de las elecciones cordobesas, en primer lugar debemos señalar que todas las campañas mostraron una fuerte personalización, y se centraron en las figuras de sus candidatos principales a los que, al mismo tiempo y en todos los casos, intentaron presentar como "hombres comunes", en pos de generar un vínculo más cercano con los ciudadanos, en una época marcada por la desconfianza en los representantes (Rosanvallon, 2006).

Unión por Córdoba organizó su campaña en torno a la figura de De la Sota, a quien se buscó dotar de una imagen más familiar y descontracturada mediante los recursos de referirse a él por su nombre de pila, José Manuel, mostrarlo en los afiches de modo sonriente, vestido informalmente e, inclusive, reemplazar su fotografía por una caricatura en colores. Esta estrategia fue funcional a la necesidad de despojar al candidato de toda referencia negativa a la que pudieran asociarse sus gestiones anteriores, e incluso, de emplear

---

y nacionales, y en su posterior desmembramiento (López, 2010), algo que Juez quería evitar en esta oportunidad, según relataban los entrevistados.

dicha debilidad en su favor, a partir de una descripción de sí mismo como "un candidato que aprendió".

Juez, por su parte, mantuvo el estilo coloquial –apoyado en la ironía y el humor– que lo caracterizó en las últimas campañas y que lo ayudó siempre a presentarse próximo a los votantes, como uno más de ellos, aunque en esta oportunidad bajó los niveles de confrontación y presentó una versión de sí mismo menos provocadora a la que auto calificó como "bajo los efectos del valium".

Por el lado de la UCR, si bien la campaña para la gobernación presentaba al mismo protagonista que en 2009, hubo grandes diferencias con aquélla. En esta oportunidad, el candidato Aguad ocupó un lugar protagónico, y fue dotado de una imagen más informal y descontracturada que la que construyó en su carrera por la banca de diputado nacional (López, 2010). Fueron presentados su familia, su historia y sus valores, con lo cual se buscó acercar al candidato a la gente y contrarrestar el poco conocimiento de su figura –en comparación con otros competidores principales– que poseía el electorado.

De la mano con la personalización, el lugar marginal que ocuparon los símbolos partidarios más clásicos en las campañas, tanto en el caso del radicalismo como en el de Unión por Córdoba, se vincula con la necesidad de los líderes de conquistar a un electorado que ya no es cautivo de determinados principios identitarios o ideológicos, que presta mínima atención a los sellos partidarios y que elige candidatos a partir de la imagen que tiene sobre ellos, imagen que es cuidadosamente elaborada por los mismos políticos y sus asesores, y construida en afiches y spots, dado el vínculo más directo que se establece a través de los medios de comunicación.

Muy similar a la impronta del PRO de Mauricio Macri en la Ciudad de Buenos Aires – de hecho, compartieron como asesor a Jaime Durán Barba–, en la campaña de la UCR predominó la variedad de colores, y la combinación blanca y roja clásica fue reemplazada por la de amarillo y rojo. Esta diferenciación con el estilo característico del radicalismo, evidenciada asimismo en los rasgos más redondeados y modernizados de la sigla partidaria presente en todo el material gráfico y audiovisual, se complementó con una aparición mucho menor de los símbolos radicales que en la campaña de 2009,[11] hecho que suscitó críticas entre muchos militantes y dirigentes, que extrañaron

---

[11] En la campaña de 2009, siguiendo con la estrategia que ya se había empezado a delinear desde 2007 (Montero, 2009), y en sintonía con la lenta pero sostenida recuperación de la imagen del partido a partir del papel opositor del vicepresidente Julio Cobos y la muerte de Raúl Alfonsín producida poco antes de las elecciones, la UCR apeló al empleo de los tradicionales colores y símbolos partidarios con el fin de recuperar el voto "propio" (López, 2010).

el "folklore radical", según señalara el intendente de Mina Clavero Alberto Giménez en un acto realizado en el comité provincial durante los últimos días de julio.

Por otro lado, y aunque volveremos sobre esto más adelante, cabe mencionar que mientras que la simbología y liturgia peronista clásicas estuvieron ausentes de las consignas de campaña y de los spots publicitarios de De la Sota, y los actos principales (apertura y cierre de campaña) adoptaron la forma de kermeses y festivales con la participación de figuras reconocidas del deporte y el espectáculo, en esos mismos actos –pero, principalmente, en aquellos de menor envergadura, donde la mayor cantidad de asistentes eran militantes y dirigentes partidarios–, se mantuvieron algunas referencias a la tradición peronista como el canto de la típica marcha, el empleo del apelativo "compañeros", etc.

En el caso del Frente Cívico, coalición producto del nuevo formato de representación, es la figura de Luis Juez la que lo origina y articula, por lo cual carece de una identidad partidaria definida. La campaña, entonces, intentó interpelar a los votantes descontentos con los políticos y los partidos tradicionales –destinatarios centrales del discurso de Luis Juez desde que adquirió protagonismo en la escena pública en 2002–, y apuntalar la idea de la renovación política. Para ello, por un lado, se buscó asociar a los candidatos del Frente con los valores de la prosperidad, la solidaridad y la decencia, valores de los que los candidatos de los partidos tradicionales carecerían, y principalmente en los discursos del tramo final de la campaña, se convocó a aquellos "radicales de boina blanca, de Illia y Sabattini" y a los peronistas "decentes", aquellos que "saben que la justicia social no es repartir colchones", estableciendo una diferenciación que rescataría, en esta lectura, lo mejor de ambos imaginarios.

Por último, otro punto característico de las campañas para la gobernación fue el lugar destacado que ocuparon las referencias a la capacidad de gestión. Coincidimos con Scherlis (2009) quien, en su descripción del proceso electoral argentino de 2007, señala que hoy en día el elector tiende a definir su voto a partir de su aprobación o desaprobación de la gestión del gobierno en ejercicio, y a evaluar si los candidatos opositores pueden o no ser más capaces de llevar adelante las tareas de gobierno. Al no generar los partidos una identidad social colectiva permanente a la cual apelar y ante el debilitamiento de sus funciones representativas tradicionales, los líderes buscan presentarse ante la ciudadanía como los más capaces de conducir el gobierno y de gestionar los asuntos públicos como modo de legitimación.

Luis Juez, por ejemplo, dedicó gran parte de la campaña a mostrar equipos técnicos compuestos por profesionales de distintos sectores y organizados bajo la conducción del candidato a la vicegobernación Marcelino Gatica, reconocido por su acción al frente de la municipalidad de Jesús María. De la Sota, por su parte, apuntó a establecer una continuidad con el gobierno de Schiaretti, a partir de los buenos niveles de aceptación de su tarea al frente del gobierno, apoyándose en el eslogan "el cambio que sigue". Finalmente, Aguad se arriesgó con una campaña de triple negatividad (Riorda, 2011), es decir, que apuntaba contra Juez y De la Sota, a través de la idea-fuerza de "cambiar para bien", que buscaba diferenciarlo del modo de gestión del oficialismo y del posible cambio que podría representar el juecismo, y que iba contra el gobierno nacional simultáneamente.

Para completar la descripción del primero de los escenarios provinciales, a continuación analizaremos los resultados de los comicios para ilustrar el modo de comportamiento ciudadano en este contexto.

3.3. *El mandato de las urnas*

En los dos apartados anteriores hemos subrayado el carácter preponderante de los nuevos liderazgos, en una dinámica política donde los partidos políticos ya no son los mismos que antes. Como vimos, esto se vincula a una ciudadanía crecientemente autónoma, es decir, carente de identidades partidarias permanentes, y mucho más proclive a reconocer – pero también, a limitar– la acción de los nuevos líderes en un espacio público mediatizado, donde la representación se escenifica (Novaro, 2000).

En este sentido, se constata la expansión de un electorado independiente, cuyo voto se decide en el transcurso de las campañas electorales, y en el cual influyen los temas de coyuntura, la opinión respecto de la gestión gubernamental y la imagen de los candidatos.

Este escenario es propicio para la creciente fluctuación y volatilidad del voto, fenómenos que registramos en las elecciones recientes de la provincia de Córdoba. A continuación, entonces, nos dedicaremos a la observación del comportamiento electoral en los comicios provinciales para dar cuenta de estas cuestiones y para completar la descripción de la primera de las escenas, a fin de poder contrastarla con las demás.

Como adelantáramos al inicio, quien se alzó con el primer puesto en los comicios desarrollados el 7 de agosto fue José Manuel De la Sota. Los guarismos finales señalaron una amplia victoria de los candidatos del oficialismo provincial con un 42,61%. En segundo lugar se ubicó la fórmula Luis Juez - Marcelino Gatica (29,49%), seguida por Oscar Aguad y Néstor Roulet, con un 23,96% de los votos.

A partir de los resultados, se configuró un escenario provincial con un ganador indiscutible que desplazó el amenazante liderazgo de Luis Juez y relegó nuevamente al radicalismo a un claro tercer puesto (Riorda, 2011); asimismo, se mantuvo la división del espacio en tres partes, al concentrar las fuerzas principales el 95,06% de los votos (el cuarto lugar lo ocupó Frente de Izquierda y los trabajadores con apenas el 1,40%).

Unión por Córdoba mostró una notable recuperación respecto de las elecciones de 2009, donde su lista quedó en tercer lugar rondando el 25%. Por otra parte, De la Sota obtuvo 5,43 puntos más que el actual gobernador Juan Schiaretti en 2007, pero lo que marcó la diferencia con aquel escenario de paridad y confusión, fue la distancia respecto de la segunda fuerza, el Frente Cívico, que en 2007 fue de apenas 1,13 puntos y en esta oportunidad se estiró hasta los 13,12 puntos, reflejados en el aumento del caudal oficialista pero también en la merma de votos del Frente Cívico.

La derrota golpeó fuerte en el juecismo, que si bien mantuvo números similares a los obtenidos en 2009 y logró imponerse en su bastión principal, la capital, sufrió una disminución en el caudal electoral en dicho departamento (49,60% en 2007, 38,60% en 2009 y 37,74% en esta oportunidad), a la vez que persistieron las dificultades para la inserción del espacio en el interior provincial (allí obtuvo el 23,29% en 2007 frente al 21,63% en esta oportunidad). En este sentido, resulta interesante señalar la diferencia de las tendencias en el voto de la capital (que representa aproximadamente el 40% del padrón cordobés) respecto del resto del territorio provincial, más favorable al peronismo provincial. Unión por Córdoba mantuvo con creces su predominio en el interior, reteniendo la mayor parte de los ejecutivos locales que puso en juego y ganando otros de importancia (Villa Allende, Río Ceballos, Villa General Belgrano), a la vez que aumentó el caudal de votos allí obtenido (50,76% en esta oportunidad, 44,97% en 2007) y salió primero en todos los departamentos (con la sola excepción de la capital), lo que contribuyó a la contundente diferencia de bancas a favor en la Legislatura provincial para Unión por Córdoba, en la que cuenta con quórum propio.[12]

---

[12] Córdoba posee una Legislatura unicameral integrada por un total de 70 legisladores; 26 son elegidos por cada uno de los departamentos en que se divide la Provincia –considerando a éstos como distrito único–, y 44 son elegidos tomando a la provincia como distrito único, cuyas bancas se distribuyen a través del método D'hondt de representación proporcional. Unión por Córdoba cuenta con 44 legisladores, 7 más que en el período 2007- 2011. El gran predominio de Unión por Córdoba en el interior, donde ganó todas las bancas por departamento, hizo que su fuerza sumara 44 legisladores y que se viera sobre-representada, situación que ya se había dado en el período 2007-2011.

Respecto del voto para legisladores por distrito único, cabe señalar que se registró un alto porcentaje de voto en blanco (18,74%), que puede ser atribuido a las confusiones generadas por el diseño de la boleta única de sufragio,[13] donde el casillero para votar por la lista completa se hallaba al lado del casillero con la fotografía del gobernador, cuyo tildado suponía un voto sólo para el tramo de gobernador que debía completarse –si así se deseaba– con el tildado individual del resto de los casilleros para votar las categorías restantes, que de lo contrario se computaban como voto en blanco.

Por su parte, la UCR no pudo escapar del tercer lugar obtenido en 2007, logrando un porcentaje muy similar al de aquella oportunidad que suscitó autocríticas, reavivó las exigencias de la renovación de la dirigencia partidaria provincial, y supuso el desplazamiento del liderazgo de Aguad.

En esta situación de poder que parecía inmejorable, entonces, el liderazgo de De la Sota parecía haberse visto fortalecido hacia dentro y fuera de la provincia. En su discurso de agradecimiento luego de conocerse los primeros boca de urna –del que reproducimos apenas un párrafo al inicio de este apartado–, De la Sota envió un mensaje conciliador y en línea con el tono de la campaña, que apuntaba a "construir antes que discutir" para armar un proyecto de provincia y de país a partir de la armonía y cooperación entre las diferentes vertientes políticas, y de los valores del federalismo y el progreso; desde ese proyecto, que expresó en la figura del "cordobesismo", apuntaba a marcar las diferencias con el gobierno nacional y sentar las bases para su propia proyección hacia su viejo anhelo, la carrera presidencial en 2015.

El concepto de la provincia como excepcional y diferente a las demás siempre se había hecho presente en los discursos de los gobernadores: Angeloz había acuñado la idea de Córdoba como una "isla", y el propio De la Sota lo había hecho desde la consigna "Modelo Córdoba" en sus gestiones anteriores (Riorda, 2011). En esta oportunidad, además, el cordobesismo tenía la intención de separar la escena cordobesa respecto de los resultados que se dieran la semana siguiente a nivel nacional; detrás de esa figura discursiva estaba la presunción de que fuera quien fuera el ganador en las primarias,

---

[13] La boleta única de sufragio había sido introducida por la reforma electoral provincial de 2008 con el objetivo de dar transparencia al proceso electoral, luego del problemático escrutinio del 2 de septiembre de 2007. El diseño de la boleta suponía su división en filas horizontales de igual dimensión para cada partido o alianza y con un casillero en blanco al lado de cada tramo de cargo para que el elector pudiera marcar su opción con una cruz o tilde. Se dispuso, además, un casillero de mayor tamaño que los otros para que el elector que lo deseara pudiera votar por la lista completa de candidatos de dicha fuerza política, lo cual fue objeto de numerosas críticas principalmente de parte del juecismo y agrupaciones más pequeñas que consideraban que facilitaba el efecto de arrastre de votos, conspirando contra el espíritu de la reforma.

los votos de ese 7 de agosto eran propios, lo cual le daba a De la Sota una posición autónoma y más favorable desde la cual negociar con la nación, e inclusive empezar a pensar una alternativa al kirchnerismo. Veremos, a continuación, cómo los resultados del 14 de agosto – y su confirmación en octubre– pondrían límites a esta lectura.

4. Los votos no tienen dueño. Elecciones nacionales en la provincia mediterránea.

> Gracias Córdoba, los quiero mucho a todos, siempre voy a agradecer el apoyo que me dieron cuando todos pensaban que no iba a ser así. Yo creo en ustedes mucho, porque sé que ustedes creen mucho en mí.
> (Cristina Fernández de Kirchner en la inauguración del hospital Príncipe de Asturias, Córdoba, 5 de octubre de 2011)

Como hemos ya señalado, el debilitamiento de las identidades partidarias se hace manifiesto en un comportamiento electoral menos estable, donde las etiquetas partidarias y los programas de gobierno tienen un peso menor en la definición de las preferencias ciudadanas que la personalidad de los candidatos y los temas de coyuntura. Cabe agregar, siguiendo a Manin (1992), que la orientación del voto también varía según la percepción que los ciudadanos tengan de lo que se halla institucionalmente en juego en cada elección, es decir, cambia según se trate de una elección nacional o local, presidencial o legislativa, etc., e impacta en la (re) configuración e indeterminación de los escenarios.

Tener presente estas cuestiones colabora en la interpretación de la segunda de las escenas que nos propusimos describir en un inicio. Separadas por tan sólo siete días de las elecciones para la gobernación, los resultados provinciales de las elecciones primarias del 14 de agosto difirieron en gran medida de aquéllas, dando cuenta del comportamiento variable de los votantes, que es el eje de estas líneas.

Cristina Fernández de Kirchner se alzó en el primer lugar con el 34,21%, porcentaje no tan abultado como el que consiguió a nivel nacional pero que en la provincia cordobesa resulta significativo porque señala la primera victoria del kirchnerismo en un territorio que siempre se caracterizó por no serle favorable: en 2003, Néstor Kirchner obtuvo el quinto lugar (10,81%), en 2007 Cristina Kirchner salió segunda con el 23,84%, y la lista propia de legisladores nacionales presentada en 2009 logró apenas el cuarto lugar (9,12% para diputados, 8,76% para senadores). Más contundente resulta aún la victoria, si consideramos que la presidente no tenía una estructura propia muy arraigada en la provincia, ni contó con el apoyo de las redes delasotistas, las cuales, según señalan los entrevistados del PJ, se habían avocado exclusivamente a las campañas provinciales y municipales y, por otra parte, desconocían la decisión final de De la Sota respecto del apoyo o no a la presidente y, con ello, la suerte de la boleta propia de diputados.

El éxito del Frente para la Victoria fortaleció la posición del gobierno nacional frente al provincial: el fracaso del armado conjunto entre ambos oficialismos para los comicios nacionales y provinciales del año había culminado con el acuerdo tácito que suponía que, a cambio de que el kirchnerismo no presentara candidatos propios el 7 de agosto, De la Sota retiraría su lista de diputados (que no llevaba candidato presidencial) la semana siguiente; sin embargo, amparado en la magnitud de la victoria y en la gran recepción del "cordobesismo", el Partido Justicialista dio "libertad de acción a sus militantes para votar por cualquier candidato peronista" (*La Voz del Interior*, 10 de agosto de 2011), soltándole la mano a la presidente. Prácticamente sin haber hecho campaña –dada la cercanía con la contienda provincial y la ausencia de De la Sota, quien viajó a Brasil días antes de las primarias–, la lista de diputados Alianza Justicialista encabezada por el presidente del PJ provincial y ministro de gobierno Carlos Caserio, apenas obtuvo el 6,74%, y el apoyo masivo a la figura de De la Sota de apenas una semana atrás, parecía haberse fugado.[14]

La fluctuación intertemporal del voto, que se manifiesta claramente en la comparación de los resultados de una semana a otra, es característica de un votante que se comporta de forma autónoma respecto de los partidos y que decide su voto teniendo en cuenta los términos planteados en cada elección y en cada nivel electoral, por lo cual puede optar por De la Sota para la gobernación y no por sus candidatos a diputados la semana siguiente, apoyando en su lugar a Cristina Kirchner y su lista, más allá de las evidentes tensiones entre ambos dirigentes.

En el mismo sentido podemos leer los resultados de las elecciones primarias del resto del arco político. Juez y Aguad obtuvieron un mayor porcentaje de voto que los candidatos presidenciales a quienes apoyaron una semana después de las elecciones para la gobernación: Alfonsín, 6,18 puntos menos que Aguad, y Binner, 14,85 puntos menos que Juez, resultando en un total de 17,65% de los votos para el candidato de UDESO y en el 14,64% para

---

[14] Según los periodistas entrevistados, la amplia victoria de la presidenta en las primarias, los auspiciosos números de las encuestas para octubre y la necesidad de mantener un vínculo fluido con la Nación para sostener las complicadas finanzas provinciales, llevarían en septiembre a que De la Sota bajara de la competencia a su lista de candidatos para el mes siguiente.

el del Frente Amplio Progresista. ¿Cómo comprender, entonces, que una parte sustantiva de los votantes de Juez no hubiera optado por el candidato presidencial que éste apoyaba y que, además, llevaba como compañera de fórmula a la senadora del Frente Cívico, Norma Morandini?; a su vez, ¿cómo no interrogarse por la "lealtad partidaria" de los votantes radicales?

En resumen, los resultados de las elecciones primarias y generales, al compararlos con los de las elecciones a gobernador,[15] dan lugar a la conformación de un escenario totalmente diverso, y son un ejemplo claro de la volatilidad electoral: si pudiéramos hablar del voto radical en términos de un voto a los candidatos autoidentificados como de la UCR, ese voto fluctuó de la siguiente manera: 22,96% en las elecciones a gobernador; 17,65 en las primarias; y 17,97% en las elecciones presidenciales de octubre (20,32% en el tramo diputados). El delasotismo, por su parte, logró el 42,61% y el primer lugar en las elecciones del 7 de agosto, cayendo hasta el 6,74% de la lista para diputados en las primarias, y terminó por ausentarse en octubre. El juecismo, por otro lado, obtuvo el 29,49% con Juez como candidato a gobernador, pero la alianza que integró para las primarias y generales (Frente Amplio Progresista) apenas logró el 14,64% en agosto y el 23,41% en octubre.

Veremos, a continuación, el modo en que se constituyó una escena de diferentes características en las elecciones para renovar autoridades municipales de la ciudad de Córdoba.

5. ¿El renacer radical? Las elecciones municipales de la ciudad de Córdoba

> Soy alguien nuevo en la política. Soy alguien que creció en la casa de un intendente, y por eso conozco muy bien a mi ciudad. Soy alguien apasionado que se preparó, y mucho, para estar acá. Soy alguien que no está solo, porque tengo un gran equipo y tenemos un plan de acción. (…) Soy alguien como vos, con una vocación distinta, y me siento listo para gobernar pero necesito una oportunidad.
> Vos, ¿estás listo para cambiar?
> (Ramón Mestre. Spot publicitario de la campaña a la intendencia de Córdoba 2011)

El retraimiento del papel que los partidos poseían como organizadores de la vida política y de la función de las adhesiones partidarias en la deter-

---

[15] Ver cuadros 1 y 2 al final de este artículo.

minación de los procesos políticos, así como el rol central que adquieren los líderes de nuevo tipo que asumen un vínculo directo con la ciudadanía, son algunas de las cuestiones que podemos ver reflejadas en el proceso electoral municipal.

En primer lugar, el breve análisis de la oferta electoral nos permite resaltar la especificidad de este escenario local que da lugar a la configuración de una escena muy diferente de las anteriores que hemos ya descripto.

El 18 de septiembre de 2011, el senador Ramón Mestre (h) ganó la intendencia de la ciudad de Córdoba con el 35, 65% de los votos, dándole a la UCR uno de los triunfos más importantes de ese año inclusive a nivel nacional. La victoria de Mestre traería nuevos aires para el derrotado radicalismo cordobés, y erigiría al electo intendente en uno de los referentes de la exigida renovación del centenario partido, tanto dentro como fuera de los límites de la provincia.

El segundo puesto, con el 27,63%, lo ocupó la concejal y ex esposa de De la Sota, Olga Riutort. Riutort, ex presidente del PJ capitalino, se presentó con un armado propio bajo el sello "La fuerza de la gente", que fue sumando apoyos de dirigentes kirchneristas a medida que aumentaban las tensiones entre éstos y el oficialismo provincial.[16]

Detrás de Riutort se ubicó el candidato de Unión por Córdoba, el vicegobernador Héctor "pichi" Campana (21,30%). La fórmula compuesta por Héctor Campana y Alejandra Vigo, esposa del gobernador, había surgido del esquema general armado entre Schiaretti y De la Sota y generó que el peronismo de la capital se presentara nuevamente dividido a las elecciones municipales, a partir de la negativa de Olga Riutort a competir en elecciones internas contra Campana.[17]

El candidato de Juez, el historiador, dirigente justicialista y ex funcionario de De la Sota, Esteban Dómina,[18] apenas obtuvo el 7,77% de los votos. El

[16] Los vínculos entre el "olguismo" y el kirchnerismo datan de 2009, cuando Riutort apoyó a los candidatos del FPV e inclusive su hija, María Victoria Flores, fue en el segundo lugar de la lista para senadores nacionales, y siempre fueron funcionales a la necesidad de Riutort de hacerse un lugar y presionar sobre el sector mayoritario del peronismo, representado por De la Sota y Schiaretti. De todos modos, no hubo un pronunciamiento oficial de la Presidente ni del FPV cordobés respecto del apoyo a Riutort para la campaña a la intendencia de 2011.

[17] Algo similar sucedía en 2007, cuando Riutort, disconforme con los resultados de la interna del PJ que consagraron a Roberto Chuit como candidato a intendente, se inscribió como candidata por el Movimiento de Acción Vecinal y obtuvo el tercer puesto con 15,57%, apenas por encima de Chuit.

[18] Dentro del juecismo, según relataban los entrevistados, la elección de Dómina se tomó de modo sorpresivo, no por su adscripción partidaria – recordemos que el espacio se nutre

Frente Cívico se encontraba preso de la ausencia de liderazgos alternativos a Juez capaces de retener el caudal electoral capitalino, por lo que luego de un largo período de indefiniciones, Juez eligió a Esteban Dómina y a su propio hermano mellizo, Daniel Juez, para competir en los comicios de septiembre, en un contexto donde todos los candidatos opositores ya estaban muy instalados.

En segundo lugar, observar la campaña electoral por la intendencia nos permite ilustrar algunos de los problemas generales sobre los cuales nos interrogamos a lo largo de estas páginas. La predominancia de los liderazgos y la ausencia de simbología partidaria son algunas de las características de las transformaciones en curso que podemos identificar en esta campaña municipal.

El candidato de la Unión Cívica Radical, Ramón Mestre, encabezó una campaña muy personalizada y localizada, cuyo eslogan principal, "Córdoba te quiero" señala el tono de emotividad que recorrió toda la propuesta publicitaria. A diferencia de su campaña en 2007 y 2009, donde se vio a un Mestre serio, formal y algo distante, se optó por presentar al candidato en su dimensión más humana y familiar, como una persona preparada para gobernar, pero a la vez capaz de compartir los sentimientos que los vecinos tienen por su ciudad. Las imágenes enfocaron permanentemente sus ojos, con la intención de reforzar la cercanía al electorado e inspirar confianza y transparencia. A través de las apariciones públicas y en los medios, se buscó mostrar un candidato joven, que reunía los atributos de renovación, profesionalismo y gestión, como se ejemplifica en las frases de uno de los spots publicitarios de Mestre que transcribimos al inicio del apartado; la continuidad con la bien recordada gestión de Mestre padre se empleó en el mismo sentido.

La campaña de Riutort, como la de Mestre, se focalizó en la persona de la candidata, que fue el centro de los afiches y spots televisivos a través del eslogan central "La fuerza de Olga, la fuerza de la gente", emulando las frases que estructuraron la campaña de Cristina Kirchner ("la fuerza del amor", "la fuerza de Él", "la fuerza del crecimiento", etc.). Se intentó construir, de este modo, la figura de una mujer con experiencia de gestión, capaz, fuerte, y apoyada por la nación, pero que necesita de los ciudadanos para alimentar esa fortaleza.

Como vemos en los casos de Mestre y Riutort, la identificación del líder con la capacidad de gestión, acompañada de la mayor centralidad de los

---

de miembros de diferentes tradiciones políticas – sino porque había otros dirigentes con mayor tiempo de actividad en la capital y junto a Juez, esperando por esa nominación.

aspectos personales, fue en desmedro del "folklore partidario", que estuvo ausente al igual que en las campañas por la gobernación.

Asimismo, y como veíamos en las campañas de De la Sota y de Aguad, los símbolos y valores tradicionales tanto del peronismo como del radicalismo no aparecieron en el material gráfico y audiovisual, pero sí fueron un elemento al cual se apeló en los actos donde asistían mayoritariamente militantes partidarios. Rodeados de aquellos con motivaciones más de tipo ideológicas, los candidatos articulan un discurso activista y apelan a la liturgia propia de sus partidos, de los que les conviene desprenderse cuando buscan interpelar a un público más amplio, si quieren contar con la flexibilidad necesaria para "atrapar" a todo tipo de votantes (Scherlis, 2009).

Por otra parte, las estrategias que apostaban por transferir votos o popularidad entre candidatos de un mismo espacio político revelan el modo en que los líderes de popularidad estructuran la escena. Tanto Unión por Córdoba como el Frente Cívico apelaron a otras figuras de sus espacios para organizar su campaña.

Unión por Córdoba buscó que su candidato, Héctor Campana, se beneficiara de una transferencia de los votos de De la Sota y de la buena imagen que poseía el gobierno de Schiaretti. Para ello, Campana compartió el protagonismo de la campaña no sólo con el propio gobernador, que apareció recurrentemente en la campaña audiovisual y en los actos partidarios, sino también con su candidata a viceintendente, Alejandra Vigo de Schiaretti, quien se presentaba como una mujer de la gestión provincial y de la que se resaltaba su condición de esposa del gobernador. Se hizo eje en la necesidad de un equipo que fuera una continuidad con la gestión provincial para "ir hacia el progreso", coincidiendo con una de las ideas fuertes de la exitosa campaña de De la Sota.

Por su lado, la campaña de Dómina-Juez, muy modesta a causa de la escasez de recursos económicos, se estructuró en dos momentos; un primer momento, antes de las elecciones provinciales, donde el eje fue puesto en la persona del candidato a través del eslogan "Dómina, más intendente", y un segundo momento durante el cual, teniendo en cuenta el fracaso del Frente Cívico en la carrera por la gobernación y los números de las encuestas en la capital que preanunciaban una grave derrota del juecismo en su principal bastión, se incorporó el propio Juez, protagonizando los spots y los afiches en un intento de generar un efecto de transferencia de popularidad hacia su candidato, bastante desconocido por cierto para el electorado capitalino.

Los resultados de los comicios, como adelantáramos en el comienzo de estas páginas, dan cuenta de la autonomía del escenario local y de ciudadanos que a la hora de definir su voto consideran la oferta electoral que se presenta en cada nivel y según la percepción que ellos tengan de lo que se halla institucionalmente en juego en cada elección (Manin, 1992). Estas observaciones nos permiten interpretar la importante fluctuación electoral registrada en las elecciones de la ciudad de Córdoba:[19] mientras que la UCR fue desplazada al tercer lugar en las elecciones provinciales de agosto con el 21,62% de los votos, cayendo al 17,08% en las generales de octubre, Ramón Mestre es electo intendente de Córdoba con el 35,65%. Unión por Córdoba obtuvo el 33,61% de los votos en las elecciones que consagraron a José Manuel De la Sota como gobernador, pero su lista para diputados apenas logró el 5,21% en las primarias de la semana siguiente, y su candidato a intendente de la Capital el 21,30%.

Finalmente, mientras que en las elecciones para gobernador el Frente Cívico obtiene el primer lugar con el 37, 74%, en las elecciones presidenciales la coalición que integró, el Frente Amplio Progresista, cosechó el 28,98%, y en las municipales apenas reunió el 7,77% de los votos. El cuarto puesto del candidato juecista, Esteban Dómina, que supuso la primera derrota de dicha coalición en la capital desde su surgimiento (sin contabilizar las elecciones presidenciales de 2011), se suma al segundo puesto de Juez en las elecciones provinciales y las escasas victorias obtenidas en elecciones municipales, dejando en evidencia la dificultad de la fuerza para sobrevivir más allá de la figura de su principal líder, y la vulnerabilidad de los liderazgos, en tanto éstos dependen del oscilante respaldo de una ciudadanía que en un momento los instituye como tales pero que luego, si la escena se desplaza y la figura del líder se descalifica en la acción pública, puede quitarles el apoyo (Svampa-Martucelli, 1997; Cheresky, 2006).

6. Palabras finales

Hasta aquí, hemos examinado las características principales de los procesos de constitución de cada una de las principales escenas electorales identificadas a lo largo del proceso electoral 2011 en la provincia de Córdoba. Más allá de sus especificidades, hemos procurado ilustrar a través de ellas el debilitamiento de los partidos políticos en el contexto actual, tanto desde el plano de la oferta política, destacando el rol de los liderazgos de popularidad, como desde el análisis de la fluctuación en las identificaciones de la ciudadanía, analizando su comportamiento electoral.

El abandono de las adscripciones partidarias "de la cuna a la tumba" y la expansión de un electorado más fluctuante en sus preferencias, que decide

---

[19] Ver cuadro 2 en el anexo de este artículo.

su voto a partir de los términos que se plantean en cada elección, junto con la centralidad que adquieren los medios de comunicación en la arena pública y el rol de los liderazgos en la constitución de actores y fuerzas políticas, son algunos de los fenómenos sobre los cuales nos hemos interrogado a través de la observación del proceso electoral 2011 en la provincia de Córdoba. La riqueza de los procesos electorales para el análisis de dichas mutaciones parte del aumento de la significación de las elecciones como expresión privilegiada de una ciudadanía poco identificada con pertenencias asociativas o corporativas tradicionales y más interpelada por liderazgos de nuevo tipo y, en consecuencia, fluctuante en sus preferencias, en el marco de una creciente ampliación y fluidez del espacio público.

Como hemos señalado, la fragmentación y la diversidad caracterizaron al ciclo de elecciones cordobesas en su conjunto. El propio escalonamiento del calendario electoral, la descoordinación de la oferta electoral entre los niveles nacional, provincial y municipal (Panero y Varetto, 2011)[20] y la localización de las campañas, que contribuye a una separación de los escenarios ante la contingencia de los apoyos y alineamientos, son una muestra de ello.

El comportamiento electoral ciudadano también se caracterizó por su diversidad. La ciudadanía, cada vez más autónoma, posee ahora identificaciones más cambiantes, tanto en relación con sus pertenencias corporativas como en su adhesión a un líder, y deposita su confianza de modo siempre parcial y precario, contribuyendo, de este modo, a la reconstitución permanente de las escenas. Signo de dicha autonomía es la importante fluctuación del voto entre las elecciones llevadas a cabo en los distintos niveles de representación –en el breve período de tiempo que separó a unas y otras, y respecto de los resultados de la última década–, y una ruptura, al menos en el nivel provincial, entre el voto del interior –donde aún existe cierto grado de permanencia de los lazos más tradicionales–, y el de la capital –más permeable a las nuevas lógicas de la comunicación política y donde la fluctuación fue aun mayor. Por otro lado, el debilitamiento de los vínculos entre ciudadanos y partidos quedó ilustrado en la ausencia de la tradicional simbología partidaria en las campañas electorales, la centralidad adquirida por la figura de los líderes principales en la interpelación de los

---

[20] Vinculado con este punto, cabe señalar que la relación entre los gobiernos provincial y nacional impactó sobre la definición de las escenas electorales. El marco de permanente de tensión, pero a la vez interacción, en que se desarrolla ese vínculo en el caso de la provincia de Córdoba, signó todos los procesos de oferta, campaña y ordenamiento postelectoral. Señalar este factor nos invita a pensar sobre las complejidades de la relación entre los ámbitos nacional y local, dejando de lado las visiones que analizan los escenarios provinciales como reflejo en menor escala de lo que acontece a nivel nacional y aquellas que, por el contrario, hacen una lectura de su dinámica estrictamente local.

representados (Novaro, 2000), y el acento en la promesa de gestión –por parte de aquellas fuerzas que son gobierno pero también de las que aspiran a serlo–, en tanto que los partidos, al haber visto corroída su capacidad para establecer vínculos estables apoyados en identificaciones simbólicas (Scherlis, 2009: 140), cada vez más intentan construir su legitimidad sobre la base del saber gobernar.

Para finalizar, cabe mencionar que la excepcionalidad de los resultados de 2011 en la provincia de Córdoba, entonces, no parte simplemente de un estado circunstancial de la opinión pública, sino que se vincula con un proceso de transformaciones de más largo plazo del que hemos intentado dar cuenta a lo largo de estas líneas.

Bibliografía

Cheresky, I. (2004): "De la crisis de representación al liderazgo presidencialista. Alcances y límites de la salida electoral de 2003", en Cheresky, I. y Pousadela, I.: El voto liberado. Elecciones 2003: perspectiva histórica y estudio de casos. Rosario: Homo Sapiens.

Cheresky, I. (2006): "Introducción. La ciudadanía en el centro de la escena", en *Ciudadanía, sociedad civil y participación política*. Buenos Aires: Miño y Dávila editores.

Cheresky, I. (2008): *Poder presidencial, opinión pública y exclusión social*. Buenos Aires: Manantial.

Cheresky, I. (2011): "Representación política y contrademocracia", en revista *Ciencias Sociales*, nro. 78- agosto, Buenos Aires, Facultad de Ciencias Sociales- UBA.

López, M.V. (2010): "Ciudadanía, partidos y liderazgos: reflexiones en torno a las elecciones 2009 en la provincia de Córdoba", ponencia presentada en el XI Congreso Nacional y II Congreso Internacional sobre democracia, Universidad Nacional de Rosario, Facultad de Ciencia Política y Relaciones Internacionales, 18 al 21 de octubre de 2010.

López, M.V. (2011): "Elecciones, ciudadanía y nuevas formas de representación: el caso de la provincia de Córdoba", ponencia presentada en el X Congreso Nacional de Ciencia Política de la Sociedad Argentina de Análisis Político (SAAP), Universidad Católica de Córdoba, 27 al 30 de julio de 2011.

Manin, B. (1992): "Metamorfosis de la representación", en Dos Santos, M. (coord.): ¿Qué queda de la representación política?. Caracas: CLACSO- Nueva Sociedad.

Manin, B. (1998): *Los principios del gobierno representativo*. Madrid: Alianza.

Mauro, S. (2009): "Buenos Aires viceversa. La ciudad autónoma y la recomposición permanente de la escena", en Cheresky, I. (comp.): *Las urnas y la desconfianza ciudadana en la democracia argentina*. Rosario: Homo Sapiens Ediciones.

Montero, F. (2009): "Ciclo de elecciones 2007 y reconfiguración del escenario político en Córdoba", en Cheresky, I. (comp.): *Las urnas y la desconfianza ciudadana en la democracia argentina*. Rosario: Homo Sapiens Ediciones.

Novaro, M. (2000): *Representación y liderazgo en las democracias contemporáneas*. Buenos Aires: Homo Sapiens.

Panero, M. y Varetto, C. (2011): "El rompecabezas electoral cordobés", en diario *Alfil*, edición del 21 de septiembre de 2011, Ciudad de Córdoba.

Panero, M. (2008): "Comportamiento electoral y sistemas de partidos en la ciudad y la provincia de Córdoba (1983-2003)", en Panero, M. y Varetto, C.: *Para un peronista nada mejor que otro peronista ¿y para un radical?*. Córdoba: EDUCC.

Quiroga, H. (2009): "Las transformaciones políticas de la democracia", en Cheresky, I. (comp.): *Las urnas y la desconfianza ciudadana en la democracia argentina*. Rosario: Homo Sapiens Ediciones.

Varetto, C. (2008): "La emergencia de un nuevo partido político en la ciudad de Córdoba. El surgimiento del Partido Nuevo en las elecciones municipales de 2003", en: Panero, C. y Varetto, C.: *Para un peronista nada mejor que otro peronista ¿y para un radical?* Córdoba: EDUCC.

Riorda, M. (2011): "Cordobesismo recargado", publicado en «www.marioriorda.com», 9 de agosto de 2011, «http://marioriorda.com/blog/?p=365».

Rosanvallon, P. (2006): *La contrademocracia. La política en la era de la desconfianza*. París: Éditions du Seuil.

Sherlis, G. (2009): "El Partido estatal estratárquico de redes. Apuntes sobre organización política en la era de los partidos no representativos", en Cheresky, I. (comp.): *Las urnas y la desconfianza ciudadana en la democracia argentina*. Rosario: Homo Sapiens Ediciones.

Svampa, M. y Martuccelli, D. (1997): *La Plaza vacía. Las transformaciones en el peronismo*. Buenos Aires: Editorial Losada.

Prensa

La Voz del Interior

La mañana de Córdoba

Clarín

La Nación

Perfil

Otras fuentes consultadas

Código Electoral Provincial

Carta Orgánica del Partido Nuevo

www.delasota2011.com

www.josemanueldelasota.com.ar

www.luisjuez.org.ar

www.marcelinogatica.com

www.oscaraguad.com

www.partidonuecocordoba.com.ar

www.prensainternapartidonuevo.blogspot.com

Datos electorales

Secretaría Nacional Electoral (Ministerio del Interior de la República Argentina)

Juzgado electoral de la provincia de Córdoba

Junta electoral de la Ciudad de Córdoba

Entrevistas

40 entrevistas realizadas durante seis estadías en la ciudad de Córdoba en los meses de abril y octubre de 2009, abril y agosto de 2010, y abril y julio de 2011: ocho concejales, siete legisladores provinciales, cinco militantes, tres académicos, dos periodistas, dos dirigentes partidarios, un funcionario provincial, y tres diputados nacionales (entrevistados en Buenos Aires). Con algunos participantes, las entrevistas se realizaron en más de una ocasión. A partir de lo pautado con ellos, se omiten sus datos personales.

Anexo

Cuadro 1. Total provincial. Resultados comparativos elecciones 2007, 2009 y 2011

| | 2007 * | | 2009 | | 2011 | | | | |
| | | | | | Generales | | Primarias | | |
	Presidente	Gobernador	Diputados	Senadores	Presidente	Diputados	Presidente	Diputados	Gobernador
UPC	-	**37,17%**	25,66%	26,05%	-	-	-	6,74%	**42,60%**
FC	-	36,04%	27,97%	**30,63%**	23,41%	20,23%	14,64%	13,51%	29,48%
UCR	**35,31%**	22,17%	**29,04%**	26,70%	17,97%	20,32%	17,65%	19,35%	22,96%
FPV	23,84%	-	9,12%	8,76%	**37,34%**	**35,02%**	**34,21%**	**29,59%**	-

Fuente: elaboración propia en base a resultados provistos por la Secretaría Nacional Electoral (Ministerio del Interior de la República Argentina) y el Juzgado electoral de la provincia de Córdoba.

* En 2007, UPC y el FPV se presentaron juntos a las elecciones: a la gobernación bajo la etiqueta Unión por Córdoba, y en las nacionales bajo la sigla Frente para la Victoria.

Cuadro 2. Total Capital. Resultados comparativos elecciones 2007, 2009 y 2011

| | 2007 * | | | 2009 | | 2011 | | |
	Presidente	Gobernador	Intendente	Diputados	Senadores	Presidente	Gobernador	Intendente
UPC	-	25,50%	15,48%	17,60%	18,20%	-	33,61%	21,30%
FC	-	**49,60%**	**42,45%**	**35,60%**	**38,60%**	28,98% (FAP)	**37,74%**	7,77%
UCR	**39,25%** (UNA)	17,90%	20,32%	29,05%	26,10%	17,08% (UDESO)	21,62%	**35,65%**
FPV	19,34%	-	-	6,96%	6,51	**34,02%**	-	-

Fuente: elaboración propia en base a resultados provistos por la Secretaría Nacional Electoral (Ministerio del Interior de la República Argentina), el Juzgado electoral de la provincia de Córdoba y la Junta Electoral de la Ciudad de Córdoba.

* En 2007, UPC y el FPV se presentaron juntos a las elecciones: a la gobernación bajo la etiqueta Unión por Córdoba, y en las nacionales bajo la sigla Frente para la Victoria.

En el nombre del líder: liderazgos de popularidad y nuevos vínculos representativos en la provincia de Buenos Aires

Leandro Eryszewicz
Paula Krause

1. Introducción

El presente trabajo procura analizar las características de los liderazgos que tuvieron incidencia en el escenario político bonaerense. Para ello, nos proponemos indagar sus respectivas trayectorias políticas, principalmente a través de los recientes procesos electorales, ya que durante los mismos se evidenció una influencia decisiva de este tipo de liderazgos, especialmente a la hora de la definición de las candidaturas, del desarrollo de la campaña y de la distribución de las preferencias electorales. En este sentido, el análisis de las elecciones resulta relevante pues es en esas instancias en donde se reactualizan los apoyos ciudadanos y se organiza la oferta política. En efecto, las elecciones son reveladoras de la emergencia y la alternancia de los liderazgos; de su preponderancia por sobre la estructura o red partidaria en la cual se nuclean; del "trabajo de lo político" desarrollado, entendido en términos de las imágenes, símbolos e identidades que ponen en escena y buscan expresar, reflejar o instituir; y de su estilo de liderazgo, es decir, de sus rasgos personales –los elementos subjetivos del liderazgo– y de su relación con los demás actores. Por lo tanto, es en los momentos electorales cuando se vislumbra con mayor claridad la centralidad de los liderazgos como instancias en las que se constituyen y se ponen en escena los vínculos representativos.

A fin de delimitar el análisis y de abocarnos a los casos más significativos para la estructuración de la dinámica política y electoral 2011, propondremos centrarnos, en primer lugar, en el estudio del liderazgo nacional de Cristina Kirchner, respecto a los vaivenes en su popularidad, a su decisiva impronta en la oferta electoral bonaerense y, sobre todo, a la especificidad de su tipo de interpelación política desarrollado en la campaña. El interés por el estudio de la acción del liderazgo nacional en la provincia de Buenos Aires se debe asimismo a la particular imbricación que existe allí entre los niveles nacional y provincial, rasgo que, pese a estar presente de algún modo en otros distritos, es especialmente relevante en el caso bonaerense (Ollier, 2010). Este nexo es esencial para comprender las estrategias que adoptan los líderes provinciales y las restricciones a sus márgenes de acción y, asimismo, la importancia que tiene el distrito para el éxito electoral y la sustentabilidad en el tiempo del proyecto presidencial. En segundo lugar, se pone el foco en el liderazgo de Daniel Scioli, que ha sido central en el desarrollo de la campaña provincial y cuyo apoyo ciudadano ha variado significativamente. El gobernador bonaerense desarrolló un liderazgo de opinión centrado en el establecimiento de una relación de consenso con los factores de poder provinciales. En tercer lugar, por el lado de la oposición, nos centramos en el liderazgo de Francisco De Narváez, cuya incidencia fue sustancial en el armado y las estrategias del principal frente opositor. De Narváez da cuenta de un estilo de liderazgo construido en torno al "voto rechazo" de la ciudadanía bonaerense, es decir, a la negatividad política.

Para lograr esto estudiaremos el proceso de constitución de la oferta electoral y realizaremos un análisis denso del desarrollo de la campaña. En el estudio de la oferta –la definición de las alianzas y las listas- se otorgará especial relevancia al carácter instituyente de los liderazgos, así como también a ciertos rasgos que lo acentúan, tales como la personalización de la política y el estilo decisionista de toma de decisiones[1] que hace primar la voluntad de líder por sobre los intereses de los demás actores partidarios. Por otro lado, en el análisis de la campaña, pondremos el foco en la personalización de la misma, la cual puede advertirse en los diferentes modos de interpelación establecidos por los líderes. A su vez, prestaremos atención a la fluctuación diacrónica de la popularidad de los candidatos y, sobre todo, a cómo el estado de la opinión ha sido determinante –principalmente tras

---

[1] Para un análisis de la "arquitectura del poder decisionista", a partir del liderazgo de Néstor Kirchner, véanse los trabajos de Quiroga (2006 y 2010). En el presente artículo, creemos adecuada la utilización de dicho término para analizar el modo en que los líderes influyen en la conformación de la oferta electoral partidaria y la centralidad que su persona adquiere en la campaña.

los resultados de las elecciones primarias, abiertas, simultáneas y obligatorias, en adelante PASO- en la definición y en los cambios de las estrategias electorales de los candidatos.

Por último, en base a lo analizado, propondremos una caracterización de los distintos liderazgos de popularidad según el tipo de interpelación público-mediática desarrollado en sus discursos y apariciones públicas y según el modo particular de conducción partidaria y de su relación con los actores más relevantes de la escena provincial. A modo de hipótesis, sostendremos que el análisis de la escena político-electoral bonaerense de los últimos años permite distinguir la coexistencia y preminencia de tres tipos de liderazgo de popularidad: un *liderazgo de popularidad instituyente*, un *liderazgo de popularidad consensualista* y un *liderazgo de popularidad de rechazo*. Esta caracterización nos permitirá contar con una herramienta heurística útil para establecer diferencias y contrastes al interior del concepto de "liderazgo de popularidad" trabajado.

2. ¿Más allá del poder organizacional? La consolidación de liderazgos de popularidad en la escena bonaerense.

Tradicionalmente se ha comprendido que la dinámica política y electoral de la provincia de Buenos Aires ha sido sede de fuertes liderazgos, de arraigadas tradiciones partidarias –especialmente la peronista- y de estructuras y aparatos partidarios en derredor de los cuales se estructuraba la competencia política. Con el foco puesto en los partidos políticos, se ha señalado que, incluso tras las más recientes transformaciones del formato representativo tendientes al pasaje de una democracia de partidos a una democracia de lo público (Manin, 1998), el territorio bonaerense habría sido sede de un proceso de territorialización del sistema de partidos (Calvo y Escolar, 2005; Leiras, 2007). Para explicarlo, estos planteos han sostenido que, desde 1987, líderes partidarios, intendentes, políticos locales, jefes territoriales y "punteros" pertenecientes a -e identificados con- el justicialismo provincial, lograron controlar la dinámica política provincial con importantes márgenes de autonomía del nivel nacional.

Sin embargo, dicha descripción dificulta la percepción de los cambios profundos en la política bonaerense. En efecto, sobre todo tras los efectos de la crisis de representación, cuyo punto más álgido fueron los episodios de fines de 2001, se han profundizado en la provincia de Buenos Aires la desagregación partidaria, la volatilidad de las preferencias ciudadanas, la fluctuación política, la creciente centralidad de la arena mediática como sede principal del debate público y la interpelación política, y el surgimiento de liderazgos de popularidad, claramente diferenciados de aquellos modelos tradicionales de líderes políticos bonaerenses (rasgo en el que nos detendremos particularmente en el presente trabajo). Algunos de estos cambios dieron por resultado la emergencia de escenarios electorales caracterizados por la desarticulación y la incertidumbre en cuanto a su conformación, razón por la cual resulta relevante el análisis de las elecciones provinciales. Siguiendo esta línea, no parece adecuado ofrecer el caso provincial -en el que según dichos estudios (Calvo y Escolar, 2005; Leiras, 2007) hay un proceso de agregación del sistema político- como contracara de un proceso de desnacionalización y territorialización de la política nacional.[2] Lejos de ello, la política bonaerense y, en especial, el devenir de los procesos electorales, ya no resultan inteligibles a la luz de la dinámica estabilizada que protagonizaban los otrora actores partidarios articulados (Rodríguez, 2009: 196). Por el contrario, se trata de escenarios caracterizados por un elevado grado de incertidumbre, estructurados principalmente a partir de las acciones de los líderes, es decir, de sus estilos de liderazgo, de sus modos de interpelación y de las redes heterogéneas en las que se sustentan.

Ahora bien, ¿de qué tipo de liderazgos hablamos? ¿A qué rasgos deben su novedad y de qué modelo se diferencian? En estas páginas argumentaremos que la escena política y electoral de la provincia de Buenos Aires ha sido testigo del surgimiento, oscilación y ocaso de distintos "liderazgos de popularidad" (Cheresky, 2008). Se trata de líderes cuya arena de constitución son los medios masivos de comunicación, que establecen una relación directa con la opinión pública e instituyen ejes de diferenciación fluctuantes y contingentes según las necesidades electorales de la coyuntura (Cheresky, 2008). Por otra parte, dado que su principal capital político radica en el apoyo de una opinión pública fluctuante e instalada en la desconfianza (Rosanvallon, 2008), los lazos que crean con la ciudadanía sólo pueden ser efímeros e inestables. Es decir que, a diferencia de los liderazgos tradicionales o populistas que pudieron haber sido protagónicos en el pasado, estos liderazgos no son el epifenómeno de clivajes sociales estables que dividen *ex ante* el campo político. Los líderes de popularidad pueden suscitar adhesiones e inculcar sentidos por medio de la exposición de su imagen y su discurso en el espacio público. Sin embargo, esta capacidad instituyente inédita de la cual gozan gracias a su relativa independencia de las estructuras partidarias tiene como correlato una debilidad esencial, consistente en su dependencia del veredicto de una opinión cuyas preferencias fluctúan ante las redefiniciones de la escena política. Es decir que, a diferencia del líder tradicional

---

[2] Para una visión crítica de la idea de una agregación del sistema político en la escala provincial, a partir del análisis del proceso electoral 2007, véase Rodríguez (2009).

que establecía con el "pueblo" y con las corporaciones populares –partidos y sindicatos- vínculos identificatorios fuertes y permanentes, los líderes de popularidad deben refrendar permanentemente su legitimidad (Cheresky, 2008). En otros términos, a diferencia del vínculo representativo construido por los liderazgos tradicionales basado en una lealtad sustancial y estable, los nuevos liderazgos se constituyen precariamente como "popularidades evanescentes y transitorias" (Svampa y Martuccelli, 1997: 97). Así, un análisis del fenómeno del liderazgo en su complejidad lleva necesariamente a comprenderlo como un lazo político, es decir, como un vínculo en el cual cada polo del mismo, líderes y ciudadanos, se (auto) instituye en su relación con el otro. De este modo, se evita caer en una doble tentación: esencializar la dimensión subjetiva de los líderes y reducirlos a una mera función de expresión de demandas dadas (Rodríguez, 2010).

De este modo, a diferencia de los anteriores liderazgos provinciales, basados principalmente en el control casi absoluto, por parte del líder, de los recursos partidarios, el afianzamiento del liderazgo de Scioli en el Ejecutivo provincial y de De Narváez en la oposición, así como también la radical incidencia de una particular acción del liderazgo presidencial, indican que la popularidad en la opinión se ha convertido en el principal recurso de los líderes para poder ganar una elección.[3] Es evidencia de ello, también, el paulatino ocaso de liderazgos más tradicionales que, pese a gozar de sustantivos apoyos territoriales, han ido perdiendo protagonismo o han sufrido rutilantes derrotas electorales.[4]

A continuación, como testimonio de estos cambios en la escena bonaerense, daremos cuenta del recorrido que los líderes de popularidad realizaron entre los comicios de 2009 y comienzos de 2011. Dicho panorama evidencia la creciente fluctuación política que caracteriza a la escena bonaerense, basada principalmente en la oscilación del apoyo ciudadano a los distintos liderazgos.

---

[3] En efecto, como afirma Ollier (2010) tras citar la victoria legislativa de Graciela Fernández Meijide en 1997 sobre el peronismo y las derrotas de históricos liderazgos locales justicialistas en 1999, el aparato puede ser decisivo para ganar las elecciones internas del partido, pero resulta insuficiente para garantizar una victoria en elecciones generales. Es decir, los ciudadanos tienden a votar por la imagen de un líder antes que por una etiqueta y programa partidarios.

[4] Como ilustración de ello, puede pensarse en los casos del duhaldismo a nivel nacional y provincial y de líderes locales como Quindimil (Lanús), Villordo (Quilmes), Alak (La Plata), Groppi (E. Echeverría), García (Vicente López) y Amiero (S. Fernando), entre otros; los primeros al ser derrotados en 2007 tras períodos prolongados al frente de la intendencia; y los segundos, luego de perder la jefatura local en los comicios de 2011.

3. Los liderazgos y la desconfianza ciudadana: Cristina Kirchner, Daniel Scioli y Francisco De Narváez en el escenario electoral 2009.

Las elecciones legislativas del 28 de junio de 2009[5] en la provincia de Buenos Aires dieron lugar a varios procesos relacionados entre sí. En primer lugar, se produjo la derrota del oficialismo nacional y provincial; la misma se enmarcaba en un contexto de desconfianza ciudadana hacia el gobierno –iniciada en ocasión al conflicto agropecuario del año anterior– que desembocó en un proceso de profundo descenso de la imagen del ex presidente y de Cristina Kirchner.[6] En segundo lugar, en un contexto de campaña caracterizada por una acentuada polarización de la opción electoral,[7] el comportamiento electoral ciudadano se tradujo en un "voto rechazo" hacia el oficialismo, optando por la fórmula opositora que mejor pudo canalizar dicho descontento. Ambos procesos incidieron en la derrota del Frente para la Victoria (FPV) en distritos claves del Conurbano bonaerense.

Cabe mencionar que el primer candidato a diputado nacional de la lista era el propio ex presidente y conductor del PJ, Néstor Kirchner, lo cual agravó los términos de la derrota oficialista y magnificó el triunfo opositor. En efecto, su postulación se enmarcaba en el intento del oficialismo por presentar a los candidatos que se preveían más fuertes electoralmente en un contexto de caída de la popularidad del gobierno, sin importar el cargo que ostentaban. De esta forma, desde la Casa Rosada se impulsaron las "candidaturas testimoniales". Las mismas consistieron en la presentación de candidatos que estaban desempeñando un cargo, pero que aun así se postulaban a cargos legislativos, expresando que sus candidaturas tenían el carácter de "eventuales". Este fenómeno, además de ser una herramienta electoral para conseguir más votos y un intento por plebiscitar la gestión, expresó de manera radical la personalización del vínculo representativo presente en las democracias actuales. En efecto, el hecho de que los primeros lugares de las listas hayan sido ocupados por los candidatos con mayor índice de popularidad o de conocimiento público, da cuenta de hasta qué

---

[5] Las mismas estaban previstas para octubre de ese año, pero el adelantamiento de las elecciones en la Ciudad de Buenos Aires, y la caída de la imagen del gobierno, llevaron a modificar el calendario electoral por parte del oficialismo, y llamar a elecciones para junio, cuatro meses antes de lo estipulado.

[6] Según una encuesta realizada por Management and Fit, el 71,4% de los argentinos desaprobaba la gestión de la presidenta Cristina Kirchner (*Perfil*, 08/09/2009), mientras que su esposo registraba una imagen negativa del 54,7% (*La Política Online*, 08/10/2009).

[7] La misma era planteada en términos de la aceptación o rechazo del liderazgo del ex Presidente ("por Néstor Kirchner o en contra de Néstor Kirchner").

punto la escena política se forja principalmente al calor de los cambios en la opinión pública y en la imagen de los líderes, y en mucho menor medida en una interna partidaria.

En el espectro opositor se destacó el crecimiento de la imagen y popularidad de Francisco De Narváez. Este candidato compartía la lista con Felipe Solá bajo el sello de Unión-PRO, y contaba con el apoyo del jefe de gobierno porteño y líder del PRO Mauricio Macri. De Narváez llevó a cabo una campaña mediática fuertemente "negativa", tendiente a canalizar el "voto rechazo" hacia el gobierno, ya que estuvo centrada en las críticas al oficialismo nacional y provincial, sobre todo, a través de denuncias contra las políticas de seguridad en la provincia. Al mismo tiempo, dando cuenta también de la personalización de la política, su campaña se centró en la sobreexposición de su imagen, su historia de vida y sus atributos personales, prescindiendo de aludir a la tradición peronista a la hora de interpelar al electorado.[8] Dicho candidato logró imponerse en las elecciones de 2009 por sobre Néstor Kirchner con un 34,64% de los votos, confirmando su instalación en la escena política provincial (había obtenido el 14,96% en su debut electoral en 2007).

A su vez, los resultados pusieron de relieve un significativo corte de boleta entre los niveles de representación,[9] dando cuenta de otra de las características del electorado en las democracias contemporáneas; es decir, no sólo la fluctuación del votante entre períodos electorales, sino también el voto selectivo. Esto implica que el votante emite su voto en función de lo que él mismo considere que está en juego en cada nivel, lo cual lleva a pensar acerca de la desarticulación de las tradiciones políticas a la hora de configurar las preferencias ciudadanas. En este sentido, Quiroga (2010) afirma que, actualmente, hay un predominio del *voto zapping*, propio de un electorado fluctuante cuyo reconocimiento da vida a los candidatos. Más allá del talento político y los programas partidarios, la selección de los mismos depende de los índices de popularidad.

Para el oficialismo la derrota del 28 de junio trajo aparejada la renuncia de Kirchner a la presidencia del PJ nacional; la pérdida de la mayoría en

---

[8] Aquí nos referimos principalmente a la campaña audiovisual de Francisco De Narváez. Sin embargo, en algunos actos llevados a cabo en el Conurbano, el candidato sí hizo alusiones a la tradición peronista.

[9] Hubo diferencias notables en algunos distritos del Conurbano donde las listas locales, que llevaban al intendente como primer candidato a concejal, obtuvieron mayor porcentaje de votos que las listas encabezadas por Néstor Kirchner y Daniel Scioli a diputados.

las cámaras legislativas nacional y provincial[10] y en numerosos concejos municipales; y la conformación de un grupo de intendentes disidentes -el "G8".[11] Asimismo, desde el propio armado del gobernador se iniciaron distintos intentos de diferenciación respecto del gobierno nacional. Para ese propósito, Scioli estaba relativamente mejor posicionado ya que, pese a haber sido parte de una estrategia oficialista cuyos resultados fueron negativos, él seguía conservando una alta imagen positiva en la provincia, a diferencia de Cristina y de Néstor Kirchner.[12]

En cuanto a la oposición, se produjeron expectativas de un nuevo ciclo político en el cual ésta fuese protagonista. Sin embargo, el alto grado de fragmentación de los partidos políticos, las pujas de los distintos liderazgos y el notable estancamiento de algunos de ellos —sobre todo el de Francisco De Narváez-, hicieron que disminuyeran las posibilidades de convertirse en una verdadera alternativa política.

Ahora bien, durante el transcurso del año 2010 se vislumbró un lento pero sostenido crecimiento de la imagen positiva de la Presidenta. La recuperación de la confianza ciudadana en su figura se debió, en gran medida, a la capacidad de iniciativa por parte del oficialismo en torno a temas claves, en un marco de notoria incapacidad de la oposición para generar una agenda común y un gran frente que capitalizara el rechazo ciudadano al oficialismo registrado en los comicios de 2009. Sin embargo, tras el fallecimiento de Néstor Kirchner en octubre de ese año, se produjo un verdadero cambio en el apoyo ciudadano hacia el gobierno: los índices de popularidad presidenciales crecieron abruptamente, reflejando un renovado acompañamiento social a la Presidenta.

De esta forma, frente a la debilidad de los partidos que los líderes dicen representar y frente a la (des)confianza ciudadana que se renueva de manera permanente en cada elección, la escena provincial de cara a los comicios de 2011 se encontraba inmersa en un alto grado de incertidumbre, tanto por los

---

[10] De 32 senadores pasaron a tener 20 sobre un total de 46. De 47 diputados retuvieron 37 sobre 92.

[11] G8 o "Grupo de los 8" hace referencia al grupo de intendentes "díscolos", llamados así por la prensa para aludir a aquellos intendentes del PJ que planteaban reparos a la línea oficial del PJ provincial. Entre ellos, se destacaba la figura de Sergio Massa, intendente de Tigre y Pablo Bruera, de La Plata.

[12] Scioli cosechaba en mayo de 2009 entre un 34 y un 38 % de imagen positiva. A diferencia de la presidenta, tenía una imagen negativa muy baja, del orden de los 14 puntos (Agencia NOVA, 02/05/2009). En marzo de 2010, mientras que el gobernador bonaerense mantenía similares índices de imagen positiva (34,1%), la gestión de la presidenta era desaprobada por el 63,9% de los encuestados (*Clarín*, 30/03/2010).

posibles reacomodamientos de los líderes políticos como por la fluctuación, constatada en los años anteriores, del apoyo hacia los mismos.

4. La oferta electoral y el rol del liderazgo

El desarrollo de la oferta se dio en dos etapas; la primera y decisiva fue la definición de las precandidaturas para las elecciones primarias. Uno de sus objetivos principales era propiciar la competencia política intrapartidaria, de manera que fuese la ciudadanía, en lugar de las cúpulas dirigentes, quien eligiera cuál de las fracciones partidarias la iba a representar en los comicios generales. Sin embargo, esto último no ocurrió, dado que a nivel provincial y nacional los partidos presentaron listas de unidad, razón por la cual la oferta se mantuvo prácticamente inalterada con vistas a la segunda etapa, es decir, las elecciones generales (con la única excepción del postulante por Proyecto Sur, que no alcanzó el mínimo, estipulado por la ley electoral de las primarias, del 1,5% de los votos obtenidos). De todas formas, donde sí hubo un efecto ordenador y reductor como resultado de las primarias fue a nivel local, dado que varias fuerzas, como el FPV y UDESO (Unión para el Desarrollo Social), habían presentado internas en casi todos los municipios.

4.1. La disputa de popularidad en el armado oficialista y la definición de candidaturas

> Al vicegobernador lo elijo yo.
> (Daniel Scioli, *La Nación*, 02/05/11)

> La designación de Mariotto fue una decisión conjunta.
> (Daniel Scioli, *Perfil*, 08/07/2011)

Las primeras piezas del tablero político bonaerense comenzaron a moverse tempranamente al calor de distintos acontecimientos que tuvieron lugar en la provincia. A diferencia de otros distritos, la presencia e influencia directa de Cristina Kirchner se hizo notar fuertemente, imprimiéndole al armado electoral un sesgo inédito de incertidumbre y personalismo. A su vez, la oferta electoral develó las tensiones que existían al interior del proyecto de renovación generacional[13] que impulsaba el gobierno nacional, cuya disputa principal tuvo como centro a la Presidenta y al gobernador.

---

[13] Es posible identificar este objetivo de renovación generacional de la militancia en la mayoría de los actos presidenciales, donde las columnas vertebrales de los mismos están formadas por las organizaciones sociales y juveniles kirchneristas.

El año electoral comenzó con una elevada recuperación de la popularidad de Cristina Kirchner,[14] quien mantenía en vilo a los militantes kirchneristas sobre sus intenciones acerca de presentarse o no a las elecciones para un segundo mandato. De este modo, desde el oficialismo nacional se buscó la proclamación popular de su propia candidatura. En este sentido, los ciudadanos se vieron interpelados de manera directa por la Presidenta, sobre la posibilidad de la continuación del proyecto kirchnerista en sí mismo, dando cuenta de la dependencia de aquél respecto de la presencia o ausencia de la figura presidencial.

Frente a la estabilidad en la intención de voto presidencial y la desarticulación del armado opositor, el gobierno apostó a la repercusión que tendría el lanzamiento de Cristina Kirchner y alentó un escenario sin definiciones hasta último momento. Los vaivenes en la candidatura presidencial estructuraron la vida política provincial, dado que, además, su propia voluntad marcó los tiempos de las definiciones de los principales candidatos y de sus estrategias. En este sentido, la personalización de la opción electoral (Manin, 1992), es decir, el peso creciente de los líderes en lugar de los partidos y de la confianza en lugar de los programas, fue uno de los rasgos sobresalientes de la oferta del oficialismo.

En el caso de gobernador Daniel Scioli, sus intenciones de renovar su mandato habían quedado ya expresadas hacia fines del año anterior. Signo de ello fue la promoción, por parte de los ministros de su gabinete, de diversas agrupaciones que impulsaban su reelección (Peronismo 2020, Descartes y La Don Torcuato, entre otras). Por otra parte, el camino hacia la reelección quedó totalmente allanado al coartarse la posibilidad de que hubiese una interna competitiva a nivel provincial, puesto que su único contendiente de peso, el intendente de Tigre Sergio Massa,[15] desistió competir por la gobernación.

El capital político del gobernador se basaba, a su vez, en dos elementos principales que hacían previsible su reelección: por un lado, su popularidad en la opinión les auguraba un triunfo electoral certero[16] a los actores

---

[14] El 64% de los encuestados por Ipsos Mora y Araujo aprobaba la gestión presidencial hacia el mes de marzo de 2011 (*Perfil*, 27/03/11).

[15] El intendente de Tigre era el único posible contendiente de Scioli, dado que gozaba de elevados índices de popularidad en las encuestas, aunque muy inferiores a los del gobernador. Su candidatura era impulsada por algunos sectores de la CGT. Si bien desistió de la interna provincial, pudo colocar candidatos a intendentes propios en los distritos cercanos a Tigre y participar del armado electoral de la lista legislativa del FPV en la primera sección electoral.

[16] A un mes de las elecciones primarias, según la consultora Poliarquía, Scioli tenía un 53% de intención de voto, aventajando a De Narváez por 20 puntos (*La Tecla*, 14/07/2011).

que conformaban la lista en los distintos niveles de representación; por el otro, su estilo de conducción no confrontativo y dialoguista, y su ductilidad para aparecer como significante de valores opuestos,[17] eran reconocidos por los principales actores políticos de la escena provincial. Estos dos elementos le aseguraban un acompañamiento de casi todo el arco oficialista a su candidatura.

El escenario presentaba, entonces, un doble desafío para Scioli: en primer lugar, afianzar su liderazgo en el territorio bonaerense, mostrando su capacidad de controlar el PJ provincial- tal como lo estuvo haciendo de manera interina con el partido nacional desde el fallecimiento de Néstor Kirchner. En segundo lugar, incidir de manera significativa en las decisiones sobre las candidaturas provinciales, de modo de comenzar a generar una base de apoyo más amplia para posicionarse como un líder nacional de cara al futuro. Durante el armado electoral, el gobernador esbozó rasgos de diferenciación respecto al gobierno nacional, posicionándose a sí mismo como un constructor de consensos que buscaba un equilibrio entre el PJ histórico, los intendentes y los movimientos sociales al momento de definir los lugares expectantes en las nóminas.

Sin embargo, los atisbos de autonomía de Scioli se vieron prontamente confrontados a la popularidad de la Presidenta y a su estilo decisionista a la hora de definir el armado electoral. El *decisionismo electoral* y la pretensión presidencial de consolidar su liderazgo en la provincia, a través de una representación propia en el armado electoral nacional y provincial, se tradujo en la emergencia de dos tensiones principales con el gobernador.

En primer lugar, la habilitación de las "listas de adhesión"- anteriormente denominadas "colectoras"-, promovidas por la Casa Rosada, permitieron que distintos candidatos a cargos provinciales y locales llevaran al mismo candidato a presidente. Pese al consenso territorial sobre la precandidatura reeleccionista de Scioli como representante del proyecto oficialista en la provincia, la decisión presidencial promovió las precandidaturas a gobernador de Martín Sabbatella (diputado nacional por Nuevo Encuentro) y de Mario Ishii (intendente de José C. Paz). En el primer caso, el candidato se postulaba para los cargos provinciales con su propio sello, pero acompañaba las candidaturas nacionales del FPV, pretendiendo, de esta forma, captar al

---

De cara a octubre, según OPSM, Scioli registraba un 54,8%, contra un 20,7% de De Narváez (*La Tecla*, 30/09/2011).

[17] Por ejemplo, para muchos peronistas y algunos kirchneristas, Scioli simboliza la "lealtad" hacia la presidenta y al proyecto iniciado en 2003; para otros peronistas, sobre todo ex duhaldistas, más ortodoxos, Scioli representa la autonomía e independencia respecto del gobierno nacional y la apertura al poder territorial bonaerense.

voto "progresista" afín al kirchnerismo (es decir, a aquel votante que apoyaba las medidas presidenciales pero que no se identificaba con Scioli –principalmente por sus políticas de seguridad). En el segundo caso, el intendente de José C. Paz se presentaba a las primarias del FPV para disputarle a Scioli la candidatura del FPV a gobernador con el objetivo de traccionar votos hacia arriba, es decir, sumar la mayor cantidad de votos para la presidenta, de modo tal que le permitiera obtener un mayor caudal electoral que Scioli –a diferencia de lo ocurrido en 2007- y marcar un límite al crecimiento del gobernador. La precandidatura de Ishii fue sobre todo simbólica; es decir, un reconocimiento al intendente declarado como el "más leal" por la presidenta, el cual en los comicios de 2009 se había mostrado "fiel" a la Casa Rosada en un contexto en el que la mayoría de los intendentes peronistas habían buscado despegarse del gobierno para no sufrir derrotas en sus municipios.

La segunda tensión en torno a la cual giró el escenario electoral provincial fue la discusión sobre la designación del precandidato a vicegobernador. Ella ponía en juego una disputa de poder entre la Presidenta y el gobernador, en tanto definía la propia capacidad de Scioli de diferenciarse de la Nación y de instalarse más allá del ámbito provincial. Sin embargo, primó la voluntad presidencial, nombrando finalmente a Gabriel Mariotto como precandidato a vicegobernador. Éste se identificaba a sí mismo como un peronista "cristinista" y había hecho explícitas sus diferencias con determinadas políticas llevadas a cabo por el gobernador. A la vez, promovía la inclusión en las listas legislativas nacionales de actores (vinculados a la agrupación La Cámpora)[18] que respondían al círculo más cercano a la Presidenta pero que no guardaban correspondencia con las "relaciones de fuerza" provinciales. Si bien en 2007 Néstor Kirchner también había designado al candidato a vicegobernador de Scioli (Alberto Balestrini), en esa oportunidad el objetivo principal era contrapesar la figura de *outsider* del ex motonauta –quien no tenía experiencia en la provincia–, con el peso territorial del histórico dirigente de La Matanza. Por el contrario, la lógica que primó en 2011 fue la de la lealtad presidencial, que llevó a elegir a quien se definía a sí mismo como un "soldado kirchnerista".

El desplazamiento cada vez mayor de la lógica territorial por la primacía de la lógica de la popularidad colisionó con las intenciones políticas de los poderes tradicionales provinciales. En primer lugar, con el poder territorial de los intendentes, por dos motivos: por las listas de adhesión, que a nivel

---

[18] La Cámpora es una agrupación kirchnerista liderada por el hijo de la presidenta, Máximo Kirchner. La misma tomó impulso luego del fallecimiento del ex presidente Kirchner. Su principal objetivo es "fortalecer la tarea de la Presidenta" y se definen como "cristinistas".

local planteaban un posible desafío a su liderazgo al tener que "compartir" la boleta del FPV con otros precandidatos; y por la decisión acerca del vicegobernador, ya que los jefes comunales impulsaban las candidaturas de intendentes históricos del PJ –como Baldomero Álvarez de Olivera y Julio Pereyra. En segundo término, la conflictividad también tuvo lugar con el poder sindical y, en particular, con el líder de la CGT Hugo Moyano. El sindicalismo aspiraba a incluir representantes de su espacio en las listas nacionales y provinciales. Su posterior desilusión tras el cierre de listas los llevó a pronunciarse en reiteradas ocasiones sobre la poca valoración del poder de los trabajadores, de su capacidad de movilización y de su identidad peronista.

4.1.a. A nivel local, personalización y fortalecimiento del liderazgo instituyente de Cristina Kirchner: "Los votos son de la Presidenta"

La estrategia principal del espacio oficialista estuvo marcada por la necesidad de evitar la dispersión de votos y las fugas en el Congreso, y por presentarse como un espacio encolumnado tras el liderazgo presidencial. Por esto mismo las nóminas legislativas, nacionales y provinciales, fueron listas de unidad para cada nivel en disputa, eliminando la posibilidad de que aliados al gobierno –como el caso de Nuevo Encuentro- presentaran su propia lista de candidatos nacionales.

A fines de junio quedaron conformadas las listas de candidatos, cuya composición dio cuenta de los ganadores y perdedores del espacio oficialista. Tomando en cuenta la lista de diputados nacionales por la provincia,[19] el criterio principal de selección se basó en privilegiar a los sectores considerados como más "leales" a la presidenta, los cuales a su vez representarían también un recambio generacional en el Congreso. De este modo, se otorgó un lugar primordial a representantes de agrupaciones kirchneristas (como La Cámpora, Kolina, H.I.J.O.S, JP Evita, entre otras).[20] Al prevalecer este

---

[19] Pese a que hubo poco lugar a la discusión de las candidaturas nacionales del FPV, decididas por la voluntad presidencial, Daniel Scioli sí pudo designar a dos miembros de su gabinete en el segundo y tercer lugar de la lista para diputados (Cristina Álvarez Rodríguez y Mario Oporto, respectivamente), y también pudo incidir en la nominación de candidatos para once lugares expectables en las listas provinciales. En efecto, se trató de una compensación por parte del oficialismo nacional tras la designación de su candidato a vicegobernador.

[20] Kolina es una agrupación impulsada por la hermana de Néstor Kirchner, Alicia Kirchner, ministra de Desarrollo Social de la Nación, con el objetivo de promover las políticas del gobierno por todo el territorio bonaerense. H.I.J.O.S es la agrupación de hijos recuperados de la última dictadura. Apoyan las políticas de derechos humanos que lleva a cabo el gobierno nacional desde 2003. Por último, JP Evita es una rama del Movimiento Evita,

criterio, los sectores transversales del espacio que habían tenido una fuerte presencia en los armados electorales de 2005 y 2007, como fue el caso de las organizaciones sociales, de sectores radicales y de socialistas alineados al gobierno, quedaron desplazados. Lo mismo sucedió con los sectores tradicionales, como el PJ, que obtuvo sólo tres lugares, y la CGT (sólo uno, Facundo Moyano). Al observar la conformación de las listas provinciales de las diferentes secciones electorales, se percibe que al igual que lo registrado a nivel nacional, éstas también presentaron un escenario marcado por la impronta presidencial.[21] La decisión de Cristina Kirchner de profundizar la presencia de sectores afines a su liderazgo en la confección de las listas provinciales representó también un desafío en la puja entre el gobierno provincial, los intendentes, punteros, la CGT y sus tradicionales acuerdos en el reparto de bancas.

Por último, a nivel local, la oferta del oficialismo estuvo caracterizada por la fragmentación partidaria y la multiplicación de candidatos.[22] La ausencia de listas de unidad en las localidades se correspondía con la intención del liderazgo presidencial de sumar "desde abajo" la mayor cantidad de votos, y de promover –sobre todo del Conurbano– candidaturas de dirigentes kirchneristas que desafiaran a los históricos dirigentes peronistas. Pese a ciertas resistencias, la mayoría de los intendentes compitieron con la boleta de Cristina Kirchner, pues para ser reelectos requerían del arrastre de la popularidad presidencial.

En consecuencia, si observamos la oferta en los tres niveles de representación que estaban en juego en las elecciones, es posible relacionarla con una construcción política de tipo piramidal donde, desde el vértice, Cristina

---

organización cuyo lanzamiento oficial y masivo fue en 2005, producto de la conglomeración de distintos sectores y redes (PJ, MTD- Evita, entre otras). Su unión al conjunto oficialista fue con posterioridad al triunfo presidencial de Kirchner.

[21] Sin adentrarnos en un análisis detallado de dichas listas, podemos observar que, en las nóminas seccionales del FPV, el criterio general que prevaleció para los primeros cuatro lugares expectantes fue el de reservar uno –o inclusive dos- de ellos para miembros de la agrupación La Cámpora, candidatos que respondían a ministros nacionales (como por ejemplo Florencio Randazzo y Julián Domínguez) o bien, para candidatos afines al kirchnerismo que no tenían una reconocida trayectoria territorial. De hecho, en las secciones más disputadas como la Primera o la Tercera (por ser las más populosas), se observó un repliegue del poder territorial de los intendentes del Conurbano ante los espacios ganados por las agrupaciones juveniles kirchneristas.

[22] Una de las características que imprimió a la provincia un escenario inédito, fue la multiplicidad de candidaturas, que llegaron a contar con cifras récord de 29.658 precandidatos inscriptos en total, de los cuales 1273 se postularon para alguna de las 135 intendencias en juego, 18.432 fueron precandidatos a concejales y 8064 se inscribieron para ser electos como consejeros escolares. (*La Nación*, 18-07-11).

Kirchner decide la composición de la escena electoral. De manera similar a 2007, la impronta del líder en el armado electoral es prueba de que la identificación presidencial actuó como única referencia para dotar de inteligibilidad a la confusa y heterogénea escena provincial (Rodríguez, 2009).

4.2. En busca de un armado político: el liderazgo de De Narváez en el contexto de fragmentación de la oposición

La oposición bonaerense se encontraba, de cara a las elecciones primarias del mes de agosto de 2011, en una situación de elevada fragmentación, muy similar a lo ocurrido en las anteriores elecciones de 2009. En ese entonces, los líderes de los partidos opositores estaban aglutinados en el rechazo al oficialismo, y no pudieron, pese al éxito electoral, volver a generar dichas alianzas cuando el escenario electoral se recompuso de modo favorable al oficialismo. Esto es particularmente relevante para el caso de De Narváez, puesto que había logrado derrotar al oficialismo liderado por el ex presidente y líder del PJ, Néstor Kirchner, y había quedado posicionado como uno de los principales contendientes al kircherismo de cara a los comicios subsiguientes. En efecto, el notorio triunfo de De Narváez no logró paliar el vacío de liderazgo en el espectro opositor, sino que lo disimuló bajo uniones armadas en torno al rechazo popular al FPV gobernante.

Ante el desafío de seducir al electorado en un contexto de recuperación de la imagen presidencial y del gobernador, resultó imprescindible para De Narváez generar una alianza que fuera, a la vez, coherente con su tradición y pragmática en términos electorales. En los comicios de 2009, la formación de dos grandes polos opositores (un polo "socialdemócrata" compuesto por la UCR, el GEN y la Coalición Cívica; y un polo del "peronismo disidente" sumado al PRO)[23] había sido favorecida por el rechazo al gobierno, lo que dio cuenta de cómo la negatividad política coadyuva a la formación de coaliciones heterogéneas y precarias (Rosanvallon, 2007). En contraste, en el escenario electoral 2011, dichas uniones ya no se daban por descontadas. De esta forma, la composición de la oferta electoral opositora se asemejó a un juego de rompecabezas donde cada pieza, es decir cada líder, buscó ensamblarse con otras de un modo dificultoso y no sin tener que atender a resistencias de los propios espacios. El caso del armado político de De Narváez fue el más emblemático, debido tanto a las expectativas que su liderazgo había generado como principal contendiente provincial del oficialismo, como a las dificultades y paradojas a las que se enfrentó y que marcaron el devenir del nuevo espacio político.

[23] Ambos polos opositores conformaron el ACyS y Unión-PRO, respectivamente.

La génesis de UDESO tenía como objetivo principal formar un gran frente opositor que pudiera ser competitivo con el oficialismo. Por un lado, como mencionamos anteriormente, el liderazgo de Francisco De Narváez había probado ser exitoso en 2009. Sin embargo, los desencuentros con el líder del PRO Mauricio Macri y la decisión de éste de no disputar el cargo presidencial sino la jefatura de gobierno porteño, derivaron en la búsqueda, por parte del líder de Unión Celeste y Blanco (UCYB), de un candidato presidencial, ya que, pese al éxito de la elección anterior, aún carecía de un espacio nacional y de un armado territorial a lo largo y a lo ancho de la provincia- principalmente, en los distritos del interior.

Por otro lado, la Unión Cívica Radical (UCR) presentaba un problema ya endémico para dicha fuerza: cómo ganar una elección presidencial sin un candidato a gobernador que, desde la provincia de Buenos Aires, "traccione" votos hacia aquél. En este sentido, los magros resultados de la UCR bonaerense hacían pensar a un sector del partido –el liderado por Ricardo Alfonsín-, en una política de alianzas que sumara al peronismo no kirchnerista, de modo de sopesar su debilidad intrínseca en el Conurbano.

De esta forma, esta unión pretendía erigirse "por encima de las fronteras partidarias"- como lo expresaron sus referentes en el acto de lanzamiento-, y captar no sólo al electorado peronista y radical, sino a su vez a las franjas independientes que votarían al candidato opositor mejor posicionado para derrotar al FPV. Ahora bien, si por un lado la negatividad y el rechazo hacia el oficialismo fue lo que propició dicha alianza, por el otro, la propia figura de De Narváez provocó el alejamiento de posibles apoyos; en especial, de socialistas y del GEN, quienes rechazaron su inclusión en el frente por considerarlo un representante de la centroderecha y conformaron el Frente Amplio Progresista (FAP), postulando a Margarita Stolbizer como candidata a gobernadora.

No solamente existió rechazo externo hacia la fórmula, sino que, también, hubo disidencias internas. A nivel local se opusieron muchos intendentes radicales del interior, argumentando que la candidatura de Francisco De Narváez les restaría votantes por dos motivos: porque aparecería como una incongruencia entre el posicionamiento histórico del partido y el liderazgo de "centroderecha" que aquél ostentaba, y porque su partido, UCYB, era una férrea oposición en sus concejos, con lo cual la confluencia en las listas sería por demás paradójica y planteaba un peligro a su liderazgo local. Es por ello que para muchos actores locales del radicalismo y del denarvaísmo, esa alianza se trataba de una "suma que resta". En este sentido se abría el interrogante de cómo replicar, a nivel local, dicha unión de modo de no desarmar, en una miríada de fragmentos, una alianza provincial que, aunque precariamente, había logrado constituirse.

Pese a las resistencias mencionadas, Ricardo Alfonsín y Francisco De Narváez avanzaron como verdaderos "arquitectos" en materia de confección de la oferta electoral para las PASO. El signo saliente de la misma fue la imposición natural, producto del reconocimiento de la UCR hacia la popularidad del líder de UCYB, de una fórmula netamente peronista. Así, De Narváez eligió como su compañera de fórmula a Mónica López, ex candidata a intendente de Avellaneda y esposa del sindicalista Alberto Roberti, uno de los principales operadores de UCYB. En cuanto a las listas de diputados y senadores nacionales y provinciales, la decisión fue intercalar, uno a uno, a candidatos de ambos partidos. En el caso de la UCR, los mismos reflejaban distintas procedencias según la línea interna a la que respondían. Más homogéneo, los que respondían a UCYB formaban parte de dos vertientes: una más política y generalmente sindical, y otra "técnica", conformada por asesores y responsables de los equipos técnicos de la campaña de De Narváez. Estos últimos eran actores políticos relativamente nuevos y de menor trayectoria territorial que los radicales.

Ahora bien, a diferencia del nivel nacional y provincial, en el cual los precandidatos de UDESO lograron presentar listas de unidad, se produjeron elecciones internas en distintos municipios. Ello pese a que, originalmente, ambas fuerzas habían procurado respetar la gravitación del aparato radical en el interior bonaerense y de los postulantes denarvaístas en el Conurbano. De esta forma, si en el oficialismo la fragmentación local vía internas del FPV y vía habilitación de listas colectoras fue un efecto intencional del liderazgo presidencial para "traccionar desde abajo" votos hacia su postulación; en cambio, en el caso de UDESO, la misma respondía a las dificultades y desajustes propios de la alianza.[24]

El armado de la oferta electoral mostró su importancia en la escena política provincial, no sólo porque el frente UDESO era una mera alianza electoral centrada en las personas de sus candidatos, sino porque, además, los mismos se impusieron sobre las resistencias partidarias para conformarla. En este sentido, la oferta dio cuenta de la dependencia radical hacia el liderazgo de popularidad de Francisco De Narváez, que le permitió a éste, sin estructura partidaria pero con una elevada intención de voto, tener igual representación en las listas y conformar una fórmula ejecutiva puramente

---

[24] En 58 municipios, la mayoría del interior, UDESO no logró una lista municipal de unidad, por lo cual debió ir a internas (*La Tecla*, 25/08/2011). A su vez, hubo municipios en donde se presentaron a internas dos listas de UDESO, una exclusivamente radical –expresión del rechazo de la alianza con De Narváez- y otra mixta –UCR y UCyB (como en el caso de La Plata)–; o bien distritos donde se presentó más de una lista encabezada por un candidato radical, lo cual daba cuenta de una interna partidaria no resuelta que se superponía a la disputa con la candidatura liderada por un denarvaísta.

denarvaísta: por vez primera, no había ni un radical –afiliado al partido- en una fórmula para gobernador bonaerense.

Para concluir, es notorio el grado de incertidumbre e indeterminación del escenario electoral bonaerense, en el cual fueron protagonistas exclusivos liderazgos flotantes -cuyo caso paradigmático fue el de De Narváez-, los cuales, sin una inscripción partidaria estable, buscaron insertarse en el espacio que les garantizara un mayor caudal del voto popular; incluso llevándolos a traspasar los límites –siempre vagos y difusos- de las propias tradiciones a las que adhieren.

5. "Fuerza Cristina". Las características de la campaña presidencial

> Yo siempre supe lo que tenía que hacer y lo que debía hacer. Lo supe cuando miles y miles que pasaron por aquí mismo [en la Casa Rosada, durante el velorio de Néstor Kirchner] me gritaban: "¡Fuerza, Cristina!"
> (Cristina Kirchner, *La Nación*, 22/06/2011)

En términos generales, la campaña estuvo caracterizada, en sintonía con lo ocurrido en 2007,[25] por su baja intensidad, escasa movilización y ausencia de una deliberación pública en torno a los programas de gobierno de las fuerzas. Ello se debió en gran parte al elevado apoyo en la opinión pública que los oficialismos–el nacional y el provincial- registraban en casi todos los sondeos al inicio de la campaña. Por ello, realizadas las PASO, esta tendencia continuó y dio lugar a un escenario ya definido en favor del FPV. El acompañamiento constante de la opinión pública al gobierno nacional fue en gran medida responsable de que su campaña no sufriera mayores modificaciones y guardara cierta coherencia a lo largo de la misma, tanto antes como después de las PASO.

La campaña presidencial estuvo centrada en la figura de Cristina Kirchner. Tanto en los spots televisivos como en los afiches, el lugar central de la escena lo ocupó ella, relegando las referencias al partido a un plano marginal. Las consignas que aparecieron se ceñían a resaltar distintas medidas de las gestiones kirchneristas referidas a la educación, el trabajo, la ayuda social, las jubilaciones, el desarrollo económico, la igualdad, los derechos humanos, entre otros aspectos. Sin embargo, a diferencia de las campañas de otros candidatos gobernantes, como en el caso de Scioli, estos logros no apelaban tanto a resaltar los valores tecnocráticos y apolíticos de una gestión eficiente,

[25] Ver Rodríguez (2009).

sino que estaban recubiertos por una fuerte apelación a la emotividad y al inicio, en ruptura con el pasado, de una nueva etapa del país: en el caso de los spots, la voz en *off* de Cristina Kirchner describía determinada medida mientras se ponían en escena a los principales beneficiarios de la misma –niños, abuelos, jóvenes, trabajadores, madres, etcétera- mostrando alegría y afecto, o reconocimiento. Esta apelación a la emotividad se reforzaba en el cierre de los spots, que finalizaban con jóvenes y militantes ostentando carteles con la frase "Fuerza Cristina" y, a posteriori, con las consignas, en celeste y blanco, de "Fuerza Argentina" y "La fuerza de un pueblo". En este sentido, había una triple apelación: darle "fuerza" al líder –cuyo ingrediente de emotividad radicaba en la fortaleza que habría tenido la presidenta para superar la muerte del ex presidente Kirchner-, darse fuerza como "pueblo" que había sido partícipe, junto con el líder, de esos logros y, por último, darse fuerza como argentinos, en tanto comunidad de destino que sintetizaba y englobaba la unidad entre el líder y el pueblo.

Ahora bien, esta apelación directa y sin mediaciones al pueblo no apuntaba a comprenderlo como una unidad sustancial prexistente a su nombramiento por parte del líder. A diferencia de los liderazgos de la democracia de partidos, que podían pretender legítimamente ser representantes del pueblo en tanto identidad social dotada de una opinión común, el liderazgo contemporáneo parte del reconocimiento de que el "pueblo" no es un sujeto unificado que preexiste a su re-presentación por parte del líder. El "pueblo", en este caso, era recreado y escenificado como los trabajadores, o bien como los beneficiarios de planes sociales, o como los jubilados, estudiantes, etcétera. Era ante todo una multiplicidad de historias y experiencias de vida. Rosanvallon denomina a esto *representación-narración*: aparecieron, sobre todo en la fase final, spots dedicados a narrar la historia singular de un ciudadano que "salió adelante" gracias a las medidas del gobierno nacional. Esta presencia de la singularidad de la historia de vida llegó al punto de que, al final de dichos spots, se señalara al ciudadano por su nombre, aludiendo, por ejemplo, a "La fuerza de Atilio". En este sentido, representar es producir una identidad colectiva de un nuevo modo, haciendo extraer del olvido y del anonimato una situación particular, lo cual da forma a la comunidad virtual de "todos los que viven experiencias similares" (Ibídem: 275).[26]

---

[26] Esto estuvo presente también en los actos públicos de la presidenta. El más significativo fue cuando visitó la casa de una señora en un barrio humilde de La Matanza, la cual, frente a todas las cámaras, se mostró emocionada por poder conversar con Cristina Kirchner. Su encuentro finalizó con un abrazo. Luego, la presidenta inauguró obras de agua potable para el municipio (*La Nación*, 06/09/2011).

Es por ello que la interpelación tiene un fuerte contenido empático, según el cual el líder está junto con los desfavorecidos, los ayuda, los visibiliza, los constituye como sujetos sociales y políticos, y, a su vez, especularmente, extrae su "fuerza" de éstos. En este sentido, el doble movimiento de la representación implica que el líder se legitima al representar intereses, al incorporarlos a la esfera pública, pero al mismo tiempo los provee de un sentido, de un punto de identificación (Laclau, 2011). Así, las identidades que se pusieron en escena en la campaña presidencial fueron en parte instituidas por el trabajo de lo político, es decir, por la investidura de lo simbólico, lo imaginario y los afectos realizada por el líder. Los significantes que se busca aglutinar bajo el nombre del líder, ya sea el de "pueblo", el de "juventud" o el asociado a determinada historia singular, están cargados de historia y de interpretaciones compartidas subjetivamente, pero no por ello son prexistentes al acto identificatorio, pues son resignificados por la interpelación del líder.

Asimismo, el *liderazgo instituyente* de la presidenta permite repensar el rol de los afectos, las emociones y las pasiones en la constitución de las identidades políticas. En efecto, los ciudadanos no son –solamente- individuos racionales que buscan meramente satisfacer sus demandas mediante cálculos racionales. Su adhesión a uno u otro proyecto, a uno u otro líder, depende en gran medida de procesos colectivos de identificación en torno a representaciones conflictivas y en disputa acerca de la comunidad política. En este sentido, Mouffe afirma que hay una importante dimensión afectiva en el hecho de votar, y que lo que está en juego en la votación es una cuestión de identificación. El discurso político, según la autora, "debe ofrecer no sólo políticas sino también identidades que puedan ayudar a las personas a dar sentido a lo que están experimentando" (2009: 32).

5.1 *La inserción de la campaña presidencial en territorio bonaerense*

Pese al carácter diluido de la campaña, hubo una importante presencia del liderazgo presidencial en territorio bonaerense. En este punto cabe una aclaración: en efecto, hablamos de una campaña presidencial *diferenciada de* la campaña del gobernador, y no de la "campaña oficialista". A pesar de compartir actos de campaña, en los que la presidenta tuvo el rol central y el gobernador uno marginal, tanto uno como otro siguieron sus propias lógicas de comunicación pública y no faltaron entre ambos tensiones que sigilosamente se pusieron en escena en este período. En este sentido, sobre la base de la idea de que la coalición gobernante a nivel nacional se estructura a partir de, y reconoce sólo al liderazgo presidencial, hubo actores políticos nacionales que hicieron campaña en la provincia exclusivamente a favor de la presidenta. Ejemplo de ello son las recorridas de distintos ministros del gabinete nacional –sobre todo, Florencio Randazzo, Julián Domínguez, Alicia Kirchner, Aníbal Fernández y Amado Boudou– y del propio candidato a vicegobernador Gabriel Mariotto, en actos donde se inauguraban obras realizadas con fondos nacionales y también en actos con la juventud kirchnerista. Asimismo, las tensiones del armado de la oferta con Scioli, uno de cuyos puntos más álgidos fue la habilitación de la lista de adhesión de Martín Sabbatella, se trasladaron a la campaña.[27]

Otro de los rasgos relevantes de la campaña presidencial, que apareció reiteradamente en los actos públicos realizados en territorio bonaerense, fue la presencia, en tanto que ausencia, de la figura del ex presidente Néstor Kirchner.[28] Mediante las alusiones a "él" (así era como la presidenta lo nombraba), Cristina Kirchner apelaba a sus acciones de gobierno y al vínculo afectivo que los había unido. En este sentido, la exposición de la propia biografía del líder, sobre todo del suceso más doloroso de su vida, abona la idea de una creciente personalización de la política contemporánea.

Retomando las diferentes características analizadas, podemos añadir al *decisionismo electoral* que observamos en la oferta, el radical personalismo de su liderazgo de popularidad y también el carácter *instituyente* del mismo. Estos aspectos están desde ya en relación unos con otros. El liderazgo presidencial establece una relación directa con los ciudadanos y su popularidad, que es personal, se sustenta en la producción continua de acciones inmediatas que no están respaldadas en un movimiento organizativo como en el caso del caudillo tradicional (Cheresky, 2011). Uno de los eslóganes que pudimos ver al analizar las elecciones 2011, "La fuerza de un pueblo", da cuenta de la mencionada pretensión instituyente de un liderazgo que busca ser la expresión directa de los intereses del "pueblo". Como ya mencionamos anteriormente, éste es un sujeto paradójico pues no es una entidad prexistente a las operaciones de representación: es un constructo instituido

---

[27] Con el respaldo nacional, el ex intendente de Morón lanzó duras críticas hacia la política de seguridad de Scioli y hacia la orientación ideológica de su gestión. Como aval a su postura, en plena campaña Sabbatella apareció públicamente con Cristina Kirchner y con la ministra de Seguridad, Nilda Garré, también enfrentada con la política de seguridad bonaerense.

[28] En un significativo acto en La Matanza, donde realizó la última inauguración de obras de la campaña, la presidenta recordó con lágrimas a Néstor Kirchner. Allí se inauguró un hospital al que bautizaron "Alberto Balestrini", en reconocimiento al vicegobernador, que permanecía internado producto de un accidente cerebro-vascular (*El Día*, 08/10/2011).

por el líder. En este caso, remite a un conjunto de historias singulares que es constituido en un sujeto político a partir de la función representativa del líder y a través del cual busca legitimar su mensaje.

En síntesis, el vínculo directo con la opinión, típico de todos los liderazgos de popularidad, aparece en este caso planteado en términos de un trabajo de lo político que tiende a la institución de identidades políticas y no a una mera función de expresión o de reflejo de intereses de sujetos prexistentes al proceso representativo.

Por último, la escenificación de la "juventud" y del "pueblo" como *nuevos* actores característicos de la etapa presidencial que se aprecia en la campaña, sumada al singular proceso de apartamiento del PJ tradicional (sindicalistas, antiguos dirigentes del justicialismo bonaerense, intendentes) en la definición de las candidaturas y la integración de las listas, da cuenta de las pretensiones refundacionales del liderazgo presidencial. En este sentido, el vínculo refundacional implica no un momento determinado, el de una elección por ejemplo, sino que la presidenta aparece como el símbolo de una nueva era de la Argentina, llamada a ser protagonizada por nuevos actores y representada por nuevos símbolos, que continúa el proceso rupturista, renovador y reparador respecto del pasado, del período iniciado en 2003 por Néstor Kirchner.

5.2. *Autorreferencialidad y consenso en la campaña sciolista*

> A la campaña le di mi propia impronta y eso fue reconocido por Cristina, que siempre me dice "tenés que ser más Daniel que nunca".
> (Entrevista a Scioli, *El Día*, 15/08/2011)

En la campaña electoral de Scioli se llevó al extremo la lógica de la personalización. Por otra parte, así como en la etapa de la oferta electoral destacamos la primacía de la decisión presidencial en la definición de las candidaturas bonaerenses, fue la campaña el momento en que Scioli pudo poner en escena su propio estilo de liderazgo. Por eso, como veremos, es legítimo aludir a una campaña genuinamente *sciolista*, a través de la cual el gobernador buscó nuevamente, sutil pero significativamente, diferenciarse del gobierno nacional.

La campaña del gobernador se caracterizó por la autorreferencialidad de su mensaje. Siempre en primer plano y hablándole directamente al votante, ponía en escena su vínculo directo con el electorado. Desde ya, toda referencia al imaginario y la liturgia tradicional peronista quedaba al margen a la hora de la interpelación sciolista. También estuvieron ausentes, en la primera etapa de la campaña audiovisual –antes de la realización de las PASO–, las referencias a su acompañamiento del liderazgo presidencial. Su eslogan principal desde el inicio de la campaña fue "Yo creo en vos", el cual, con variables semánticas, aparecía en cada propaganda televisiva, radial y en los afiches de la vía pública.

En sintonía con su campaña para la gobernación de 2007, se replicaron en esta ocasión varios elementos de su mensaje, como por ejemplo, la identificación de sí mismo como un gestor eficiente que esquiva la confrontación pública pues su deber como gobernante es simplemente estar en sintonía con las necesidades de la "gente".[29] Por otra parte, a las interpelaciones que glorificaban su rol apolítico de gestor (o de "trabajador", como él solía llamarse en sus intervenciones públicas), se sumaba un discurso que, en lugar de invocar a la emotividad como en la campaña presidencial, apelaba a valores transideológicos, relacionados con el "creer" y la "fe": la esperanza, la perseverancia, el pensar en positivo. Especularmente, ocupó un rol central de la campaña la narración, por él mismo, de su propia historia de vida -su grave accidente como motonauta, su perseverancia y su fe para superarlo. En este sentido, la biografía del gobernador era ofrecida como ejemplo de vida para los bonaerenses, llamados entonces a "creer", es decir, a depositar plenamente su confianza en él. Como punto máximo de dicha identificación plena entre Scioli y el electorado, los spots y afiches culminaban con la consigna de "votá por vos". Este misticismo, centrado en su figura, fue *in crescendo* en la campaña, coronándose con una propaganda que apareció en los principales medios gráficos, en la cual, con la leyenda "yo creo en Dios", podía verse rezando a Scioli y su esposa.[30]

En cuanto a los eventos públicos, se priorizaron, por sobre los grandes actos, las recorridas por los distritos y las inauguraciones de obras, a través de las cuales podía ponerse en escena el vínculo de proximidad entre Scioli y los bonaerenses. A su vez, durante la campaña se intensificaron las visitas –escenificadas mediáticamente- del gobernador a ciudadanos afectados por situaciones específicas, sobre todo, a víctimas de la inseguridad. Esta política

---

[29] Ver Rodríguez (2009).

[30] La campaña audiovisual contó con una estética uniforme y un color característico, el naranja, con el cual se identifica la gestión provincial. Así, dicho color contrastaba con el azul y blanco, utilizado en la lista del FPV. La importancia de dicho color como manera de distinguir al gobernador fue el punto del lanzamiento, por parte de su equipo de campaña, de un cortometraje llamado "La ola naranja", el cual se proyectó en los cines y tuvo gran difusión en las redes virtuales. Al respecto, según los testimonios de distintos entrevistados, el gobernador le da un gran impulso a la comunicación 2.0 para difundir su mensaje y mostrar su gestión. De hecho, se lanzó el sitio creoenvos.com.ar en el cual se publicaron los spots, imágenes y el mencionado cortometraje.

de la proximidad supone que "más legítimo es aquel gobernante o aquella política que se 'acerca' más a la realidad cotidiana, a la experiencia concreta y singular de los ciudadanos" (Annunziata, 2011: 398), lo cual redunda en la exigencia de que los políticos escuchen y compartan las experiencias de los representados. Así, personalismo y atención a la particularidad son dos rasgos correlativos de la política de la proximidad del liderazgo de Scioli, pues así como se espera que sean consideradas las experiencias concretas de los ciudadanos, "los comportamientos privados, personales, particulares de los gobernantes cuentan cada vez más" (Ibídem: 398). Mezcla de acto de campaña, show televisivo y fiesta popular, el momento de lo multitudinario fue destinado a recitales de importantes figuras populares invitadas por la gobernación, en muchos de los cuales Scioli y su esposa eran llamados a hablarle al público desde el escenario.

En efecto, el significante "consenso" y otros afines a él ("diálogo", "trabajo", "esfuerzo") es lo suficientemente amplio y ambiguo como para generar la adhesión de los más variados y heterogéneos apoyos políticos. Así, la vacuidad de la campaña sciolista se comprende a partir de la intención del líder de interpelar a la mayor cantidad de demandas posibles, gracias a la aparente ausencia de fronteras y límites que caracterizan al "consenso".

De todas formas, si bien su discurso consensualista se caracteriza por la ausencia de la diferenciación política, no faltaron también mensajes que apuntaron a forjar una sutil diferenciación respecto del gobierno nacional, operada no tanto a través de una confrontación directa con el mismo, sino mediante la afirmación de las ideas que resultan más esquivas al kirchnerismo. En este sentido, tanto en reportajes como en una propaganda televisiva, Scioli reivindicaba su postura de esquivar todo antagonismo político, diciendo ser ni de derecha ni de izquierda, sino de "centro", destacando que él es un hombre "moderado" que ve todo "desde la gran clase media". Con un mensaje de "tolerancia hacia el que piensa distinto", Scioli dio otra muestra de diferenciación del gobierno.[31] Asimismo, sus ministros destacaron, durante la campaña, su vocación al diálogo con todos los sectores y su capacidad de construir consensos entre los mismos.[32]

---

[31] Scioli felicitó públicamente a candidatos opositores al gobierno nacional, como Miguel Del Sel y Mauricio Macri (*El Día*, 03/08/2011 y 07/08/2011). También saludó a Juan Manuel de la Sota, alejado en ese momento del oficialismo (*El Día*, 29/07/2011). Otra muestra de sus intentos por diferenciarse del oficialismo, fue su presencia en el coloquio empresarial de IDEA, en un contexto de críticas del kirchnerismo al mismo (*La Nación*, 13/10/2011).

[32] En su discurso de campaña, también fueron relevantes las menciones a su vicegobernador Balestrini, en especial para darle "fuerza" en su delicada situación de salud y destacándolo como un hombre con el cual siempre tuvo un diálogo constante pese

La estrategia de diferenciación también estuvo presente en las intervenciones públicas del gobernador, el cual compartió pocos actos de campaña con su candidato a vicegobernador. En efecto, Scioli priorizó realizar actos de gestión junto con intendentes, mostrando la sintonía entre el poder territorial y su liderazgo al interior del PJ bonaerense, mientras que Mariotto, en consonancia con el discurso kirchnerista, llevó a cabo diversas actividades con la militancia juvenil, sobre todo de La Cámpora, y participó en actos con candidatos a intendentes y a legisladores afines al kirchnerismo.

En efecto, siguiendo a Schmitt (1991) [1932], podemos afirmar que el gobernador no hace sino un uso polémico –y por tanto político- del significante "consenso", como un modo de forjar un estilo de liderazgo propio que, aun acompañando al kirchnerismo dentro del conglomerado oficialista, se diferencia de su política confrontativa. Así, el límite es establecido hacia el "exterior" (el nivel nacional), puesto que, al "interior", la comunidad política bonaerense (y éste es un rasgo característico de los líderes provinciales y locales en general) aparece como un lugar de consenso y armonía entre todos los actores y sectores políticos.

Los resultados de las PASO, como mencionamos anteriormente, arrojaron un contundente y mayoritario apoyo al liderazgo de Cristina Kirchner, la cual, a diferencia de lo ocurrido cuatro años antes, obtuvo un mayor porcentaje de votos que el gobernador. Guiándonos por los resultados de esa "gran encuesta nacional", como la llamaron distintos analistas, la presidenta tuvo, por primera vez, más respaldo en la opinión pública que Scioli.

Sugestivamente, entonces, la campaña sciolista para las elecciones de octubre buscó poner en escena su acompañamiento continuo, durante ocho años, al modelo de país que había estado encabezando Cristina Kirchner, disimulando de allí en más los intentos de diferenciación anteriores.

En conclusión, el análisis de las estrategias de comunicación política de Daniel Scioli nos permite establecer puntos en común y diferencias respecto al liderazgo presidencial. En tanto que liderazgos de popularidad, ambos intentaron establecer una relación directa con el electorado. En los dos casos, además, la exposición de su propia figura, es decir, de sus atributos personales y su historia de vida, predominó por sobre las propuestas de gobierno. A su vez, la liturgia y el folklore peronistas estuvieron prácticamente ausentes de sus apariciones públicas. Por otra parte, en el liderazgo del gobernador estuvo ausente la pretensión instituyente que vimos en la campaña presidencial. De todos modos, si bien Scioli apareció como un *líder de popularidad consensualista*, también intentó diferenciarse del gobierno haciendo un uso polémico del

---

a provenir de distintos lugares (Balestrini fuee intendente de La Matanza, es decir, un tradicional jefe territorial del Conurbano).

significante "consenso". Por ello, sin ser el jefe del aparato peronista, Scioli pudo, gracias a las expectativas de acompañamiento popular que generaba su candidatura y a su estilo no confrontativo, exponer durante la campaña el consenso con todos los factores de poder provinciales: el sindicalismo, los intendentes, los empresarios, los trabajadores rurales, entre otros. Ahora bien, en tanto que líder de opinión que se referencia directamente en los diferentes cambios en el humor ciudadano (Novaro, 2000), la campaña sciolista tuvo que incluir, tras las PASO, mayores alusiones a Cristina Kirchner, dando cuenta, de esta manera, de cómo la fluctuación de la opinión es uno de los principales elementos que condicionan las estrategias de los liderazgos de popularidad.

5.3. *Entre los avatares de la oferta electoral y los resultados de las primarias: la campaña de De Narváez*

Las dificultades del armado electoral de UDESO se trasladaron a la campaña. Para volver verosímil la novedosa alianza entre radicales y el peronismo disidente, sus principales referentes argumentaron públicamente acerca del objetivo y las ventajas del frente común UDESO. Tanto Alfonsín como De Narváez buscaron interpelar a radicales y peronistas, respectivamente. A su vez, su campaña se centró en intentar convencer al electorado "independiente" de que ese frente era el único capaz de desafiar al oficialismo nacional, con vistas a forzar una polarización con el oficialismo para los comicios de octubre.

Así, la primera etapa de la campaña estuvo marcada por la presencia conjunta de Alfonsín y de De Narváez en distintos actos. Sin embargo, en la medida que fue avanzando la campaña y se ratificaba la sustancial diferencia de intención de voto que había entre ambos miembros de la fórmula (a favor del candidato bonaerense), De Narváez comenzó a prescindir de su exposición pública con Alfonsín.[33] El blanco principal de sus críticas fue la gestión del gobernador, sobre todo, en cuanto al problema de la inseguridad. En este sentido, la consigna más destacada en spots y afiches fue "el cambio

---

[33] Otro desacople en la campaña de UDESO se dio en el plano municipal. La mayoría de los candidatos a intendente de dicho frente, tanto radicales —en el interior y San Isidro- como denarvaístas —en el Conurbano—, que, como mencionamos, habían tenido opiniones contrarias a la alianza entre la UCR y UCYB, optaron por una estrategia de localización de la campaña, planteando que lo que estaba en juego en la elección eran los temas asociados a la administración de los recursos municipales, tratando así de evitar pronunciarse sobre su acompañamiento u oposición respecto del oficialismo provincial. De este modo, buscaron despegarse de las escenas nacional y provincial, esperando que el electorado votara a cualquier candidato de esas categorías y pusiera su boleta para el cargo de intendente.

seguro", justificando la misma mediante la afirmación de las capacidades del candidato para encargarse y solucionar ése y otros problemas de los bonaerenses. De hecho, en 2009 ya se había intentado convencer al electorado de que De Narváez tenía equipos técnicos formados y "planes" para gobernar. Como rasgo de continuidad con esto mismo, en 2011 se puso énfasis en que, en esta ocasión, el "plan" era "cambiar", y que el cambio "es ahora", pues la "vida" y la "seguridad" requerían una salvaguarda inmediata.[34]

Ahora bien, los resultados de las PASO modificaron los términos de la campaña de UDESO. Éstos corroboraron el magro desempeño de la fórmula presidencial en el interior y en el Conurbano y el sustancial corte de boleta a favor De Narváez y en desmedro de Alfonsín. Ese contexto incidió en la autonomización del bonaerense a la hora de emprender la campaña para las generales. A partir de ese momento De Narváez comenzó a recorrer en soledad –es decir, sólo con los candidatos de UCYB- el territorio bonaerense, hasta el punto de hacer campaña, hacia el final de la misma, junto con el candidato presidencial de Compromiso Federal, Alberto Rodríguez Saá.[35] Se trataba, según su análisis, de "peronizar" la fórmula de UDESO para recuperar parte del voto peronista cautivo del Conurbano que, a diferencia del 2009, había optado mayoritariamente por Scioli.

Así, el liderazgo de popularidad denarvaísta da cuenta, de la manera más radical, de la precariedad del vínculo representativo que se establece entre los líderes y los ciudadanos y de que, al calor de las continuas redefiniciones del escenario político, se renueva constantemente el apoyo y el rechazo ciudadano hacia los líderes.

Como señala Rosanvallon, las elecciones han devenido principalmente ocasiones para sancionar a los gobiernos salientes (2007: 129). En efecto, en un contexto de incertidumbre respecto del futuro y de pérdida de sustrato de las tradiciones que sustentaban programas partidarios, la vida política está cada vez más caracterizada por una sucesión de vetos ciudadanos hacia los representantes. Sin embargo, el dato saliente de 2011 fue el apoyo mayoritario hacia el gobierno que, sin agotar las razones del mismo, incluyó una renovada empatía con la figura presidencial y un conformidad con la

---

[34] Por ello, la campaña incluyó imágenes y videos de robos violentos y otras escenas de inseguridad, que buscaron despertar la sensibilidad ciudadana.

[35] El intento de despegarse de la UCR por parte de algunos dirigentes y, sobre todo, candidatos denarvaístas, llegó al punto de proponer llamar a votar por la candidatura presidencial de Rodríguez Saá. Sin embargo, la enconada oposición de la UCR hizo que esta propuesta naufragara. Por el lado del gobernador de San Luis, su conveniencia en la alianza con De Narváez radicaba en que el candidato a gobernador de su partido, Adolfo Rodríguez Saá, había sido inhabilitado por la justicia bonaerense para postularse, dado que no contaba con un domicilio que acreditara su antigüedad como habitante del distrito.

situación económica. Por ello, la persistencia de la campaña denarvaísta en el "voto rechazo" hacia el gobierno puso de manifiesto cierta rigidez a la hora de comprender los cambios en el humor ciudadano. A su vez, las coaliciones constituidas en torno a la negatividad política, al rechazo ciudadano hacia los gobernantes, tienen la virtud y el defecto de su heterogeneidad. En efecto, la negatividad, a diferencia de los programas, une a los más variados actores en pos de un acto que se consume plenamente, el voto rechazo. Sin embargo, en dicha heterogeneidad reside también la precariedad de este tipo de coaliciones que, si no cristalizan en identidades y marcos de sentido compartidos, terminan siendo radicalmente efímeras e inestables.

6. Los resultados electorales en la provincia de Buenos Aires: consolidación de los liderazgos oficialistas y desarticulación de la oposición

Los resultados de los comicios generales del 23 de octubre corroboraron las preferencias electorales registradas en agosto. Cristina Kirchner obtuvo 56,28 % de los sufragios, es decir, 3 puntos más que a nivel nacional. La novedad fue que, a diferencia de 2007, tuvo un mayor porcentaje de votos que Scioli (55,07%), el cual, sin embargo, amplió el margen obtenido en las PASO, principalmente debido al retroceso de los opositores ligados al peronismo. Respecto a De Narváez, el 15,87% de los votos alcanzados da cuenta del notable estancamiento de su liderazgo.[36]

En primer lugar, el análisis de los resultados permite confirmar la fluctuación del voto hacia los líderes, lo cual se constituye ya en una característica distintiva del distrito (ver Cuadro 2, en Anexo). En este sentido, la presidenta y el gobernador obtuvieron un apoyo inédito, superando el triunfo de 2007 y dejando atrás los magros resultados de su partido en 2009. También es notable el caso de De Narváez, quien obtuvo casi 20 puntos menos que en los comicios anteriores. En efecto, los electores eligen en cada turno electoral al candidato que creen que mejor los representa. Así, las elecciones se asemejan cada vez más a una disputa entre distintos líderes de popularidad, antes que a una competencia entre partidos.

En segundo lugar, los resultados dieron cuenta de la desarticulación de la oposición y su incapacidad de construir una alternativa unificada. Los partidos opositores han quedado fragmentados ante la carencia de un liderazgo que articule sus diferencias. Por otro lado, si bien cuenta en sus filas

---

[36] El duhaldismo (Frente Popular) obtuvo tan sólo el 5,91% de los votos para gobernador, mientras que el peronismo federal de Rodríguez Saá no participó de los comicios. Para mayor información acerca de los datos electorales, ver Cuadro 1, en Anexo.

con aparatos arraigados en el territorio –el radical y el duhaldista-, éstos fueron insuficientes a la hora de movilizar apoyos y generar adhesiones. En contraste, el oficialismo, si bien no deja de ser un conglomerado en el cual conviven actores heterogéneos y en tensión, ha logrado articularse en torno al liderazgo presidencial.

Por último, la ausencia de un liderazgo opositor que pueda actualmente desafiar al FPV gobernante, y el hecho de que dos líderes oficialistas que poseen estilos de liderazgo opuestos hayan sido plebiscitados por la ciudadanía, abren el interrogante acerca de la estructuración futura del escenario provincial. En efecto, podemos prever que la misma girará en torno a las tensiones entre los actores de la coalición gobernante, dejando al margen, al menos por un tiempo, los conflictos inter-partidarios. Entre ellas, la magnitud del triunfo de Scioli –se convirtió en el gobernador bonaerense más votado de la historia- y la importancia de los roles institucionales que ocupa –gobernador de la provincia más poblada y presidente del PJ nacional-, habilitan a pensar que el liderazgo del gobernador representará un serio desafío a la continuidad del proyecto kirchnerista, ante un escenario futuro de no reelección presidencial. Por otra parte, se abre otro interrogante: ¿qué sucederá con los poderes tradicionales de la provincia, los cuales, como hemos visto, han sido marginados de la representación institucional? Si bien ha quedado claro que los aparatos no ganan las elecciones por sí solos, la posibilidad de una desafección del apoyo del poder sindical y el poder territorial hacia el oficialismo nacional plantea serios cuestionamientos hacia la gobernabilidad del país. En este sentido, cabe preguntarse asimismo si Scioli podrá articular a dichos actores en un proyecto autónomo y diferenciado del kirchnerismo.

7. Institución, consenso, rechazo. Hacia una caracterización de los liderazgos de popularidad

Mediante el análisis del derrotero de Cristina Kirchner, Scioli y De Narváez a través del proceso electoral 2011, se pueden advertir rasgos comunes que permiten identificarlos como liderazgos de popularidad. En este sentido, constatamos la impronta personalista de sus armados políticos, la ausencia de la mediación partidaria en el proceso de interpelación política, la readaptación de sus estrategias al calor de los cambios en la opinión registrada en las encuestas y, por último, las dificultades para llevar a cabo una institucionalización de su liderazgo. Sin embargo, durante el proceso de constitución de la oferta y el desarrollo de la campaña, se pudieron vislumbrar diferencias entre los estilos y estrategias de los líderes, que nos permiten pensar en distintas caracterizaciones de los liderazgos de popularidad.

En el caso de Cristina Kirchner, su rasgo distintivo es haber llevado a cabo un *liderazgo instituyente*, en tanto el discurso y la acción política presidencial tuvieron como objetivo afianzar su liderazgo mediante la disrupción del *statu quo* de los tradicionales actores que solían estructurar la dinámica política provincial, a la vez que promovió explícitamente la constitución de identidades con las cuales estableció un vínculo refundacional.

Por otra parte, dado el carácter difuso de la identidad kirchnerista, las estrategias electorales de la presidenta tendieron a promover su representación institucional, tanto a nivel legislativo –nacional y provincial– como en el ejecutivo provincial. El modo de llevar a cabo este proyecto fue mediante lo que denominamos *decisionismo electoral*, el cual implicó la verticalidad y la imposición de su voluntad por sobre el consenso de los actores vinculados al aparato peronista tradicional en la definición de la oferta electoral oficialista. Por otro lado, el rol preponderante de las agrupaciones juveniles en la oferta y la campaña es también un síntoma que revela el problema de la institucionalización del kirchnerismo en un movimiento o estructura que le asegure cierta perdurabilidad más allá de la popularidad –siempre precaria y fluctuante- de su líder y, sobre todo, frente al potencial desafío futuro de otros liderazgos como el de Scioli, vale decir, de un líder que ostenta similares índices de popularidad, que está en las márgenes de la coalición oficialista y que oscila entre el acompañamiento y la autonomización respecto del proyecto kirchnerista.

Scioli, por el contrario, ha desarrollado un *liderazgo consensualista*. Sin pretensiones instituyentes en cuanto a la construcción de una nueva identidad o a la institución de un nuevo sujeto, su liderazgo se ha estructurado en torno a forjar una relación sólida y de mutua conveniencia con los poderes fácticos de la provincia –intendentes, sindicalistas y dirigentes partidarios. Éstos requieren de la popularidad y el éxito electoral de un gobernador que se presenta como *outsider* de la política tradicional, para seguir obteniendo recursos y cargos; mientras que Scioli, al no contar con una estructura partidaria propia, necesita de dicho acompañamiento. Ahora bien, en su caso también se plantea el dilema de cómo institucionalizar su liderazgo. La falta de esto ha redundado en una exposición a someterse a la intervención nacional en su distrito, y ello ha puesto límites a sus intentos de autonomización. A su vez, si bien, como mencionamos, hace un uso polémico del significante "consenso", la ausencia general de diferenciación política en su discurso autorreferencial dificulta su posicionamiento como actor que aspire al liderazgo nacional.

Por último, De Narváez ha forjado un *liderazgo de rechazo*, es decir, estructurado en torno a la negatividad política. Sus principales virtudes fueron, al mismo tiempo, impulsar y canalizar el descontento ciudadano en una coyuntura específica. Sin embargo, este liderazgo ha sido el más efímero y más permeable a los vaivenes en la opinión pública. Paradójicamente, en un escenario de elevada popularidad de los gobernantes, sin readecuar su discurso a las nuevas circunstancias y ante la ausencia de un armado político propio, desarrolló una alianza pensada como suma entre tradiciones políticas que ya no resultaban operantes a la hora de influir en el comportamiento electoral de la ciudadanía.

8. Palabras finales

En este trabajo hemos intentado poner en relevancia la centralidad de los liderazgos de popularidad en la estructuración del escenario político-electoral bonaerense. El personalismo, la primacía de la imagen por sobre los programas y la fluctuación de la opinión y de los posicionamientos de los líderes, han devenido factores característicos de los últimos años de la política provincial. A su vez, el análisis de los distintos liderazgos de popularidad introduce la posibilidad de estudiar la acción instituyente, el consenso y la negatividad como tres formas –desde ya, no las únicas– mediante las cuales se recrea el lazo representativo que une a los líderes y los ciudadanos. Por otro lado, cabe mencionar que la principal fortaleza de estos liderazgos de popularidad es a la vez una debilidad intrínseca: son relativamente autónomos de las tradiciones y las estructuras partidarias, lo cual les permite establecer una relación directa con el ciudadano al que dicen representar; sin embargo, el hecho de estar atados al veredicto de una opinión siempre fluctuante, que exige a los políticos que rindan cuentas constantemente de cada una de sus decisiones, hace que el vínculo representativo sea constitutivamente frágil e inestable y que su (re)elaboración sea una tarea permanente e incierta. De este modo, el análisis de los liderazgos contemporáneos nos lleva a volver a pensar la política arrojada siempre a la novedad y la contingencia.

Bibliografía

Annunziata, R. (2011): "La política de la singularidad de la experiencia". En Cheresky, I.: *Ciudadanía y legitimidad democrática en América Latina*. Buenos Aires: Prometeo-CLACSO.

Calvo, E. y M. Escolar (2005): *La nueva política de partidos en la Argentina. Crisis política, realineamientos partidarios y reforma electoral*. Buenos Aires: Prometeo.

Cheresky, I. (2008): *Poder presidencial, opinión pública y exclusión social*. Buenos Aires: Ediciones Manantial.

Cheresky, I. (Comp.) (2009): *Las urnas y la desconfianza ciudadana en la democracia argentina*. Rosario: Homo Sapiens Ediciones.

Cheresky, I. (Comp.) (2011): "Ciudadanía y democracia continua". En: *Ciudadanía y legitimidad democrática en América Latina*. Buenos Aires: Prometeo Libros.

Laclau, E. (2011): *La Razón Populista*. Segunda Edición. Buenos Aires: FCE.

Leiras, M. (2007): *Todos los caballos del rey. La integración de los partidos políticos y el gobierno democrático de la Argentina, 1995-2003*. Buenos Aires: Prometeo.

Manin, B. (1992): "Metamorfosis de la representación". En Dos Santos, M. (coord.): *¿Qué queda de la representación política?* Caracas: Nueva Sociedad.

Manin, B. (1998): *Los principios del gobierno representativo*. Madrid: Alianza.

Mouffe, C. (2009): *En torno a lo político*. Buenos Aires: FCE.

Novaro, M. (1994): *Pilotos de tormenta. Crisis de representación y personalización de la política en la Argentina reciente (1989-1993)*. Buenos Aires: Ediciones Letra Buena.

Novaro, M. (2000): *Representación y liderazgo en las democracias contemporáneas*. Rosario: Homo Sapiens Ediciones.

Ollier, M. M. (2010): *Atrapada sin salida. Buenos Aires en la política nacional (1916-2007)*. San Martín: Universidad Nacional de Gral. San Martín.UNSAM EDITA.

Quiroga, Hugo (2010): *La república desolada. Los cambios políticos en la Argentina (2001-2009)*. Buenos Aires: Edhasa.

Rodríguez, Darío (2010): "Liderazgo y representación política: una aproximación conceptual". Tercer Encuentro de Discusión de Capítulos de Tesis. Instituto de Investigaciones Gino Germani.

Rodríguez, Darío, (2009): "Un nuevo capítulo de la crisis de los partidos bonaerenses: acción del liderazgo presidencial y fragmentación política en el proceso electoral 2011". En Cheresky, I (comp.): *Las urnas y la desconfianza ciudadana en la democracia argentina*. Rosario: Homo Sapiens Ediciones.

Rosanvallon, P. (2007): *La contrademocracia. La política en la era de la desconfianza*. Buenos Aires: Ediciones Manantial.

Rosanvallon, P. (2009): *La Legitimidad democrática: imparcialidad, reflexividad, proximidad*. Buenos Aires: Ediciones Manantial.

Schmitt, Carl (1991) [1932]: *El concepto de lo político*. Madrid: Alianza Editorial.

Svampa M. y Martuccelli D. (1997): *La plaza vacía. Las transformaciones en el peronismo*. Buenos Aires: Losada.

Fuentes

Diarios y revistas consultadas: *El Día, Clarín, La Nación, Página/12, Perfil, Revista La Tecla* y *Agencia Nova.*

Sitios web consultados: *La Política Online* (www.lapoliticaonline.com.ar).

Entrevistas realizadas: Martín Ferré, Martín Sabbatella, Valeria Amendolara, Fernando Ascencio, Cristina Fioramonti, Hernán Escudero, Viviana Arcidiácono, Horacio Piemonte, Daniel Caferra, Margarita Stolbizer, Ricardo Vázquez, Alfredo Meckievi, Aníbal Assef, Daniel Expósito.

Datos electorales: Junta Electoral de la Provincia de Buenos Aires: www.juntaelectoral.gba.gov.ar.

www.ibarometro.com.ar

Anexo del artículo

Cuadro I. Elecciones 2011. Provincia de Buenos Aires

Resultados Generales 23 de octubre	Presidente		Gobernador		Diputados Nacionales	
	%	votos	%	votos	%	votos
FPV	56,43%	4.841.169	55,07%	4.246.964	57,10%	4.592.054
UDESO	9,69%	830.991	15,86%	1.223.498	11,54%	928.027
FAP	14,93%	1.280.857	11,70%	904.912	12,97%	1.043.163
Nuevo Encuentro			6,50%	501.295		
Frente Popular	7,14%	612.907	5,91%	456.104	6,73%	541.408
Frente de Izquierda	2,74%	234.965	3,08%	237.217	3,55%	285.582
Coalición Cívica-ARI	1,74%	149.595	1,88%	144.668	2,55%	204.917
A. Compromiso Federal	7,33%	629.129			5,56%	447.291
Positivos	95,83%	8.579.613	86,17%	7.712.123	89,84%	8.042.444
Blancos	3,51%	313.957	13,21%	1.182.323	9,55%	855.339
Nulos	0,66%	59.445	0,62%	55.238	0,60%	54.122

Total de votos		8.953.015		8.949.684		8.951.905
Total electores		10.825.440		11.152.684		10.825.440

<u>Fuente</u>: elaboración propia en base a resultados definitivos. Junta Nacional Electoral de la Provincia de Buenos Aires. Ministerio del Interior. Presidencia de la Nación. República Argentina.

Cuadro II. Desempeño electoral de los liderazgos provinciales

	2007-Gobernador	2009 Diputados Nacionales	2011 – Gobernador
Daniel Scioli	FPV 48,24%	FPV 32,24%	FPV 55,07%
De Narváez	U-PRO 14,96 %	U-PRO 34,64 %	UDESO 15, 86 %

<u>Fuente</u>: elaboración propia en base a resultados definitivos. Junta Nacional Electoral de la Provincia de Buenos Aires. Ministerio del Interior. Presidencia de la Nación. República Argentina.

Transformaciones de los formatos partidarios en la democracia argentina: una mirada al PRO desde el ciclo electoral 2011

Gabriela Mattina

1. Introducción

Si se observa atentamente la escena política porteña, es acertado considerarla digna exponente de las nuevas dinámicas que caracterizan a los vínculos de representación, las cuales se presentan en otros distritos del país de un modo más lábil y superpuesto con lógicas de carácter tradicional. A modo de ejemplo, es posible notar que otras provincias exhiben en mayor o menor medida una continuidad más marcada de partidos e identidades políticas de larga data, ya sean de alcance nacional o meramente local –como en el caso de Córdoba o Neuquén–, o bien no consumen masivamente medios de comunicación nacionales –como en el caso de Santiago del Estero. La Ciudad de Buenos Aires revela un contraste en estos y otros aspectos, pues constituye una escena política que, por una parte, conserva cierto grado de autonomía y localismo, pero por otra, se yuxtapone a la escena política nacional: allí reside el Gobierno nacional –lo cual hace de la Ciudad escenario de protestas muchas veces referidas a realidades de otros distritos- y se encuentran instalados los principales medios de comunicación nacionales que los porteños consumen con preferencia a medios de comunicación locales y que otorgan alta visibilidad a los sucesos que acontecen en la Ciudad. A la vez, dichos rasgos se conjugan con la creciente desafección que los porteños manifiestan hacia las identidades políticas tradicionales y su tendencia sostenida a reivindicar en las urnas opciones electorales autónomas o al menos diferenciadas de los gobiernos nacionales de turno.

Dados estos rasgos, no resulta sorpresivo registrar al calor de las secuencias electorales en el distrito un frecuente ascenso y declive de liderazgos de opinión locales y el alumbramiento paralelo de partidos usualmente efímeros y personalizados. De hecho, fuerzas opositoras al gobierno nacional han germinado allí con mayor facilidad que en otros distritos, obteniendo en algunos casos cierto éxito en su proyección nacional. No obstante, ninguno de estos partidos alcanzó el grado de consolidación local ostentado por el partido Propuesta Republicana (PRO) –denominado en sus inicios Compromiso para el Cambio (CpC)- liderado por Mauricio Macri, quien resultó recientemente reelecto en la jefatura de Gobierno porteña. Es pertinente notar, sin embargo, que el PRO no se distingue solamente por haber accedido al Ejecutivo local sino también por haberlo hecho prescindiendo de integrar una coalición con socios de igual o mayor calibre –característica que lo diferencia del FREPASO. Tal especificidad convierte al PRO en un referente empírico de interés cuyo análisis conduce ineludiblemente a un campo de indagación que lo trasciende, aquél que aborda las mutaciones actuales de los partidos políticos: ¿en qué medida el PRO constituye un ejemplo ilustrativo de un nuevo formato partidario resultante de las transformaciones del vínculo representativo?

A lo largo de nuestro recorrido procuraremos explorar una posible respuesta a este interrogante, centrándonos para ello en la visibilización de los rasgos del PRO porteño durante el ciclo electoral de 2011, particularmente en las elecciones locales del mes de julio. En efecto, se torna indispensable remitir al desenvolvimiento de esta fuerza en las escenas electorales, en tanto mojones privilegiados de estructuración de la inestable vida política local donde se revela patentemente la dimensión instituyente de lo político. Es precisamente en las coyunturas electorales donde puede apreciarse el modo de constitución pública del liderazgo de Mauricio Macri, su relación con el PRO y el tipo de funciones que desempeña este partido. ¿Cuál es el peso relativo de Macri, los liderazgos intermedios, los órganos institucionales y las bases del PRO en la toma de decisiones sobre alianzas y candidaturas? ¿Cuáles son los criterios que orientan tales definiciones? ¿Cuáles son las identificaciones que se procuran suscitar a fin de conquistar al creciente electorado en disponibilidad? ¿Se encuentran estas identificaciones centradas en el líder o en el partido? ¿Cuál es el rol organizativo que el partido despliega durante la campaña? ¿En qué contexto compite electoralmente el PRO? ¿Cómo se contraponen las apelaciones del PRO con las de fuerzas políticas rivales? ¿Supone alguno de estos elementos una novedad respecto de modalidades pasadas de representación política? De este modo, procuraremos combinar un enfoque procesual que dé cuenta de rasgos generales y tendencias de largo alcance en el desarrollo de esta fuerza política con un abordaje sincrónico que nos permita observar la interrelación de esos elementos en una coyuntura electoral crucial como la de 2011, en la cual se puso en juego la supervivencia del espacio macrista *in toto*. Con esta premisa, presentaremos en primer lugar las principales categorías conceptuales que pondremos en juego a la hora de analizar al PRO. En el apartado siguiente trataremos aspectos históricos, morfológicos e identitarios relativos a esta fuerza política. A continuación expondremos el desarrollo del ciclo electoral de 2011, resaltando en él los rasgos adoptados por el PRO. En último lugar, presentaremos las conclusiones e interrogantes abiertos que resulten del presente artículo.

2. Algunas distinciones conceptuales

El marco conceptual en el que se inscribe el presente artículo abreva de las reflexiones provistas por autores como Bernard Manin (1998), quien postula el desarrollo de una serie de transformaciones del formato representativo en las democracias contemporáneas. Según este teórico, nos hemos adentrado en una "democracia de audiencia" protagonizada por liderazgos que instituyen identificaciones políticas en el electorado, el cual define su voto como reacción a los acontecimientos contingentes observables en el escenario político. En estas circunstancias, los medios de comunicación resultan de capital importancia como foros de discusión pública y herramientas de contacto directo entre políticos y votantes. Con sus matices, los autores que citamos en el presente apartado argumentan que en el contexto actual se han dado cambios en las funciones, organización y formato general de los partidos políticos, mas no su desaparición como tales.

Puede suponerse, entonces, que diversos partidos políticos han emprendido un camino de adaptación al contexto descripto, sufriendo modificaciones en sus funciones y formato. En principio, cabe señalar que suele adscribirse a los partidos dos tipos de funciones: una procedimental o institucional y otra representativa o social. Según Bartolini y Mair (2001: 330), la primera refiere al "reclutamiento de líderes políticos y la organización del parlamento y el gobierno" [traducción propia] y la segunda a la "articulación y agregación de intereses y formulación de políticas" [traducción propia]. Por una parte, estos autores señalan que los partidos políticos continúan desempeñando una función procedimental, es decir, se encargan del reclutamiento de líderes –ya sean futuros dirigentes políticos o personal administrativo– y la organización del gobierno. En consonancia con este argumento, Cheresky (2006: 12) indica que los partidos políticos permanecen como un componente ineludible de la vida política en tanto constituyen vehículos de competencia electoral. No obstante, éstos y otros autores (Mair y Katz, 2002; Bartolini y Mair, 2001; Cheresky, 2006) coinciden en anunciar el declive de la función representativa de los partidos: estos colectivos ya no organizan la vida política ni traducen en políticas públicas los intereses de sectores ciudadanos determinados, puesto que una gran parte del electorado ya no se encuentra alineada tras un sello partidario. En términos de Manin (1998), han dejado de existir identidades partidarias que pervivan desde la cuna hasta la tumba y orienten la decisión del voto reflejando divisiones estables en el electorado. Como consecuencia, se produce un debilitamiento de las identificaciones políticas, las cuales son instituidas precariamente por liderazgos que subyugan instrumentalmente a las estructuras partidarias. Cheresky (2006: 22) elabora las características de estas figuras y las denomina liderazgos de popularidad, entendidos como aquellos que "están sostenidos en la opinión pública por una relación directa con ella, que han ganado elecciones o son competitivos en ellas y cuyo poder proviene, en consecuencia, de esa fuente decisiva en las sociedades democráticas". Según el autor, estas personalidades se constituyen como líderes en la arena mediática, donde entablan una relación directa con una ciudadanía crecientemente independiente de las identidades políticas tradicionales y concitan su adhesión sobre la base de imágenes.

¿Qué tipo de transformaciones se han operado en la fisonomía de los partidos políticos a la luz del contexto actual? Uno de los formatos partidarios que parece ajustarse a los nuevos modos de representación es el ya clásico "partido electoral-profesional" conceptualizado por Panebianco (1988). Este tipo ideal se caracteriza por su baja densidad organizativa, la clase de campañas electorales en las que se involucra -las cuales no descansan tanto en la movilización de seguidores sino en la presencia mediática de apelaciones de bajo contenido ideológico- y la centralidad del atractivo personal como criterio de definición de candidaturas y aspecto clave de las campañas electorales. Por su parte, Mair y Katz (2002) remarcan el proceso de creciente estatalización de los partidos políticos, producto de la disminución de las dimensiones y el compromiso de las bases partidarias y la consecuente necesidad de acceso a los recursos financieros estatales para asegurar la supervivencia de los partidos políticos. Todo ello puede desembocar en una interpenetración total entre el Estado y estos últimos, que acaban por convertirse en "partidos cartel" o agencias semiestatales compuestas por profesionales más que asociaciones o militantes convencidos. Es menester notar que los autores conceden un carácter procesual a la estatalización, con lo cual ésta puede afectar a un partido sin convertirlo inmediatamente en un "partido cartel". De hecho, la estatalización de los partidos políticos concuerda con las mutaciones que Katz y Mair (1993 y 2002) observan en la composición e interacción de tres facetas partidarias: la institucional (*party in public office*), que comprende a los miembros del partido en el Poder Legislativo o Ejecutivo; la social (*party on the ground*), integrada por miembros, activistas y votantes leales del partido y, por último, la organizativa (*party in central office*), la cual se encuentra compuesta por el liderazgo de la organización partidaria. Los autores verifican una creciente primacía de la faceta institucional por sobre la social y la organizativa: en pocas palabras, la concentración de mayores recursos de poder en aquellos miembros del partido que se desempeñan en el Estado.[1] Por último, cabe mencionar que, en línea con la argumentación de Katz y Mair, Gerardo Scherlis (2009) postula la emergencia del denominado "partido estatal estratárquico de redes" encabezado por un liderazgo autónomo y dominante en torno al cual se anudan redes fluctuantes de tipo profesional y territorial, siendo las primeras necesarias para la gestión de los asuntos públicos y las segundas para la realización de intercambios particularistas con el electorado.

Ahora bien, el reconocimiento de tamañas mutaciones funcionales y organizativas en los partidos políticos podría conducirnos a anunciar su desaparición: no obstante, con ello incurriríamos en un error, al confundir lo que un partido es con lo que un partido hace (Bartolini y Mair, 2001). Múltiples nociones de partidos políticos incluyen en ellas elementos que hacen a la denominada "función representativa" de articulación y agregación de intereses, conllevando así a erigir los rasgos de los partidos de masas como definitorios de los partidos políticos como tales y a deducir de ello un declive de estos últimos. Por el contrario, a los efectos del presente artículo procuraremos hacer uso de una definición poco restrictiva como la de Sartori, quien sostiene que "un partido es cualquier grupo político que se presenta a elecciones y que a través de ellas puede colocar a sus candidatos en cargos públicos" (1980: 92).[2] De este modo, es factible subsumir en dicha definición a una multiplicidad de formatos partidarios, incluyendo aquéllos que difícilmente se acercan al modelo de partido de masas.

---

[1] Vale aclarar que si bien es necesario considerar que las conceptualizaciones de los autores se enfocan en el desarrollo de los partidos políticos en Europa occidental, no por ello pierden valor heurístico a la hora de aprehender el formato de las organizaciones partidarias en otras latitudes.

[2] Asimismo, creemos correcta la enmienda que Mainwaring y Scully (1995: 2) realizan a esta definición, indicando que "un grupo político que presentaría candidatos a elecciones pero es incapaz de hacerlo ya sea porque está proscripto o porque no se realizan elecciones, es también un partido".

Es nuestra intención aproximarnos al análisis de los rasgos del PRO poniendo en juego las categorías conceptuales suscintamente descriptas en el presente apartado. ¿Puede considerarse al PRO como un partido político? ¿Cuáles son las funciones que cumple? ¿A qué tipo/s ideal/es de partido político se acerca? ¿Cuáles son las características y cómo se interrelacionan sus facetas social, organizativa e institucional? ¿Mantiene el partido una relación autónoma o heterónoma respecto de su líder? ¿Cuáles son las apelaciones mediante las cuales líder y partido procuran generar lazos de identificación en la ciudadanía?

3. Génesis, desarrollo y constitución actual del PRO

3.1. Breve biografía de una fuerza política post-2001

Los orígenes del PRO se remontan hacia fines de 2001, con la activación de las ambiciones políticas del entonces presidente de Boca, Mauricio Macri, y el posterior aglutinamiento en torno a su figura de sus colaboradores más cercanos –tales como Nicolás Caputo, José Torello y Néstor Grindetti, entre otros. El momento genético del PRO suele ser simbolizado por la creación de la Fundación Creer y Crecer, la cual nucleaba los equipos técnicos que otorgarían verosimilitud a las eventuales candidaturas de Mauricio Macri y del empresario Francisco De Narváez a la jefatura de Gobierno porteña y la gobernación bonaerense, respectivamente, nutriéndolas de potenciales cuadros gubernamentales y diseños de políticas públicas. La fundación reclutaba típicamente a profesionales de nula o cuasi nula experiencia política y sumaba además la colaboración de técnicos provenientes de otro *think tank* encabezado por Horacio Rodríguez Larreta, Grupo Sophia, cuyos integrantes no disponían de experiencia en la ocupación de cargos electivos pero sí habían trabajado en el sector público (particularmente en la ANSES, el PAMI y el Ministerio de Desarrollo Social de la Nación). Es válido acotar que si bien parte de la estructura de la Fundación Creer y Crecer desempeñaba su trabajo en condición *ad honorem*, los cuadros más importantes de la institución tenían un carácter rentado. En este aspecto, el partido en incubación constituía una llamativa excepción a la creciente dependencia que según Mair y Katz (2002) los partidos políticos experimentan actualmente respecto de los recursos financieros estatales como fuente de supervivencia. De hecho, Scherlis (2009: 151) señala esta particularidad, puesto que esta fuerza política constituía, en sus palabras, "una pequeña organización de participación rentada con recursos no estrictamente estatales". Dicha estructura de financiación se asentaba sobre aportes privados provenientes en gran medida de las arcas de sus dos máximas figuras.

Al aproximarse las elecciones nacionales de 2003, el desacuerdo manifestado por Macri y De Narváez en torno a una posible candidatura presidencial del primero derivó en el quiebre de su sociedad política. Mientras el ex propietario de Casa Tía bregaba por esta postulación, el presidente de Boca Juniors prefería esperar prudentemente a otra elección futura. Como consecuencia, los cuadros técnicos captados hasta el momento se escindieron en dos: aquellos especializados en temáticas nacionales, que acompañarían a De Narváez en su nueva Fundación Unidos del Sud y aquellos abocados a las problemáticas porteñas, que se mantendrían al servicio de Mauricio Macri conservando el nombre "Creer y Crecer". A su vez, fueron incorporándose progresivamente al espacio político macrista fragmentos de redes en disponibilidad de amplia experiencia política que ya habían acompañado a otros líderes de opinión en el pasado y se encontraban a la búsqueda de una figura cuyo caudal de popularidad les permitiese acceder a la estructura estatal local. Por su parte, podrían coadyuvar a la victoria de tal candidato mediante su presencia territorial y su capacidad de desarrollar intercambios particularistas con el electorado. Dichas redes estaban compuestas por sectores del justicialismo y radicalismo porteños y por pequeños partidos de muy escaso capital electoral (tales como el Partido Federal, el Partido Demócrata y el Partido Demócrata Progresista). Dichas incorporaciones invistieron al partido en formación de un perfil coalicional -a tono con otros armados políticos porteños- que aparecía públicamente como el mismo Macri entablando un diálogo con diversos actores partidarios, tanto externos como internos a su propia fuerza política (Mauro, 2008), la cual tomaría el nombre de Compromiso para el Cambio.

El partido recibió un fuerte golpe en su debut electoral de 2003, cuando Aníbal Ibarra resultó reelecto como jefe de Gobierno en el *ballotage* que lo había enfrentado a Mauricio Macri. En ocasión de las elecciones legislativas de 2005, CpC conformó un frente electoral con el partido Recrear para el Crecimiento y otras fuerzas de menor peso denominado "Alianza Propuesta Republicana". Esta alianza derivó en la fusión de CpC y Recrear en el partido Propuesta Republicana (PRO), luego de que las nuevas autoridades del partido fundado por López Murphy —electas en una polémica interna en 2008- aprobasen tal confluencia. Cabe señalar que las tendencias coalicionales externas del partido encabezado por Mauricio Macri se han atenuado al progresar las elecciones locales, como producto del moderado crecimiento de sus redes propias y de la favorable fusión con Recrear, que aseguró al macrismo estructuras de alguna organicidad en otros distritos del país pero a la vez incrementó la heterogeneidad del partido, esto es, sus tendencias coalicionales internas.[3]

3.2. Una aproximación morfológica al PRO

De acuerdo con la definición provista anteriormente, el PRO efectivamente constituye un partido, dado que es un grupo político que se presenta a elecciones, colocando así a sus candidatos en cargos públicos. No obstante, existen actores individuales y colectivos formalmente no pertenecientes al partido que interactúan permanente o intermitentemente con él y que acompañan la empresa política de Mauricio Macri. En consecuencia, es posible referirse al PRO en dos sentidos: a) como partido político compuesto por su cuerpo de afiliados o b) como espacio político flexible y de límites porosos, conformado por redes que incluyen pero a la vez exceden al PRO, ya que también engloban a partidos aliados (como el Partido Demócrata y el partido Demócrata Progresista), dirigentes afiliados a otros partidos (como es el caso de sectores del peronismo, el radicalismo y el Partido Federal) y fundaciones (tales como la Fundación Pensar y el Grupo Sophia). A lo largo del presente trabajo utilizaremos el apócope en su primera acepción, salvo cuando indiquemos expresamente lo contrario.

Atendiendo a la distinción analítica presentada por Katz y Mair (1993), es posible estudiar a esta fuerza política en sus tres facetas:

a) Como *party on the ground*, el PRO ha expandido modestamente su cuerpo de militantes en el distrito, en mayor medida debido al crecimiento del sector transversal denominado "Jóvenes PRO". No obstante, la militancia del macrismo no se agota en lo partidario. En primer lugar, no todos los militantes involucrados en las actividades de campaña electoral poseen un carácter permanente –característica definitoria del *party on the ground* (Katz y Mair, 1993)- sino que muchos de ellos participan de la campaña temporariamente. En segundo lugar, también puede observarse la presencia de militantes aglutinados en torno a liderazgos intermedios de filiación radical o peronista con alguna implantación territorial previa, que no se encuentran afiliados al partido e incluso se dan a sí mismos una organización separada de éste. De hecho la afiliación no constituye un requisito necesario para el desarrollo de tareas territoriales, el ingreso a la militancia partidaria[4] e incluso

---

[3] Para un análisis pormenorizado de las campañas de 2003, 2005, 2007 y 2009, ver Mauro (2005), Mauro y Montero (2006), Mauro (2009) y Mattina (2009).

[4] Jóvenes PRO incorporó a su carta orgánica la figura del adherente, bajo la cual se engloba a los nuevos ingresantes hasta que éstos crean conveniente afiliarse.

la integración de listas electorales. La inexistencia de elecciones internas para la selección de autoridades y la débil actividad de órganos partidarios no hacen más que reafirmar la escasa importancia de la figura del afiliado.[5] Es posible rastrear este punto en las palabras de nuestros entrevistados:

> Nadie me exigió que me afilie. (…) Fue muy sano, fue elegir en dónde militar, y que me dieran ese tiempo. (…) Y me lo tomé, no es que estaba todos los días pensando "¿me afilio o no me afilio?", la verdad es que ni me lo había planteado. Llegó un momento que (…) me acordé y dije: "¡claro, yo nunca me afilié! ¿Me quiero afiliar o no? Sí, me quiero afiliar".
> (Entrevista a legisladora PRO)

> Creo que los afiliados no representan ni al partido ni a la cantidad de gente que adhiere. (…) Casi que es una exigencia, o es algo que viene por historia, pero la verdad que no representa nada. (…) Hay un montón de funcionarios que participaban activamente en la campaña. Yo no sé cuántos de esos funcionarios llenaron la ficha de afiliación del PRO. (…) ¿Son más, menos PRO? ¿Se sienten más, menos incluidos? Me parece que la cosa va por otro lado.
> (Entrevista a legisladora PRO).

b) En cuanto al PRO porteño como *party in central office*, cabe destacar su delgada estructura, ya que dispone de un menor número de cargos partidarios en comparación con las estructuras locales de otros partidos y prácticamente carece de autoridades partidarias que no ejerzan a su vez cargos en el Poder Ejecutivo o Legislativo locales. Asimismo, las autoridades del PRO son definidas en última instancia por Mauricio Macri y refrendadas formalmente por el resto del partido. Ello es también un elemento que da cuenta de la concentración de facultades decisorias en el liderazgo partidario, presumiblemente debida al capital político propio constituido por la popularidad del ex presidente de Boca. Como consecuencia, las dificultades que el *party in central office* enfrenta para autonomizarse y crecer se ven retroalimentadas: por una parte, las reuniones partidarias se tornan cada vez más irrelevantes; por otra parte, la construcción partidaria queda relegada a un segundo plano ante la escasez de dirigentes y las restricciones del trabajo ejecutivo o legislativo. Nuestros entrevistados dan cuenta de esta situación:

---

[5] Según Katz y Mair (1993), tal fenómeno es fruto de la sostenida tendencia ciudadana a no participar de los partidos políticos. Tanto a modo de causa como de consecuencia, las subvenciones estatales han adquirido un lugar privilegiado como fuente de financiamiento partidario, lo cual vuelve menos necesario el aporte de cuotas individuales.

> La mesa directiva del partido es una formalidad que exige la ley.
> (Entrevista a funcionario GCBA)

> No me parece que alguna reunión a la que yo no asista vaya a modificar sustancialmente el contenido de la reunión. (…) Porque este espacio se volvió en este tipo de cosas muy previsible. (…) Nos estamos viendo todo el tiempo todos. (…) Hay otra lógica de funcionamiento.
> (Entrevista a legisladora PRO)

c) En lo referido al PRO en tanto *party in public office*, prácticamente todos los cuadros políticos más destacados de la Fundación Creer y Crecer y CpC pasaron a integrar las filas de la Legislatura local y, luego de 2007, del Gobierno de la Ciudad,[6] junto con integrantes de otros sectores del macrismo por fuera del PRO y personal técnico-político[7] reclutado por contactos con el sector privado o bien atraído por alguno de los *think tanks* que integran el espacio macrista. Esta composición refuerza por una parte la centralidad de los objetivos de gobierno y el carácter secundario de la construcción partidaria. En palabras de nuestros entrevistados:

> Originariamente los primeros locales del PRO central eran muy importantes, que es donde (…) está todo el PRO, está la fundación, está la organización territorial, el área del partido nacional (…). La organización cambió un poco. Supongo que debe influir también el hecho de que muchos de los funcionarios del PRO están como funcionarios de gobierno, entonces están desparramados por todos lados

[6] Puede afirmarse que el sector legislativo del *party in public office* se encuentra en una posición subordinada al sector ejecutivo del mismo, encabezado por el líder del espacio, Mauricio Macri. De ello da cuenta la consistente disciplina partidaria que el bloque PRO exhibe en la legislatura porteña y la aceptación prácticamente incuestionada de los vetos ejercidos por el Poder Ejecutivo local a diversas leyes impulsadas o votadas unánimemente por el bloque.

[7] Según Scherlis (2009) resulta dificultoso establecer una diferencia tajante entre el personal técnico y el político, puesto que muchos técnicos presuntamente apolíticos terminan por encabezar listas o integrar lugares destacados en ellas. Gran parte de nuestros entrevistados manifiesta haber realizado un recorrido similar, tal como se observa en el siguiente ejemplo:

> Y la verdad es que ahí me empecé a enganchar, viendo cómo era toda la relación entre esta gente, los equipos técnicos (…) Me empecé a familiarizar y la vivencia que pasé fue genial, porque arranqué antes de que se formalice la creación del partido Compromiso para el Cambio, por lo cual estuve desde el inicio y vi toda la rosca de lo que es habitualmente la generación de un partido (…) sin tomar dimensión todavía de que yo estaba iniciando una carrera política.
> (Entrevista a legisladora PRO)

y no estamos todos concentrados en un sólo lugar, como estábamos antes. Antes estábamos todos ahí porque era el único lugar que teníamos para estar."
(Entrevista a diputado PRO)

En la vorágine de la gestión de gobierno y legislativa es muy difícil congeniar el crecimiento en cuanto a partido político con la responsabilidad que uno tiene desde la gestión. (…) Lo comparo con un niño que empieza a caminar y al poco tiempo que empieza a caminar tiene que correr una maratón, me parece que un poco nos pasa eso.
(Entrevista a legisladora PRO)

Por otra parte, es llamativo el importante papel de fundaciones y organizaciones no partidarias como semilleros de cuadros de gobierno. Según uno de nuestros entrevistados, el reclutamiento inicial de personal a través de una fundación constituye un modelo de formación de cuadros -replicable en otros distritos- que responde a la aprehensión ciudadana suscitada por el involucramiento directo en partidos políticos:

Hay mucha gente que quiere acercarse a hacer cosas y le tiene miedo a la política. Y el vehículo fundación, por cómo son las estructuras de la fundación y porque son técnicas, en un principio, le da menos temor.
(Entrevista a funcionario GCBA)

Los rasgos descriptos delinean, entonces, un partido cuya débil faceta organizativa no supervisa ni controla a la faceta institucional en representación de la delgada faceta social. Esto podría deberse a la superposición entre la faceta institucional y la organizativa, con una clara predominancia y visibilidad de la primera por sobre la segunda. De hecho, estos elementos conforman indicios del creciente proceso de estatalización que el PRO se encuentra atravesando.

3.3. ¿Mosaico o crisol? Observaciones sobre algunos aspectos identitarios

Resultaría erróneo concebir al PRO -entendido en su doble acepción de partido y espacio político- como un actor identitariamente unitario, puesto que se encuentra compuesto por una multiplicidad de individuos y grupos que se autodefinen y posicionan de un modo considerablemente heterogéneo. De hecho, en tal variedad son rastreables las huellas de las apelaciones antipolíticas y la fragmentación de las identidades tradicionales que marcaron contextualmente el momento genético de esta fuerza política. Aunque otras discriminaciones son posibles, es posible diferenciar dos grandes grupos de redes del espacio: I) Figuras de prácticamente nula experiencia política previa que propulsan apelaciones antiideológicas, anticonfrontativas, eficientistas y tecnocráticas, entre las cuales se incluyen profesionales provenientes del sector privado, activistas de la sociedad civil y jóvenes que se incorporaron al espacio siendo estudiantes o graduados recientes; II) Figuras con experiencia o fuertes identidades políticas previas, entre las cuales pueden distinguirse: 1) Radicales referenciados en la figura extrapartidaria de Daniel Angelici –actual presidente del club Boca Juniors- que todavía se encuentran afiliados a la UCR; 2) Peronistas divisibles en dos grupos sobre la base de sus trayectorias previas: a) Nucleados en torno de un líder intermedio peronista y generalmente afiliados al PJ, tales como aquéllos que encuentran su referente en Diego Santilli o Cristian Ritondo. Sobre todo en el caso de este último, su reivindicación de la identidad peronista se traduce en el establecimiento de agrupaciones propias al interior del espacio macrista. Asimismo, no sólo antagonizan con el kirchnerismo en general, sino también con el PJ porteño en particular, pues la conducción de este último se inscribe –aunque débilmente- en el armado kirchnerista; b) Referenciados ya sea en un líder intermedio no peronista o en la propia figura de Macri y en algunos casos afiliados al PRO; 3) Dirigentes provenientes de Recrear, incorporados partidariamente al PRO luego de la fusión entre su fuerza de origen y CpC; 4) Miembros de pequeños partidos de baja relevancia electoral en la Ciudad (tales como el Partido Federal, el Partido Demócrata o el Partido Demócrata Progresista).

Creemos interesante detenernos por un momento en el modo en que los miembros del espacio se perciben a sí mismos y a otros. En primer lugar, hemos registrado una multiplicidad de definiciones en torno a quiénes se engloban en el PRO y quiénes son figuras aliadas, tal como se advierte en los siguientes fragmentos de entrevistas:

> Gabriela: Pero cuando vos hablás de peronistas y radicales, ¿están fuera del PRO?
>
> Entrevistado: Del partido sí. Yo no podría ir nunca a una mesa de conducción del partido radical. Pero como aliados sí… generamos… coordinamos todo el tiempo.
>
> (Entrevista a legisladora PRO)

> A partir de ahí se empiezan a sumar los aliados peronistas, los aliados radicales, los del PDP, los del Partido Federal.
>
> (Entrevista a legislador PRO)

> Los aliados de Macri le hemos hecho un gran aporte.
> (Entrevista a funcionario GCBA)

> Nosotros venimos de una historia común. Digo, para nosotros, por más inclusive que haya aliados, ¿no? (…) Yo no puedo decir hoy que Cristian Ritondo sea "un aliado del PRO", digo "Cristian es PRO". No puedo decir que Zago sea "un aliado del PRO", digo, Zago tiene una historia radical, Ocampo tiene una historia radical, pero esta historia PRO es absolutamente compartida, y es de todos.
> (Entrevista a legisladora PRO)

De hecho, esta propia diversidad de perspectivas constituye un dato en sí mismo, porque da cuenta de la polisemia que caracteriza al término PRO: mientras algunos entrevistados lo conciben como un espacio que no se circunscribe a lo partidario, otros lo entienden como un partido con bordes institucionales definidos. No obstante, es posible destacar algunas regularidades en la autopercepción de nuestros entrevistados que se vinculan a los grupos enumerados previamente. Mientras los entrevistados pertenecientes al grupo II se definen fácilmente como "políticos" y reniegan de la idea de "nueva política", los entrevistados pertenecientes al grupo I se definen a sí mismos como *outsiders* que incurren en política pero no por ello se convierten en "políticos" –muchos de ellos incluso acentúan sus características de cercanía con "la gente" o "los vecinos".

> No creo mucho en el concepto de la "nueva política". Yo creo en un concepto moderno de hacer política, que son dos cosas diferentes. (…) Son cosas que creo que no hay que ponerlas como si algo fuera nuevo y viejo, porque hay mucha gente que (…) viene de militancia desde hace muchos años y que entiende que hoy hay (…) una forma moderna de hacer política y se ha aggiornado a eso, y hay otros que son jóvenes que podrían ser de la "nueva política" porque asumen ahora y tienen una manera, digamos, muy cerrada de hacerlo (…).
> (Entrevista a legislador PRO)

> Por más que yo te digo "la gente", en realidad nosotros nos sentimos parte de la gente, no son "la gente" y "nosotros". Si vos analizás el discurso de los funcionarios de la política, todos hablan del "otro". El discurso de Cristina, es lo que ella está haciendo por 40 millones de argentinos que están del otro lado. Todos generan esa división de "la gente esto", "el vecino esto" (…). La gran diferencia es que nosotros nos sentimos parte de eso. Las medidas que nosotros tomamos me afectan a mí. Yo tengo un contenedor en la puerta de mi casa. Yo tengo una ciclovía que pasa a tres cuadras de mi casa. (…) Yo creo que una de las principales

> cosas que nos ha pasado a nosotros en la Argentina es hablar de la "clase dirigente", la "clase política", como si fuera una clase aparte. (…) ¿Vos te acordás de la teoría de conjuntos? (…) A mí me parece que la clase política era eso, era un conjunto que no estaba incluido ni intersectaba ni nada con el otro grupo que son, somos, los ciudadanos.
> (Entrevista a legisladora PRO)

La heterogeneidad identitaria descripta y el reconocimiento de la creciente gravitación y visibilidad pública del grupo II[8] repercutieron progresivamente en las declaraciones públicas de Mauricio Macri e importantes líderes intermedios del espacio. Las presentaciones públicas más tempranas del PRO correspondían a las percepciones del grupo I:

> La Argentina necesita más política y menos políticos.
> (Declaraciones de Mauricio Macri a *Gente*, 20/11/2001)

> Nosotros no somos así; somos la nueva política.
> (Declaraciones de Mauricio Macri a *La Nación*, 20/8/2003).

Por el contrario, si bien el tipo de apelaciones anteriores no ha desaparecido completamente, la autodefinición actual que los integrantes del PRO brindan de cara a la ciudadanía comienza a incorporar una imagen de "pluralidad",[9] no entendida como un déficit sino como un *plus*. En palabras de Mauricio Macri:

> El PRO está generando que mucha gente que no participa en política se sume y también se suman muchos peronistas, algunos radicales, de partidos del centro y eso es lo que le da dinámica al PRO: la combinación de gente nueva con gente con experiencia.
> (*La Tecla*, 15/5/2010).

---

[8] Este conjunto de redes, sobre todo aquellas pertenecientes al subgrupo 2a, disponen de una incidencia cada vez mayor en la definición e integración de nóminas electorales, el control de posiciones de relevancia en el bloque legislativo del PRO y la designación de funcionarios gubernamentales.

[9] De hecho, la idea de pluralidad ha sido empleada como herramienta argumentativa a fin de enmarcar positivamente lo que podría interpretarse como tensiones o insuficiencias (vetos del Poder Ejecutivo a leyes votadas por el bloque PRO, indecisiones en la determinación de candidaturas locales, la ausencia de un apoyo formal a uno u otro candidato en categorías electorales en las que el PRO no se presenta).

4. El PRO a la luz del ciclo electoral 2011

Durante el transcurso del año 2011, los porteños asistieron cuatro veces a las urnas con motivo de las elecciones locales y nacionales:[10] el presente apartado se dedicará especialmente a ponderar en qué medida el desenvolvimiento del PRO en los momentos de composición de la oferta electoral y desarrollo de la campaña remite a un nuevo formato partidario. No obstante, también procuraremos analizar el desempeño de otros actores políticos relevantes en estas coyunturas, puesto que resultaría imposible caracterizar debidamente la *performance* del PRO sin aludir a la escena político-electoral en la que ésta se enmarca y que resulta producto de una pluralidad de acciones no coordinadas impulsadas por diversas fuerzas políticas.

4.1. Las elecciones porteñas de julio: una prueba de fuego para el oficialismo local

4.1.1. ¿Consolidación local o apuesta nacional? Definición de la oferta electoral del PRO

La coyuntura empujaba a Mauricio Macri hacia una disyuntiva estratégica cuya resolución determinaría la suerte de las listas de su espacio. Se le presentaban dos caminos posibles: uno de ellos era su postulación a la presidencia de la Nación y la de uno de los líderes intermedios del PRO a la jefatura de Gobierno porteña. La segunda opción consistía en perseguir su reelección en el Ejecutivo local, relegando tanto las pretensiones de otros referentes de su espacio por sucederlo como su propio y largamente anhelado deseo de ocupar el sillón de Rivadavia.

A principios de 2011 el primer curso de acción aparentaba afirmarse en declaraciones públicas del propio Macri y el resto de integrantes de su partido, al interior del cual se implementó un mecanismo informal de selección de candidatos en el que vale la pena detenernos. El mismo consistió en una ronda de reuniones en las cuales no sólo los referentes máximos del

---

[10] Las primeras se iniciaron el día 10 de julio, cuando se celebró la primera vuelta de la elección a jefe y vicejefe de Gobierno, se renovaron 30 de los 60 escaños que componen la Legislatura local y se eligieron por primera vez autoridades comunales (15 juntas comunales integradas por siete miembros cada una). El 31 de julio tuvo lugar la segunda vuelta que definió la victoria de Mauricio Macri y María Eugenia Vidal en la elección ejecutiva local. Por otra parte, las Primarias Abiertas, Simultáneas y Obligatorias (PASO) y las elecciones generales para presidente de la Nación y doce diputados nacionales correspondientes a la Ciudad de Buenos Aires se llevaron a cabo el 14 de agosto y el 23 de octubre, respectivamente.

espacio sino también altos funcionarios, diputados y legisladores del PRO discutieron la conformación de la fórmula ejecutiva local. El más visible de estos encuentros tuvo lugar en el *Buenos Aires Design Center*, donde Horacio Rodríguez Larreta y Gabriela Michetti, principales aspirantes a la candidatura a jefe de Gobierno, expusieron sus intenciones y propuestas frente a Mauricio Macri y los miembros del espacio. Puede afirmarse que este procedimiento reveló cierta ambigüedad, en tanto que, si bien amplió la participación en los debates sobre candidaturas, no derivó sin embargo en una desconcentración de las prerrogativas decisorias ostentadas por Macri, puesto que los encuentros no concluían en ninguna definición legalmente vinculante. Cabe mencionar, a la vez, que dicha competencia exhibió las dificultades que un partido tan dependiente de su máxima figura enfrenta a la hora de engendrar liderazgos intermedios "integrales", es decir, que conjuguen el apoyo amplio de las redes que componen el partido y la detentación de niveles de popularidad indiscutidos: mientras Rodríguez Larreta concentraba sus fortalezas en el primer aspecto y padecía su debilidad en el segundo, la situación de Michetti era exactamente inversa. Por otra parte, esta definición visibilizó la heterogeneidad del espacio macrista –puesto que los referentes de los más variados sectores se vieron obligados ya sea a pronunciarse a favor de un candidato u otro, ya sea a expresar su neutralidad en la contienda.[11]

No obstante, el ex presidente de Boca revirtió posteriormente su decisión inicial de jugar por la presidencia de la Nación y prefirió buscar su reelección en la Ciudad, pese a la presión que la mayor parte del PRO ejercía en sentido contrario. Tal como lo relata un entrevistado:

> La mayoría de la dirigencia internamente lo invitábamos a Mauricio a ir a la nacional. Sabíamos que no podía ganar, pero entendíamos que quedaba muy bien posicionado para discutir en 2015. El temor era no ganar la Ciudad (…) Cuando Mauricio decide ir a la Ciudad en vez de a la nacional, una noche se

---

[11] No obstante, la expresión de estas tendencias internas no se asoció a cuestionamientos a la conducción del partido ni derivó en la fractura del mismo, tal como sucedió con la definición de listas de Proyecto Sur, cuyo líder, Solanas, no registraba los mismos niveles de popularidad que en 2009. La alianza Movimiento Proyecto Sur se encontraba compuesta por el Partido Socialista Auténtico (PSA), Buenos Aires Para Todos (BAPT), Movimiento Socialista de los Trabajadores, Partido Socialista, Generación para un Encuentro y Movimiento Libres del Sur. Dicho frente atravesaba fuertes tensiones entre el grupo favorable a la conducción de Solanas (sus allegados más cercanos sumados a pequeñas fuerzas como PSA y MST) y aquél que procuraba una desconcentración del poder de decisión del cineasta (BAPT y Movimiento Libres del Sur). Estas desavenencias no hicieron más que agudizarse con el favorecimiento del primer grupo en la definición de listas, lo cual derivaría en una fractura del espacio hacia agosto.

hizo una reunión (…). Pero hay un punto donde la decisión de él vale todos los votos del partido.
(Entrevista a funcionario GCBA)

Otra entrevistada afirma, en el mismo sentido, que Macri:

(…) escucha, llama, pero la decisión después la toma él y su grupo más cercano.
(Entrevista a asesora PRO)

La determinación del jefe de Gobierno fue adoptada en un contexto de bajos índices de intención de voto a su figura frente a la victoria apabullante que las encuestas predecían a C. Kirchner y los consecuentes obstáculos que se alzaban ante la conformación de una alianza nacional competitiva. De no producirse este viraje necesario, Macri enfrentaría un certero problema de posicionamiento político, pues su imagen –en otras palabras, su principal capital político- se asociaría a una fuerte derrota electoral nacional. Y todavía peor, en el caso de no lograr reasegurar el distrito, se verían amenazados la supervivencia y crecimiento del PRO, el cual quedaría privado además de su principal plataforma de soporte institucional y visibilidad nacional. A ello se orientaban los argumentos de varios entrevistados:

La sensación era que si se llegaba a perder la elección nacional y se perdía el distrito el proyecto nacional del PRO iba a estar en riesgo extremo, ¿no? En cambio, conservando el distrito hay una base de discusión institucional en el nivel superior de la política.
(Entrevista a diputado PRO)

Con un paraguas de "Mauricio Presidente", hoy hay toda una estrategia de política muy bien definida, de lo cual la gestión es una pata, es una pata importante. Hoy cualquier acción de gobierno está decidida por un tamiz que es la gestión, los vecinos de la Ciudad y el país.
(Entrevista a funcionario GCBA).

Como mencionamos anteriormente, el PRO no se encuentra exento del proceso de estatalización de los partidos políticos, el cual va de la mano del ascendiente de la faceta institucional de los mismos. Sin embargo, esta última depende de fuerzas extrapartidarias –en este caso, electorales- para asegurar la continuidad de su existencia corporativa e individual (Katz y Mair, 1993): de allí la importancia de las elecciones como mecanismos de acceso o exclusión de los recursos estatales. En suma, se evidencia nítidamente el carácter doblemente heterónomo de esta fuerza política. Por una parte, los recursos de tipo organizativo e institucional del PRO se encuentran en gran medida sujetos a la reproducción de la legitimidad de la figura de Macri en el marco de las coyunturas electorales:[12] en boca de un entrevistado, el PRO es un espacio "macridependiente". Por otra parte, el acceso a la estructura estatal significa para el PRO el control de la Ciudad, la cual constituye el anclaje de una construcción política entendida en términos de penetración organizativa. En otras palabras, se procura la consolidación local como lugar de visibilización de la gestión y consecuente legitimación política, para luego emprender una expansión nacional del espacio. De hecho, este modo de concebir el crecimiento de una nueva fuerza política se encuentra presente en las percepciones de los entrevistados:

> Cuando vos no sos un partido como el peronista o el radical que tenés una estructura ya en todo el país, la única forma es empezar desde lo local y hacer lo que hizo Lula. (…) Si te ponés a pensar, a excepción de Alfonsín en el '83, la verdad es que el resto, todos [los presidentes] han sido surgidos de liderazgos locales. (Entrevista a legisladora PRO)

Debe destacarse que el predominio de la voluntad de los líderes y el rol central de los sondeos preelectorales en la definición de candidaturas no se aplicaron exclusivamente al PRO sino también al kirchnerismo y Proyecto Sur. En el caso del FPV, la mejoría de los índices de popularidad de C. Kirchner permitió a esta última reafirmar desde un principio su autoridad como única decisora del armado local. Los tres precandidatos kirchneristas a la jefatura de Gobierno –Daniel Filmus, Carlos Tomada y Amado Boudou- se abroquelaron tras su figura, irradiando así una imagen de competencia interna pacífica y respetuosa del verticalismo decisorio –a diferencia del 2007 y 2009. Cabe mencionar que, pese a su velada preferencia por Boudou, la Presidenta ungió a Filmus como candidato a jefe de Gobierno, dado que se perfilaba en las encuestas como la figura más competitiva del FPV. Asimismo, el ex ministro de Educación resultaría secundado por Tomada.[13] En el caso de Proyecto Sur, Solanas resolvió una acción similar a la de Macri al

---

[12] Pero no solamente en ellas, ya que si bien la cuestión excede los límites de nuestro trabajo, es necesario reconocer que los representantes se encuentran permanentemente sujetos a la vigilancia ciudadana en el espacio público.

[13] Sin embargo, no se vislumbraba una elección fácil para el candidato kirchnerista, quien cuatro años antes se había enfrentado infructuosamente a Macri por el mismo cargo. Hacia 2011, los tempranos sondeos preelectorales pronosticaban a Filmus modestos resultados –por ejemplo, la consultora Poliarquía le atribuía un 23% de intención de voto. De hecho, la escasez de candidatos locales altamente populares ha caracterizado

abandonar su ya difundida precandidatura a la presidencia de la Nación y postularse a la jefatura de Gobierno porteña, desplazando de dicha posición a Claudio Lozano (BAPT), a quien había asegurado la candidatura previamente –lo cual agravó las ya mencionadas tensiones que desgarraban el espacio. La opción de Solanas obedecía, por una parte, al dictamen de los sondeos preelectorales que auguraban una baja competitividad tanto a su figura como a la de Lozano en el nivel nacional y local respectivamente, y por otra parte a la necesidad de evitar el desdibujamiento público e institucional de su espacio político en el distrito que hasta ese momento se había mostrado más receptivo a sus interpelaciones.

A pocos días de la definición de su candidatura, Macri eligió a María Eugenia Vidal –entonces ministra de Desarrollo Social de la Ciudad– para acompañarlo en la fórmula ejecutiva porteña. Se intentaba de este modo reeditar la fórmula exitosa de 2007, en la que Macri fue secundado por Michetti, quien al igual que Vidal era una mujer joven con un perfil social, prácticamente sin militancia política previa al PRO y que "humanizaba" la imagen del candidato. Además, la posición de experiencia relativa en la gestión ostentada por Vidal le permitía responder por la misma en algunos de los temas más criticados por la oposición, tales como política social. Una vez decidida la fórmula ejecutiva, el jefe de Gobierno procuró utilizar la mentada herramienta del calendario electoral a fin de contribuir a conformar una escena local favorable a su fuerza política, unificando las elecciones locales con las comunales, empujando a ambas hasta julio como estrategia de "contagio" hacia las primarias de agosto y absteniéndose de presionar a la Legislatura en favor de una concurrencia con las elecciones nacionales. Ello constituye otra ilustración de la posibilidad que el acceso al poder estatal –en este caso al Ejecutivo local- brinda a los partidos de incidir sobre sus propias condiciones de competencia. De este modo, se maximizaba el arrastre descendente de la figura de Macri sobre las categorías de representación local y se evitaba el de la Presidenta.

En cuanto a la definición de la nómina de legisladores, ésta tuvo lugar en el marco de una mesa informal compuesta por Macri y su núcleo de allegados,[14] quienes disponían de la posibilidad de proponer posibles candidatos, por supuesto sujetos a la aprobación final del jefe de Gobierno. Este último haría primar su voluntad de preservar, disminuir o acrecentar

---

al derrotero del kirchnerismo en el distrito, no constituyendo la coyuntura de 2011 una excepción a esta tendencia.

[14] Horacio Rodríguez Larreta, Nicolás Caputo, Daniel Angelici, Gabriela Michetti, Cristian Ritondo, Marcos Peña y José Torello son algunas de las figuras que integraban dicha mesa.

los espacios de los distintos sectores de su armado u otorgarle lugares de importancia a "independientes" (tal como resultó ser el caso del rabino Sergio Bergman, que encabezó la lista a legisladores). En términos generales, la boleta del PRO incluía en lugares destacados a figuras vinculadas de un modo directo al jefe de Gobierno, otorgaba una presencia considerable a los legisladores peronistas y radicales reelegibles y brindaba un peso notable a los funcionarios del Gobierno de la Ciudad.[15] Es importante remarcar aquí la irrelevancia de la pertenencia y antigüedad partidarias como criterio ponderado en la definición de candidaturas: de hecho, el PRO suele incluir en sus listas a figuras no afiliadas al partido y éstas pueden permanecer indeterminadamente en tal condición –incluso luego de ser electas. Es posible detectar en el curso de estas carreras políticas un signo de debilidad de las facetas social y organizativa del partido: de acuerdo con Cheresky (2006), el acceso a candidaturas o a la representación ya no requiere de un largo recorrido ascendente de militancia bajo reglas institucionales claras. En consonancia con este punto, cabe mencionar que la lista legislativa de Proyecto Sur también era encabezada por un extrapartidario –Pablo Bergel- y su confección se encontró en manos del líder de la alianza, Solanas.[16] Por último, agregaremos que el proceso de confección de la lista legislativa del FPV se estructuró muy verticalmente en torno a la decisión de la máxima referente del espacio: C. Kirchner permitió que cada uno de los tres precandidatos a jefe de Gobierno propusiese listas de cinco candidatos a legisladores, pero quedaron pocos rastros de éstas en la nómina final como producto de los

[15] El PRO decidió presentarse a las elecciones manteniendo su alianza con pequeños partidos como el Demócrata y el Demócrata Progresista, pero se vio privado del apoyo del Partido Federal –el cual solía integrar la alianza- debido a un cambio en la conducción de este último (lo cual no derivó, pese a todo, en una separación de quienes se se incorporaron al espacio macrista proviniendo del PF). La nómina quedó finalmente conformada como sigue: 1) Bergman, S. 2) Ritondo, C. 3) Klemensiewicz, M. 4) Moscariello, O. 5) Ocampo, M. 6) Rueda, L. 7) Frigerio, R. 8) Herrero, M. R. 9) Pagani, E. 10) Acevedo, J. 11) Morales Gorleri, V. 12) Presti, D. 13) Quintana, F. 14) Seijo, G. 15) Lipovetzky, D. 16) Garayalde, J. 17) Martínez Barrios, D. 18) Bauab, C. 19) Caballero, A. 20) Villalba, P. 21) Garzón, A. 22) Varela, C. 23) Munt, R. 24) Pérez Riba, I. 25) Gatto, H. 26) Pose, V. 27) Pechersky, N. 28) Viegas Calcada, M. 29) Muzzio, M. C. 30) Fernández, J.

[16] Solanas procuró favorecer a su grupo otorgándole lugares privilegiados en las listas, en detrimento de la presencia asignada al resto de las fuerzas. La nómina legislativa de Movimiento Proyecto Sur quedaría conformada del siguiente modo: 1) Bergel, P. 2) González Gass, V. 3) Neira, C. 4) Bodart, A. 5) Galloti, A. 6) Cordero, M. A. 7) Gentilini, J. 8) Parrilli, M. 9) González Velasco, L. 10) Celaya, G. 11) Burrieza, C. 12) Schvartzman, M. E.13) Casetta, E. 14) Ruiz, R. 15) García, S. 16) Bazán, N. 17) Foncueva, M. 18) Palavecino, L. 19) Sanseverino, P. 20) Torres, M. 21) Lanzilloti, L. 22) Latorre, C. 23) Carrizo, G. 24) García, M. 25) Guarido, G. 26) Arce, H. 27) Mareque, J. 28) Basualdo, M. E. 29) Bustamante, M. 30) Pirogovsky, D.

vetos y relocalizaciones de los nombres sugeridos, así como también de la postulación de nuevas figuras impulsadas por la propia Presidenta.[17]

4.1.2. Localización versus nacionalización: desarrollo de la campaña electoral

Con miras a una comprensión acabada de la campaña electoral, se torna necesario considerar la confluencia de dos cuestiones aparentemente contradictorias. Por una parte, existían condiciones favorables al triunfo del oficialismo porteño, no sólo debido al extendido clima ciudadano tendiente a la relegitimación de quienes ejercían el poder local, sino también en virtud de las circunstancias en las que la campaña se desarrolló (tuvo una corta duración y no logró monopolizar la agenda mediática). No obstante, las tendencias favorecidas por las condiciones en las que los candidatos compiten pueden ser acentuadas, atenuadas o revertidas por los principios de diferenciación e inteligibilidad impulsados por estos líderes. Consecuentemente, se vuelve indispensable atender a la contraposición de interpelaciones identificatorias emitidas por los candidatos ante la ciudadanía. En términos generales, es posible aseverar que la campaña se estructuró en torno a dos espacios, el macrismo y el kirchnerismo, los cuales polarizaron progresivamente la escena electoral.[18] Ergo, la oposición entre el oficialismo local y nacional

---

[17] El kirchnerismo presentó una alianza mucho más amplia que la del PRO, bajo el sello del Frente para la Victoria (FPV). Ésta se encontraba compuesta por el Partido Justicialista, Partido de la Victoria, Partido Intransigente, Partido Nueva Dirigencia, Partido Kolina, Partido Red por Buenos Aires, Partido Corriente Martín Fierro, Partido Humanista, Partido Frente Grande y Partido Movimiento de Participación Popular. La composición de la lista legislativa delineaba un perfil ultraoficialista, en tanto privilegiaba por una parte la visibilidad de los partidarios más fervientes de los Kirchner (fuesen representantes de la juventud camporista o figuras asociadas a la lucha por los derechos humanos) y relegaba –en sintonía con lo ocurrido en 2009- a la estructura partidaria tradicional del justicialismo porteño. La lista a legisladores se componía del siguiente modo: 1) Cabandié, J. 2) Alegre, G. 3) Amor, A. 4) Rachid, M. C. 5) Gullo, J. C. 6) Aragón, J. 7) Penacca, P. 8) Cusa, J. P. 9) Achile, R. 10) Pokoik García, L. 11) Olmos, J. M. 12) Méndez, L. 13) Blaustein, D. 14) Montenegro, H. 15) Borello, A. 16) Formentini, A. 17) Montero, C. 18) O'Dezaille, J. 19) Dosch, S. 20) Aboy, R. 21) Freyre, A. 22) Calderón, C. 23) Ludueña, F. 24) Véles Carreras, I. 25) Bergenfeld, S. 26) Heyn, I. 27) Grill, F. 28) Vilanova, S. 29) Giberti, J. 30) Silva Echeverría, B. Es necesario mencionar que la Presidenta aceptó la inclusión de dos listas de adhesión, una encabezada por Gabriela Cerruti, correspondiente al partido Nuevo Encuentro, liderado por Martín Sabbatella, y otra encabezada por el ex jefe de Gobierno, Aníbal Ibarra, correspondiente al Frente Progresista y Popular.

[18] Como consecuencia, se redujo la gravitación de Proyecto Sur, cuyo líder y candidato a jefe de Gobierno -Fernando "Pino" Solanas- había suscitado tempranas expectativas basadas en su sorpresivo desempeño en las elecciones a diputados nacionales celebradas dos años atrás. De hecho, los niveles de exposición mediática del cineasta decrecieron en

–que indudablemente había ocupado buena parte de la agenda mediática durante el primer mandato de Mauricio Macri– vertebró la campaña porteña. No obstante, la confrontación entre macrismo y kirchnerismo adoptó en general rasgos menos virulentos que los exhibidos en 2003 y 2007, en parte como una decisión estratégica en vistas a un posible voto cruzado Macri-Kirchner en las elecciones locales y nacionales, el cual constituía una hipótesis plausible durante la campaña –que luego se descartaría en vistas de los resultados electorales. Por otra parte, la confrontación moderada visible en la campaña tuvo un carácter muy poco explícito y personal en las apelaciones de Macri, quien no hizo de la contraposición con la Presidenta el objeto central de afiches o spots (en los cuales se aludía al "diálogo" y al "consenso", contrapuestos veladamente al "autoritarismo"). Por su parte, Filmus sí efectuaba declaraciones negativas centradas en la figura de Macri y ejercía una diferenciación modelo/contramodelo puesta en juego en el par poder/no poder ("Filmus-Tomada. Llegan los que sí pueden"). Mientras tanto, Solanas imprimía una creciente negatividad a su campaña e incorporaba gradualmente al kirchnerismo como contradestinatario discursivo, con el objetivo de contrarrestar la disminución de su visibilidad pública y su progresivo relegamiento a un tercer lugar alejado de la polarización Macri-Filmus (de ello daba cuenta la progresión de slogans: "Entre todos podemos transformar la Ciudad", "Sólo Pino le gana a Macri", "No quieren debatir. Pino SÍ debate. En todos los canales que quieran" y "Filmus pierde en el *ballotage*", entre otros).

La estrategia comunicacional del PRO resultó blanco de críticas por su aparente vacuidad: no obstante, la vaguedad de sus mensajes podría interpretarse como un elemento que acerca al partido a los modelos electoralistas o "atrapatodo", en tanto que procura la obtención de amplios apoyos mediante apelaciones difusas a los votantes. Sin temor a equivocarnos, es posible sostener que la alegre campaña del PRO expresó a la vez uno de los rasgos propios de la constitución del vínculo representativo durante la etapa que Manin denomina "democracia de audiencia" o "democracia de lo público", esto es, la vinculación directa del candidato con la ciudadanía, prescindente de mediaciones partidarias. No puede obviarse el hecho de que Mauricio Macri no aparece como representante del PRO sino que en última instancia requiere de este último en tanto que sello y grupo de redes que le permita competir electoralmente. En este sentido, podría argumentarse

---

simultáneo con la intención de voto a su figura. Ello contrastó con la campaña porteña de 2009, en la cual las apariciones en programas televisivos se revelaban como el principal *atout* de Solanas, debido a la escasez de recursos de los que su fuerza disponía para la difusión masiva de afiches y spots.

que las identificaciones ciudadanas fluyen hacia su individualidad como candidato, reforzada además por el halo de proximidad que recubrió sus interpelaciones en la campaña local, del cual pueden mencionarse numerosos ejemplos. Uno de ellos es la frecuente utilización del nombre de pila del candidato en afiches, spots y apariciones mediáticas ("Mauricio en la Ciudad"). De hecho, la progresión de la cercanía con los votantes presente en la estrategia comunicacional de las elecciones locales ha sido notoria, sobre todo en los afiches callejeros: los primeros no incluían ninguna imagen, los siguientes retrataban a vecinos, los posteriores exhibían al candidato (en ocasiones acompañado de su candidata a vicejefa de Gobierno) conversando distendidamente con vecinos, y los últimos mostraban a un conjunto de vecinos abrazados en el centro de los cuales se encontraba el candidato, todos ellos dirigiendo su mirada al lente de la cámara, o lo que es lo mismo, al vecino que repara en el afiche. Vale mencionar aquí que mientras los *vecinos* desempeñaban un rol protagónico en diversas piezas publicitarias macristas, la campaña comunicacional del kirchnerismo sufrió, por el contrario, de una carencia de cercanía entre el candidato y los votantes: los spots y afiches no retrataban a porteños corrientes sino a los candidatos, a la Presidenta, o bien a figuras de la cultura que manifestaban su apoyo al ex ministro de Educación. Por otra parte, entre las actividades de campaña del PRO cabe notar los denominados "timbreados", consistentes en rondas de visitas a los domicilios de vecinos de distintos barrios de la Ciudad, algunas de las cuales contaron con la participación del propio jefe de Gobierno –quien suele destacar públicamente su contacto directo con los vecinos. Asimismo, la amplia difusión de acontecimientos pertenecientes a vida privada del candidato –tales como el embarazo de su esposa- ha favorecido la humanización de su figura, siendo éste un elemento del que sus competidores no hicieron uso. Todos estos aspectos convergen en un sentido de proximidad que suele permear las campañas del macrismo y presentificarse también en las percepciones de nuestros entrevistados:

> La gente me parece que lo que busca en los gobernantes no es sólo la eficiencia sino cierto rasgo de humanidad, digamos (…). Cierto acercamiento entre el funcionario o dirigente político y la gente (…). La gente necesita tener contacto con los funcionarios para que vea que son seres humanos como ellos, que tienen las necesidades que tienen ellos, que son capaces de escucharlos, y obviamente que hay que proponerles soluciones. Uno tiene que ser creíble.
> (Entrevista a funcionario GCBA)

De hecho, la proximidad supone una exigencia ciudadana permanente correspondiente a una nueva clase de legitimidad propia de las democracias contemporáneas. En palabras de Pierre Rosanvallon (2009: 35), esta legitimidad remite "a un conjunto de expectativas sociales concernientes al comportamiento de los gobernantes". Por su parte, Rocío Annunziata (2011: 398) argumenta que "la proximidad supone que más legítimo es aquel gobernante o aquella política que 'se acerca' más a la realidad cotidiana, a la experiencia concreta y singular de los ciudadanos. Se muestra especialmente la exigencia de que los representantes sean 'hombres comunes', de que compartan las experiencias de los representados, que se dejen guiar por la escucha y la empatía".

Ello no significa desde ya que el PRO no ensaye algún tipo de evocaciones identitarias diferenciadas, pero es menester notar que carecen de un perfil estrictamente partidario. Ilustración de ello son las referencias públicas al PRO no como un partido sino como un "espacio político plural", las cuales obedecen a un intento por reivindicar positivamente la heterogeneidad en la composición del PRO e irradiar una imagen de apertura a una diversidad de ciudadanos. Otro ejemplo es la utilización del apócope como marca aglutinadora de elementos muy diversos que exceden claramente lo partidario: el PRO como actitud positiva, proactiva, constructiva, profesional y propositiva.[19] De hecho, esta fuerza posee una estética unificada de comunicación política que permite asociarla a las ideas de novedad, modernidad y, sobre todo a partir de 2011, pluralismo.[20]

Considerando lo hasta aquí expuesto, podrían establecerse tres etapas en las que se segmentó la estrategia comunicacional del PRO, la cual fue concebida desde sus inicios como una totalidad −a diferencia de la del kirchnerismo: a) un primer momento de *inclusión* y apertura dirigido particularmente a captar a aquellos sectores del electorado hasta ahora

[19] "Ser puntual es PRO", "ser breve es PRO", "No chicos, eso no va, no es PRO" -al silenciar cantos contra Filmus-, "Una mujer que me marcó en la vida fue mi abuela, la que tenía una actitud muy PRO. Siempre fue positiva, le encontraba el lado bueno a las cosas, nunca se quejaba y siempre tenía algo para aportar" (*Noticias Urbanas*, 22/3/2011), son algunas frases ilustrativas pronunciadas por Mauricio Macri.

[20] De hecho, esto constituye un ejemplo de la influencia que los expertos en comunicación política ejercen en las campañas de partidos electoralistas (Manin, 1998). En el caso particular del PRO, no sólo el apócope identificatorio sino también el novedoso tono amarillo que coloreó afiches y spots del partido fueron seleccionados por el publicista Ernesto Savaglio. Luego el amarillo cedió paso a afiches de triángulos multicolores que confluían armónicamente, brindando una imagen de diversidad y consenso. Cabe agregar la gravitación -por momentos mistificada en el discurso periodístico- que el consultor ecuatoriano Jaime Durán Barba posee sobre la definición de estrategias políticas y comunicacionales de Mauricio Macri.

poco receptivos a este espacio político. Los afiches y spots rezaban "Vos sos bienvenido. Mauricio en la Ciudad" o "Soy bienvenida/o" y en ellos se presentaban elementos sociales y culturales que suelen considerarse en las antípodas del PRO (personas pertenecientes a estratos sociales medios y bajos, cumbia como acompañamiento musical, alusiones a la tribu *rollinga* y al rock nacional); b) un segundo momento de reivindicación de la gestión -expresada en el *motto* "Venimos bien"- y refuerzo de la inclusión –en esta ocasión bajo el eslogan "la Ciudad nos une", el cual implicaría que el mero hecho de compartir un espacio común y ser vecino generaría consenso. Ahora bien, es necesario notar que dicho consenso estaría dado por factores mayormente apolíticos, puesto que el voto sería menos una elección entre alternativas que una consecuencia natural de una pertenencia común: ergo, no habría ninguna diferencia que poner en juego o discutir. Las interpelaciones correspondientes a la *nueva política* que han permeado las campañas macristas erigen la *gestión* en reemplazo de la *política tradicional* y privilegian la categoría de *vecino* por sobre la de *ciudadano*. Esto podría ilustrarse en algunas frases extraídas de spots de la última campaña local: "creemos que la política puede ser menos de los políticos y más de los vecinos", "nosotros creemos que cambiando la forma de hacer política cambiamos la Ciudad". Se interpela al votante desde una retórica que –aunque parezca una aporía- recupera la política impolíticamente, puesto que no la rechaza sino que la equipara a la administración de las cosas; c) un tercer y último momento que fija retrospectivamente el sentido de los anteriores, marcado por la identificación entre Macri y los intereses de la Ciudad condensada en la frase "Votá por la Ciudad". De estos intereses coincidentes se desprendería la condición de servidor de los porteños exhibida por el jefe de Gobierno tanto en los afiches que deliberadamente lo muestran ubicado "por debajo" de los vecinos que lo acompañan como en las apelaciones presentes en spots ("no se trata de una persona, no se trata de mí"; "te pido que me votes, que *nos* votes, que votes por la Ciudad").

En términos generales, puede aducirse además que la campaña macrista se encontró vertebrada por una enunciación de tipo "gubernamental" enfocada en la defensa de la gestión.[21] Asimismo, debe agregarse que el discurso macrista no restó centralidad a las sensibilidades de carácter local

[21] Dicho posicionamiento fue claramente beneficiado por la disposición de recursos propios del ejercicio del gobierno local. Un ejemplo de ello es la difusión estratégica de actos de gobierno en tiempos de campaña que derivó en un *blend* de comunicación gubernamental y comunicación electoral: durante los meses previos a los comicios se multiplicaron carteles amarillos del Gobierno de la Ciudad en la vía pública y se destacaron mediante spots gubernamentales los aspectos temáticos más concretos de la gestión, tales como seguridad, transporte y desarrollo social.

condensadas en la idea de autonomía respecto del gobierno nacional. Por el contrario, las apelaciones del kirchnerismo procuraron nacionalizar la campaña y entraron en conflicto con la idea de autonomía local. Ya entrada la campaña,[22] Daniel Filmus presentaba su diferencia sobre la idea de articulación con el Gobierno nacional y una adhesión metonímica a la figura de la Presidenta –quien no obstante no acompañó intensamente al candidato con su presencia en el distrito:[23] en este sentido, el alineamiento con el Gobierno nacional se ensalzaba públicamente como un valor en sí mismo (tal como puede advertirse en los siguientes eslóganes: "Con Filmus sumamos la Ciudad al proyecto nacional", "Buenos Aires + la Argentina que crece", "Con Cristina transformamos la Ciudad"). En consecuencia, la disposición a incorporarse al proyecto nacional determinaba la capacidad de gobierno de los candidatos. Asimismo, estas ideas se verían reforzadas por el recurso a la contraposición modelo/contramodelo expuesta como evidente: mientras que el primer polo estaría encarnado en un *Estado presente* que *cuida,* respaldado por 8 años de buen gobierno, el segundo polo remitiría a un Gobierno local correspondiente a un *Estado ausente* que *abandona* y se ve deslegitimado por 4 años de gestión deficiente.

Es necesario detenernos en la contradicción detectable entre la puesta en relieve de un interés genuino en la Ciudad y sus especificidades esgrimida por Daniel Filmus al inicio de la campaña y la idea-fuerza que motorizó el resto de la misma, el alineamiento con el Gobierno nacional, entendido como un valor en sí mismo y, por lo tanto, como razón suficiente para obtener el voto. A nuestro entender, lo descripto hasta ahora ilustra otro de los contrastes entre las consecutivas ofertas electorales del FPV y las preferencias manifestadas por los porteños, quienes han tendido a favorecer en sus elecciones ejecutivas a aquellos candidatos que atendían a las ideas de autonomía y localismo (si bien las mismas han sido llenadas de contenidos

---

[22] Es menester señalar dos elementos que se superpusieron al desarrollo inicial de la campaña del candidato kirchnerista, Daniel Filmus. Uno de ellos remite a los desaciertos organizativos que derivaron en una descoordinación visible de las actividades de campaña. El factor restante, por otra parte, consistió en la irrupción de los escándalos de la Fundación Sueños Compartidos y el Instituto Nacional contra la Discriminación, la Xenofobia y el Racismo (INADI), que erosionaron la capacidad de instalación de agenda del candidato y lo volvieron un blanco conveniente de críticas por parte de sus contendientes.

[23] Tal actitud podría interpretarse como un intento de no erosionar aquellos apoyos que podrían orientarse al jefe de Gobierno en las elecciones locales y a su persona en las elecciones nacionales, acorde a la hipótesis de un posible voto cruzado Macri-Fernández de Kirchner.

diversos y han podido encontrarse acompañadas o no por apelaciones de tipo nacional).[24]

Asimismo, el trabajo territorial de la campaña macrista se encontró en consonancia con las características atribuidas a los tipos partidarios electoralistas, a la vez que reprodujo en el nivel micro la heterogeneidad identitaria detectable al interior del PRO. En principio, el grueso de la militancia PRO asume características novedosas que pueden advertirse en el ciclo electoral 2011: por una parte, muchos activistas tenían un carácter no partidario –es decir, no se encontraban afiliados al PRO–, rentado –como en el caso de numerosos fiscales– y temporal –incluso recibían un certificado que acreditaba su participación en la campaña-, de lo cual podría deducirse que gran parte del *party on the ground* PRO se caracteriza por su simultánea precariedad y profesionalismo. Las principales actividades de campaña consistían en el emplazamiento de mesas callejeras y los ya mencionados timbreos a cargo de militantes de la juventud partidaria, funcionarios y legisladores porteños. La presencia de los candidatos se escenificaba en recorridas barriales, eventos específicos o actos generalmente controlados y poco multitudinarios, para cuyo financiamiento el PRO contaba con el aporte estatal más alto gracias a su desempeño electoral previo. Este trabajo territorial gozaba de una aceitada articulación con la campaña comunicacional del espacio y reflejaba la preocupación por conquistar nuevos electores. De hecho, el manual de campaña "Cómo conseguir un voto" (PRO, 2011: 5), que ofició como pauta discursiva para la militancia, indicaba que el público al que ésta debía apuntar no era solamente el de los "vecinos PRO", sino también el de "los no muy convencidos, los indecisos". Esta búsqueda constituye un rasgo típico de los nuevos partidos instrumentales que, en palabras de Cheresky (2006: 13), no tratan tanto de "conservar adherentes –como era el caso en el pasado– sino de conquistar un electorado". De hecho, la centralización de la organización de la campaña, la capacitación brindada a fiscales y timbreadores y la propia existencia del manual previamente mencionado corresponden a una campaña profesional. Asimismo, los más pequeños detalles de este manual revelan la preocupación por legitimarse mediante la reivindicación de la gestión –ya que la mayor parte del texto está dedicado a ejemplificar potenciales conversaciones con los vecinos sobre la acción del gobierno local- y la reafirmación del PRO como un espacio antiideológico

---

[24] Podría aventurarse que el electorado porteño no naturaliza la idea de un voto orientado por la posibilidad de recepción de obras por parte del Estado nacional, al contrario de lo que sucede en otros distritos, tales como Santiago del Estero (con respecto a esta provincia, ver Ortiz de Rozas, 2011).

que piensa la política de modo gestionario.[25] De hecho, muchos de quienes organizan o militan en las actividades territoriales del PRO resaltan un llamativo trabajo de borrado de pintadas políticas en el espacio público, que de algún modo implica también la supresión de la ideología donde sólo debería existir gestión. Tal como lo explica una entrevistada:

> Somos unos leones respecto de que no queremos que nos ensucien la Ciudad. (…) Cada vez que la política ensucia una pared o ensucia un poste o lo que sea es plata que sale de los contribuyentes para limpiarlo, ¿no? (…) Para limpiar la chanchada que hace la política.
> (Entrevista a legisladora PRO)

Cabe mencionar que la militancia PRO suele autodefinirse, en general, como contrapuesta a la "política tradicional" y, en particular, en las antípodas de la militancia kirchnerista.[26] Algunos entrevistados lo ilustran del siguiente modo:

> La militancia nuestra es más de movilizar grupos grandes de gente para hacer campaña, pero no tanto de estar en un local ahí, no sé para qué, para hacer una conferencia por semana (…) La política circula por otros lados, más por la sociedad y menos por los partidos, ¿no?
> (Entrevista a diputado PRO)

> Lo que nosotros reconocemos que La Cámpora ha hecho bien es instalar el monopolio de la representación de nuestra generación. Digo, por momentos parecería que todo aquel joven que participa se ha volcado hacia La Cámpora, cuando nuestro crecimiento por ejemplo ha sido exponencial en los últimos años (…) Nosotros somos muy respetuosos de la renovación partidaria y de no

---

[25] "Seguir catalogando las propuestas políticas como pertenecientes a la derecha o a la izquierda es aplicar al presente categorías del pasado, que en vez de explicar confunden (…) Según la perspectiva antigua la política es lucha e ideología, según la perspectiva moderna la política es gestión y servicio al ciudadano. El PRO sostiene esta última concepción, y busca favorecer el desarrollo nacional a través de la búsqueda de consensos y de unidad. Al votante no le preocupan las clasificaciones entre derecha e izquierda, quiere gobernantes honestos que trabajen seriamente en la solución de los problemas y en la generación de condiciones para el crecimiento de todos" (PRO, 2011: 5).

[26] A modo de ejemplo, la presencia disruptiva de un bombo durante un plenario de Jóvenes PRO Capital en Mataderos generó una ola de bromas y comentarios por parte de los asistentes, en tanto que este símbolo se destacaba en un contexto en gran parte depurado de elementos correspondientes a "la política tradicional". Asimismo, durante ese mismo encuentro los momentos de mayor euforia llegaron a la hora de antagonizar con el oficialismo nacional: los cantos reiteraban "¡el que no salta es joven K!".

> extender el concepto de juventud, que es algo que nosotros criticamos mucho. (…) Nosotros terminamos entendiendo que lo que los moviliza no son los ideales sino la sed de ocupar algún cargo o integrar alguna lista, así que creo que ahí tenemos una diferencia que es muy clara.
>
> (Entrevista a legislador PRO)

No obstante, esta novedosa militancia contrasta y convive al interior del PRO con una militancia menos visible, en muchos casos liderada por referentes con algún tipo de experiencia política previa y dotada de sus propias agrupaciones. Estos activistas desempeñan más consistentemente actividades asociadas a la "política tradicional", tales como la pintada de consignas políticas en paredes, la apertura de locales barriales y el contacto con referentes territoriales ya instalados en los barrios. Por lo tanto, esta clase de militancia constituye una muestra de la variedad identitaria presente al interior del PRO, puesto que además conjuga la reivindicación de la gestión con la conservación de identidades políticas tradicionales, tales como el peronismo o el radicalismo.

4.1.3. Segunda vuelta y triunfo del oficialismo local

Los resultados de la elección del 10 de julio de 2011 reconfirmaron al oficialismo local en el gobierno y le preanunciaron un triunfo seguro en la segunda vuelta electoral: mientras Macri obtuvo un 47,07% de los votos positivos, Filmus recibió un 27,87%.[27] Vale mencionar que el jefe de Gobierno realizó su mejor performance en el cordón norte de la Ciudad (comunas 2, 13 y 14), el cual se ha mostrado sobre todo desde 2005 comparativamente más adverso al oficialismo nacional que otros sectores del distrito. De hecho, esto representa una tendencia sociodemográfica paradójicamente observable en un distrito donde suele destacarse la volatilidad electoral.

El escenario no competitivo configurado luego de la primera vuelta derivó en una inercia calculada y un decrecimiento aún mayor de la intensidad política en la campaña macrista, dedicada a agradecer por el triunfo y a reiterar sus consignas más *light* de la etapa previa al 10 de julio (en

---

[27] Solanas se ubicó en un tercer lugar con un 12,82%, seguido de María Eugenia Estenssoro (Coalición Cívica) con un 3,31%: estos resultados ponen de relieve el declive de la popularidad de Solanas y Elisa Carrió y la consecuente pérdida de sus fuerzas. Los votos porteños restantes se pulverizaron en una miríada de fuerzas que obtuvieron porcentajes ínfimos. Cabe mencionar que los guarismos de la primera vuelta de 2011 se asemejaban en gran parte a los de la celebrada en 2007, cuando Macri y Filmus habían atraído un 45,76% y un 23,75% de los votos positivos respectivamente, aunque en un escenario de menor polarización del voto.

consecuencia, proliferaron los afiches que rezaban: "Gracias" y "La Ciudad nos Une"). La campaña pasiva del PRO se vio acompañada a su vez por las polémicas declaraciones de diversas figuras asociadas al kirchnerismo que menospreciaban a los porteños que habían votado a Macri, o bien criticaban el modo en el que se había llevado adelante la campaña del ex ministro de Educación.[28] Ante este escenario que se presentaba irrecuperable, agravado por la pérdida del tibio apoyo que la Presidenta había otorgado a su figura, Filmus procuró por una parte corregir el matiz poco inclusivo y distante que hasta el momento había coloreado su campaña, y por la otra, captar el apoyo de los indecisos a fin de asegurarse un desempeño aceptable en el *ballotage*: estas premisas orientaron los afiches que exclamaban: "Si no votaste, ahora votá Filmus", "Si votaste a otro, ahora votá Filmus", "No te resignes, ahora votá Filmus", "No dudes, ahora votá Filmus" y "Buenos Aires para todos. Ahora votá a Filmus" (mostrándose este último eslogan en un afiche protagonizado por una diversidad de personas dibujadas de distintas edades, ocupaciones y apariencias).

Como podía preverse, en la segunda vuelta electoral del 31 de julio Macri se impuso nuevamente sobre Filmus con un 64,27% de los votos positivos, frente al 35,73% obtenido por el candidato kirchnerista, logrando así conservar el control de la estructura estatal local, recapitalizar su popularidad y, en consecuencia, asegurar la continuidad del PRO como fuerza política de moderada relevancia. Como contracara, si bien el kirchnerismo local amplió su fuerza legislativa en el distrito, se vio nuevamente imposibilitado de conquistar el Poder Ejecutivo local. Es éste el contexto que precedió a las PASO, que se celebrarían pocas semanas después pero que conformarían una escena sustancialmente diferente a la de las elecciones locales.

4.2. La adversa situación del macrismo ante las elecciones nacionales

En consonancia con la dinámica nacional, las PASO operaron en el distrito porteño como una suerte de sondeo preelectoral institucional y privilegiado

---

[28] Tal es el caso de Fito Páez y los intelectuales del grupo Carta Abierta. Por una parte, el cantante rosarino manifestó que "da asco la mitad de Buenos Aires" en la columna de un periódico (*Página 12*, 12/07/2011). Mientras tanto, Horacio González declaró: "Se le hablaba no se sabe a quién en la campaña de Filmus y [Carlos] Tomada" (*La Nación*, 19/07/2011) y Ricardo Forster señaló que "la irrupción de Fito rompe una campaña de cuarta, pobre, pero pobre en el peor de los sentidos, no pobre de aquellas pobrezas voluntarias de otra época de la historia, sino pobre en el sentido de lo berreta y también en gran medida de lo cobarde para no poner el cuerpo para dar la pelea por la ciudad de Buenos Aires (...) Tenemos que decirle al kirchnerismo, a nuestros compañeros, que se equivocan, que fue un enorme error el modo en que se construyó esta campaña" (*La Nación*, 19/07/2011).

que permitió medir las posibilidades de las diversas fuerzas y candidatos en la Ciudad y generar reacomodamientos de las opciones ciudadanas como efecto de los resultados y su elaboración en el espacio público.

4.2.a. Una boleta huérfana: confección de la lista PRO

En contraste con su cómodo triunfo en las elecciones locales porteñas, las circunstancias se revelaban más complejas para Mauricio Macri, quien previamente había retirado su precandidatura presidencial –desoyendo los pedidos de los dirigentes de su espacio político- a fin de asegurarse el control de la Ciudad de Buenos Aires. De este modo, tal movimiento privó a su fuerza política de una figura competitiva para postular a la presidencia de la Nación. En consecuencia, el jefe de Gobierno porteño decidió otorgar libertad de acción a su espacio a fin de que éste optase en cada distrito por adosar o no su lista de diputados a una u otra boleta presidencial. No obstante, la decisión correspondiente al distrito porteño se encontró fuertemente determinada por las preferencias de Macri, quien se pronunció a favor de una boleta corta y remarcó que el PRO Capital no apoyaría colectivamente a ningún precandidato presidencial: esta dinámica permite destacar, entonces, la ya mencionada subordinación del PRO como estructura partidaria a las decisiones y el derrotero de su líder político. A la vez, esta definición también reflejó la diversidad identitaria que caracteriza al espacio macrista: por una parte, la conducción del partido asumía que quienes habían reelecto a Macri en julio diseminarían libremente sus votos en una multiplicidad de opciones electorales y por lo tanto procuraba resaltar la idea de una lista corta conjugable con la candidatura presidencial de preferencia de los votantes. Pero, por otra parte, un sector del espacio –legisladores, diputados y algunos funcionarios del Gobierno de la Ciudad de extracción mayoritariamente peronista que se referían a sí mismos como "dirigentes y militantes del PRO"- emitió un comunicado por su cuenta apoyando expresamente la candidatura de Eduardo Duhalde,[29] procurando desneutralizar así la posición partidaria con moderado éxito.

[29] Cabe mencionar que tanto el ex presidente como Ricardo Alfonsín contaban con dos listas legislativas adosadas a sus candidaturas, que no compitieron en una interna ya que correspondían a partidos diferentes. Las boletas que acompañaban la candidatura presidencial de Duhalde (Frente Popular-FP) eran las de Unión Popular (UP) y Partido Autonomista (PA). La primera se componía del siguiente modo: 1) Redrado, M. 2) Monti, L. 3) Buisel Quintana, H. 4) Toma, F. 5) Ungaro, M. 6) Coll, P. 7) Palacios, J. 8) Abarca, F. 9) Borda, E. 10) Ventura Barreiro, V. 11) Pitiot, C. 12) Fuertes, H. La segunda era la siguiente: 1) Vanossi, J. 2) Vázquez, A. 3) Llaver, G. 4) Paulesu, A. 5) Larrachao, C. 6) Aravsky, E. 7) Schmitz, M. M. 8) Angelelli, A. 9) Meijide, D. 10) Corral, M. C. 11) Vidal Sarmiento, B. 12) Martínez, J. En cambio, las listas que se adjuntaban a la boleta presidencial

El PRO mantuvo el escueto esquema coalicional que presentó en las elecciones locales, aliándose nuevamente con el Partido Demócrata y el Partido Demócrata Progresista, lo cual constituye un signo de una estabilización y moderación de las tendencias coalicionales externas que el partido mostraba en sus inicios. Finalmente, Mauricio Macri ofreció al diputado Federico Pinedo encabezar la lista corta del PRO, al igual que en 2007, y erigió a esta figura como principal responsable del resto del armado.[30] En este caso, se trataba de asegurar la frágil disciplina partidaria que afectaba al bloque de diputados nacionales del PRO –a diferencia del funcionamiento del bloque PRO en un escenario más favorable como el de la Legislatura de la Ciudad de Buenos Aires–, generando una composición más afín a la conducción de Pinedo. En síntesis, mientras la confección de listas legislativas locales había contado con la participación de diversos sectores del espacio y se había orientado a favorecer tanto a figuras de relación directa con el jefe de Gobierno como a los sectores peronistas y radicales, la lista legislativa nacional fue trazada por otro actor, en obediencia a pautas diferentes. Por el contrario, tal diferencia de criterios no se visibilizó demasiado en la lista kirchnerista, ya que Cristina Kirchner se mantuvo como decisora directa de su conformación y otorgó a la lista un perfil oficialista similar a la nómina de julio, privilegiando a la juventud de La Cámpora y a los cuadros más identificados con la gestión de gobierno.[31]

Cabe destacar que ni el PRO ni otros espacios presentaron más de una lista a las PASO, con la excepción de la fuerza Compromiso Federal -nucleada tras la candidatura presidencial de Alberto Rodríguez Saá- donde sí

---

de Ricardo Alfonsín eran la de Unión para el Desarrollo Social (UDESO) y una lista de adhesión del Partido de la Ciudad en Acción (PCA). La primera se encontraba conformada por: 1) Garrido, M. 2) Rossi, H. 3) Campos, F. 4) Veiga, R. 5) Iraizoz, M. M. 6) Pesce, F. 7) Loria, S. 8) Di Tomás, J. 9) Camarota, H. 10) Suppa, M. 11) Capitti, J. 12) Isabella, P. Mientras tanto, la segunda se componía por: 1) Lanusse, P. 2) Mandelbaum, F. 3) Amoroso, V. 4) García de García Vilas, D. 5) Storani, A. 6) Siseles, N. 7) Costilla, M. 8) Ferreyra, P. 9) García, J. 10) Adornis, A. 11) Blanchetiere, G. 12) De La Portilla, G.

[30] La lista a diputados de Alianza PRO-Propuesta Republicana (PRO) quedó conformada del siguiente modo: 1) Pinedo, F. 2) Schmidt-Liermann, C. 3) Tonelli, P. 4) Walter, P. 5) Olivero Majdalani, A. 6) Petrella, I. 7) Casals, P. 8) Svetaz, M. A. 9) Santamarina, E. 10) Fernández Langan, E. 11) Bottaro Blasco, L. 12) Devoto, M.

[31] No obstante, procuró compensar levemente el relegamiento al que había confinado al PJ porteño, asignando un lugar expectable a una dirigente del mismo. Finalmente, la nómina de precandidatos a diputados de la Alianza Frente para la Victoria (FPV) se encontró compuesta por: 1) Feletti, R. 2) Bianchi, M. C. 3) Larroque, A. 4) Junio, J. 5) Brawer, M. 6) Valenziano, Z. 7) Spaccavento, D. 8) Colombo, M. L. 9) Guarido, J. 10) Fernández, L. 11) Roca, E. 12) Alonso, L.

se realizaron internas.[32] Asimismo, las tensiones observables en Movimiento Proyecto Sur no se tradujeron en una competencia de listas internas a la alianza, sino que desembocaron en una fractura de la misma: mientras los partidarios de Solanas se alinearon en la alianza Proyecto Sur que llevaba a Alcira Argumedo como candidata a presidente, los sectores de BAPT y Libres del Sur se sumaron al Frente Amplio Progresista (FAP) encabezado por el gobernador de Santa Fe, Hermes Binner.[33]

4.2.b. Corte de boleta y autonomía local. Ejes de campaña y resultados de las PASO

A diferencia de las elecciones de julio, el PRO no ponía en juego su propia continuidad como espacio político en las elecciones nacionales, lo cual derivó tanto en un relajamiento de la presencia de Mauricio Macri como en un menor despliegue mediático y territorial de la campaña. Dado que el PRO debía destacar su lista corta ante la ciudadanía porteña, se intensificaron los componentes localizadores de las apelaciones características del macrismo. En este contexto, el llamado al corte de boleta se convirtió en el corazón estratégico de la campaña del PRO. Las razones esgrimidas para convocar a dicho corte remitían a la necesidad de disponer de un representante en el seno del Congreso Nacional que defendiese la autonomía de la Ciudad desde un posicionamiento consensual y republicano. En concordancia con esta estrategia, las actividades de campaña se orientaron al reparto de tijeras, la entrega de boletas PRO junto a boletas presidenciales a elección, el contenido de afiches y spots explicativos sobre el corte de boleta que mantenían una unidad estética con los de julio ("Este fin de mes, cortá boleta, votá al PRO", "Cortá boleta para que se escuche tu voz") y, por supuesto, las declaraciones públicas de los candidatos. Vale mencionar que el despliegue territorial movilizado por la campaña de Pinedo fue mucho menor que el de las elecciones locales de julio, debido a una menor priorización de esta elección por parte de Macri.

[32] La lista legislativa de precandidatos a diputados por Compromiso Federal (CF) que resultaría vencedora de la interna fue la encabezada por Carlos Campolongo, seguido de 2) Saad, C. 3) Barani Montes, M. 4) Piragini, E. 5) Fort, M. 6) Mainardi, M. A. 7) Calleri, T. 8) Lima, R. 9) Patané, G. 10) Porta, W. 11) Labombarda, P. 12) Alzugaray, M. J.

[33] La lista de precandidatos a diputados por Alianza Proyecto Sur (P. Sur) incluía a: 1) Herrero, F. 2) Walsh, P. 3) Scalabrini Ortiz, J. 4) Bidonde, H. 5) Kordon, D. 6) Pacagnani, G. 7) Granatta, A. 8) Olsson Riet, J. 9) Zurutuza, S. 10) Maloberti, C. 11) Oberlin Molina, M. 12) Urioste, F. La lista del FAP estaba conformada por: 1) Lozano, C. 2) Cortina, R. 3) Calvo, C. 4) Tumini, H. 5) Polino, H. 6) Gómez, V. 7) Hourest, M. 8) Ferreyra, S. 9) Tocco Basualdo, F. 10) Toufeksian, M. 11) Sosa, R. 12) Jaimovich, D.

En sintonía con la campaña de julio y otros particulares escenarios electorales como el del distrito de Morón entre 2003 y 2007 (Annunziata, 2009), puede advertirse un contraste entre las apelaciones "municipalizadoras" sostenidas por el oficialismo local y las tendencias nacionalizadoras favorecidas por el oficialismo nacional, cuyo primer candidato a diputado -Roberto Feletti- disponía de un bajo nivel de conocimiento ciudadano, en sus escasas intervenciones públicas no aludía a problemas o reclamos específicamente porteños y, de hecho, no se erigía como principal enunciador kirchnerista en el distrito –puesto que este rol ya era desempeñado por la propia Cristina Kirchner a través de la difusión mediática de sus declaraciones. Por el contrario, a diferencia de los candidatos a diputados que acompañaban a los principales aspirantes presidenciales -Cristina Kirchner, Ricardo Alfonsín, Alberto Rodríguez Saá, Eduardo Duhalde y Hermes Binner- Federico Pinedo se veía obligado a elevar su perfil, considerando además que la figura de Mauricio Macri no se presentificó demasiado en la comunicación de campaña.

Finalmente, a pesar de que los resultados de las PASO auguraron una buena elección al oficialismo nacional, por una parte el PRO obtuvo un 15,98% de los votos positivos a diputados nacionales –cifra modesta pero nada despreciable atendiendo a las condiciones en las que el oficialismo local competía- y, por otra parte, la mayoría de las tendencias opositoras se reveló más fuerte en el distrito porteño que en el nivel nacional, sobre todo las encabezadas por Duhalde y Binner.[34] Si bien el primero realizó su mejor elección en la Ciudad de Buenos Aires, con resultados sobresalientes en el habitualmente opositor corredor norte de la Ciudad (comunas 2, 13 y 14), el modo en el que su desempeño electoral nacional fue reelaborado mediáticamente lo tornó un candidato menos viable ante la ciudadanía. Por el contrario, la figura de Binner cobró mayor ascendente entre las PASO y las elecciones generales, lo cual se reflejó en una intensificación de su campaña en la Ciudad –consistente en una mayor presencia del ex gobernador santafesino en actos y recorridas y la realización de spots televisivos protagonizados por su primer candidato a diputado, Claudio Lozano.

---

[34] En la categoría presidencial, el FPV se ubicó primero (30,17%), encontrándose segundo el FP (22,14%), tercero el FAP (14,27%), cuarto CF (11,09%), quinto UDESO (10,11%) y sexto la Coalición Cívica-Afirmación para una República Igualitaria (CC-ARI) (6,23%). En cuanto a la lista a diputados se ubicó primero el FPV (27,85%), seguido del PRO (que obtuvo un 15,98%, como ya mencionamos anteriormente), FAP (10,96%), UP (10,14%), CF (7,88%), CC-ARI (7,34%) y UDESO (5,17%).

4.2.c. Impacto de los resultados de las elecciones generales nacionales

Los guarismos finales de las elecciones nacionales[35] refrendaron varias de las tendencias observadas en las PASO, debido a que el kirchnerismo resultó vencedor en una de las mejores elecciones de su historia y el PRO tuvo cierto éxito en su llamado al corte de boleta. No obstante, Duhalde y Binner intercambiaron lugares, como resultado del crecimiento experimentado por este último –que tuvo también sus mejores desempeños territoriales en el corredor norte de la Ciudad. Por lo tanto, es posible afirmar que la reconfirmación del gobierno nacional resultó menos intensa en la Ciudad de Buenos Aires, donde la ausencia de un candidato presidencial del PRO quizás provocó una diseminación de los votos macristas de julio a diversas opciones presidenciales. De hecho, la diferencia registrada en el desempeño electoral del PRO en las elecciones locales y las nacionales dificulta argumentar la fuerte existencia de votantes leales al partido, los cuales formaban parte fundamental de la faceta social de los partidos políticos de masas (Katz y Mair, 1993). De hecho, el caudal electoral del partido ha variado circunstancialmente en elecciones de diversas características (locales o nacionales, ejecutivas o legislativas, separadas o concurrentes, con o sin candidato presidencial), acontecidas en momentos de mayor o menor popularidad de los oficialismos y protagonizadas por combinaciones diferentes de actores políticos.

A pesar de las limitaciones que pesan sobre su fuerza política y que impidieron a ésta postular un candidato presidencial, Mauricio Macri emerge fortalecido del ciclo de elecciones de 2011, constituyéndose como la figura electoralmente más exitosa del distrito. Como contracara, el kirchnerismo se vio impedido nuevamente de acceder al gobierno local, a pesar de la mejora relativa de su desempeño electoral. A su vez, otros liderazgos como el de Fernando Solanas o Elisa Carrió ya no gozan de la amplia popularidad local e incluso nacional -en el último caso- que tenían no mucho tiempo atrás, y sus fuerzas políticas nunca alcanzaron la consolidación del PRO: por una parte, Carrió emprendió un camino de expansión política de tipo coalicional más bien centrado en la obtención de una difusa presencia nacional; por otra parte, Solanas no logró mantener la unión de su heterogéneo espacio, lo cual desdibujó su protagonismo en la Legislatura local y licuó sus apoyos en la elección nacional. Por el contrario, la fuerza de Mauricio Macri se

[35] Los resultados de las elecciones generales a presidente fueron los siguientes: FPV 35,11%, FAP 27,81%, FP 10,24%, CP 9,84%, UDESO 9,45%, CC-ARI 4,30%, FIT 3,25%. Asimismo, los porcentajes a diputados se distribuyeron del siguiente modo: FPV 29,16%, PRO 19,87%, FAP 16,83%, UDESO 7,02%, CC 6,61% (lo que revela un corte de boleta negativo contra Elisa Carrió), CP 5,78%, UP 5,77%, FIT 5,59, P. Sur 1,77%, PA 1,55% y PCA 0,05%.

ha diferenciado por su grado de cohesividad –puesto que la diversidad de sectores que componen el espacio mantienen una fuerte pauta de adhesión al líder– y su estilo de construcción política –que parte del fortalecimiento local con el objetivo de expandirse luego nacionalmente.

5. Conclusiones

A lo largo del presente artículo hemos procurado describir en grandes líneas los rasgos característicos del PRO y destacar el modo en el que éstos se manifestaron en las elecciones de 2011, reflexionando así sobre el tipo de formato partidario en el que esta fuerza se inscribe. Este recorrido nos permite extraer algunas conclusiones que, lejos de agotar los problemas tratados en nuestro marco conceptual, abren una serie de interrogantes indicativos de la necesidad de profundizar esta línea investigativa.

De hecho, el PRO puede ser concebido como un partido político si se entiende por tal a un grupo que se presenta a elecciones. No obstante, el estudio del tipo de construcción, morfología e identidad del PRO y el modo en que éstas entran en juego en el ciclo electoral de 2011 nos ha obligado a incorporar una segunda acepción que entienda al PRO como un espacio político flexible y poroso, compuesto por redes de mayor o menor organicidad que incluyen pero exceden al partido, considerando entre ellas a *think tanks*, fuerzas aliadas y dirigentes afiliados a otros partidos políticos.

Hemos relatado los orígenes y el proceso de construcción del PRO, nacido al calor de la crisis de 2001 por iniciativa de Mauricio Macri, destacando por un lado el rol de las fundaciones Creer y Crecer y -en menor medida- Grupo Sophia en el reclutamiento de cuadros político-técnicos y, por otro, el sostenimiento financiero de esta fuerza política en formación sobre la base de recursos privados. A su vez, hemos dado cuenta de la estrategia coalicional desplegada por el partido, al cual se aliaron fragmentos de experimentadas redes políticas dispuestas a acompañar a un nuevo líder de opinión.

Asimismo, hemos aludido brevemente a las tres facetas analíticamente distinguibles en el PRO: social (*party on the ground*), organizativa (*party in central office*) e institucional (*party in public office*). Desde nuestro punto de vista, la faceta social ha presentado una moderada expansión gracias al activismo juvenil pero dista de ser la más influyente, debido al carácter temporal de numerosos miembros de la misma y la baja relevancia de la figura del afiliado en la composición y toma de decisiones partidarias. Mientras tanto, la faceta organizativa dispone de una estructura escasamente activa, demasiado delgada y superpuesta a la faceta institucional, en tanto no existen autoridades partidarias que no detenten cargos estatales. Por último, la faceta institucional se revela como aquella predominante tanto en la composición como en los objetivos del partido, siendo a su vez la más visible de cara a la ciudadanía.

Por otra parte, hemos realizado algunas observaciones sobre la heterogeneidad identitaria presente en el PRO, el cual es alternativamente concebido por sus integrantes como un espacio amplio o como un partido político de fronteras definidas, lo cual redunda en definiciones de pertenencia diferenciadas. El PRO nuclea figuras sin experiencia política previa que no se autodefinen como políticos pero rescatan la idea de una "nueva política" asociada a las ideas de gestión, eficiencia, consenso y ausencia de ideologías. No obstante, otras figuras que cuentan con experiencia política o revindican su pertenencia a identidades políticas previas conviven con el primer grupo, identificándose a sí mismos como políticos y descreyendo de la distinción entre vieja y nueva política. Aunque es acertado pensar que las apelaciones que el PRO emite de cara a la ciudadanía todavía se corresponden más bien con las del primer grupo, es posible advertir en las alusiones a la "pluralidad" un mayor reconocimiento del carácter identitariamente diverso del espacio. De hecho, ambos tipos de apelaciones confluyeron en la comunicación electoral de 2011, que mostraba al PRO como un espacio inclusivo, diverso, no confrontativo, centrado en la resolución de los problemas de la gente, representante de una nueva forma de hacer política. Asimismo, las diferencias identitarias también resultaron palpables en la heterogeneidad de apoyos brindados por sectores del PRO a diversos candidatos presidenciales, ante la ausencia de uno propio.

En lo referido a las funciones atribuidas a los partidos políticos, es preciso señalar que difícilmente el PRO cumpla alguna función representativa, puesto que no dispone de un único y exclusivo coto de caza cuyos intereses agregue y exprese partidariamente. Por el contrario, el vínculo representativo es actualmente instituido de modo frágil y contingente por la acción de liderazgos de popularidad, tal como es el caso de Mauricio Macri. Las apelaciones de campaña analizadas en este artículo constituyen un claro ejemplo de la centralidad de la figura del jefe de Gobierno, la cual resultó intensificada por el recurso a la proximidad como figura de legitimación política -presente en la idea de cercanía a los vecinos transmitida en spots, afiches, declaraciones de los candidatos y actividades de campaña como los timbreos. Por otra parte, es posible afirmar que el PRO cumple algún tipo de función procedimental, mas no de un modo acabado: mientras provee una etiqueta que posibilita legalmente la competencia electoral y permite organizar el trabajo territorial de campaña, no desempeña exclusivamente la tarea de reclutamiento y formación orgánica de personal político: esta actividad es desarrollada también en *locus* alternativos, tales como fundaciones o redes ajenas al partido. En este caso, podría pensarse que esta alteración de la función procedimental obedece a la merma de la función representativa puesto que el descrédito ciudadano respecto de los partidos políticos no los convierte en una opción en principio atractiva para la participación ciudadana. A su vez, el análisis de las listas electorales de 2011 también nos obliga a matizar el cumplimiento de esta función procedimental, puesto que muchos candidatos no habían desarrollado una carrera política en el PRO sino que tenían una procedencia extrapartidaria (tal es el caso de Sergio Bergman, quien encabezó la nómina a legisladores locales).

Vale acotar que nos inclinamos por considerar al PRO como una fuerza alejada de los modelos de partido de masas, que se revela más compatible con el tipo ideal de partidos electoralistas. Coadyuvan a este argumento los elementos visualizados en el ciclo electoral 2011: las encuestas oficiaron como criterio privilegiado que orientó la decisión de Mauricio Macri en torno a su candidatura; tal como mencionábamos anteriormente, las apelaciones de campaña se centraron en la figura de Macri; las consignas electorales tuvieron un carácter amplio y se encontraron orientadas a la conquista de un electorado indeciso más que al refuerzo de un improbable votante leal, y las técnicas de comunicación política tuvieron un lugar de relevancia en el diseño de la campaña, entre otras cuestiones. Ahora bien, también es pertinente señalar el proceso de estatalización en el cual consideramos al PRO inmerso. La faceta institucional del partido se revela más influyente sobre las otras y el acceso a los recursos estatales se vuelve crecientemente importante para garantizar la continuidad del PRO como fuerza política –pese a su inicial sustentación en fondos privados- porque permiten brindar una mayor financiación para sus actividades y comunicación de campaña e incidir sobre sus propias condiciones de competencia (por ejemplo, mediante la determinación del calendario electoral). No obstante, la decisión de Mauricio Macri de no presentarse a elecciones presidenciales -la cual obligó luego a su candidato a diputado a concentrar su campaña en el corte de boleta- lleva a un problema que está vinculado a la estatalización pero que excede este proceso: se vuelve imperioso para el PRO conservar específicamente el gobierno de la Ciudad de Buenos Aires porque es éste el pivote del modelo de crecimiento al que se orienta este espacio: la gestión local opera como plataforma institucional estratégica y herramienta de legitimación desde la cual penetrar en otros distritos, posicionando a Macri como un líder nacionalmente visible, con una candidatura verosímil sobre la base de los logros de la gestión porteña y que suscita identificaciones ciudadanas en virtud de la apelación a lo local. Sin embargo, para alcanzar tal objetivo es necesario cumplir lo que Scherlis (2009) denomina "imperativo estratárquico", referido a un equilibrio entre la conservación de una identidad y la disposición de cierta autonomía en otras representaciones distritales del PRO. Para realizar este imperativo no basta con encontrar líderes de popularidad locales sino que también es necesario designar figuras dedicadas a la construcción partidaria, lo cual se dificulta por las mismas condiciones de estatalización que atraviesa el PRO: las autoridades partidarias desempeñan con preferencia funciones estatales, lo cual limita su dedicación a la construcción de un armado propio e incluso deriva en casos indeseables tales como los descriptos por nuestros entrevistados:

> Vos vas, estás dos días, con grupos de dirigentes, gente que se te acerca, que te dice "qué lindo sos, vamos juntos, te bancamos" (…) Y hoy la construcción política es así (…), digamos no hay partidos, no hay una cosa que se le parezca, ¿no? Entonces el nivel, el modo de acercamiento, de aproximación y de conformación de los grupos de dirigentes sigue siendo peligrosamente espontáneo.
> (Entrevista a funcionario GCBA)

> El problema que tenía siempre el PRO es que el proyecto de Mauricio Macri presidente es un proyecto muy atractivo, entonces mucha gente se quiere subir a un barco que cree que puede llegar a la presidencia (…), entonces la incorporación de gente no siempre es la mejor gente, digamos, ¿no? (…) Es un problema de todos los partidos. Pero los partidos establecidos y viejos ya tienen como una especie de mecanismo de filtro (…), en cambio partidos nuevos… viene Al Capone, se te instala en un lugar y es un problema.
> (Entrevista a diputado PRO)

Por último, cabe destacar que el ciclo electoral 2011 nos ha permitido dar cuenta de la primacía del liderazgo de Macri por sobre el partido. A pesar de los mecanismos de consulta implementados al interior del PRO, el poder decisorio sobre las alianzas y candidaturas siempre se encontró en manos de su líder, quien impuso su voluntad aun en contra de la tendencia mayoritaria en su partido. No obstante, reconocer esta dinámica no significa declarar la total heteronomía del PRO respecto de su líder, puesto que entender los partidos como instrumentos supone concebirlos como elementos actualmente necesarios para cumplir (aunque imperfectamente) una función procedimental y desarrollar un trabajo de campaña territorial o virtual. No obstante, Macri -en tanto que figura traccionadora de votos- es aquél que subordina en última instancia al PRO: todo instrumento depende de un agente externo para tener alguna utilidad, y ésta es la dificultad que inquieta a uno de nuestros entrevistados:

> El gran desafío de él [Macri], como de todo dirigente que crea un partido, es que algún día el partido funcione sin él, porque un día no va a estar y el partido debería trascendernos a todos.
>
> (Entrevista a funcionario GCBA)

Bibliografía

Almond, G. y Powell, B. (1966): *Política comparada*. Buenos Aires: Paidós.

Annunziata, R. (2009): "De tijeras y espejos. Política de la proximidad y elecciones 2007 en el Municipio de Morón" en I. Cheresky (Comp.): *Las urnas y la desconfianza ciudadana en la democracia argentina*. Rosario: Homo Sapiens.

Annunziata, R. (2011): "La política de la singularidad de la experiencia" en I. Cheresky (Comp.): *Ciudadanía y legitimidad democrática en América Latina*. Buenos Aires: Prometeo.

Bartolini, S. y Mair, P. (2001): "Challenges to Contemporary Political Parties" en L. Diamond y R. Gunther (eds.): *Political Parties and Democracy*. Baltimore y Londres: The Johns Hopkins University Press.

Cheresky, I. (Comp.) (2006): *La política después de los partidos*. Buenos Aires: Prometeo.

Gunther, R. y Diamond, L. (2003): "Species of Political Parties. A New Typology". En: *Party Politics*, vol. 9, N° 2: 167-199.

Katz, R. y Mair, P. (1993): "The Evolution of Party Organizations in Europe: The Three Faces of Party Organization". En: *The American Review of Politics*, invierno, N° 14: 593-617.

Katz, R. y Mair, P. (1995): "Changing Models of Party Organization and Party Democracy: The Emergence of the Cartel Party". En: *Party Politics*, vol. 1, N° 1: 5-28.

Katz, R. y Mair, P. (2002): "The Ascendancy of the Party in Public Office: Party Organizational Change in Twentieth-Century Democracies" en R. Gunther, J. Montero y J. Linz (eds.): *Political Parties: Old Concepts and New Challenges*. Oxford: Oxford University Press.

Mainwaring, S. y Scully, T. (1995): *Building democratic institutions: party systems in Latin America*. California: Stanford University Press.

Mair, P. y Katz, R. (2002): "Party Organization, Party Democracy, and the Emergence of the Cartel Party" en Peter Mair: *Party System Change. Approaches and Interpretations*. Oxford: Clarendon Press.

Manin, B. (1998): *Los principios del gobierno representativo*. Madrid: Alianza.

Mattina, G. (2009): "Consolidación de los nuevos formatos representativos: itinerario de las elecciones legislativas en la Ciudad Autónoma de Buenos Aires (2009)". Ponencia presentada a las V[as] Jornadas de Jóvenes Investigadores del Instituto de Investigaciones Gino Germani. Buenos Aires, 4 al 6 de noviembre.

Mauro, S. (2005): "La campaña electoral por la Jefatura de Gobierno de Buenos Aires: Estrategias políticas e inteligibilidad de la agenda". En: *Revista Argentina de Sociología*, año 3, N° 4, mayo-junio: 78-98.

Mauro, S. (2008): "Coaliciones sin partidos políticos en la Argentina post-crisis. El caso de la Ciudad Autónoma de Buenos Aires (2003-2007)". En: *Debates Latinoamericanos*, año 6, vol. 10, abril.

Mauro, S. (2009): "Buenos Aires viceversa. La ciudad autónoma y la recomposición permanente de la escena" en I. Cheresky (comp.): *Las urnas y la desconfianza ciudadana en la democracia argentina*. Rosario: Homo Sapiens.

Mauro, S. y Montero, F. (2006): "Dilemas de la recomposición en la escena porteña" en I. Cheresky (comp.): *La política después de los partidos*. Buenos Aires: Prometeo.

Ortiz de Rozas, Victoria (2011): "El *gran elector* provincial en Santiago del Estero (2005-2010). Una perspectiva desde adentro de un 'oficialismo invencible'". En: *Revista SAAP*, vol. 5, N° 2, noviembre.

Panebianco, A. (1988): *Political Parties: Organization and Power*. Cambridge: Cambridge University Press.

Rosanvallon, P. (2009): *La legitimidad democrática. Imparcialidad, reflexividad, proximidad*. Buenos Aires: Manantial.

Sartori, G. (1980): *Partidos y sistemas de partidos*. Tomo I. Madrid: Alianza.

Scherlis, G. (2009): "El partido estatal estratárquico de redes. Apuntes sobre organización política en la era de los partidos no representativos" en Isidoro Cheresky (Comp.): *Las urnas y la desconfianza ciudadana en la democracia argentina*. Rosario: Homo Sapiens.

Ware, A. (2004) [1996]: *Partidos políticos y sistemas de partidos*. Madrid: Istmo.

Gente (2001): "La Argentina necesita más política y menos políticos". 20 de noviembre. Disponible en: http://www.gente.com.ar/nota.php?ID=1878

La Nación (2003): "Macri hará varios actos en la calle para cerrar su campaña". 20 de agosto. Disponible en: http://www.lanacion.com.ar/520664-macri-hara-varios-actos-en-la-calle-para-cerrar-su-campana

La Nación (2011): "Catarsis de Carta Abierta con duras críticas a Filmus, Páez y 678". 19 de agosto. Disponible en: http://www.lanacion.com.ar/m1/1390782-catarsis-de-carta-abierta-con-dardos-a-filmus-fito-y-678

La Tecla (2010): "Macri aceptó las disculpas de De Narváez, pero está alejado". 15 de junio. Disponible en: http://www.latecla.info/2/nota_1.php?noticia_id=40884

Noticias Urbanas (2011): "Macri y sus chicas miraron a la Casa Rosada". 22 de marzo de 2011. Disponible en: http://www.noticiasurbanas.com.ar/info_item.shtml?sh_itm= 17b8c2e97584b87833030b7c62edd789

Página 12 (2011): "La mitad". 12 de julio. Disponible en: http://www.pagina12.com.ar/ diario/contratapa/13-172084-2011-07-12.html

Dirección Nacional Electoral. Ministerio del Interior. Información estadística electoral. Disponible en: http://www.elecciones.gob.ar/estadistica/estadistica.htm

Elecciones 2011. Disponible en: http://www.elecciones.gov.ar

PRO (2011): *Cómo conseguir un voto*. Disponible en: http://www.sosbienvenido.com/ recursos/ComoConseguirUnVoto.pdf

Tribunal Superior de Justicia de la Ciudad de Buenos Aires. CDs de consulta de escrutinio definitivo de las elecciones de 10/7/2011 y 31/7/2011.

7. Entrevistas realizadas:[36]

Diez legisladores PRO, cinco funcionarios GCBA, un diputado nacional PRO, cinco asesores PRO, un dirigente partidario PF, un dirigente partidario UCR, un dirigente partidario PA, dos dirigentes Partido Socialista, un legislador Proyecto Sur, una legisladora Nuevo Encuentro, dos legisladores CC, una ex diputada nacional Justicialismo Republicano, un dirigente sindical justicialista, dos militantes kirchneristas, dos militantes del MST, un periodista. Tal como acordamos con ellos, hemos preservado el anonimato de nuestros entrevistados, con quienes en algunos casos hemos mantenido más de un encuentro.

[36] Cabe mencionar que las interpretaciones plasmadas aquí son producto del trabajo de campo realizado por la autora en la Ciudad de Buenos Aires entre abril de 2009 y marzo de 2012, consistente en el seguimiento de las apariciones mediáticas de los principales referentes políticos distritales, relevamiento de material gráfico y audiovisual de campaña, el registro de observaciones participantes de actos partidarios y de campaña y la realización de entrevistas en profundidad no estructuradas a actores políticos locales pertenecientes al PRO o a otros espacios. Agradecemos por este medio a todas las personas que amablemente accedieron a encontrarse con la autora, ya que la consecución de nuestra investigación habría resultado imposible sin su valiosa contribución.

ANEXOS
"ELECCIONES ARGENTINAS 2011: RESULTADOS DE LAS PRIMARIAS, LAS GENERALES NACIONALES Y CIFRAS DE PARTICIPACIÓN"

Andrea Pereyra Barreyro

Anexo I

Elecciones 2011: Primarias Abiertas Simultáneas y Obligatorias (PASO) y elecciones generales*

1.1. ELECCIONES PRESIDENCIALES. Resultados desagregados por distrito y total nacional

Distrito	FPV	FAP	UDESO	CF	FP
Buenos Aires	56,43	14,93	9,69	7,33	7,14
CABA	35,11	27,81	9,45	9,84	10,24
Catamarca	69,79	5,14	17,92	1,75	2,68
Chaco	65,24	7,17	17,70	3,01	4,15
Chubut	59,82	7,73	9,64	3,04	16,43
Córdoba	37,29	23,39	18,00	12,27	4,59
Corrientes	68,04	7,20	12,90	4,04	4,62
Entre Ríos	54,63	20,42	14,46	4,07	4,37
Formosa	79,27	2,59	14,66	0,83	1,82
Jujuy	64,43	8,07	18,84	3,59	1,94
La Pampa	58,27	13,59	13,31	8,53	3,81
La Rioja	51,28	6,01	17,44	20,84	2,03
Mendoza	51,12	12,24	11,02	20,36	1,66
Misiones	67,08	5,70	13,74	3,09	8,08
Neuquén	61,13	14,34	9,29	6,41	3,61
Río Negro	68,07	12,02	9,28	4,00	2,95
Salta	64,55	8,31	14,59	3,26	4,16

* Se presentan sólo los resultados de las fórmulas políticas que obtuvieron mayores porcentajes.

San Juan	65,41	6,22	7,13	17,07	2,21
San Luis	31,43	5,11	9,09	51,50	0,98
Santa Cruz	74,87	7,34	11,86	1,27	1,50
Santa Fe	41,96	39,10	5,71	4,80	5,05
Santiago del Estero	82,11	4,11	7,08	1,66	3,32
Tierra del Fuego	68,43	10,26	8,64	5,69	3,54
Tucumán	65,19	10,84	13,31	4,88	2,91
Total Nacional	**54,11**	**16,80**	**11,14**	**7,96**	**5,86**

1.2. ELECCIONES PRESIDENCIALES. Comparación de los resultados de las elecciones primarias (14 de agosto) y de las elecciones generales (23 de octubre)

Distrito	FPV		FAP		UDESO		CF		FP	
	PASO	23-OCT	PASO	23-OCT	PASO	23-OCT	PASO	23-OCT	PASO	23-OCT
Buenos Aires	53,35	56,43	7,80	14,93	10,97	9,69	6,88	7,33	13,82	7,14
CABA	30,17	35,11	14,27	27,81	10,11	9,45	11,09	9,84	22,14	10,24
Catamarca	63,43	69,79	2,38	5,14	20,27	17,92	4,66	1,75	5,61	2,68
Chaco	60,35	65,24	2,85	7,17	21,48	17,70	2,88	3,01	6,80	4,15
Chubut	51,56	59,82	3,99	7,73	9,72	9,64	2,59	3,04	26,21	16,43
Córdoba	34,25	37,29	14,52	23,39	17,69	18,00	13,67	12,27	11,85	4,59
Corrientes	64,42	68,04	3,18	7,20	14,51	12,90	3,35	4,04	10,05	4,62
Entre Ríos	45,85	54,63	13,20	20,42	16,90	14,46	6,37	4,07	12,33	4,37
Formosa	70,08	79,27	2,29	2,59	15,08	14,66	2,13	0,83	6,51	1,82
Jujuy	58,01	64,43	5,30	8,07	19,03	18,84	5,37	3,59	5,26	1,94
La Pampa	47,83	58,27	6,99	13,59	16,06	13,31	11,98	8,53	11,39	3,81
La Rioja	50,52	51,28	3,38	6,01	18,00	17,44	20,01	20,84	3,68	2,03
Mendoza	46,94	51,12	7,35	12,24	11,92	11,02	20,30	20,36	5,99	1,66
Misiones	64,10	67,08	3,05	5,70	14,29	13,74	3,40	3,09	11,31	8,08
Neuquén	55,31	61,13	9,85	14,34	11,03	9,29	2,27	6,41	8,89	3,61
Río Negro	60,08	68,07	7,02	12,02	13,37	9,28	2,64	4,00	6,54	2,95
Salta	62,68	64,55	8,00	8,31	13,46	14,59	2,45	3,26	5,03	4,16
San Juan	65,26	65,41	2,68	6,22	7,54	7,13	16,73	17,07	3,85	2,21
San Luis	27,95	31,43	2,81	5,11	11,05	9,09	53,33	51,50	2,03	0,98
Santa Cruz	54,54	74,87	4,80	7,34	14,32	11,86	2,63	1,27	5,25	1,50

Santa Fe	37,91	41,96	32,80	39,10	6,54	5,71	5,47	4,80	11,61	5,05
Santiago del Estero	80,45	82,11	2,40	4,11	6,47	7,08	1,73	1,66	6,22	3,32
Tierra del Fuego	61,66	68,43	7,05	10,26	10,28	8,64	7,00	5,69	7,38	3,54
Tucumán	65,15	65,19	5,73	10,84	14,15	13,31	4,35	4,88	5,78	2,91
Total Nacional	**50,24**	**54,11**	**10,18**	**16,80**	**12,20**	**11,14**	**8,17**	**7,96**	**12,12**	**5,86**

1.3. Elecciones presidenciales. Resultados de las elecciones generales en los centros urbanos

Distrito	FPV	FAP	UDESO	CF	FP
Capital Federal	35,05	27,78	9,44	9,87	10,25
Conurbano bonaerense	56,28	14,97	9,7	7,36	7,17
Ciudad de Córdoba	34,02	28,98	17,08	10,74	3,56
Rosario	45,29	40,31	2,95	4,75	3,17
Mendoza capital	34,14	24,14	13,97	19,31	3,36

2.1. Elecciones legislativas. Resultados para Diputados Nacionales: totales por distrito (porcentaje de votos y cantidad de bancas)

Distrito y bancas en disputa	Partido, Frente o Alianza	% de votos	Bancas obtenidas
Buenos Aires (35)	Frente para la Victoria	56,97	22
	Frente Amplio Progresista	13,01	5
	UDESO	11,56	4
	Frente Popular	6,75	2
	Compromiso Federal	5,59	2
CABA (12)	Frente para la Victoria	29,16	5
	Propuesta Republicana	19,87	3
	Frente Amplio Progresista	16,83	2
	UDESO	7,02	1
	Coalición Cívica	6,61	1
Catamarca (2)	Frente para la Victoria	68,42	2
Chaco (3)	Frente para la Victoria	62,06	2
	UDESO	22,11	1
Chubut (3)	Frente para la Victoria	60,68	3

Córdoba (9)	Frente para la Victoria	34,97	4
	UCR	20,33	2
	Frente Amplio Progresista	20,23	2
	Compromiso Federal	11,91	1
Corrientes (4)	Frente para la Victoria	65,82	3
	UDESO	19,26	1
Entre Ríos (4)	Frente Justicialista para la Victoria	58,73	3
	Unión Cívica Radical	18,04	1
Formosa (3)	Frente para la Victoria	79,75	3
Jujuy (3)	Frente para la Victoria	55,19	2
	UDESO	25,72	1
La Pampa (2)	Partido Humanista (FPV)	56,96	1
	Fte. Pampeano Cívico y Social	34,21	1
La Rioja (3)	Frente para la Victoria Riojana	38,33	1
	Frente Popular Riojano	29,4	1
	Unión Cívica Radical	24,23	1
Mendoza (5)	Frente para la Victoria	46,76	3
	Frente Cívico Federal-UDESO Mendoza	22,33	1
	Compromiso Federal	16,98	1
Misiones (4)	Frente Renovador de la Concordia	49,18	3
	Alianza Frente para la Victoria	19,22	1
Neuquén (2)	Alianza Frente para la Victoria	33,18	1
	Movimiento Popular Neuquino	32,35	1
Río Negro (3)	Frente para la Victoria	70,1	3
Salta (4)	Frente para la Victoria	56,51	3
	UDESO	17,52	1
San Juan (3)	Alianza Frente para la Victoria	69,29	3
San Luis (2)	Compromiso Federal	59,47	2
Santa Cruz (2)	Frente para la Victoria	65,41	2
Santa Fe (10)	Frente para la Victoria	41,41	5
	Frente Amplio Progresista	35,59	5
Santiago del Estero (4)	Frente Cívico por Santiago	71,03	4
Tierra del Fuego (3)	Alianza Frente para la Victoria	24,69	1
	Movimiento Popular Fueguino	22,54	1
	Partido Justicialista	19,12	1
Tucumán (5)	Frente para la Victoria	60,97	4
	Unión Cívica Radical	16,45	1
TOTAL			130

2.2. *Elecciones legislativas. Resultados para Diputados Nacionales: cantidad de bancas obtenidas por fuerza política*

Fuerza política	Distrito	Partido, Frente o Alianza	Bancas
Kirchnerismo	Buenos Aires	Frente para la Victoria	22/35
	CABA	Frente para la Victoria	5/12
	Catamarca	Frente para la Victoria	2/2
	Chaco	Frente para la Victoria	2/3
	Chubut	Frente para la Victoria	3/3
	Córdoba	Frente para la Victoria	4/9
	Corrientes	Frente para la Victoria	3/4
	Entre Ríos	Frente Justicialista para la Victoria	3/4
	Formosa	Frente para la Victoria	3/3
	Jujuy	Frente para la Victoria	2/3
	La Pampa	Partido Humanista	1/2
	La Rioja	Frente para la Victoria Riojana	1/3
	La Rioja	Frente Popular Riojano	1/3
	Mendoza	Frente para la Victoria	3/5
	Misiones	Frente Renovador de la Concordia	3/4
	Misiones	Alianza Frente para la Victoria	1/4
	Neuquén	Alianza Frente para la Victoria	1/2
	Neuquén	Movimiento Popular Neuquino	1/2
	Río Negro	Frente para la Victoria	3/3
	Salta	Frente para la Victoria	3/4
	San Juan	Alianza Frente para la Victoria	3/3
	Santa Cruz	Frente para la Victoria	2/2
	Santa Fe	Frente para la Victoria	5/10
	Santiago del Estero	Frente Cívico por Santiago	4/4
	Tierra del Fuego	Alianza Frente para la Victoria	1/3
	Tierra del Fuego	Movimiento Popular Fueguino	1/3
	Tierra del Fuego	Partido Justicialista	1/3
	Tucumán	Frente para la Victoria	4/5
		TOTAL	88/130

Radicalismo	Buenos Aires	UDESO	4/35
	CABA	UDESO	1/12
	Chaco	UDESO	1/3
	Córdoba	UCR	2/9
	Corrientes	UDESO	1/4
	Entre Ríos	Unión Cívica Radical	1/4
	Jujuy	UDESO	1/3
	La Pampa	Fte. Pampeano Cívico y Social	1/2
	La Rioja	Unión Cívica Radical	1/3
	Mendoza	Frente Cívico Federal-UDESO Mendoza	1/5
	Salta	UDESO	1/4
	Tucumán	Unión Cívica Radical	1/5
		TOTAL	16/130
Socialismo y aliados	Buenos Aires	Frente Amplio Progresista	5/35
	CABA	Frente Amplio Progresista	2/12
	Córdoba	Frente Amplio Progresista	2/9
	Santa Fe	Frente Amplio Progresista	5/10
		TOTAL	14/130
Peronismo Federal	Buenos Aires	Frente Popular	2/35
		Compromiso Federal	2/35
	Córdoba	Compromiso Federal	1/9
	Mendoza	Compromiso Federal	1/5
	San Luis	Compromiso Federal	2/2
	TOTAL		8/130
Otras fuerzas	CABA	Propuesta Republicana	3/12
		Coalición Cívica	1/12
		TOTAL	4/130

2.3. ELECCIONES LEGISLATIVAS. Resultados para Senadores Nacionales: totales por distrito (porcentaje de votos y cantidad de bancas)

Distrito y bancas en disputa	Partido, Frente o Alianza	% de votos	Bancas obtenidas
Buenos Aires (3)	Alianza Frente para la Victoria Justicialista	56,78	2
	Frente Amplio Progresista	13,37	1
Formosa (3)	Alianza Frente para la Victoria	78,39	2
	Unión Cívica Radical	20,35	1
Jujuy (3)	Alianza Frente para la Victoria	53,43	2
	UDESO	29,14	1
La Rioja (3)	Alianza Frente Popular Riojano	35,42	2
	Alianza Frente para la Victoria	33,82	1
Misiones (3)	Alianza Frente Renovador de la Concordia	49,78	2
	Alianza Frente para la Victoria	19,2	1
San Juan (3)	Alianza Frente para la Victoria	66,84	2
	Alianza Compromiso Federal	18,75	1
San Luis (3)	Alianza Compromiso Federal	60,7	2
	Alianza Frente para la Victoria	28,78	1
Santa Cruz (3)	Alianza Frente para la Victoria	65,83	2
	Unión Cívica Radical	22,83	1
TOTAL			24

2.4. ELECCIONES LEGISLATIVAS. Resultados para Senadores Nacionales: cantidad de bancas obtenidas por fuerza política

Fuerza política	Distrito	Partido, Frente o Alianza	Bancas obtenidas
Kirchnerismo	Buenos Aires	Alianza Frente para la Victoria Justicialista	2/3
	Formosa	Alianza Frente para la Victoria	2/3
	Jujuy	Alianza Frente para la Victoria	2/3
	La Rioja	Alianza Frente Popular Riojano	2/3
	La Rioja	Alianza Frente para la Victoria	1/3
	Misiones	Alianza Frente Renovador de la Concordia	2/3
	Misiones	Alianza Frente para la Victoria	1/3
	San Juan	Alianza Frente para la Victoria	2/3
	San Luis	Alianza Frente para la Victoria	1/3
	Santa Cruz	Alianza Frente para la Victoria	2/3
		TOTAL	17/24
Radicalismo	Formosa	Unión Cívica Radical	1/3
	Jujuy	UDESO	1/3
	Santa Cruz	Unión Cívica Radical	1/3
		TOTAL	3/24
Peronismo Federal	San Juan	Alianza Compromiso Federal	1/3
	San Luis	Alianza Compromiso Federal	2/3
		TOTAL	3/24
Socialismo y aliados	Buenos Aires	Frente Amplio Progresista	1/3
		TOTAL	1/24

3.1. ELECCIONES PROVINCIALES. Resultados de elecciones a Gobernador: fórmulas ganadoras ordenadas por porcentaje de voto obtenido

	Distrito	Partido, Frente o Alianza	Fórmula electa	%
Más de 70%	Formosa	Partido Justicialista	Insfrán - De Vido	75,21
	Misiones	Frente Renovador de la Concordia	Closs - Passa-lacqua	75,07
	Tucumán	Alianza Frente para la Victoria	Alperovich - Manzur	71,61
70% - 60%	San Juan	Alianza Frente para la Victoria	Gioja-Uñac	68,16
	La Rioja	Alianza Frente Justicialista para la Victoria	Beder Herrera - Casas	67,11
	Chaco	Frente Chaco Merece Más	Capitanich - Bacileff Ivanoff	66,56
	CABA	Propuesta Republicana	Macri-Vidal [*]	64,27 [**]
60% - 50%	Salta	Frente Justicialista Renovador de la Victoria	Urtubey - Zottos	59,57
	San Luis	Alianza Compromiso Federal	Poggi-Díaz	57,81
	Jujuy	Alianza Frente para la Victoria	Fellner-Jenefes	57,53
	Entre Ríos	Alianza Frente Justicialista para la Victoria	Urribarri-Cáceres	55,98
	Buenos Aires	Alianza Frente para la Victoria	Scioli-Mariotto	55,07
	Santa Cruz	Alianza Frente para la Victoria Santacruceña	Peralta-Cotillo	51,24
	Río Negro	Alianza Frente para la Victoria	Soria - Weretilneck	51,07
	Tierra del Fuego	Partido Social Patagónico	Ríos - Crocianelli	50,66 [**]
50% - 40%	Catamarca	Alianza Frente para la Victoria	Corpacci-Mera	49,54
	Neuquén	Movimiento Popular Neuquino	Sapag - Pechén	48,88
	La Pampa	Partido Justicialista	Jorge - Durango	46,02
	Mendoza	Alianza Frente para la Victoria	Perez - Ciurca	42,76
	Córdoba	Alianza Unión por Córdoba	De La Sota - Pregno	42,6
	Chubut	Partido Justicialista	Buzzi - Mac Karthy	40,43 [**]
Menos 40%	Santa Fe	Frente Progresista, Cívico y Social	Bonfatti - Henn	39,69

[*] El cargo ejecutivo para la Ciudad de Buenos Aires es el de Jefe de Gobierno.

[**] Resultados del *ballotage* o segunda vuelta.

3.2. ELECCIONES PROVINCIALES. Resultados de elecciones a Gobernador: elecciones provinciales simultáneas a las nacionales

Fecha	Distrito	Ganó oficialismo nacional	Ganó oficialismo local	Ganó oposición nacional	Ganó oposición local	%
23/10	Buenos Aires	x	x			55,07
23/10	Entre Ríos	x	x			55,98
23/10	Formosa	x	x			75,21
23/10	Jujuy	x	x			57,53
23/10	La Pampa	x	x			46,02
23/10	Mendoza	x	x			42,76
23/10	San Juan	x	x			68,16
23/10	San Luis		x	x		57,81
23/10	Santa Cruz	x	x			51,24

3.3. ELECCIONES PROVINCIALES. Resultados de elecciones a Gobernador: elecciones provinciales no simultáneas a las nacionales

Fecha	Distrito	Ganó oficialismo nacional	Ganó oficialismo local	Ganó oposición nacional	Ganó oposición local	%
10/07 - 31/07	CABA		x	x		64,27*
13/03	Catamarca	x			x	49,54
18/09	Chaco	x	x			66,56
20/03 - 29/05	Chubut		x	x		40,43*
7/8	Córdoba		x	x		42,6
29/05	La Rioja	x	x			67,11
26/06	Misiones	x	x			75,07
12/06	Neuquén	x	x			48,88
25/09	Río Negro	x			x	51,07
10/04	Salta	x	x			59,57
24/07	Santa Fe		x	x		39,69
26/06 - 02/07	Tierra del Fuego		x	x		50,66*
28/08	Tucumán	x	x			71,61

* Resultados del *ballotage* o segunda vuelta.

3.4. ELECCIONES PROVINCIALES. Resultados de elecciones a Gobernador: distritos donde ganaron candidatos del oficialismo nacional o aliados cercanos (fórmula, porcentaje y alineación local)

Distrito	Partido, Frente o Alianza	Fórmula electa	%	Alineación local
Formosa	Partido Justicialista	Insfrán - De Vido	75,21	Oficialismo
Misiones	Frente Renovador de la Concordia	Closs - Passalacqua	75,07	Oficialismo
Tucumán	Alianza Frente para la Victoria	Alperovich - Manzur	71,61	Oficialismo
San Juan	Alianza Frente para la Victoria	Gioja-Uñac	68,16	Oficialismo
La Rioja	Alianza Frente Justicialista para la Victoria	Beder Herrera - Casas	67,11	Oficialismo
Chaco	Frente Chaco Merece Más	Capitanich - Bacileff Ivanoff	66,56	Oficialismo
Salta	Frente Justicialista Renovador de la Victoria	Urtubey - Zottos	59,57	Oficialismo
Jujuy	Alianza Frente para la Victoria	Fellner-Jenefes	57,53	Oficialismo
Entre Ríos	Alianza Frente Justicialista para la Victoria	Urribarri-Cáceres	55,98	Oficialismo
Buenos Aires	Alianza Frente para la Victoria	Scioli-Mariotto	55,07	Oficialismo
Santa Cruz	Alianza Frente para la Victoria Santacruceña	Peralta-Cotillo	51,24	Oficialismo
Río Negro	Alianza Frente para la Victoria	Soria - Weretil-neck	51,07	Oposición
Catamarca	Alianza Frente para la Victoria	Corpacci-Mera	49,54	Oposición
Neuquén	Movimiento Popular Neuquino	Sapag - Pechén	48,88	Oficialismo
La Pampa	Partido Justicialista	Jorge - Durango	46,02	Oficialismo
Mendoza	Alianza Frente para la Victoria	Pérez - Ciurca	42,76	Oficialismo

[*] Resultados del *ballotage* o segunda vuelta.

3.5. ELECCIONES PROVINCIALES. *Resultados de elecciones a Gobernador: distritos en los que ganaron candidatos de la oposición nacional (fórmula, porcentaje y alineación local)*

Distrito	Partido, Frente o Alianza	Fórmula electa	%	Alineación local
CABA	Propuesta Republicana	Macri-Vidal [*]	64,27[**]	Oficialismo
San Luis	Alianza Compromiso Federal	Poggi-Díaz	57,81	Oficialismo
Santa Fe	Frente Progresista, Cívico y Social	Bonfatti - Henn	39,69	Oficialismo
Chubut	Partido Justicialista	Buzzi - Mac Karthy	40,43[**]	Oficialismo
Tierra del Fuego	Partido Social Patagónico	Ríos - Crocianelli	50,66[**]	Oficialismo
Córdoba	Alianza Unión por Córdoba	De La Sota - Pregno	42,6	Oficialismo

[*] El cargo ejecutivo para la Ciudad de Buenos Aires es el de Jefe de Gobierno.

[**] Resultados del *ballotage* o segunda vuelta.

3.6. ELECCIONES PROVINCIALES. *Resultados de elecciones a Gobernador: distritos en los que ganaron candidatos del oficialismo local (fórmula, porcentaje y alineación nacional)*

Distrito	Partido, Frente o Alianza	Fórmula electa	%	Alineación nacional
Formosa	Partido Justicialista	Insfrán - De Vido	75,21	Oficialismo
Misiones	Frente Renovador de la Concordia	Closs - Passalacqua	75,07	Oficialismo
Tucumán	Alianza Frente para la Victoria	Alperovich - Manzur	71,61	Oficialismo
San Juan	Alianza Frente para la Victoria	Gioja-Uñac	68,16	Oficialismo
La Rioja	Alianza Frente Justicialista para la Victoria	Beder Herrera - Casas	67,11	Oficialismo
Chaco	Frente Chaco Merece Más	Capitanich - Bacileff Ivanoff	66,56	Oficialismo
CABA	Propuesta Republicana	Macri-Vidal [*]	64,27[**]	Oposición
Salta	Frente Justicialista Renovador de la Victoria	Urtubey - Zottos	59,57	Oficialismo

San Luis	Alianza Compromiso Federal	Poggi-Díaz	57,81	Oposición
Jujuy	Alianza Frente para la Victoria	Fellner-Jenefes	57,53	Oficialismo
Entre Ríos	Alianza Frente Justicialista para la Victoria	Urribarri-Cáceres	55,98	Oficialismo
Buenos Aires	Alianza Frente para la Victoria	Scioli-Mariotto	55,07	Oficialismo
Santa Cruz	Alianza Frente para la Victoria Santacruceña	Peralta-Cotillo	51,24	Oficialismo
Tierra del Fuego	Partido Social Patagónico	Ríos - Crocianelli	50,66 [**]	Oposición
Neuquén	Movimiento Popular Neuquino	Sapag - Pechén	48,88	Oficialismo
La Pampa	Partido Justicialista	Jorge - Durango	46,02	Oficialismo
Mendoza	Alianza Frente para la Victoria	Pérez - Ciurca	42,76	Oficialismo
Córdoba	Alianza Unión por Córdoba	De La Sota - Pregno	42,6	Oposición
Chubut	Partido Justicialista	Buzzi - Mac Karthy	40,43	Oposición
Santa Fe	Frente Progresista, Cívico y Social	Bonfatti - Henn	39,69	Oposición

[*] El cargo ejecutivo para la Ciudad de Buenos Aires es el de Jefe de Gobierno.

[**] Resultados del *ballotage* o segunda vuelta.

3.7. ELECCIONES PROVINCIALES. *Resultados de elecciones a Gobernador: distritos en los que ganaron candidatos de la oposición local (fórmula, porcentaje y alineación nacional)*

Distrito	Partido, Frente o Alianza	Fórmula electa	% de votos	Alineación nacional
Catamarca	Alianza Frente para la Victoria	Corpacci-Mera	49,54	Oficialismo
Río Negro	Alianza Frente para la Victoria	Soria - Weretilneck	51,07	Oficialismo

3.8. ELECCIONES PROVINCIALES. *Resultados de elecciones a Gobernador: clasificación de los distritos según criterios de reelección, sucesión o renovación*

	Distrito	Partido, Frente o Alianza	Fórmula electa	%
Reelección[1]	Formosa	Partido Justicialista	Insfrán - De Vido	75,21
	Misiones	Frente Renovador de la Concordia	Closs - Passalacqua	75,07
	Tucumán	Alianza Frente para la Victoria	Alperovich - Manzur	71,61
	San Juan	Alianza Frente para la Victoria	Gioja-Uñac	68,16
	La Rioja	Alianza Frente Justicialista para la Victoria	Beder Herrera - Casas	67,11
	Chaco	Frente Chaco Merece Más	Capitanich - Bacileff Ivanoff	66,56
	CABA	Propuesta Republicana	Macri-Vidal [*]	64,27 [**]
	Salta	Frente Justicialista Renovador de la Victoria	Urtubey - Zottos	59,57
	Entre Ríos	Alianza Frente Justicialista para la Victoria	Urribarri-Cáceres	55,98
	Buenos Aires	Alianza Frente para la Victoria	Scioli-Mariotto	55,07
	Santa Cruz	Alianza Frente para la Victoria Santacruceña	Peralta-Cotillo	51,24
	Neuquén	Movimiento Popular Neuquino	Sapag - Pechén	48,88
	Tierra del Fuego	Partido Social Patagónico	Ríos - Crocianelli	50,66[**]
	La Pampa	Partido Justicialista	Jorge - Durango	46,02
Oposición local[2]	Río Negro	Alianza Frente para la Victoria	Soria - Weretilneck	51,07
	Catamarca	Alianza Frente para la Victoria	Corpacci-Mera	49,54
Sucesión[3]	San Luis	Alianza Compromiso Federal	Poggi-Díaz	57,81
	Jujuy	Alianza Frente para la Victoria	Fellner-Jenefes	57,53
	Mendoza	Alianza Frente para la Victoria	Perez - Ciurca	42,76
	Córdoba	Alianza Unión por Córdoba	De La Sota - Pregno	42,6
	Chubut	Partido Justicialista	Buzzi - Mac Karthy	40,43[**]
	Santa Fe	Frente Progresista, Cívico y Social	Bonfatti - Henn	39,69

[1] Los gobernadores que finalizaban sus mandatos en 2011 fueron reelegidos en su cargo.
[2] Triunfo de candidatos de la oposición local.
[3] Triunfo de los candidatos del oficialismo local.
[*] El cargo ejecutivo para la Ciudad de Buenos Aires es el de Jefe de Gobierno.
[**] Resultados del *ballotage* o segunda vuelta.

Anexo II

Elecciones 2011: cifras generales de participación, abstención, voto en blanco y voto nulo. Comparación con elecciones previas

1.1. ELECCIONES PRESIDENCIALES. Cifras generales de participación, abstención, voto en blanco y voto nulo

Distrito	Electores hábiles	Votantes		Abstenciones [*]		Voto en blanco		Voto nulo		Voto negativo [**]	
		Abs	%	Abs	%	Abs	%	Abs	%	Abs	%
Buenos Aires	10.825.440	8.953.015	82,70	1.872.425	17,30	313.957	3,51	59.445	0,66	2.245.827	25,08
CABA	2.511.197	1.934.230	77,02	576.967	22,98	35.333	1,83	18.354	0,95	630.654	32,60
Catamarca	258.281	196.139	75,94	62.142	24,06	3.680	1,88	1.446	0,74	67.268	34,30
Chaco	761.888	573.592	75,29	188.296	24,71	5.257	0,92	2.898	0,51	196.451	34,25
Chubut	360.478	284.695	78,98	75.783	21,02	3.890	1,37	4.822	1,69	84.495	29,68
Córdoba	2.501.744	1.893.167	75,67	608.577	24,33	26.198	1,38	18.678	0,99	653.453	34,52
Corrientes	699.470	526.210	75,23	173.260	24,77	18.847	3,58	4.271	0,81	196.378	37,32
Entre Ríos	921.690	759.445	82,40	162.245	17,60	80.136	10,55	6.852	0,90	249.233	32,82
Formosa	360.194	277.018	76,91	83.176	23,09	21.475	7,75	1.934	0,70	106.585	38,48
Jujuy	444.069	360.034	81,08	84.035	18,92	34.437	9,56	3.876	1,08	122.348	33,98
La Pampa	250.206	206.978	82,72	43.228	17,28	25.503	12,32	1.448	0,70	70.179	33,91
La Rioja	231.295	179.140	77,45	52.155	22,55	25.205	14,07	1.916	1,07	79.276	44,25
Mendoza	1.231.386	1.000.538	81,25	230.848	18,75	76.381	7,63	44.489	4,45	351.718	35,15
Misiones	722.289	559.447	77,45	162.842	22,55	9.891	1,77	3.029	0,54	175.762	31,42
Neuquén	406.838	335.431	82,45	71.407	17,55	14.733	4,39	5.006	1,49	91.146	27,17
Río Negro	439.037	344.941	78,57	94.096	21,43	8.729	2,53	4.476	1,30	107.301	31,11
Salta	819.157	627.030	76,55	192.127	23,45	8.257	1,32	5.983	0,95	206.367	32,91
San Juan	468.287	369.865	78,98	98.422	21,02	27.054	7,31	3.208	0,87	128.684	34,79
San Luis	311.931	252.161	80,84	59.770	19,16	14.596	5,79	2.745	1,09	77.111	30,58

Santa Cruz	199.802	152.991	76,57	46.811	23,43	7.912	5,17	1.449	0,95	56.172	36,72
Santa Fe	2.440.284	1.853.814	75,97	586.470	24,03	26.522	1,43	19.330	1,04	632.322	34,11
Santiago del Estero	601.358	419.531	69,76	181.827	30,24	5.234	1,25	2.080	0,50	189.141	45,08
Tierra del Fuego	99.980	73.356	73,37	26.624	26,63	1.182	1,61	1.350	1,84	29.156	39,75
Tucumán	1.018.266	822.698	80,79	195.568	19,21	8.932	1,09	6.644	0,81	211.144	25,66
Total Nacional	28.884.567	22.955.466	79,47	5.929.101	20,53	803.341	3,50	225.729	0,98	6.958.171	30,31

* Abstenciones = electores hábiles - total de votantes

** Porcentaje de voto negativo = (voto en blanco + voto nulo + abstenciones) / votantes

1.2. ELECCIONES PRESIDENCIALES. Cifras generales de abstención, voto en blanco y voto nulo: comparación entre elecciones generales 2011 y 2007

Distrito	2007			2011		
	Blanco (%)	Nulo (%)	Abst. (%)	Blanco (%)	Nulo (%)	Abst. (%)
Buenos Aires	9,07	0,96	20,95	3,51	0,66	17,3
CABA	2,55	1,35	24,46	1,83	0,95	22,98
Catamarca	4,56	1,09	20,95	1,88	0,74	24,06
Chaco	2,51	0,67	27,68	0,92	0,51	24,71
Chubut	2,72	1,72	23,05	1,37	1,69	21,02
Córdoba	3,54	1,48	28,05	1,38	0,99	24,33
Corrientes	6,33	1,44	29,11	3,58	0,81	24,77
Entre Ríos	2,31	1,59	22,8	10,55	0,9	17,6
Formosa	6,39	0,85	29,02	7,75	0,7	23,09
Jujuy	10,34	1,66	24,88	9,56	1,08	18,92
La Pampa	16,41	1,07	18,58	12,32	0,7	17,28
La Rioja	13,29	0,87	23,23	14,07	1,07	22,55
Mendoza	7,88	1,99	21,86	7,63	4,45	18,75
Misiones	11,24	1,59	24,33	1,77	0,54	22,55
Neuquén	8,66	2,2	23,06	4,39	1,49	17,55
Río Negro	2,86	2,02	25,01	2,53	1,3	21,43
Salta	7,18	0,81	27,78	1,32	0,95	23,45
San Juan	2,74	1,28	27,39	7,31	0,87	21,02

San Luis	2,85	0,62	23,13	5,79	1,09	19,16
Santa Cruz	5,15	1,15	23,73	5,17	0,95	23,43
Santa Fe	3,96	0,77	23,05	1,43	1,04	24,03
Santiago del Estero	3,15	0,79	36,51	1,25	0,5	30,24
Tierra del Fuego	3,22	3,1	29,47	1,61	1,84	26,63
Tucumán	3,19	1,12	23,79	1,09	0,81	19,21
Total Nacional	6,44	1,17	23,8	3,50	0,98	20,53

2.1. ELECCIONES LEGISLATIVAS. Resultados para Diputados Nacionales: cifras generales de participación, abstención, voto en blanco y voto nulo

Distrito	Electores hábiles	Votantes		Abstenciones[*]		Voto en blanco		Voto nulo		Voto negativo[**]	
		Abs	%	Abs	%	Abs	%	Abs	%	Abs	%
Buenos Aires	10.825.440	8.953.015	82,70	1.872.425	17,30	855.339	9,55	54.122	0,60	2.781.886	31,07
CABA	2.511.197	1.934.230	77,02	576.967	22,98	31.224	1,61	22.780	1,18	630.971	32,62
Catamarca	258.281	196.139	75,94	62.142	24,06	14.136	7,21	1.207	0,62	77.485	39,51
Chaco	761.888	573.592	75,29	188.296	24,71	50.154	8,74	2.274	0,40	240.724	41,97
Chubut	360.478	284.695	78,98	75.783	21,02	27.855	9,78	4.361	1,53	107.999	37,93
Córdoba	2.501.744	1.893.167	75,67	608.577	24,33	64.444	3,40	16.013	0,85	689.034	36,40
Corrientes	699.470	526.210	75,23	173.260	24,77	75.560	14,36	3.479	0,66	252.299	47,95
Entre Ríos	921.690	759.445	82,40	162.245	17,60	174.714	23,01	5.376	0,71	342.335	45,08
Formosa	360.194	277.018	76,91	83.176	23,09	45.341	16,37	1.696	0,61	130.213	47,01
Jujuy	444.069	360.034	81,08	84.035	18,92	79.893	22,19	3.389	0,94	167.317	46,47
La Pampa	250.206	206.978	82,72	43.228	17,28	49.983	24,15	1.778	0,86	94.989	45,89
La Rioja	231.295	179.140	77,45	52.155	22,55	31.854	17,78	1.917	1,07	85.926	47,97
Mendoza	1.231.386	1.000.538	81,25	230.848	18,75	133.274	13,32	44.142	4,41	408.264	40,80
Misiones	722.289	559.447	77,45	162.842	22,55	49.753	8,89	2.680	0,48	215.275	38,48
Neuquén	406.838	335.431	82,45	71.407	17,55	57.047	17,01	5.784	1,72	134.238	40,02
Río Negro	439.037	344.941	78,57	94.096	21,43	51.564	14,95	3.974	1,15	149.634	43,38
Salta	819.157	627.030	76,55	192.127	23,45	32.066	5,11	6.241	1,00	230.434	36,75
San Juan	468.287	369.865	78,98	98.422	21,02	55.700	15,06	2.403	0,65	156.525	42,32
San Luis	311.931	252.161	80,84	59.770	19,16	47.413	18,80	2.024	0,80	109.207	43,31

	Electores hábiles	Votantes		Voto en blanco		Voto nulo		Abstenciones		Voto negativo	
		Abs	%	Abs	%	Abs	%	Abs	%	Abs	%
Santa Cruz	199.802	152.991	76,57	46.811	23,43	37.270	24,36	1.288	0,84	85.369	55,80
Santa Fe	2.440.284	1.853.814	75,97	586.470	24,03	83.337	4,50	19.397	1,05	689.204	37,18
Santiago del Estero	601.358	419.531	69,76	181.827	30,24	23.358	5,57	1.678	0,40	206.863	49,31
Tierra del Fuego	99.980	73.356	73,37	26.624	26,63	9.282	12,65	2.904	3,96	38.810	52,91
Tucumán	1.018.266	822.698	80,79	195.568	19,21	58.401	7,10	6.323	0,77	260.292	31,64
Promedio Nacional	28.884.567	22.955.466	79,47	5.929.101	20,53	2.138.962	9,32	217.230	0,95	8.285.293	36,09

[*] Abstenciones = electores hábiles - total de votantes

[**] Porcentaje de voto negativo = (voto en blanco + voto nulo + abstenciones) / votantes

2.2. Elecciones legislativas. *Resultados para Senadores Nacionales: cifras generales de abstención, voto en blanco y voto nulo*

Distrito	Electores hábiles	Votantes		Voto en blanco		Voto nulo		Abstenciones [*]		Voto negativo [**]	
		Abs	%	Abs	%	Abs	%	Abs	%	Abs	%
Buenos Aires	10.825.440	8.953.015	82,70	727.094	8,12	54.355	0,61	1.872.425	17,30	2.653.874	29,64
Formosa	360.194	277.018	76,91	45.701	16,50	1.703	0,61	83.176	23,09	130.580	47,14
Jujuy	444.069	360.034	81,08	61.758	17,15	3.749	1,04	84.035	18,92	149.542	41,54
La Rioja	231.295	179.140	77,45	17.724	9,89	2.138	1,19	52.155	22,55	72.017	40,20
Misiones	722.289	559.447	77,45	42.406	7,58	2.685	0,48	162.842	22,55	207.933	37,17
San Juan	468.287	369.865	78,98	46.141	12,48	2.389	0,65	98.422	21,02	146.952	39,73
San Luis	311.931	252.161	80,84	39.802	15,78	2.071	0,82	59.770	19,16	101.643	40,31
Santa Cruz	199.802	152.991	76,57	32.764	21,42	1.313	0,86	46.811	23,43	80.888	52,87
Promedio Nacional	13.563.307	11.103.671	81,87	1.013.390	9,13	70.403	0,63	2.459.636	18,13	3.543.429	31,91

[*] Abstenciones = electores hábiles - total de votantes

[**] Porcentaje de voto negativo = (voto en blanco + voto nulo + abstenciones) / votantes

2.3. ELECCIONES LEGISLATIVAS. *Resultados para Diputados Nacionales: comparación de cifras generales de abstención, voto en blanco y voto nulo en elecciones de 2007, 2009 y 2011*

Distrito	2007			2009			2011		
	Blanco (%)	Nulo (%)	Abst. (%)	Blanco (%)	Nulo (%)	Abst. (%)	Blanco (%)	Nulo (%)	Abst. (%)
Buenos Aires	13,90	0,93	20,93	4,96	1,27	23,21	9,55	0,6	17,3
CABA	4,42	1,35	24,46	1,46	1,36	25,83	1,61	1,18	22,98
Catamarca	10,24	0,71	33,56	3,92	1,84	35,41	7,21	0,62	24,06
Chaco	5,45	0,52	27,68	2,31	0,93	25,96	8,74	0,4	24,71
Chubut	8,66	1,83	23,05	4,24	3,50	23,85	9,78	1,53	21,02
Córdoba	6,73	1,34	28,05	2,75	1,89	28,32	3,40	0,85	24,33
Corrientes	10,83	1,28	29,11	5,59	2,24	30,01	14,36	0,66	24,77
Entre Ríos	6,05	1,12	22,80	1,69	2,78	22,43	23,01	0,71	17,6
Formosa	11,60	0,81	29,02	3,97	1,49	30,98	16,37	0,61	23,09
Jujuy	12,71	1,62	24,88	7,14	1,94	27,01	22,19	0,94	18,92
La Pampa	15,75	1,40	18,58	2,76	1,61	23,05	24,15	0,86	17,28
La Rioja	29,95	0,85	23,23	6,37	1,77	21,81	17,78	1,07	22,55
Mendoza	12,62	1,82	21,86	3,70	1,74	22,54	13,32	4,41	18,75
Misiones	12,29	2,80	24,33	6,40	1,84	30,68	8,89	0,48	22,55
Neuquén	27,42	2,48	23,06	1,40	5,16	26,36	17,01	1,72	17,55
Río Negro	15,03	1,61	25,01	2,48	4,31	28,72	14,95	1,15	21,43
Salta	11,52	0,58	27,78	1,03	2,08	24,71	5,11	1	23,45
San Juan	4,56	1,27	27,39	1,20	1,74	26,67	15,06	0,65	21,02
San Luis	9,63	0,41	23,13	9,44	2,25	14,01	18,80	0,8	19,16
Santa Cruz	28,28	0,80	23,73	1,16	3,71	29,36	24,36	0,84	23,43
Santa Fe	9,07	0,74	23,05	4,29	1,73	24,48	4,50	1,05	24,03
Santiago del Estero	4,59	0,70	36,51	2,20	1,24	44,19	5,57	0,4	30,24
Tierra del Fuego	14,75	3,47	29,47	1,43	5,88	31,25	12,65	3,96	26,63
Tucumán	13,33	0,66	23,79	3,13	1,66	22,85	7,10	0,77	19,21
Promedio Nacional	11,23	1,11	23,79	3,54	2,33	26,82	9,32	0,95	20,53

Los autores

Isidoro Cheresky es investigador principal del Consejo Nacional de Investigaciones Científicas y Técnicas (CONICET) y Profesor Titular de Teoría Política Contemporánea y de Sociología Política en la Universidad de Buenos Aires. Es Doctor en Ciencias Sociales por la Universidad de Toulouse le Mirail y Licenciado en Sociología de la Universidad de Buenos Aires. Dirige desde hace más de diez años el equipo de investigación "Las Nuevas Formas Políticas" en el Instituto de Investigaciones Gino Germani (Facultad de Ciencia Sociales, Universidad de Buenos Aires).

Rocío Annunziata es Doctora en Estudios Políticos de la École des Hautes Études en Sciences Sociales, Doctora en Ciencias Sociales de la Universidad de Buenos Aires y Licenciada en Ciencia Política de la misma universidad. Actualmente es becaria posdoctoral del Consejo Nacional de Investigaciones Científicas y Técnicas (CONICET), con sede en el Instituto de Investigaciones Gino Germani (Facultad de Ciencias Sociales-Universidad de Buenos Aires). Se desempeña como docente de Teoría Política Contemporánea en la Facultad de Ciencias Sociales de la Universidad de Buenos Aires, desde 2004.

María Dolores Rocca Rivarola es Doctora en Ciencias Sociales de la Universidad de Buenos Aires y becaria posdoctoral del Consejo Nacional de Investigaciones Científicas y Técnicas (CONICET). Actualmente es becaria posdoctoral del Consejo Nacional de Investigaciones Científicas y Técnicas (CONICET), con sede en el Instituto de Investigaciones Gino Germani (Facultad de Ciencias Sociales, Universidad de Buenos Aires). Se desempeña como docente de Historia Contemporánea en la Facultad de Ciencias Sociales de la Universidad de Buenos Aires.

Julieta Lenarduzzi es Licenciada en Relaciones Internacionales de la Universidad de San Andrés y actualmente cursa la Maestría de Ciencia Política del Instituto de Altos Estudios Sociales de la Universidad de San Martín (IDAES-UNSAM). Actualmente es becaria de posgrado de CONI-

CET, con sede en el Instituto de Investigaciones Gino Germani (Facultad de Ciencias Sociales-Universidad de Buenos Aires). Se desempeña como Jefa de Trabajos Prácticos de Teoría Política Contemporánea en la Facultad de Ciencias Sociales de la Universidad de Buenos Aires.

Victoria Ortiz de Rozas es Licenciada en Sociología de la Universidad de Buenos Aires y maestranza del Instituto de Altos Estudios Sociales (IDAES) de la Universidad Nacional de San Martín. Es becaria de posgrado e investigación del Consejo Nacional de Investigaciones Científicas y Técnicas (CONICET), con sede en el Instituto de Investigaciones Gino Germani (Facultad de Ciencias Sociales, Universidad de Buenos Aires). Se desempeña como docente de Teoría Política Contemporánea en la Facultad de Ciencias Sociales de la Universidad de Buenos Aires.

Lucas Martín es investigador de CONICET en el Instituto de Investigaciones Gino Germani (Facultad de Ciencias Sociales, Universidad de Buenos Aires). Licenciado en Ciencia Política en esa casa de estudios, obtuvo su Diploma de Estudios Especializados (Master) y su Doctorado en Ciencias Jurídicas y Políticas, con especialidad en filosofía política, en la Universidad de Paris Diderot/Paris 7. Desde 2004 ha enseñado teoría política y teoría social en distintas universidades argentinas.

Hugo Quiroga es Doctor en Filosofía por la Universidad de las Islas Baleares (España), y obtuvo el Diplôme d'Études Approfondies en "Études de l'Amérique latine", option Sciences Politiques de la Université de Paris 3. Es Abogado de la Universidad Católica de Córdoba. Se desempeña como investigador en la Universidad Nacional de Rosario y como Profesor Titular de Teoría Política en la misma universidad y de Introducción a la Ciencia Política en la Universidad Nacional del Litoral.

Osvaldo Iazzetta es Doctor en Ciencia Sociales de la Facultad Latinoamericana de Ciencias Sociales (FLACSO) y la Universidad de Brasilia y Licenciado en Ciencia Política y Relaciones Internacionales de la Universidad Nacional de Rosario. Se desempeña como Profesor Titular de Sociología Política en la Universidad Nacional de Rosario y como investigador de la misma universidad.

María Victoria López es Licenciada en Ciencia Política de la Universidad de Buenos Aires y doctoranda en Ciencias Sociales de la misma universidad. Se desempeña como docente en el área de Teoría Política Contemporánea de la Facultad de Ciencias Sociales de la Universidad de Buenos Aires, y es becaria de postgrado y de investigación del Consejo

Nacional de Investigaciones Científicas y Técnicas (CONICET), en el Instituto de Investigaciones Gino Germani (Facultad de Ciencias Sociales, Universidad de Buenos Aires).

Leandro Eryszewicz es Licenciado en Ciencia Política de la Universidad de Buenos Aires (UBA) y doctorando en Ciencias Sociales de la misma universidad. Se desempeña como docente en el área de Teoría Política de la Facultad de Ciencias Sociales de la Universidad de Buenos Aires, y es becario de postgrado y de investigación del Consejo Nacional de Investigaciones Científicas y Técnicas (CONICET), en el Instituto de Investigaciones Gino Germani (Facultad de Ciencias Sociales, Universidad de Buenos Aires).

Paula Krause es Licenciada en Ciencia Política de la Universidad de Buenos Aires y doctoranda en Ciencias Sociales de la misma universidad. Se desempeña como docente en el área de Teoría Política Contemporánea de la Facultad de Ciencias Sociales de la Universidad de Buenos Aires, y es becaria de postgrado y de investigación del Consejo Nacional de Investigaciones Científicas y Técnicas (CONICET), en el Instituto de Investigaciones Gino Germani (Facultad de Ciencias Sociales, Universidad de Buenos Aires).

Gabriela Mattina es Licenciada en Ciencia Política de la Universidad de Buenos Aires y doctoranda en Ciencias Sociales de la misma universidad. Se desempeña como docente en el área de Teoría Política Contemporánea de la Facultad de Ciencias Sociales de la Universidad de Buenos Aires, y es becaria de postgrado y de investigación del Consejo Nacional de Investigaciones Científicas y Técnicas (CONICET), en el Instituto de Investigaciones Gino Germani (Facultad de Ciencias Sociales, Universidad de Buenos Aires).

Andrea Pereyra Barreyro es Licenciada en Ciencia Política de la Universidad de Buenos Aires y doctoranda en Ciencias Sociales de la misma universidad. Se desempeña como docente en el área de Teoría Política Contemporánea de la Facultad de Ciencias Sociales de la Universidad de Buenos Aires, y es becaria de postgrado y de investigación de la Agencia Nacional de Promoción Científica y Tecnológica (ANPCyT), en el Instituto de Investigaciones Gino Germani (Facultad de Ciencias Sociales, Universidad de Buenos Aires).